Grundlagen des Marketingmanagements

T0350004

Christian Homburg

Grundlagen des Marketingmanagements

Einführung in Strategie, Instrumente, Umsetzung und Unternehmensführung

6., überarbeitete und erweiterte Auflage

Christian Homburg
Institut für Marktorientierte
Unternehmensführung (IMU)
Lehrstuhl für Business-to-Business-Marketing
Sales & Pricing, Universität Mannheim
Mannheim, Deutschland

ISBN 978-3-658-29637-7   ISBN 978-3-658-29638-4   (eBook)
https://doi.org/10.1007/978-3-658-29638-4

Die Deutsche Nationalbibliothek verzeichnet diese Publikation in der Deutschen Nationalbibliografie; detaillierte bibliografische Daten sind im Internet über http://dnb.d-nb.de abrufbar.

© Springer Fachmedien Wiesbaden GmbH, ein Teil von Springer Nature 2006, 2009, 2012, 2014, 2017, 2020
Das Werk einschließlich aller seiner Teile ist urheberrechtlich geschützt. Jede Verwertung, die nicht ausdrücklich vom Urheberrechtsgesetz zugelassen ist, bedarf der vorherigen Zustimmung des Verlags. Das gilt insbesondere für Vervielfältigungen, Bearbeitungen, Übersetzungen, Mikroverfilmungen und die Einspeicherung und Verarbeitung in elektronischen Systemen.
Die Wiedergabe von allgemein beschreibenden Bezeichnungen, Marken, Unternehmensnamen etc. in diesem Werk bedeutet nicht, dass diese frei durch jedermann benutzt werden dürfen. Die Berechtigung zur Benutzung unterliegt, auch ohne gesonderten Hinweis hierzu, den Regeln des Markenrechts. Die Rechte des jeweiligen Zeicheninhabers sind zu beachten.
Der Verlag, die Autoren und die Herausgeber gehen davon aus, dass die Angaben und Informationen in diesem Werk zum Zeitpunkt der Veröffentlichung vollständig und korrekt sind. Weder der Verlag, noch die Autoren oder die Herausgeber übernehmen, ausdrücklich oder implizit, Gewähr für den Inhalt des Werkes, etwaige Fehler oder Äußerungen. Der Verlag bleibt im Hinblick auf geografische Zuordnungen und Gebietsbezeichnungen in veröffentlichten Karten und Institutionsadressen neutral.

Planung/Lektorat: Barbara Roscher
Springer Gabler ist ein Imprint der eingetragenen Gesellschaft Springer Fachmedien Wiesbaden GmbH und ist ein Teil von Springer Nature.
Die Anschrift der Gesellschaft ist: Abraham-Lincoln-Str. 46, 65189 Wiesbaden, Germany

Für meine liebe Frau Larisa

Vorwort zur sechsten Auflage

Wie auch die fünfte Auflage richtet sich die sechste Auflage an Studenten und Dozenten, die sich mit Marketing befassen. Besonders geeignet ist dieses Buch für Marketing-vorlesungen im Rahmen von Bachelorstudiengängen an Universitäten und Fachhoch-schulen. Für diese Zielgruppen möchte ich eine Basis für eine theoretisch fundierte und dennoch praxisnahe akademische Marketingausbildung liefern.

Aber auch Praktiker, die in Unternehmen Verantwortung für Marketingentscheidungen tragen, sehe ich weiterhin als wichtige Zielgruppe dieses Buches. Dieser Zielgruppe möchte ich auch in Zukunft einen Zugang zu systematischen Mechanismen der Entscheidungsfindung bieten.

In der sechsten Auflage führe ich das bewährte Konzept der fünften Auflage weiter: Ich kombiniere eine hohe Systematik der Darstellung mit internationaler Orientierung, Umsetzungsorientierung und analytischer Orientierung. Die Struktur der sieben Perspektiven des Marketing und die entsprechenden Teile I bis VII des Buches wurden beibehalten.

Die Verbesserungen im Rahmen der sechsten Auflage sind vor allem inhaltlicher Natur. Alle Kapitel wurden vollständig aktualisiert und überarbeitet. Dabei wurde der aktuelle Stand der Forschung berücksichtigt und damit der Überblick über nationale und internationale Forschungsergebnisse weiter ausgebaut. Zudem wurden neue Ent-wicklungen in der Marketingforschung und -praxis berücksichtigt. Ferner wurden die Fallbeispiele aus der Praxis aktualisiert.

Zuletzt verbleibt die angenehme Pflicht, denjenigen Dank auszusprechen, die mich bei der Entstehung dieser sechsten Auflage maßgeblich unterstützt haben. Ausdrück-lich danken möchte ich **Robin Wagner-Fabisch, M. Sc.** und **Stephan Mettler, M. Sc.,** die mit großem Engagement einen wesentlichen Beitrag zur Entstehung dieser Auflage geleistet haben. Ich bedanke mich zudem herzlich bei den folgenden Doktoranden: Boas Bamberger, M. Sc., Aline Lanzrath, M. Sc., Theresa Morguet, M. Sc., Kim Riede, M. Sc., Robin-Christopher Ruhnau, M. Sc., Moritz Tischer, M. Sc. und Kateryna Ukrainets, M. Sc.. Zuletzt danke ich allen beteiligten studentischen Hilfskräften. Sie alle haben sich große Verdienste um dieses Buch erworben.

Mannheim   Christian Homburg
im Mai 2020

Vorwort zur ersten Auflage

Das vorliegende Buch **Grundlagen des Marketingmanagements** richtet sich an Studenten und Dozenten, die sich mit Marketing befassen. Besonders geeignet ist dieses Buch für Marketingvorlesungen im Rahmen von Bachelorstudiengängen an Universitäten und Fachhochschulen. Für diese Zielgruppen wollen wir eine Basis liefern für eine theoretisch fundierte und dennoch praxisnahe akademische Marketingausbildung.

Praktiker, die in Unternehmen Verantwortung für Marketingentscheidungen tragen, sehen wir als weitere wichtige Zielgruppe dieses Buches. Dieser Zielgruppe wollen wir einen Zugang zu systematischen Mechanismen der Entscheidungsfindung bieten.

In diesem Buch kombinieren wir eine hohe Systematik der Darstellung mit internationaler Orientierung, Umsetzungsorientierung und analytischer Orientierung. Die Grundlagen des Marketingmanagements werden in sieben Perspektiven dargestellt:

- Im Rahmen der **theoretischen Perspektive** des Marketing werden diejenigen theoretischen Grundlagen dargestellt, die erforderlich sind, um Marketingmodelle, Marketinginstrumente, Marketingaktivitäten und Marketingentscheidungen zu verstehen.
- Im Kern der **informationsbezogenen Perspektive** des Marketing steht die Frage, wie Unternehmen die für zielführende Marketingentscheidungen notwendigen unternehmensexternen Informationen gewinnen können.
- Im Rahmen der **strategischen Perspektive** des Marketing geht es um die grundsätzliche und langfristige Orientierung der Marktbearbeitung des Unternehmens.
- Zur Realisierung der Marketingstrategie dient der systematische Einsatz der Marketinginstrumente, der im Rahmen der **instrumentellen Perspektive** des Marketing dargestellt wird.
- Im Rahmen der **institutionellen Perspektive** geht es um die Besonderheiten des Marketing unter speziellen institutionellen Rahmenbedingungen (Marketing von Dienstleistungen, Marketing von Handelsunternehmen, Business-to-Business-Marketing sowie internationales Marketing).

- Die **implementationsbezogene Perspektive** des Marketing befasst sich mit den unternehmensinternen Rahmenbedingungen. Sie widmet sich primär denjenigen Unternehmensbereichen, die Marketingaufgaben wahrnehmen: Marketing- und Vertriebsorganisation, Informationssysteme in Marketing und Vertrieb, Marketing- und Vertriebscontrolling sowie Personalmanagement in Marketing und Vertrieb.
- Im Mittelpunkt der **führungsbezogenen Perspektive** des Marketing steht die marktorientierte Unternehmensführung. Es geht hier also nicht nur um die Unternehmensbereiche, die sich primär mit Marketingaufgaben beschäftigen, sondern um die marktorientierte Führung des gesamten Unternehmens.

Im Buch **Grundlagen des Marketingmanagements** erfolgt eine Einführung in diese sieben Perspektiven des Marketing. Das umfassendere Buch **Marketingmanagement** greift ebenfalls diese sieben Perspektiven auf und ermöglicht darüber hinaus ein vertieftes Verständnis der Konzepte, Instrumente und Methoden.

Es verbleibt die angenehme Pflicht, denjenigen Dank zu sagen, die uns bei der Entstehung dieser ersten Auflage maßgeblich unterstützt haben. Wir danken allen Habilitanden und Doktoranden, die uns bei der Erstellung der zweiten Auflage des umfassenderen Werkes Marketingmanagement unterstützt haben und damit auch einen wichtigen Beitrag zur Entstehung des vorliegenden Grundlagenbuches geleistet haben. Ausdrücklich danken möchten wir Frau Dipl.-Kffr. **Viviana Steiner** und Herrn Dipl.-Kfm. **Klaus Miller,** die einen besonders großen Beitrag zur Entstehung des Grundlagenbuches geleistet haben. Darüber hinaus danken wir allen beteiligten Hilfsassistenten und studentischen Hilfskräften. Sie alle haben sich große Verdienste um dieses Buch erworben.

Mannheim   Christian Homburg
Bern   Harley Krohmer
im August 2006

Inhaltsübersicht

Inhaltsverzeichnis

Einleitung

1

Inhaltsverzeichnis

> **Lernziele**
> - Der Leser kann darlegen, wodurch Märkte charakterisiert werden, welche Arten von Märkten es gibt und wie Märkte abgegrenzt werden können
> - Der Leser kennt die historische Entwicklung und die verschiedenen Facetten des Marketingbegriffs.
> - Der Leser kann die verschiedenen Perspektiven des Marketing erläutern

1.1 Märkte als Bezugs- und Zielobjekte des Marketing

Der Begriff „Marketing" ist abgeleitet von „market" (englisch für Markt bzw. vermarkten), was auf eine hohe Bedeutung von Märkten für das Marketing hinweist. Betrachtet man diese Bedeutung von Märkten für das Marketing, können zwei sich ergänzende Sichtweisen unterschieden werden. Märkte stellen sowohl Bezugsobjekte als auch Zielobjekte des Marketing dar:

© Springer Fachmedien Wiesbaden GmbH, ein Teil von Springer Nature 2020
C. Homburg, *Grundlagen des Marketingmanagements*,
https://doi.org/10.1007/978-3-658-29638-4_1

- Die Sichtweise von Märkten als **Bezugsobjekte** des Marketing hebt hervor, dass Märkte die Rahmenbedingungen für das Marketing von Unternehmen setzen: Marketing findet auf Märkten statt. Die auf einem Markt auftretenden Kunden, Wettbewerber und sonstigen Akteure prägen in entscheidendem Ausmaß den Handlungsspielraum des Marketing.
- Die Sichtweise von Märkten als **Zielobjekte** des Marketing betont, dass Unternehmen im Rahmen ihrer Marketingaktivitäten anstreben, Märkte zu gestalten und Akteure auf Märkten zu beeinflussen. Im Mittelpunkt steht hier das Bestreben, das Verhalten der Kunden (bzw. der potenziellen Kunden) sowie der Wettbewerber zum Vorteil des eigenen Unternehmens gezielt zu beeinflussen.

Aufgrund der hohen Bedeutung von Märkten für das Marketing werden im Folgenden der Marktbegriff definiert und die Akteure im Marktgeschehen, unterschiedliche Arten von Märkten sowie die Thematik der Abgrenzung des relevanten Marktes dargelegt.

▶ **Markt** Als Markt bezeichnen wir den Ort des Zusammentreffens eines Angebots an Produkten mit der Nachfrage nach diesen Produkten, durch das sich Preise bilden. Das Zusammentreffen kann an einem realen Ort (z. B. Supermarkt, Verkaufsmesse) oder an einem virtuellen Ort (z. B. digitale Plattformen wie ebay, Amazon, Airbnb, etc.) stattfinden.

Das Handeln auf den Märkten wird durch die folgenden Akteure bestimmt:

- Nachfrager,
- Anbieter,
- Vertriebspartner,
- staatliche Einrichtungen und
- Interessenvertretungen.

Die **Nachfrager** treten als Käufer auf dem Markt auf. Aus der Sicht eines Unternehmens sind Nachfrager **Kunden,** wenn sie die Produkte des Unternehmens kaufen bzw. bereits einmal gekauft haben. Eine für das Marketing ausgesprochen wichtige Differenzierung ist die Unterteilung von Nachfragern in private Verbraucher (Konsumenten) und organisationale Abnehmer (z. B. Firmenkunden oder Institutionen der öffentlichen Hand).

Die **Anbieter** konkurrieren auf dem Markt mit ihren Produkten (physischen Produkten und Dienstleistungen) um die Gunst der Nachfrager. Ein einzelner Anbieter muss hierbei sowohl auf die bereits auf dem Markt aktiven anderen Anbieter (aktuelle Wettbewerber) als auch auf mögliche zukünftige Anbieter (potenzielle Wettbewerber) achten.

Beim Vertrieb ihrer Produkte an die Nachfrager kooperieren Anbieter oftmals mit **Vertriebspartnern.** Hierbei kann es sich z. B. um Handelsunternehmen, Makler oder auch digitale Plattformanbieter handeln. Vertriebspartner spielen im Marktgeschehen und insbesondere für den Erfolg eines Anbieters eine wichtige Rolle.

Staatliche Einrichtungen greifen (neben einer möglichen Rolle als Nachfrager bzw. Anbieter von Produkten) regulierend als Akteure in das Marktgeschehen ein. So erlässt der Staat rechtliche Gebote und Verbote und sorgt für deren Einhaltung. Beispielhaft seien hier rechtliche Vorschriften für die Gestaltung von Werbemaßnahmen angeführt.

Weitere Akteure, deren Handeln das Marktgeschehen beeinflusst, sind **Interessenvertretungen.** Hierzu zählen beispielsweise Wirtschaftsverbände (vgl. Purtschert 1995) und Verbrauchervereinigungen.

Neben den unterschiedlichen Akteuren ist von Interesse, welche **Arten von Märkten** Bezugs- und Zielobjekte des Marketing sind. Es lassen sich die folgenden Unterscheidungen treffen:

- **Nach Richtung der Transaktion** – Beschaffungs- und Absatzmärkte: Ein Beschaffungsmarkt umfasst aus Sicht des Beschaffenden alle Anbieter der von ihm zu beschaffenden Produkte bzw. Ressourcen (einschließlich der Lieferanten von Substitutionsprodukten) sowie alle Nachfrager, mit denen er um diese Ressourcen konkurriert. Der Absatzmarkt eines Anbieters umfasst alle aktuellen und potenziellen Nachfrager der Produkte des Anbieters sowie die mit ihm um die Gunst dieser Nachfrager konkurrierenden Anbieter.
- **Nach Gütern** – Märkte für Konsumgüter, Industriegüter sowie für Dienstleistungen (vgl. zur Abgrenzung unterschiedlicher Güterarten Abschn. 9.1): Konsumgüter sind Güter, die in erster Linie die Bedürfnisse von privaten Verbrauchern befriedigen. Industriegüter werden an Organisationen (z. B. Unternehmen, Verbände, öffentliche Verwaltungen) vertrieben (vgl. zu den Besonderheiten des Marketing auf Industriegütermärkten Kap. 15). Dienstleistungen sind immaterielle Leistungen (vgl. zum Dienstleistungsbegriff ausführlich Abschn. 13.1 und zum Dienstleistungsmarketing allgemein Kap. 13). Im Zusammenhang mit Dienstleistungen ergibt sich wiederum eine Differenzierung zwischen konsumtiven und investiven Dienstleistungen (vgl. Homburg und Garbe 1996): Erstere werden an Individuen, letztere an Organisationen vermarktet.
- **Nach regionaler Ausdehnung** – regionale Märkte, Ländermärkte, internationale Märkte, globale Märkte: Bei dieser Differenzierung ist entscheidend, wie breit das Anbieterspektrum, das der Kunde in Erwägung zieht, geografisch gestreut ist. So wird ein privater Kunde bei der Inanspruchnahme von handwerklichen Dienstleistungen in aller Regel unter Anbietern im engeren räumlichen Umfeld auswählen (regionaler Markt). Das andere Extrem (globaler Markt) kann beispielsweise auftreten, wenn ein Industrieunternehmen eine neue Produktionsanlage plant und hierfür ein weltweit gestreutes Anbieterspektrum in Erwägung zieht.

- **Nach Machtverteilung** – Käufer- und Verkäufermärkte: Ein Käufermarkt ist im Gegensatz zum Verkäufermarkt dadurch gekennzeichnet, dass im Transaktionsprozess ein Übergewicht der Nachfrageseite im Vergleich zur Angebotsseite vorliegt. Diese Konstellation kann aus einem Angebotsüberschuss bzw. einem Nachfragedefizit resultieren und zwingt die Anbieter zu einer verstärkten Kundenorientierung (vgl. zur Thematik der marktorientierten Unternehmensführung Teil VII des Buches).

Für das Marketing eines Anbieters stellt sich die Frage, auf welchen Markt (und damit verbunden auf welche Kunden und Wettbewerber) sich die Marketingstrategie und -aktivitäten beziehen sollen. Die Beantwortung dieser Frage wird als **Marktabgrenzung** bezeichnet. Als **relevanter Markt** eines Anbieters wird derjenige Markt bezeichnet, auf dem der Anbieter tätig sein möchte.

Bei der Abgrenzung des relevanten Marktes können verschiedene Objekte als Abgrenzungskriterien herangezogen werden. So lassen sich Märkte anhand der folgenden Objekte abgrenzen:

- **Anbieter** (Definition des Marktes über Gruppen von Anbietern, beispielsweise Unternehmen einer Branche oder eines Wirtschaftssektors, z. B. der „Chemiemarkt" als Markt, der von Chemieunternehmen bedient wird),
- **Produkte** (Definition des Marktes über bestimmte Produkte oder Produktgruppen, z. B. der „Markt für Fernreisen"),
- **Nachfrager** (Definition des Marktes über bestimmte Nachfrager oder Nachfragergruppen, z. B. der „Markt der vermögenden Privatkunden") sowie
- **Bedürfnisse** (Definition des Marktes über bestimmte Bedürfnisse oder Bedürfniskategorien der Nachfrager, z. B. der „Markt für Unterhaltung in der Freizeit").

Nach unserem Verständnis sollte eine Marktabgrenzung in erster Linie über die beiden letztgenannten Objektkategorien (Nachfrager und ihre Bedürfnisse) erfolgen. Eine ausschließliche Marktabgrenzung über Produkte kann problematisch sein, wenn die Produkte Bedürfnisse befriedigen, die auch durch andersartige Produkte befriedigt werden könnten. Eine rein produktorientierte Marktabgrenzung kann zu einer zu engen Betrachtungsperspektive des Marktes führen. Ein bekanntes Beispiel hierfür sind die Firmenzusammenbrüche amerikanischer Eisenbahngesellschaften (vgl. Levitt 2004): Diese Unternehmen betrachteten im Rahmen ihrer Marktabgrenzung den „Markt für Eisenbahndienstleistungen" (Abgrenzung über das Produkt) und nicht das zugrunde liegende Kundenbedürfnis (Mobilität). Die Folge war, dass sie aufgrund ihrer produktorientierten Marktabgrenzung neue Wettbewerber wie Busunternehmen und Flugzeuglinien, die das gleiche Bedürfnis (Mobilität) teilweise besser befriedigen konnten, gar nicht erst beachteten. In Abb. 1.1 ist ein Beispiel für Marktabgrenzungen anhand von Bedürfnissen und Nachfragern dargestellt.

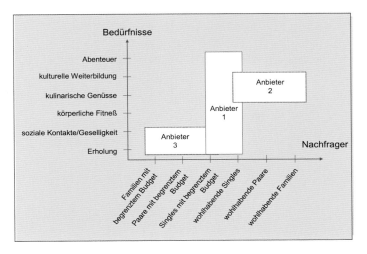

Abb. 1.1 Marktabgrenzung am Beispiel von drei Anbietern im Tourismusbereich

1.2   Zum Verständnis des Marketingbegriffs

Nachdem in Abschn. 1.1 mit dem Markt bereits ein erster wichtiger Bezugspunkt des Marketingverständnisses aufgezeigt wurde, soll im Folgenden der Marketingbegriff selbst dargelegt werden. Zunächst gehen wir auf die historische Entwicklung dieses Begriffs ein.

Marketingaktivitäten wie die Entwicklung neuer Produkte zur Befriedigung von Kundenbedürfnissen oder preisbezogene Entscheidungen spielten sicherlich schon bereits bei Markttransaktionen vor mehreren Jahrhunderten eine Rolle (vgl. Dixon 1981). Eine systematische Durchdringung des Marketing auf der Basis wissenschaftlicher Überlegungen hingegen erfolgt erst seit dem Beginn des 20. Jahrhunderts, sodass wir uns auf diese Zeitspanne beschränken.

Grundsätzlich kann festgestellt werden, dass das Verständnis des Marketingbegriffs im Zeitablauf deutlich breiter geworden ist (vgl. Abb. 1.2). Ausgangspunkt dieser Entwicklung ist ein Verständnis, das Marketing und Verkauf gleichsetzt. Im Mittelpunkt steht hier die Aufgabe des Marketing, die Produkte des Unternehmens am Markt abzusetzen. Diese Auffassung von Marketing wurde zu Beginn des 20. Jahrhunderts in ersten Marketingkursen an Universitäten (vgl. im Überblick Bartels 1951) sowie in ersten Marketingpublikationen (vgl. Hellauer 1910; Nystrom 1915; Shaw 1912; Weld 1916) vermittelt. Dieses limitierte Begriffsverständnis ist insbesondere vor dem Hintergrund zu sehen, dass zu damaliger Zeit viele Märkte eher Verkäufermärkte darstellten. Die Marketingfunktion war daher in vielen Unternehmen im Vergleich zu anderen Unternehmensfunktionen (z. B. Produktion) eher nachrangig.

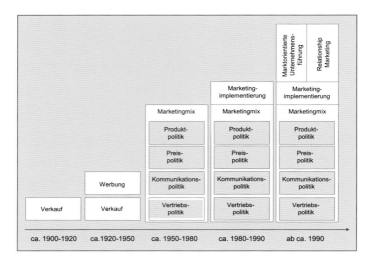

Abb. 1.2 Entwicklung des Verständnisses des Marketingbegriffs im Zeitablauf

In der Folgezeit wurde das Verkaufsverständnis des Marketing um den Aspekt der Werbung erweitert. So wurden ab den 20er Jahren in den USA die Inhalte und Prinzipien des Marketing in Lehrbüchern und Monographien definiert, die einen starken Fokus auf **Verkauf und Werbung** setzten (vgl. Hotchkiss 1940; Maynard et al. 1927; Vaile und Slagsvold 1929). In den 30er und 40er Jahren wurde das Marketingverständnis vor dem Hintergrund der Weltwirtschaftskrise und des zweiten Weltkriegs nur eingeschränkt weiterentwickelt.

Erst mit dem erneuten Wachstum der Weltwirtschaft in den 50er und 60er Jahren konnte das Marketing neue Impulse gewinnen. In dieser Zeit wurde der sogenannte **Marketingmix** definiert (vgl. McCarthy 1964; McKitterick 1957). Dieser integrierte das bestehende Marketingverständnis als Werbung und Verkauf in eine umfassendere Systematik der Marketingaktivitäten – die sogenannten vier Ps (vgl. ausführlicher Abschn. 1.3):

- Produktpolitik (**P**roduct),
- Preispolitik (**P**rice),
- Kommunikationspolitik (**P**romotion, integriert den Teilbereich Werbung) und
- Vertriebspolitik (**P**lace, integriert den Teilbereich Verkauf).

Dieses Verständnis des Marketing als Anwendung der Instrumente des Marketingmix hat bis heute seine Bedeutung beibehalten (vgl. van Waterschoot und van den Bulte 1992). Wir behandeln die einzelnen Instrumente des Marketingmix ausführlich in Teil IV des Buches.

Aufgrund der Erkenntnis, dass die erfolgreiche Anwendung der Instrumente des Marketingmix nicht nur von deren Ausgestaltung, sondern auch von ihrer unternehmensinternen Umsetzung abhängt, gewannen Aspekte der **Marketingimplementierung** (z. B. unternehmensinterne organisatorische Fragestellungen, Aspekte der Erfolgsmessung und -steuerung) zunehmend an Bedeutung (vgl. z. B. Hilker 1993; Homburg 2000a; Simon 1986). Die zunehmende Beachtung von implementationsbezogenen Aspekten des Marketing (der Begriff Marketingmanagement wird häufig in diesem Kontext verwendet) führte zu einer stärkeren Öffnung der Marketingforschung hin zu anderen Teilgebieten der Betriebswirtschaftslehre, beispielsweise zur Organisationstheorie (vgl. im Überblick Workman et al. 1998).

Im Rahmen dieser implementationsbezogenen Betrachtung werden primär diejenigen Teilbereiche des Unternehmens betrachtet, die Marketingaufgaben wahrnehmen. Im Gegensatz hierzu thematisiert eine neuere Betrachtungsweise die Frage, inwieweit das Unternehmen als Ganzes marktorientiert geführt wird. Dieses Verständnis von Marketing als **marktorientierte Unternehmensführung** wurde bereits in den 80er Jahren artikuliert und diskutiert (vgl. Hansen und Stauss 1983; Meffert 1980; Raffée 1984). Eine intensivere wissenschaftliche Durchdringung dieser Thematik ist unseres Erachtens jedoch erst in den 90er Jahren zu verzeichnen (vgl. hierzu Becker und Homburg 1999; Homburg und Pflesser 2000; Jaworski und Kohli 1993). Aspekte der marktorientierten Unternehmensführung werden in Teil VII des Buches behandelt.

Parallel zur Betonung der marktorientierten Unternehmensführung rückte die Kundenbeziehung als Betrachtungsobjekt stärker in den Mittelpunkt. Kern dieser Perspektive ist das Verständnis, dass der Aufbau und die Erhaltung langfristiger (für den Anbieter profitabler) Kundenbeziehungen eine zentrale Herausforderung des Marketing darstellt. Man spricht in diesem Kontext auch von **Relationship Marketing** (vgl. zu dieser Entwicklung Backhaus 1997; Berry 1983; Diller und Kusterer 1988a, b; Grönroos 1990, 1995). Die wesentliche Auswirkung dieser Perspektive (sowohl in der Forschung als auch in der Unternehmenspraxis) liegt darin, dass die häufig vorzufindende Fokussierung auf einzelne Transaktionen mit Kunden durch eine Fokussierung auf Geschäftsbeziehungen ersetzt wird.

Vor dem Hintergrund der aufgezeigten Entwicklung haben sich unterschiedliche Definitionsrichtungen für den Begriff Marketing herauskristallisiert (vgl. im Überblick Cooke et al. 1992; Meffert 1994). Im Kern sind hier drei Richtungen zu unterscheiden:

Aktivitätsorientierte Definitionen verstehen Marketing im Kern als Bündel von marktgerichteten Aktivitäten des Unternehmens. Dieses Begriffsverständnis ist somit sehr eng mit dem Konzept des Marketingmix – dem instrumentellen Spektrum des Marketing – verbunden.

Im Gegensatz hierzu betonen **beziehungsorientierte Definitionen,** die in der Logik des Relationship Marketing verankert sind, die Zielsetzung des Marketing, Beziehungen zu Kunden aufzubauen, zu erhalten und zu stärken. Die beziehungsorientierte Perspektive ergänzt die aktivitätsorientierte Perspektive: Sie ist spezifischer als erstere im

Hinblick auf das Ziel des Marketing, aber recht unspezifisch im Hinblick auf die Aktivitäten, die zur Erlangung des Ziels durchgeführt werden.

Eine dritte Richtung stellen **führungsorientierte Definitionen** des Marketing dar. Im Rahmen dieser Definitionen steht die Führung des Unternehmens vom Markt her im Mittelpunkt. Es geht also insbesondere darum, inwieweit Entscheidungen des Unternehmens von marktgeprägten Überlegungen geleitet sind. Dies schafft die Basis für die Berücksichtigung von Aspekten der Marketingimplementierung sowie der marktorientierten Unternehmensführung im Rahmen des Marketing. Gleichzeitig zeigt sich auch hier der komplementäre Charakter in Beziehung zu den beiden erstgenannten Definitionsrichtungen: Im Hinblick auf die Aktivitäten und Ziele des Marketing sind führungsbezogene Definitionen typischerweise nicht sehr spezifisch. Offensichtlich ist aber, dass das betrachtete Aktivitätenspektrum im Rahmen der führungsbezogenen Definitionen des Marketing deutlich breiter ist als im Rahmen der aktivitätsbezogenen Definitionen: Letzlich umfasst das führungsbezogene Marketingverständnis alle Aktivitäten des Unternehmens. Marketing wird hier folglich als gedankliche Leitlinie für unternehmerische Entscheidungen verstanden.

Wir haben verdeutlicht, dass diese drei Definitionsrichtungen sich nach unserem Verständnis gegenseitig ergänzen: Jede von ihnen deckt eine wichtige Facette des Marketing ab. Vor diesem Hintergrund formulieren wir die folgende integrative Marketingdefinition.

▶ **Marketing** In unternehmensexterner Hinsicht umfasst Marketing die Konzeption und Durchführung marktbezogener Aktivitäten eines Anbieters gegenüber Nachfragern oder potenziellen Nachfragern seiner Produkte (physische Produkte und/oder Dienstleistungen). Diese marktbezogenen Aktivitäten beinhalten die systematische Informationsgewinnung über Marktgegebenheiten sowie die Gestaltung des Produktangebots, die Preissetzung, die Kommunikation und den Vertrieb. Marketing bedeutet in unternehmensinterner Hinsicht die Schaffung der Voraussetzungen im Unternehmen für die effektive und effiziente Durchführung dieser marktbezogenen Aktivitäten. Dies schließt insbesondere die Führung des gesamten Unternehmens nach der Leitidee der Marktorientierung ein. Sowohl die externen als auch die internen Ansatzpunkte des Marketing zielen auf eine im Sinne der Unternehmensziele optimale Gestaltung von Kundenbeziehungen.

Hervorzuheben ist, dass diese Definition sowohl die externen (marktgerichteten) Aktivitäten eines Anbieters als auch die Schaffung interner Voraussetzungen für Markterfolg umfasst. Wichtig ist darüber hinaus, dass wir nicht unterstellen, dass die Schaffung langfristiger Kundenbeziehungen zwangsläufig das zentrale Marketingziel darstellt. Vielmehr sprechen wir von einer optimalen Gestaltung von Kundenbeziehungen im Sinne der Unternehmensziele. Es geht also darum, die Kundenbeziehungen so zu gestalten, dass sie die Erreichung von Unternehmenszielen wie Profitabilitätssteigerung, Marktanteilssteigerung und Sicherung des langfristigen Fortbestands des Unternehmens optimal unterstützen.

1.3   Die sieben Perspektiven des Marketing

Das vorliegende Lehrbuch orientiert sich bei der Darstellung des Marketing an sieben Perspektiven (vgl. Abb. 1.3). Diese Perspektiven beziehen sich jeweils auf unterschiedliche Aspekte des Marketing und stellen die Grundlage für die Struktur des Buches dar: Jede dieser Perspektiven wird durch einen Buchteil repräsentiert.

Im Rahmen der **theoretischen Perspektive** werden diejenigen theoretischen Grundlagen dargestellt, die erforderlich sind, um Marketingmodelle, Marketinginstrumente, Marketingaktivitäten und Marketingentscheidungen zu verstehen (vgl. Teil I des Buches). Die theoretische Perspektive stellt somit eine Grundlage für die anderen Perspektiven des Marketing dar. Kap. 2 stellt wesentliche Theorien zur Erklärung des **Verhaltens von** Konsumenten dar. Ökonomisch orientierte Modelle und Ansätze zur Erläuterung des Verhaltens organisationaler Kunden (Firmenkunden) sind Gegenstand von Kap. 3.

Im Mittelpunkt der **informationsbezogenen Perspektive** des Marketing (vgl. Teil II des Buches) steht die Frage, wie Unternehmen die für zielführende Marketingentscheidungen notwendigen unternehmensexternen Informationen gewinnen können. Es geht beispielsweise um die fundierte Kenntnis der Bedürfnisse und Präferenzen von Kunden sowie eine geeignete Aufteilung der Kunden in unterschiedliche Segmente. Bei der Darstellung der informationsbezogenen Perspektive werden zunächst die einzelnen Schritte des Marktforschungsprozesses diskutiert (vgl. Kap. 4). Hierbei wird auch gezielt auf Marktforschungsprozesse in Zeiten von Google und Social-Media eingegangen. Im Anschluss daran werden grundlegende Methoden der Datenanalyse erläutert (vgl. Kap. 5).

Im Rahmen der **strategischen Perspektive** geht es um die grundsätzliche und langfristige Orientierung der Marktbearbeitung des Unternehmens (vgl. Teil III des Buches). Strategische Entscheidungen sind typischerweise dadurch gekennzeichnet, dass sie für den Unternehmenserfolg von grundlegender Bedeutung sind und dass sie nur mit

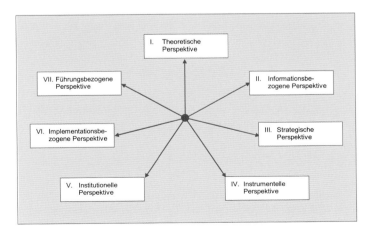

Abb. 1.3   Die sieben Perspektiven des Marketing im Überblick

hohem Aufwand bzw. hohem Risiko revidiert werden können. Die Formulierung von Marketingstrategien muss sich auf eine systematische Analyse des Unternehmensumfeldes stützen.

Im Rahmen dieses Teils vermitteln wir zunächst grundlegende Konzepte für das Verständnis der Marketingstrategie und deren Erfolgsauswirkungen (vgl. Kap. 6). Im Anschluss hieran werden zentrale Inhalte, Instrumente und Modelle der Analyse der strategischen Ausgangssituation aufgezeigt (vgl. Kap. 7). Diese strategische Analyse stellt den ersten Schritt des strategischen Planungsprozesses dar. Weitere Schritte des strategischen Planungsprozesses – die Formulierung, die Bewertung und die Auswahl von Strategiealternativen – werden in Kap. 8 thematisiert.

Besonderes Augenmerk wurde darüber hinaus auf eine strategische Ausrichtung des Buches hin zu innovativen Themen und Ansätzen im Marketing gelegt. Unser Bestreben ist es, dem Leser perspektivische Trends und deren Chancen sowohl für die Wissenschaft als auch für die Anwendung in der Praxis aufzuzeigen. Der Fokus wurde hier auf neue Technologien wie Virtual Reality, Machine Learning und Künstliche Intelligenz gelegt. Auch branchenübergreifende Phänomene, wie eine gestiegen Marktdynamik in Zeiten von Big Data sowie die Thematik des sich verändernden Konsumentenverhaltens in Zeiten von Smartphones und Social Media werden behandelt.

Zur Realisierung der Marketingstrategie dient der systematische Einsatz der Marketinginstrumente, der im Rahmen der **instrumentellen Perspektive** (vgl. Teil IV des Buches) dargestellt wird. Die Gesamtheit dieser Marketinginstrumente wird als **Marketingmix** bezeichnet. Durch die Gestaltung des Marketingmix wird die Marketingstrategie in konkrete Maßnahmen umgesetzt.

Der Marketingmix weist die folgenden vier Komponenten auf:

- **Produktpolitik** (vgl. Kap. 9): Die Produktpolitik umfasst alle Tatbestände, die sich auf die marktgerechte, d. h. an den Kundenbedürfnissen orientierte, Gestaltung bestehender und zukünftiger Produkte unter Berücksichtigung unternehmerischer Zielsetzungen beziehen. Gegenstand der Produktpolitik sind sowohl die Planung und Umsetzung von Produktinnovationen als auch die Pflege erfolgreich etablierter Produkte.

- **Preispolitik** (vgl. Kap. 10): Diese Komponente des Marketingmix umfasst alle Entscheidungen im Hinblick auf das vom Kunden für ein Produkt zu entrichtende Entgelt (Preis). Für ein Verständnis derartiger Entscheidungen werden hier zunächst die (mikroökonomisch orientierte) klassische Preistheorie und die (psychologisch orientierte) verhaltenswissenschaftliche Preisforschung diskutiert. Anschließend diskutieren wir Ansätze zur nachfrageorientierten, kostenorientierten sowie zur wettbewerbsorientierten Preisbestimmung.

- **Kommunikationspolitik** (vgl. Kap. 11): Die Kommunikationspolitik bezieht sich auf alle Entscheidungen im Hinblick auf die Kommunikation des Unternehmens am Markt. Wesentliche Entscheidungen stellen hierbei die Definition der Ziele und Zielgruppen der Kommunikation, die Höhe des Kommunikationsbudgets und die Frage dar, wie das Kommunikationsbudget auf verschiedene Werbemittel und Werbeträger verteilt werden soll. In diesem Zusammenhang stehen verschiedene Kommunikationsinstrumente wie Digitales Marketing, Influencer Marketing, Plattform Marketing oder Direktmarketing zur Verfügung.

- **Vertriebspolitik** (vgl. Kap. 12): Die Vertriebspolitik umfasst zum einen marktgerichtete akquisitorische Aktivitäten und zum anderen vertriebslogistische Aktivitäten. Marktgerichtete akquisitorische Aktivitäten zielen mehr oder weniger unmittelbar auf die Erzielung von Kaufabschlüssen ab (z. B. die Gestaltung des Vertriebssystems und die Gestaltung der Beziehungen zu Vertriebspartnern und Key Accounts). Im Rahmen der Vertriebslogistik geht es um die Sicherstellung der physischen Verfügbarkeit des Produktes bei den Kunden (z. B. Belieferungsgrundsätze gegenüber Kunden sowie die Gestaltung von Lagerhaltung und Transportwegen).

Im Rahmen der **institutionellen Perspektive** geht es um die Besonderheiten des Marketing unter speziellen institutionellen Rahmenbedingungen. Wir unterscheiden drei Kontexte, deren spezielle Anforderungen an das Marketing wir in Teil V des Buches darlegen:

- Zunächst wird in Kap. 13 das **Marketing von Dienstleistungen** dargestellt.
- Im Anschluss werden in Kap. 14 die Besonderheiten des **Marketing von Handelsunternehmen** aufgezeigt.
- Schließlich wird in Kap. 15 das **Business-to-Business-Marketing** diskutiert.

Im Gegensatz zu den bisherigen Perspektiven befassen sich die beiden verbleibenden Perspektiven mit den unternehmensinternen Rahmenbedingungen, d. h. mit der zweiten Facette unserer Marketingdefinition (vgl. Abschn. 1.2). Die **implementationsbezogene Perspektive** (vgl. Teil VI des Buches) widmet sich primär denjenigen Unternehmensbereichen, die Marketingaufgaben wahrnehmen. In diesem Zusammenhang befassen wir uns mit der Marketing- und Vertriebsorganisation, den Informationssystemen in Marketing und Vertrieb, dem Marketing- und Vertriebscontrolling und dem Personalmanagement in Marketing und Vertrieb.

Im Mittelpunkt der **führungsbezogenen Perspektive** des Marketing steht die marktorientierte Unternehmensführung (vgl. Teil VII des Buches). Es geht hier also nicht nur um die Unternehmensbereiche, die sich primär mit Marketingaufgaben beschäftigen, sondern um die marktorientierte Führung des gesamten Unternehmens. Wir besprechen den Einfluss der Unternehmenskultur und der Führungsteilsysteme (Organisations-, Personalführungs-, Informations-, Planungs- und Kontrollsystem), sowie die Rolle verschiedener Unternehmensbereiche und zeigen auf, wie sie Marktorientierung fördern oder behindern können.

Teil I

Theoretische Perspektive

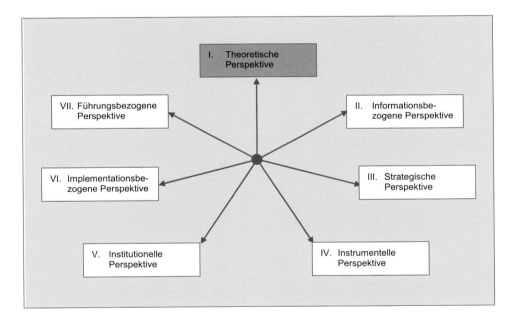

Dieser Teil widmet sich der ersten unserer sieben Perspektiven. Es geht um die theoretischen Grundlagen, die erforderlich sind, um Marketingmodelle, Marketinginstrumente, Marketingaktivitäten und Marketingentscheidungen zu verstehen. Sicherlich ist die Auseinandersetzung mit Theorien manchmal etwas abstrakt. Daher stellt dieser erste Teil nicht den einfachsten möglichen Einstieg in ein Lehrbuch dar. Wir sind allerdings davon überzeugt, dass eine fundierte Marketingausbildung eine solide theoretische Basis benötigt. Der Nutzen besteht insbesondere darin, dass ein tiefer gehendes Verständnis der Marketingaktivitäten ermöglicht wird. Das Verhalten privater Verbraucher unterscheidet sich grundlegend von dem organisationaler Anbieter, so dass diese getrennt betrachtet werden.

- Daher stellt Kap. 2 theoretische Konstrukte und Prozesse zur Erklärung des Verhaltens von individuellen Kunden dar.
- Kap. 3 bezieht sich auf das Kaufverhalten organisationaler Kunden.

Das Verhalten der Konsumenten

2

Inhaltsverzeichnis

© Springer Fachmedien Wiesbaden GmbH, ein Teil von Springer Nature 2020
C. Homburg, *Grundlagen des Marketingmanagements*,
https://doi.org/10.1007/978-3-658-29638-4_2

Lernziele

- Der Leser weiß, was unter dem Begriff der Konsumentenverhaltens-forschung verstanden wird und kennt die wichtigsten Fragestellungen der Konsumenten-verhaltensforschung.
- Der Leser kennt die grundlegenden Einflussfaktoren des Konsumentenver-haltens, kann diese erläutern und in den Kontext des Konsumentenverhaltens einordnen.
- Der Leser kennt die theoretischen Bezugspunkte des Prozesses der Informationsverarbeitung, kann diese erläutern und kennt die zentralen Ein-flussfaktoren des Prozesses der Informationsverarbeitung.
- Der Leser ist mit dem Prozess der Informationsverarbeitung vertraut, kann die einzelnen Teilprozesse voneinander abgrenzen und kennt insbesondere die Ge-staltungsaspekte für das Marketing auf jeder Stufe.
- Der Leser kennt die Modelle zur Erklärung der Kaufentscheidung sowie die zugrunde liegenden Theorien.

2.1 Zentrale Konstrukte zur Erklärung des Konsumentenverhaltens

2.1.1 Aktivierung

Die **Aktivierung** eines Konsumenten bezeichnet einen Erregungszustand (psychische Aktivität), der den Konsumenten zu Handlungen stimuliert. Der Organismus eines Konsumenten wird durch die Aktivierung mit Energie versorgt und in einen Zustand der Leistungsfähigkeit versetzt. Die Aktivierung ist als Grunddimension aller menschlichen Antriebsprozesse insbesondere der Motivation, der Emotion, dem Involvement sowie der Einstellungsbildung vorgelagert.

Im Hinblick auf die **Faktoren, die Aktivierung auslösen,** lassen sich innere und äußere Reize unterscheiden. Innere Reize sind beispielsweise der Stoffwechsel des

Konsumenten oder kognitive Aktivitäten. Äußere Reize sind durch die Umwelt bestimmt und lassen sich folgendermaßen kategorisieren:

- Emotionale Reize sind Schlüsselreize, die Aktivierung über innere Erregung auslösen und teilweise biologisch vorprogrammierte Reaktionen hervorrufen (z. B. erotische Abbildungen oder die Abbildung eines schutzlosen Kleinkindes).
- Kognitive Reize erzeugen gedankliche Konflikte, Widerspruch oder Überraschung und lösen dadurch Aktivierung aus. Beispiele hierfür sind Anzeigen, die typischen Denk- und Verhaltensmustern widersprechen (z. B. die Darstellung einer älteren Dame, die eine Zigarette von einem Punker angeboten bekommt).
- Physische (oder physikalische) Reize sind Reize, die aufgrund der besonderen physischen Beschaffenheit von Objekten aktivierend wirken (z. B. besonders großformatige Werbeanzeigen oder Werbespots mit besonderer akustischer Gestaltung).

Die Aktivierung eines Konsumenten hat wichtige **Verhaltensauswirkungen.** So wurde vielfach nachgewiesen, dass mit zunehmender Aktivierung die Bereitschaft von Individuen zur Informationsverarbeitung (beispielsweise zur Aufnahme einer Werbebotschaft) steigt (vgl. Abschn. 2.2). Auch die Kaufentscheidung (vgl. Abschn. 2.3) wird durch die Aktivierung beeinflusst. So kann durch eine ansprechende (z. B. „erlebnisorientierte") Gestaltung der Einkaufsstätte die Aktivierung der Konsumenten und damit die Wahrscheinlichkeit von Impulskäufen gesteigert werden. Dieses Phänomen lässt sich darüber hinaus nicht nur Offline beobachten, sondern auch in digitalen Einkaufsstätten. Der Einsatz von Big Data und Machine Learning ermöglicht es den Unternehmen, auf den Kunden zugeschnittene Werbung und Stimuli zu schalten, und somit zum Kauf anzuregen (Steinhoff et al. 2019).

2.1.2 Motivation

Wir verstehen **Motivation** als aktivierende Ausrichtung eines Individuums in Bezug auf ein Ziel. Es geht darum, zu verstehen, was Menschen zu einem bestimmten Verhalten bewegt. Die Motivation von Konsumenten umfasst mehrere Motive. Den einzelnen Motiven liegen bestimmte Bedürfnisse zugrunde. Motivation ist also auf die Befriedigung von Bedürfnissen ausgerichtet.

Zur Klärung der Frage, **welche Motive Konsumenten haben,** leistet die **Bedürfnispyramide von Maslow** (1970, 1975) einen wesentlichen Beitrag. Diesem Konzept liegt die Annahme zugrunde, dass das Verhalten des Menschen im Wesentlichen durch fünf Bedürfniskategorien beeinflusst wird (vgl. Abb. 2.1). Ein Bedürfnis hat nach Maslow so lange verhaltensbestimmende Kraft, bis es vollständig befriedigt ist. Erst danach gewinnt die nächsthöhere Bedürfniskategorie an Bedeutung und bestimmt das Verhalten. So bestimmt das Sicherheitsbedürfnis erst dann das Verhalten, wenn das Existenzsicherungsbedürfnis

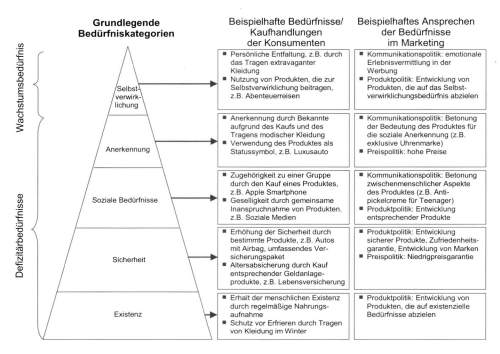

Abb. 2.1 Grundlegende Bedürfniskategorien nach Maslow (1970, 1975) und Möglichkeiten der Ansprache durch Marketinginstrumente

voll befriedigt ist. Dieses Konzept leistet einen hilfreichen Beitrag zum Verständnis der Motivation von Konsumenten und der zugrunde liegenden Bedürfnisse.

Wir kommen nun zu der Frage, **wie verhaltenswirksame Motive durch das Marketing analysiert und angesprochen werden können.** Neben dem bereits dargestellten Konzept der Bedürfnispyramide liefern insbesondere die Means-End-Analyse und das Laddering-Verfahren wichtige Anhaltspunkte für die Analyse und Ansprache von Motiven. Grundidee der **Means-End-Analyse** ist es, zu zeigen, wie die Motive eines Konsumenten mit realen Eigenschaften eines Produktes zusammen-hängen. Untersucht wird hierzu, welches Produkt der Konsument als geeignetes Mittel (mean) zur Befriedigung seiner Bedürfnisse bzw. zur Verwirklichung seiner Ziele (end) sieht. Produktalternativen werden demnach hinsichtlich ihrer Eignung als Mittel zur Zielerreichung bewertet. Insbesondere werden die Produkteigenschaften, der Nutzen der Produktalternativen für den Konsumenten und die Befriedigung der Bedürfnisse analysiert.

Mittels des so genannten **Laddering-Verfahrens** können diese Zusammenhänge zwischen Eigenschaften, Nutzenkomponenten und grundlegenden Bedürfnissen erforscht werden. Hierbei fragt der Marktforscher einen Interviewteilnehmer so lange, warum bestimmte Eigenschaften bzw. Nutzenkomponenten für ihn wichtig sind, bis die Kette von den Eigenschaften bis zu den Bedürfnissen durchlaufen wurde.

Ist einem Unternehmen die Verbindung von Produkteigenschaften und grundlegenden Kundenbedürfnissen transparent, so kann es die entsprechenden Eigenschaften bei der Neuproduktentwicklung berücksichtigen. Es kann diese Eigenschaften darüber hinaus auch im Rahmen der Kommunikationspolitik hervorheben und das Produkt dementsprechend in der Wahrnehmung der Konsumenten positionieren (vgl. zur Positionierung von Produkten Abschn. 9.4.2).

2.1.3   Emotion

Neben der Motivation haben auch Emotionen einen Einfluss darauf, wie sich Konsumenten in verschiedenen Situationen verhalten. Im Gegensatz zur Motivation sind Emotionen jedoch nicht zielorientiert. Eine **Emotion** ist ein augenblicklicher oder anhaltender Gefühlszustand (z. B. Freude, Überraschung oder Furcht) eines Individuums, der zumeist mit (mehr oder minder starker) körperlicher Erregung verbunden ist.

Die **emotionale Ansprache zur Verhaltensbeeinflussung** ist ein zentrales Thema im Rahmen des Marketing. In vielen Märkten weisen die verschiedenen Angebote nur geringe Qualitätsunterschiede auf. Hier besteht eine wesentliche Zielsetzung darin, eigene Produkte durch emotionale Erlebnisse unterscheidbar zu machen. Man spricht in diesem Zusammenhang auch von emotionaler Konditionierung (vgl. Abschn. 2.2.5.1).

Im Hinblick auf die **Frage, wie Emotionen das Verhalten beeinflussen,** ist auf die bedeutsame Rolle von Emotionen im Rahmen der Informationsverarbeitung zu verweisen (vgl. hierzu Abschn. 2.2.4.1). Emotionen üben einen Einfluss auf den Informationsverarbeitungsprozess aus und beeinflussen somit die Aufnahme, Beurteilung und den Abruf von Informationen und die daraus resultierende Urteilsbildung. Diese Auswirkungen schlagen sich letztlich auch im Verhalten des Konsumenten nieder.

Zum Messen von Emotionen werden in der Wissenschaft **psychobiologische Messungen** verwendet. Gemessen werden hierzu beispielsweise der Puls, elektrodermale Reaktionen (Veränderungen der elektrischen Leitfähigkeit der Haut aufgrund von Schweißbildung bei Stress) oder Gehirnwellen. Vermehrt wird auch auf neurowissenschaftliche Verfahren zur Messung von Emotionen zurückgegriffen. z. B. lassen sich so die menschlichen Gehirnfunktionen analysieren, die bei der Entscheidung zwischen verschiedenen Marken oder bei der Beurteilung eines bestimmten Produktdesigns aktiviert sind (vgl. Deppe et al. 2005; Erk et al. 2002; Kenning et al. 2007). Ebenfalls häufig zum Einsatz kommen so genannte okulomotorische Messungen wie Eye Tracking (vgl. Dziśko et al. 2017) oder Pupillometrie (Messung der Pupillenveränderung bei der Präsentation unterschiedlicher Stimuli). Bei diesen psychobiologischen Messverfahren werden die Blickbewegungen von Probanden vermessen, während sie visuelle Stimuli wie Bilder, Werbeanzeigen oder Texte verarbeiten. Eye Tracking bietet dabei die Möglichkeit, die Augenbewegung des Konsumenten in Echtzeit aufzuzeichnen und zu beobachten (vgl. Neuert und Lenzner 2019). Dieses Vorgehen bietet Wissenschaftlern den Vorteil, dass erfasst werden kann, welche Inhalte und Reize die Konsumenten beim Beobachten und Lesen

genauer fixieren, die Intensität der Fixierung sowie die Reihenfolge, in der Objekte die Aufmerksamkeit des Konsumenten binden (Neuert und Lenzner 2019).

Basis für die Interpretation der Ergebnisse sind zwei Grundannahmen: die immediacy
assumption und die eye-mind assumption. Die immediacy assumption besagt dabei, dass
Objekte oder Wörter, die das menschliche Auge fixiert, umgehend kognitiv vom Gehirn
verarbeitet werden. Damit ist die Verarbeitungsdauer der Fixationsdauer entsprechend.
Die eye-mind assumption besagt darüber hinaus, dass Objekte oder Wörter so lange vom
menschlichen Auge fixiert werden, wie sie kognitiv verarbeitet werden. Dabei entspricht also
die Fixationsdauer der Dauer der kognitiven Verarbeitung (vgl. Neuert und Lenzner 2019).

2.1.4 Involvement

Eine spezielle Form der Aktivierung ist das **Involvement** des Konsumenten. Hierunter
versteht man eine zielgerichtete Form der Aktivierung des Konsumenten zur Suche, Aufnahme, Verarbeitung und Speicherung von Informationen.

Im Hinblick auf die Frage nach **unterschiedlichen Arten des Involvements und
ihren Verhaltensauswirkungen** kann Involvement anhand der Frage unterschieden
werden, inwieweit der Konsument im Rahmen des Involvements auf Kognitionen bzw.
Emotionen zurückgreift:

- **Kognitives Involvement** bedeutet, dass der Konsument Interesse hat, über mit seinen
  Zielen verbundene Informationen nachzudenken und diese kognitiv zu verarbeiten.
  Dies führt dazu, dass der Konsument möglichst viel über ein Produkt lernen will.
  Ein Konsument, der beispielsweise möglichst viel über die technischen Daten einer
  Stereoanlage erfahren will, zeigt kognitives Involvement.
- Bei **emotionalem Involvement** hat der Konsument meist besondere Gefühle in
  Bezug auf ein bestimmtes Produktangebot. Ein Konsument, der sich beispielsweise
  als leidenschaftlicher Fan einer Musikgruppe für deren Produkte (z. B. CDs oder Fan-
  artikel) interessiert, zeigt emotionales Involvement.

Zweitens können verschiedene Arten von Involvement anhand des Ausprägungs-
grades des Involvement unterschieden werden. Involvement kann je nach Produkt
(und Situation) ein hohes Niveau (High-Involvement) oder ein niedriges Niveau
(Low-Involvement) aufweisen (vgl. Kroeber-Riel und Gröppel-Klein 2019; Trommsdorff
2011):

- **High-Involvement** liegt meist bei Produkten vor, die für den Konsumenten besonders
  wichtig oder mit Risiken verbunden sind. Bei diesen Produkten investiert der Konsument relativ viel Energie und Zeit in die aktive Informationssuche und in einen
  intensiven Kaufentscheidungsprozess (vgl. hierzu ausführlich Abschn. 2.3.2). Eine
  typische High-Involvement-Situation ist beispielsweise der Kauf eines neuen Hauses.

- **Low-Involvement** liegt bei Produkten vor, die ein geringeres Risiko für den Konsumenten aufweisen und weniger wichtig für ihn sind. Hier zeigt der Konsument ein eher passives Informationsverhalten und investiert weniger Zeit und Energie in den Kaufentscheidungsprozess, sodass der Kauf oftmals relativ habitualisiert (gewohnheitsmäßig) abläuft (vgl. hierzu ausführlich Abschn. 2.3.2). Dies ist beispielsweise der Fall beim Kauf von Produkten des täglichen Bedarfs wie Milch oder Zucker.

Das Konstrukt Involvement hat große **Bedeutung für das Marketing.** So sollten Unternehmen bei der Vermarktung von Produkten grundsätzlich berücksichtigen, ob das Involvement der Konsumenten eher hoch oder niedrig ist. Beispielsweise ist es nicht sinnvoll, wenig involvierte Konsumenten mit umfassenden Informationen (z. B. im Rahmen der Werbung) zu konfrontieren. Wie Insert 2.1 zeigt, kann es auch sinnvoll sein, dass Unternehmen High-Involvement-Produkte und Low-Involvement-Produkte über unterschiedliche Vertriebswege verkaufen.

[...] Grundsätzlich werden alle Kleingeräte der Bosch-Siemens-Hausgeräte GmbH in Mitnahmeartikel mit geringem Involvement und in erklärungsbedürftige Geräte mit einem hohen Involvement eingeteilt. Welche Überlegung hat zu der Zweiteilung geführt? Ganz einfach: Eine Kaffeemaschine hat beispielsweise einen geringen Erklärungsbedarf und ist zudem ein klassischer Mitnahmeartikel. Ähnlich sieht es bei Bügeleisen oder Toastern aus. Hier genießt Siemens traditionell ein hohes Ansehen bei den Benutzern. Komplexe, leistungsfähige und mit viel Zubehör ausgestattete Küchenmaschinen hingegen sind stark erklärungsbedürftig und auch kostenintensiver. Die kauft man nicht gerade mal im Vorbeigehen. Das sind Investitionen, da spielen Ausstattung, Performance und Qualität (also die Sicherheit, die eine große Marke bietet) eine wesentliche Rolle. Hier ist auch das Involvement der Konsumenten höher. In diese Kategorie fallen im Übrigen auch die Bodenpflegegeräte. Welche Konsequenzen hat dies für [die] Distribution? Die Mitnahmegeräte werden erfolgreich über die Großfläche vertrieben, die wenig Personal und damit auch wenig Beratungskompetenz hat. Die erklärungsbedürftigen Küchenmaschinen oder Sauger hingegen werden von den Kunden eher im spezialisierten Groß- und im Fachhandel gekauft.

Insert 2.1   Beispiel für die Berücksichtigung von InvolvementInvolvement im Rahmen der Marktbearbeitung. (Vgl. Heckel 1996, S. 58)

2.1.5 Einstellung

Eine weitere wesentliche Einflussgröße des Verhaltens von Konsumenten sind deren Einstellungen. Wir definieren eine **Einstellung** als eine innere Denkhaltung des Konsumenten gegenüber einer Person, Verhaltensweise, Idee oder Sache, verbunden mit einer Wertung oder einer Erwartung. Diese Denkhaltung wird vom Konsumenten erlernt und gilt als relativ zeitbeständig.

Im Hinblick auf die Frage nach **Arten von Einstellungen** existiert eine Reihe von Kategorisierungen:

- **Kognitiv geprägte Einstellungen** gegenüber einem Bezugsobjekt basieren auf gedanklich bewerteten Informationen über dieses Objekt. **Emotional geprägte Einstellungen** hingegen resultieren aus Gefühlen des Konsumenten gegenüber dem Bezugsobjekt.
- In Abhängigkeit davon, wie fest Einstellungen im Langzeitgedächtnis des Konsumenten verankert sind und wie stabil sie somit im Zeitablauf sind, lassen sich zweitens **stabile Einstellungen** von eher **instabilen Einstellungen** abgrenzen. Die stabilen Einstellungen eines Konsumenten können durch das Marketing schwieriger beeinflusst werden als instabile Einstellungen.
- **Kategoriale Einstellungen** beziehen sich auf Kategorien von Objekten (z. B. Produktkategorien) und nicht auf einzelne (konkrete) Objekte. Beispielsweise kann ein Konsument eine kategoriale Einstellung gegenüber der Produktkategorie Wein haben. **Spezifische Einstellungen** beziehen sich auf konkrete Bezugsobjekte (z. B. einzelne Unternehmen, Produkte oder Marken). Ein Konsument kann z. B. eine spezifische Einstellung gegenüber dem Wein eines bestimmten Weingutes haben.
- **Erfahrungsbasierte Einstellungen** resultieren aus der persönlichen Erfahrung mit dem Bezugsobjekt. Beispielsweise kann der Konsument nach dem Konsum eines Weines eine positive oder negative Einstellung gegenüber dem Winzer entwickeln. **Übernommene Einstellungen** hingegen resultieren nicht aus persönlicher Erfahrung, sondern basieren auf externen Informationen. So kann sich ein Konsument auf Basis des Urteils eines Weinkritikers eine bestimmte Einstellung zu einer Weinmarke aneignen.

Im Hinblick auf die **Beeinflussung der Einstellungen** durch einen Anbieter sind folgende Ansatzpunkte zu nennen:

- Erstens lassen sich Einstellungen durch die **Anwendung der Kommunikationsinstrumente** und die **Gestaltung des Kommunikationsauftritts** (vgl. Abschn. 11.4) gezielt beeinflussen. Der Anbieter vermittelt den Konsumenten also bestimmte Kommunikationsbotschaften, damit diese sich die gewünschten Einstellungen z. B. zu dessen Produkten aneignen.
- Zweitens spielen im Rahmen der **Produktpolitik** (vgl. Kap. 9) die **Gestaltung**

- **existierender und neuer Produkte** und das **Markenmanagement** eine wichtige Rolle für die Beeinflussung von Einstellungen. So stellen die Produkteigenschaften die Grundlage für die persönliche Erfahrung der Konsumenten mit dem Produkt dar und beeinflussen somit maßgeblich die Bildung erfahrungsbasierter Einstellungen. Die Marke selbst ist eine im Bewusstsein der Kunden verankerte Vorstellung, die auf den Einstellungen der Konsumenten basiert.

- Drittens stellt im Bereich der **Vertriebspolitik** insbesondere die Gestaltung der Verkaufsaktivitäten einen zentralen Ansatzpunkt dar (vgl. Abschn. 12.3). Vor allem der persönliche Verkauf, bei dem Verkäufer und Kunden in direkter Interaktion stehen, spielt eine wichtige Rolle bei der Beeinflussung der Einstellung der Konsumenten. Darüber hinaus wirkt sich die Gestaltung der Verkaufsräume auf die Einstellungsbildung der Konsumenten aus (vgl. hierzu auch Abschn. 14.2). Eine weitere Möglichkeit der Beeinflussung, die zunehmend bei jüngeren Zielgruppen erfolgversprechend scheint, ist der Einsatz von Social Media Marketing, und im speziellen das Influencer Marketing über die sozialen Netzwerke wie Instagram, Youtube oder Facebook (vgl. Nguyen 2018 sowie Abschn. 11.4.7). Unternehmen haben dabei die Möglichkeit, schnell eine signifikante Zahl von potenziellen Kunden erreichen zu können (vgl. Nirschl und Steinberg 2018).

2.1.6   Kundenzufriedenheit

Eine spezielle Form der Einstellung ist die **Kundenzufriedenheit.** Als integrativer Rahmen der Theorien und Konzepte, die im Zusammenhang mit der **Entstehung von Kundenzufriedenheit** relevant sind, dient das C/D-Paradigma (Confirmation/Disconfirmation-Paradigm).

Die Kernaussage des **C/D-Paradigmas** lautet, dass Kundenzufriedenheit aus dem Vergleich der tatsächlichen Erfahrung bei der Inanspruchnahme einer Leistung (Ist-Leistung) mit einem bestimmten Vergleichsstandard des Kunden (Soll-Leistung) resultiert. Entspricht die wahrgenommene Ist-Leistung der Soll-Leistung, so spricht man von Bestätigung (Confirmation).

Übertrifft die Ist-Leistung die Soll-Leistung (positive Diskonfirmation), entsteht ein Zufriedenheitsniveau, das über dem Konfirmationsniveau liegt. Ist hingegen die Ist-Leistung geringer als die Soll-Leistung (negative Diskonfirmation), führt dies zu einem Zufriedenheitsniveau, das unterhalb des Konfirmationsniveaus liegt, also zu Unzufriedenheit. Abb. 2.2 verdeutlicht die Entstehung von Kundenzufriedenheit anhand des C/D-Paradigmas.

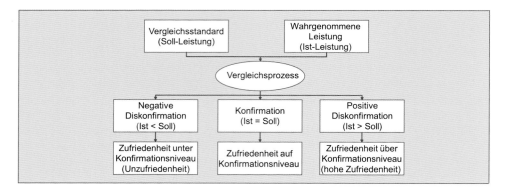

Abb. 2.2 Das Konfirmations/Diskonfirmations-Paradigma

Hinsichtlich der **Auswirkungen der Kundenzufriedenheit auf das Verhalten** der Kunden lassen sich zwei Bereiche unterscheiden:

- Zum einen beeinflusst Kundenzufriedenheit die **Kundenloyalität**. Kundenloyalität umfasst das Wiederkaufverhalten des Kunden, dessen Bereitschaft zu Zusatzkäufen (Kauf weiterer Produkte des Unternehmens) sowie seine Bereitschaft, das Unternehmen und seine Produkte an andere Nachfrager weiterzuempfehlen. Kundenzufriedenheit wirkt sich positiv auf alle drei Facetten der Kundenloyalität aus.
- Bezüglich der **Wirkung der Kundenzufriedenheit auf das preisbezogene Verhalten** kann ein starker positiver Zusammenhang zwischen Kundenzufriedenheit und der Zahlungsbereitschaft des Kunden festgestellt werden. Interessant ist auch, dass dieser Zusammenhang mit zunehmender Erfahrung des Kunden (d. h. mit zunehmender Fundiertheit des Zufriedenheitsurteils) stärker wird.

Insgesamt kann also davon ausgegangen werden, dass Kundenzufriedenheit in der Regel die Kundenloyalität und das preisbezogene Verhalten der Kunden in einer für das Unternehmen vorteilhaften Weise beeinflusst. Hierdurch wirkt sich Kundenzufriedenheit indirekt auf den Unternehmenserfolg aus.

Im Hinblick auf die Frage, **wie ein Unternehmen Kundenzufriedenheit beeinflussen kann,** greifen wir nochmals auf das C/D-Paradigma (vgl. Abb. 2.2) zurück. Auf dieser Basis lassen sich drei Ansatzpunkte zur Beeinflussung der Kundenzufriedenheit identifizieren:

- Erstens kann ein Unternehmen die Qualität seiner Leistung steigern. Dies kann z. B. durch zusätzliche Produktfunktionen, eine gesteigerte Zuverlässigkeit des Produktes sowie ein verbessertes Produktdesign erreicht werden.
- Zweitens kann ein Unternehmen durch entsprechende Kommunikationsaktivitäten die Qualitätswahrnehmung der Kunden positiv beeinflussen. Hierzu existiert ein

breites Spektrum an Ansatzpunkten wie z. B. die Betonung der Produktqualität in der Werbung, die Veröffentlichung von positiven Testergebnissen, etc.

- Drittens kann ein Unternehmen auf die Erwartungen der Kunden Einfluss nehmen. Hier sind z. B. die Beschränkung auf realistische Versprechungen in der Werbung und im Verkaufsgespräch sowie die Vermeidung euphorischer Formulierungen, die zu einer Erwartungsinflation bei den Kunden führen könnten, zu nennen.

2.1.7 Werte und Lebensstil

In den vorherigen Abschnitten wurden zentrale innerpsychische (psychologische) Konstrukte zur Erklärung des Konsumentenverhaltens erläutert. Darüber hinaus wird das Konsumentenverhalten auch durch die Umwelt, die Kultur bzw. die gesellschaftlichen Rahmenbedingungen beeinflusst, in denen der Konsument lebt. In diesem Abschnitt gehen wir auf Werte und Lebensstil als Einflussfaktoren des Konsumentenverhaltens ein.

Die **Werte** eines Konsumenten können definiert werden als die dauerhafte Überzeugung, dass ein bestimmtes Verhalten wünschenswert oder gut ist. Die Gesamtheit der Werte eines Konsumenten wird als Wertesystem bezeichnet.

Allgemein lassen sich gesellschaftliche Werte und persönliche Lebenswerte unterscheiden. **Gesellschaftliche Werte** werden von den meisten Mitgliedern einer Gesellschaft geteilt und basieren auf einem kulturellen Orientierungsrahmen. Unterschiedliche Kulturen und Länder haben unterschiedliche gesellschaftliche Wertesysteme. Beispielsweise ist der Wert Individualismus in den USA sehr stark ausgeprägt, in fernöstlichen Ländern dagegen sehr schwach.

Persönliche Lebenswerte sind bewusste oder unbewusste Beurteilungsmaßstäbe, an denen ein Individuum seine Handlungen misst. Diese inneren Standards entwickeln sich bereits ab dem Kindesalter und ändern sich in Abhängigkeit vom Lebensalter und von der Zugehörigkeit zu sozialen Schichten.

Werte **wirken sich direkt** oder **indirekt auf das Verhalten aus.** Direkt legen Werte konkrete Beurteilungsmaßstäbe und Ziele fest, die bestimmtes Verhalten bedingen. Indirekt wirken Werte über andere Konstrukte des Konsumentenverhaltens wie Motivation, Emotion, Einstellung und Involvement auf das Verhalten.

Die Werte, an denen sich ein Konsument orientiert, legen gewissermaßen einen „Verhaltenskorridor" fest. Die Verhaltensmuster im Rahmen dieses durch persönliche und gesellschaftliche Werte geprägten Korridors können als **Lebensstil** (Lifestyle) bezeichnet werden. Während Werte interne Charakteristika von Individuen sind, manifestiert sich der Lebensstil durch die nach außen sichtbaren Verhaltensmuster, beispielsweise in konkreten Kaufentscheidungen. In der Marktforschungspraxis werden Konsumenten anhand ihrer Lebensstile in Lebensstiltypologien zu Kundensegmenten zusammengefasst (vgl. Tab. 2.1).

Tab. 2.1 Lebensstiltypologien im Überblick

Lebensstiltypologie	Organisation	Lebensstiltypen und zur Typenbildung herangezogene Dimensionen
Sinus-Milieus	Sociovision Group	Konservative, Etablierte, Bürgerliche Mitte, Traditionsverwurzelte, DDR-Nostalgische, Konsum-Materialisten, Postmaterielle, Moderne Performer, Experimentalisten, Hedonisten (2 Dimensionen: sozioökonomische Klasse/Werte)
Sigma-Milieus	SIGMA Gesellschaft für internationale Marktforschung und Beratung	Aufstiegsorientiertes Milieu, Traditionelles Bürgerliches Milieu, Modernes Bürgerliches Milieu, Konsum-materialistisches Milieu, Hedonistisches Milieu, Modernes Arbeitnehmermilieu, Etabliertes Milieu, Liberal-intellektuelles Milieu, Postmodernes Milieu, Traditionelles Arbeitermilieu (2 Dimensionen: sozioökonomische Klasse/Werte)
Euro-Socio-Styles	GfK (Gesellschaft für Konsumforschung)	Landkarte der 8 EUR-Socio-Styles: Magic World, Crafty World, Secure World, Steady World, Cosy Tech World, New World, Authentic World, Standing World (2 Dimensionen: Schein versus Realität/Wandel versus Beständigkeit)
Eurostyles	Centre de Communication Avancé (CCA), Paris	Ehrgeizige, Träumer, Zurückgezogene, Wettkämpfer, Militante, Notables (2 Dimensionen: Güter versus Werte/Bewegung versus Beharrung)
Values and Lifestyle Survey (VALS)	SRI Consulting Business Intelligence	Innovatoren, Denker, Erfolgreiche, Ausprobierer, Glaubende, Strivers, Macher, Überlebende (2 Dimensionen: Ressourcen und Innovativität/Primäre Motivation)

2.1.8 Umfeldfaktoren

Das Verhalten der Konsumenten wird nicht nur durch innerpsychische Konstrukte beeinflusst, sondern auch durch externe Einflussfaktoren im Umfeld der Konsumenten (sogenannte Umfeldfaktoren). Das Umfeld eines Konsumenten lässt sich unterteilen in das

- physische Umfeld, das
- soziale Umfeld und das
- kulturelle Umfeld.

Das **physische Umfeld** wird durch das natürliche Umfeld (z. B. Natur, Klima) und das vom Menschen geschaffene Umfeld (z. B. Infrastruktur, Gegenstände) gebildet. Zu den Reizen des physischen Umfeldes zählen unter anderem Töne, Farben, Bilder, Worte, Gerüche, Geschmacksreize und haptische (mit dem Tastsinn erfassbare) Reize.

Die emotionale Wirkung des physischen Umfeldes kann vom Anbieter bewusst genutzt werden, beispielsweise bei der farblichen Gestaltung von Werbeanzeigen (vgl. Abschn. 11.4.1), der Verwendung von Duftstoffen im Einzelhandel oder der Gestaltung des Verkaufsraums (vgl. Abschn. 14.2).

Zum näheren **sozialen Umfeld** gehören die Menschen und Gruppen, mit denen ein Konsument regelmäßig persönlichen Kontakt hat (z. B. Familie, Freunde, Kollegen). Zum weiteren sozialen Umfeld unterhält der Konsument keine regelmäßigen persönlichen Beziehungen (z. B. eigene soziale Schicht, religiöse Vereinigungen oder staatliche Institutionen). Die verschiedenen Akteure des sozialen Umfelds können direkten Einfluss auf den Kaufentscheidungsprozess des Konsumenten haben.

Akteure des sozialen Umfelds, an deren Erwartungen, Wertvorstellungen, Einstellungen oder Verhaltensweisen sich ein Individuum orientiert, werden als **Bezugsgruppen** bezeichnet. Dabei sind nicht alle Mitglieder der Bezugsgruppe gleich bedeutsam für die Entscheidung des Individuums. Besonders einflussreich sind **Meinungsführer** (Opinion-Leader). Deren Rat wird vom Individuum im Entscheidungsprozess besonders berücksichtigt, da ihnen ein Expertenwissen in Bezug auf ein spezifisches Produkt und hohe Glaubwürdigkeit zugesprochen werden.

Als aktuelles Beispiel können an dieser Stelle sogenannte **Influencer** genannt werden (vgl. Nirschl und Steinberg 2018). Diese beziehungsstarken Multiplikatoren haben die Möglichkeit durch ihr umfangreiches soziales Netzwerk, sehr schnell eine signifikante Zahl von Followern erreichen zu können. Diese Reichweite stellen sie dann häufig Unternehmen und Agenturen zur Verfügung, um als Produkttester zu agieren (vgl. Nirschl und Steinberg 2018 sowie Kap. 11). Ein noch breiteres Wissen in Bezug auf Marktgegebenheiten haben **Market Mavens**. Sie verfügen über ein sehr gutes Allgemeinwissen in Bezug auf verschiedenste Produkte, Verkaufsstellen und andere Marktinformationen.

Neben den physischen und sozialen Umfeldfaktoren beeinflussen auch **kulturelle Umfeldfaktoren** das Konsumentenverhalten. Es geht hierbei um die Kultur in einer Region, in einem Land oder in einer speziellen gesellschaftlichen Gruppe (Subkultur). Der Begriff Kultur bezeichnet die von mehreren Individuen (z. B. eines Landes) geteilten Werte, Normen, Haltungen und typischen Verhaltensweisen (z. B. Gewohnheiten und Bräuche) (vgl. Hofstede 2010).

2.2 Informationsverarbeitung

Die Informationsverarbeitung stellt einen Kernprozess des Konsumentenverhaltens dar. Der Prozess der Informationsverarbeitung liegt zwischen dem Senden von Informationen durch das Unternehmen und der Kaufentscheidung aufseiten des Konsumenten. Ausmaß und Qualität dieses Prozesses bestimmen, welche Informationen beim Kunden ankommen und wie er sie aufnimmt, beurteilt, speichert sowie im Hinblick auf eine Kaufentscheidung einsetzt. Folglich ist das Verständnis der Informationsverarbeitung auf Seite des Konsumenten eine zentrale Voraussetzung für die Erklärung des Konsumentenverhaltens.

2.2.1 Überblick

Die Informationsverarbeitung umfasst verschiedene Facetten, die sich anhand eines Prozesses darstellen lassen. An die erste Phase der Informationssuche schließen sich die Informationsaufnahme, die Informationsbeurteilung, die Informationsspeicherung und der Abruf der Informationen an (vgl. Abb. 2.3). Wichtig anzumerken ist jedoch, dass die – hier aus Gründen der Übersichtlichkeit sukzessive dargestellten – Prozessphasen simultan stattfinden und sich gegenseitig beeinflussen.

Die **Informationssuche** bezieht sich auf die aktive Suche nach externen Informationen im Umfeld des Individuums (vgl. Abschn. 2.2.2). Diese Suche wird durch das Kurzzeitgedächtnis veranlasst, das als „Arbeitsspeicher" des Konsumenten gesehen werden kann.

Die **Informationsaufnahme** zielt ebenfalls auf externe Informationen ab (vgl. Abschn. 2.2.3). Dieser Prozessschritt umfasst sämtliche Aktivitäten, mit denen Informationen bzw. Reize aus der Umwelt in das sensorische Gedächtnis und dann weiter in das Kurzzeitgedächtnis gelangen. Hiervon abzugrenzen ist der **Informations-abruf,** der die interne Informationsaufnahme aus dem Langzeitgedächtnis bezeichnet (vgl. Abschn. 2.2.6).

Das **sensorische Gedächtnis** (Ultrakurzzeitspeicher) speichert die durch Umweltreize hervorgerufenen Sinneseindrücke für sehr kurze Zeit. Die aufgenommenen Reize

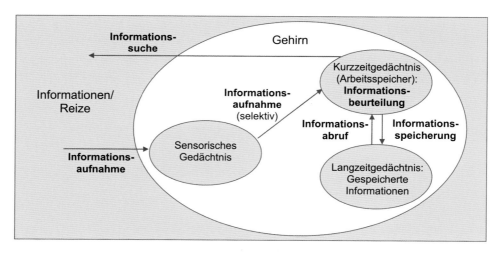

Abb. 2.3 Überblick zur Informationsverarbeitung anhand eines Gedächtnismodells

werden in ihrer sensorischen Form (z. B. Schriftzeichen) gespeichert, ohne jedoch in ihrer Bedeutung interpretiert zu werden.

Das **Kurzzeitgedächtnis** übernimmt als „Arbeitsspeicher" des Konsumenten nur einen Teil der Sinneseindrücke aus dem sensorischen Gedächtnis. Dieses Phänomen wird auch als selektive Informationsaufnahme bezeichnet (vgl. Abschn. 2.2.3.2). Die übernommenen Sinneseindrücke werden im Kurzzeitgedächtnis für einige Sekunden gespeichert, um dann entschlüsselt und interpretiert (verarbeitet) werden zu können.

Im Rahmen der **Informationsbeurteilung** werden diese Sinneseindrücke interpretiert. Im Kurzzeitgedächtnis wird in diesem Kontext entschieden, welche Informationen zur Beurteilung herangezogen werden und wie sie bewertet werden (vgl. Abschn. 2.2.4).

Bei der Verarbeitung der aus dem sensorischen Gedächtnis übernommenen Sinneseindrücke greift das Kurzzeitgedächtnis auf die im **Langzeitgedächtnis** vorhandenen Informationen aus früheren Erfahrungen zurück. So ist beispielsweise im Langzeitgedächtnis die Bedeutung von Schriftzeichen gespeichert. Im Kurzzeitgedächtnis werden die interpretierten Sinneseindrücke nur für kurze Zeit als Informationen gespeichert. Die Informationen werden entweder vergessen oder in das Langzeitgedächtnis im Rahmen eines Lernprozesses überführt.

Mit der **Informationsspeicherung** befasst sich Abschn. 2.2.5. Die im Langzeitgedächtnis gespeicherten Informationen können bei Bedarf wieder abgerufen werden. Dieser **Informationsabruf** wird in Abschn. 2.2.6 behandelt.

Nachstehend wird genauer auf die einzelnen Facetten im Rahmen des Informationsverarbeitungsprozesses eingegangen werden.

2.2.2 Informationssuche

Im Folgenden gehen wir auf zentrale Theorien ein, die im Rahmen des Informationsverarbeitungsprozesses eine Rolle spielen.

2.2.2.1 Informationsökonomie

Die Informationsökonomie trifft in erster Linie Aussagen darüber, welche Faktoren für die Suche und Beurteilung von Informationen über Produkte und Leistungen relevant sind. Insbesondere wird thematisiert, dass Individuen oftmals Entscheidungen treffen müssen, ohne vollständige Informationen über alle Entscheidungsparameter zu haben (Unsicherheit). Informationen sind häufig zwischen den Akteuren nicht gleich verteilt (Informationsasymmetrie), sondern meist zugunsten des Anbieters.

Qualitätsunsicherheit bezieht sich auf die Unsicherheit des Nachfragers über die tatsächliche Qualität der Produkte der verschiedenen Anbieter. Der Abbau dieser Informationsasymmetrien und der damit verbundenen Unsicherheiten verursacht Informationskosten. Die Höhe der Informationskosten wird insbesondere durch die Eigenschaften der Güter beeinflusst, über die sich die Nachfrager informieren wollen. In der Informationsökonomie werden in diesem Zusammenhang Such-, Erfahrungs- und Vertrauenseigenschaften von Gütern unterschieden (vgl. auch Abb. 2.4).

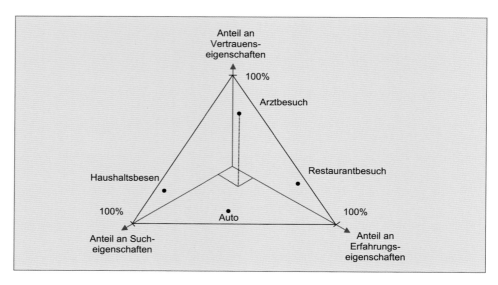

Abb. 2.4 Beispielhafte Positionierung von Gütern anhand von Such-, Erfahrungs- und Vertrauenseigenschaften (in Anlehnung an Weiber und Adler 1995b, S. 100)

Die **Sucheigenschaften** eines Leistungsangebotes können bereits vor dem Kauf durch einfache Inspektion vollständig beurteilt werden. Die Beurteilung dieser Eigenschaften verursacht beim Nachfrager nur relativ niedrige Kosten der Informationssuche. Beispielsweise handelt es sich bei Farbe und Form eines Produktes um Sucheigenschaften. Bemerkenswert ist in diesem Zusammenhang ein stetig steigender Trend hin zu Produktsuchen und Produktvergleichen im Internet und auf digitalen Plattformen (vgl. Bronnenberg et al. 2016). Diesen Trend beobachten die Unternehmen seit längerer Zeit ebenfalls aufmerksam und reagieren vermehrt strategisch auf das gestiegene Online-Suchverhalten potenzieller Kunden. So intensivieren Unternehmen ihr Onlinemarketing beispielsweise seit Jahren kontinuierlich weiter, mit stetig steigenden Wachstumsraten. 2014 wurde dabei durchschnittlich eine Steigerung gegenüber dem Vorjahr von 6,8 % verzeichnet, 2016 waren es 6,3 % und 2017 acht Prozent (vgl. Lammenett 2019).

Die **Erfahrungseigenschaften** eines Leistungsangebotes hingegen können erst nach dem Kauf durch Ge- oder Verbrauch des Gutes beurteilt werden. Eigene oder fremde Erfahrungen mit dem Produkt sind also für eine Beurteilung dieser Eigenschaften erforderlich. Beispiele für Erfahrungseigenschaften sind die Lebensdauer technischer Gebrauchsgüter sowie das optische Resultat eines Friseurbesuchs.

Bei den **Vertrauenseigenschaften** handelt es sich um Eigenschaften des Leistungsangebotes, die weder vor noch nach dem Kauf des Gutes vollständig durch den Nachfrager beurteilt werden können. Eine Beurteilung dieser Eigenschaften würde beim Nachfrager

Expertenwissen voraussetzen, welches er sich nur unter sehr hohem Zeit- und Kostenaufwand aneignen könnte. Beispielsweise sind Dienstleistungen von Rechtsanwälten oder Ärzten in hohem Maße durch Vertrauenseigenschaften geprägt.

Ein Leistungsangebot kann Merkmale aller drei Eigenschaftskategorien beinhalten. Je nach Dominanz einer Eigenschaftskategorie spricht man entsprechend von sogenannten Such-, Erfahrungs- oder Vertrauensgütern.

Zur Reduktion der Informationsasymmetrie bzw. der daraus resultierenden Unsicherheit können sowohl Anbieter als auch Nachfrager verschiedene Maßnahmen ergreifen. **Signaling**-Maßnahmen eines Anbieters sind beispielsweise der Aufbau einer guten Reputation am Markt. Auch weit reichende Qualitätsgarantien bis hin zu uneingeschränkten Kundenzufriedenheitsgarantien sind in diesem Kontext zu nennen. Im Rahmen des **Screening** kann der Nachfrager verschiedene Strategien zur Überwindung von Unsicherheit anwenden. Beispielsweise kann er Produkteigenschaften vor dem Kauf prüfen und beobachten **(Strategie der direkten Informationssuche),** alternative leistungsbezogene Informationen wie Garantien und Markennamen beurteilen **(Strategie der leistungsbezogenen Informationssubstitute)** oder auf leistungsübergreifende Informationssubstitute zurückgreifen **(Strategie der leistungsübergreifenden Informationssubstitute).**

2.2.2.2 Prozess der Informationssuche

Unter Informationssuche wird hier die Gewinnung von Informationen verstanden, die noch nicht im Langzeitgedächtnis verfügbar sind, also ausschließlich die **Suche nach externen Informationen.**

Im Rahmen der Informationssuche durchlaufen Konsumenten in der Regel einen zweistufigen Entscheidungsprozess. In einem ersten Schritt muss der Konsument entscheiden, ob er **überhaupt nach externen Informationen** suchen will oder ob **intern verfügbare Informationen** (im Gedächtnis gespeicherte Informationen) als hinreichend erachtet werden. Die Suche nach externen Informationen ist in der Regel aufwendiger als der interne Abruf von Informationen. Konsumenten suchen daher meist nur dann nach externen Informationen, wenn eine Informationslücke oder große Unsicherheit über die vorhandenen Informationen besteht.

Zweitens ist für das Marketing die Frage von besonderem Interesse, wovon das **Ausmaß der Informationssuche** abhängt. Hier sind insbesondere fünf Faktoren zu nennen:

- Fähigkeit des Konsumenten zur Informationssuche,
- erwarteter Nutzen der Informationssuche,
- erwarteter Aufwand der Informationssuche,
- Ausmaß der früheren Erfahrungen des Konsumenten mit dem Produkt sowie
- Involvement des Konsumenten.

Jeder dieser Faktoren liefert Ansatzpunkte für das Marketing. Dabei können Aktivitäten von Unternehmen sowohl auf eine Erhöhung als auch auf eine Reduktion des Ausmaßes der Informationssuche abzielen.

Der Anbieter sollte sein Informationsangebot an die **Fähigkeiten** seiner Zielgruppe anpassen. Ansonsten besteht die Gefahr, dass die Rezipienten überfordert werden und ihre Informationssuche einstellen. Der Zugang zu bzw. die Verarbeitung von Informationen sollte für die Individuen so leicht wie möglich gestaltet werden. Insbesondere bei unpersönlicher Kommunikation wie z. B. klassischer Media-Werbung sollten die besonderen Attribute eines Produktes (z. B. hochwertige Qualität) sowie der konkrete Produktnutzen (z. B. Haltbarkeit) klar und unmissverständlich kommuniziert werden.

Individuen richten das Ausmaß ihrer Informationssuche auch nach dem erwarteten **Nutzen.** Für das Informationsangebot des Anbieters lässt sich daraus das Erfordernis ableiten, den möglichen Nutzen der Information zu betonen. Dies kann beispielsweise dadurch erreicht werden, dass eine Bank in ihrer Werbung die Objektivität der Beratung in ihren Filialen hervorhebt.

Der erwartete **Aufwand** der Informationssuche umfasst den monetären und zeitlichen Aufwand sowie die physischen und psychischen Anstrengungen der Informationssuche. Dieser Aufwand kann durch den Anbieter z. B. durch die Bereitstellung von übersichtlichen Informationen auf Webpages und Online-Datenbanken reduziert werden.

Das Ausmaß der Informationssuche wird darüber hinaus auch von den früheren **Erfahrungen** des Konsumenten mit dem Produkt beeinflusst. Mit steigender Produktexpertise können zunächst neue Informationen besser eingeordnet und interpretiert werden. Mit weiter zunehmender Produkterfahrung hat der Konsument dann jedoch mehr Informationen in seinem Gedächtnis gespeichert, die er dann intern abrufen kann. Folglich muss er irgendwann weniger externe Informationen suchen (umgekehrt U-förmiger Verlauf). Vor diesem Hintergrund empfiehlt es sich für das Marketing, die Produktexpertise der Zielgruppen bei der Kommunikation zu berücksichtigen. Der höchste Informationsbedarf besteht demnach bei Konsumenten mit mittlerer Produktexpertise.

Hohes **Involvement** (vgl. hierzu Abschn. 2.1.4) führt zu einer intensivierten Informationssuche. Erstens sollten demnach Konsumenten mit hohem Involvement mehr Informationen zur Verfügung gestellt werden als Konsumenten mit geringem Involvement. Zweitens kann das Marketing anstreben, durch Kommunikationsmaßnahmen das Involvement der Konsumenten zu erhöhen. Beispielsweise können bei der Kommunikation mögliche negative Folgen einer falschen Kaufentscheidung betont werden.

Eine weitere Möglichkeit ist der Einsatz von sogenannter **Augmented Reality (AR)** Technologie. Diese ermöglicht es dem Konsumenten mithilfe eines Smartphones oder Tablets, ein gewünschtes Produkt virtuell in den Raum zu projizieren (vgl. Scholz und Smith 2016). Der Kunde kann so z. B. in einem Onlineshop für Uhren das Produkt über sein Handydisplay an seinem Handgelenk visualisieren. Der Einsatz von AR ermöglicht es einem Unternehmen, dabei signifikant das Consumer Engagement zu erhöhen (vgl. Scholz und Smith 2016).

2.2.3 Informationsaufnahme

2.2.3.1 Theorie der kognitiven Dissonanz

Gemäß der **Theorie der kognitiven Dissonanz** (vgl. Festinger 1957) strebt ein Konsument ein inneres kognitives (gedankliches) Gleichgewicht (Konsonanz) an. Dieses liegt vor, wenn seine kognitiven Elemente (Wissen, Erfahrungen, Einstellungen und Meinungen) miteinander vereinbar sind. Kognitives Ungleichgewicht (Dissonanz) ist z. B. der Fall, wenn ein Konsument negative Erfahrungen mit einem Produkt macht, zu dem er bislang eine positive Einstellung hatte. Eine solche Dissonanz stellt einen unangenehmen Zustand dar. Je stärker die Dissonanz ist, desto stärker verspürt die Person das Bedürfnis der Dissonanzreduktion.

Dissonanz kann vor und nach dem Kauf eines Produktes auftreten. Die Dissonanztheorie identifiziert unterschiedliche Mechanismen zur Dissonanzreduktion. Diese sollen im Folgenden am Beispiel eines Konsumenten erläutert werden, der bereits ein Produkt gekauft hat (Vermeidung von Nachkaufdissonanz):

- Suche konsonanter Informationen: Der Konsument sucht gezielt positive Informationen über das gekaufte Produkt, z. B. durch die gezielte Suche nach positiven Testberichten oder die gezielte Ansprache von Personen, von denen er vermutet, dass sie eine positive Einstellung zu dem Produkt haben.
- Vermeidung dissonanter Informationen: Der Konsument versucht, negative Informationen über das gekaufte Produkt zu vermeiden, beispielsweise durch die Nichtbeachtung negativer Testberichte über dieses Produkt.
- Interpretation von Informationen in dissonanzvermeidender Weise: Der Konsument interpretiert aufgenommene Informationen derart, dass sich die gewählte Produktalternative positiver darstellt, beispielsweise durch das Infragestellen der Objektivität von negativen Testberichten über das gekaufte Produkt.
- Einstellungsänderung: Der Konsument verändert nach dem Kauf seine Einstellung zum gekauften Produkt, um Konsonanz herzustellen.
- Handlung: Der Konsument unternimmt Aktivitäten, um negative Folgen eines Produktkaufes zu kompensieren, z. B. durch Beschwerden beim Anbieter des Produktes.

Dieses Beispiel verdeutlicht die zentrale Implikation der Theorie der kognitiven Dissonanz für die Informationsverarbeitung: Die Bereitschaft des Konsumenten zur Informationsaufnahme hängt von der Art der Information ab. Konsonante Informationen werden vom Konsumenten eher aufgenommen als dissonante Informationen. Es besteht sogar die Tendenz, dissonante Informationen erst gar nicht aufzunehmen.

Aus Anbietersicht können Marketingmaßnahmen auf die Reduzierung der Vorkaufdissonanz und der Nachkaufdissonanz abzielen. Im Zusammenhang mit der Vorkaufdissonanz ist beispielsweise darauf zu achten, dass die Werbemaßnahmen für eine starke

Marke inhaltlich im Einklang mit der bestehenden Positionierung der Marke bei den Konsumenten (vgl. hierzu Abschn. 9.4.2) stehen. Im Hinblick auf die Nachkaufdissonanz sollte der Anbieter den Käufern nach dem Produktkauf die Vorteile des Produktes durch entsprechende Kommunikationsmaßnahmen (erneut) vermitteln (sogenanntes After-Sales-Marketing), beispielsweise in einem Brief an einen Autokäufer: „Wir beglückwünschen Sie zum Kauf eines qualitativ hochwertigen Automobils".

2.2.3.2 Prozess der Informationsaufnahme

Der **Prozess der (externen) Informationsaufnahme** umfasst sämtliche Vorgänge, in denen Informationen bzw. Reize aus der Umwelt zunächst in das sensorische Gedächtnis und dann weiter in das Kurzzeitgedächtnis gelangen (vgl. Abb. 2.3). Die Informationsaufnahme erfolgt über die Sinne (sensorische Prozesse): Sehen, Hören, Riechen, Tasten und Schmecken. Die **bewusste Informationsaufnahme** erfolgt aktiv und zielgerichtet, d. h. die Aufmerksamkeit des Rezipienten ist auf die aufgenommenen Reize gerichtet. **Unbewusste Informationsaufnahme** liegt vor, wenn Reize aus der Umwelt unbewusst verarbeitet werden, während sich der Rezipient auf etwas anderes konzentriert. Damit Reize bewusst aufgenommen werden, müssen sie eine Mindestintensität aufweisen. Aber auch unterhalb dieser absoluten Grenze kann in gewissem Umfang Information aufgenommen werden. Man spricht dann von **subliminaler (unterschwelliger) Wahrnehmung.** Inwiefern dieses Phänomen für das Marketing genutzt werden kann, ist nicht abschließend geklärt (vgl. hierzu Insert 2.2).

In den 50er Jahren […] in Amerika […] wurden im Kino in nicht wahrnehmbaren Sekundenbruchteilen Befehle wie „Iss Popcorn" oder „Trink Cola" eingeblendet. Der Verkauf schnellte dann in die Höhe. Die Menschen wurden durch so genannte „unterschwellige Werbung" manipuliert und konnten sich dem Konsumzwang nicht entziehen. Ein schönes Beispiel. Nur es hat einen Haken: Es ist erlogen. Es stammt aus dem Buch „Die geheimen Verführer" des Werbefachmannes James Vicarny. Fünf Jahre später gab der Autor in einem Interview dann zu, dass er die Geschichte nur erfunden hatte, um Kunden für sein Unternehmen zu akquirieren. Bei allen zukünftigen Experimenten unter Laborbedingungen wurden die Ergebnisse stets widerlegt. So wurden bei einem groß angelegten Versuch eines kanadischen TV-Senders […] versteckte Botschaften in einer Fernsehsendung eingeblendet. Danach wurden 500 Zuschauer befragt: Fast die Hälfte der Befragten gab an, sie hätten Hunger oder Durst, denn sie vermuteten wohl, dass bei dem Experiment ähnlich wie bei dem bekannten Kino-Experiment zum Konsum von Lebensmitteln aufgefordert wurde. Die tatsächlich versteckte Botschaft „Call now!" hatte niemand wahrgenommen.

Insert 2.2 Beispiel zur Unwirksamkeit von unterschwelliger Werbung. (Vgl. Rütten 2004)

Das **Ausmaß der Informationsaufnahme** hängt von verschiedenen **Einfluss-faktoren** ab. Zunächst ist entscheidend, dass der Rezipient mit dem Stimulus physisch in Kontakt kommt, ihm also ausgesetzt ist (Exposure) (vgl. Abb. 2.5). Ohne einen solchen Kontakt kann eine Informationsaufnahme offensichtlich nicht stattfinden. Dies hat für das Marketing unmittelbare Implikationen: Je häufiger und besser platziert eine kommunikationspolitische Maßnahme (z. B. eine Anzeige oder ein Werbespot) ist, desto größer ist die Wahrscheinlichkeit, dass der Konsument hiermit in Kontakt kommt, so dass Informationsaufnahme stattfinden kann.

Neben dieser Grundvoraussetzung eines physischen Kontakts mit dem Reiz ist insbesondere der Grad an Aufmerksamkeit für das Ausmaß der Informationsaufnahme entscheidend. Unter **Aufmerksamkeit** versteht man das Ausmaß, zu dem sich ein Konsument auf einen Reiz konzentriert.

Ein entscheidendes Charakteristikum von Aufmerksamkeit ist ihre Selektivität. Gemeint ist hiermit, dass nicht alle Reize aus der Umwelt tatsächlich aufgenommen werden. In diesem Zusammenhang wird von **selektiver Informationsaufnahme** gesprochen.

Die Aufmerksamkeit hängt ihrerseits von zahlreichen Einflussfaktoren ab, die drei Gruppen zugeordnet werden können (vgl. Abb. 2.5):

- Faktoren, die sich auf den Stimulus selbst beziehen,
- individuelle Faktoren des Konsumenten und
- Umfeldfaktoren.

Unter den **Stimulusfaktoren** sind Gestaltungsaspekte des Stimulus wie z. B. die Größe und Intensität sowie Farbe oder Bewegung, die Position, das Format oder auch die Informationsmenge zu nennen. In der Regel wird umso mehr Aufmerksamkeit erzielt, je größer, intensiver und farbiger ein Stimulus ist. Ebenso wirken sich die Einfachheit und Klarheit der Darstellung tendenziell positiv auf die Aufmerksamkeit aus.

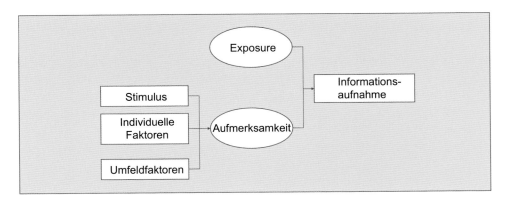

Abb. 2.5   Kategorisierung von Einflussgrößen der Informationsaufnahme

Individuelle Faktoren des Konsumenten, die einen Einfluss auf dessen Aufmerksamkeit ausüben, sind insbesondere dessen Interessen und Bedürfnisse. Auch das Involvement (vgl. Abschn. 2.1.4) sowie die Aktivierung (vgl. Abschn. 2.1.1) des Individuums beeinflussen die Informationsaufnahme positiv.

Darüber hinaus hängt die Aufmerksamkeit von **Umfeldfaktoren** ab. Beispielsweise können Kontraste oder angenehme Gerüche die Aufmerksamkeit für z. B. unbekannte Markennamen steigern.

2.2.4   Informationsbeurteilung

2.2.4.1 Elaboration Likelihood Model

Kern des **Elaboration Likelihood Model (ELM)** ist die Frage, wie Konsumenten Informationen beurteilen und hierauf aufbauend ihre Einstellungen verändern. Das Elaboration Likelihood Model geht von zwei grundlegenden Wegen (Routen) der Informationsverarbeitung aus:

Bei der Informationsverarbeitung über die **zentrale Route** (central route processing) werden die Informationen gründlich mittels kognitiver Prozesse bewertet (sorgfältige Überprüfung der Argumente). Zu einer Einstellungsänderung kommt es folglich primär aufgrund der Überzeugungskraft der Argumente.

Bei der Informationsbeurteilung über die **periphere Route** (peripheral route processing) erfolgt hingegen eine eher oberflächliche, stärker emotional geprägte Verarbeitung. Die Einstellungsänderung erfolgt hier ohne ausführliche gedankliche Beschäftigung mit den dargebotenen Informationen, sondern auf Basis peripherer Hinweisreize wie z. B. der Länge der Kommunikation oder der Attribute des Kommunizierenden.

Mit **Elaboration** wird der Umfang bezeichnet, in dem eine Person die themenrelevanten Informationen sorgfältig kognitiv verarbeitet. Ist die Elaborationswahrscheinlichkeit hoch, folgen Individuen der zentralen Route der Informationsverarbeitung, während bei geringer Elaborationswahrscheinlichkeit die periphere Route gewählt wird.

Für die Kommunikationspolitik eines Unternehmens ist die Kenntnis der vom Konsumenten gewählten Verarbeitungsroute von entscheidender Bedeutung. Während bei einer zentralen Verarbeitung dem Konsumenten ausführliche Informationen und qualitativ hochwertige Argumente zur Unterstützung seiner Kaufentscheidung geboten werden sollten, sind bei einer peripheren Verarbeitung der verstärkte Einsatz von Emotionen sowie die Darbietung förderlicher peripherer Reize (wie z. B. eines attraktiven Kommunikators) sinnvoll. Auch sollte bei einer peripheren Verarbeitung das Informationsangebot häufiger wiederholt werden, um die Wiedererkennung durch die Rezipienten zu fördern und eine Einstellungsänderung bewirken zu können.

2.2.4.2 Prozess der Informationsbeurteilung

Der Prozess der Informationsbeurteilung findet im Kurzzeitgedächtnis (Arbeitsspeicher) statt und stellt das Kernstück der Informationsverarbeitung dar. Die Informationsbeurteilung umfasst

- die **Interpretation (Enkodierung)** der aufgenommenen Sinnesreize, bei der die neuen Informationen mit bereits vorhandenem Wissen in Verbindung gebracht werden sowie
- die **Entscheidung** darüber, welche Informationen bei der Bildung, Aufrechterhaltung oder Änderung von Einstellungen herangezogen werden und wie diese bewertet und gewichtet werden.

Im Folgenden befassen wir uns mit den **Einflussfaktoren der Informationsbeurteilung**. Hier unterscheiden wir die folgenden vier Kategorien:

- Merkmale des Senders oder der Quelle der Information,
- Merkmale der Botschaft bzw. des Stimulus (Reiz),
- Merkmale des Empfängers und
- Merkmale des Umfelds.

Bei einer kognitiv geprägten Informationsverarbeitung hat insbesondere die Glaubwürdigkeit der **Quelle** einen Einfluss auf die Informationsbeurteilung. In der Marketingpraxis wird diesem Umstand insbesondere durch den Einsatz von Experten im Rahmen von kommunikationspolitischen Maßnahmen Rechnung getragen (z. B. Werbung mit einem Zahnarzt, der sich über die Qualität einer Zahnbürste äußert).

Auf der emotionalen Ebene werden ebenfalls verschiedene Merkmale der Quelle zur Informationsbeurteilung herangezogen. Wichtige Kriterien sind hier z. B. die physische Attraktivität des Senders, die Sympathie und die empfundene Vertrautheit mit ihm (vgl. hierzu ausführlich Hoyer et al. 2016; Wan und Wyer 2015).

Bei einer stark kognitiven Informationsbeurteilung sind vor allem die Glaubwürdigkeit, die Qualität und die Ausführlichkeit der **Botschaft** von Bedeutung. Diese Charakteristika können insbesondere durch zwei Ansatzpunkte beeinflusst werden:

- zweiseitige Darstellung (sowohl positive als auch negative Eigenschaften eines Produktes werden kommuniziert) und
- vergleichende Darstellung (z. B. Vergleich mit Wettbewerbsangeboten).

Neben den bisher genannten Einflussgrößen wirken sich auch **Merkmale des Empfängers** selbst auf dessen Informationsbeurteilung aus. So sind z. B. Bedürfnisse auch für die Informationsbeurteilung relevant. Ein durstiger Konsument beurteilt Werbung für ein Getränk anders als ein Konsument, der momentan keinen Durst verspürt. Ebenso beeinflussen die Werte und der Lebensstil des Konsumenten ganz entscheidend die Beurteilung aufgenommener Informationen (vgl. hierzu Abschn. 2.1.7).

Auch **Umfeldfaktoren** üben einen Einfluss auf die Informationsbeurteilung aus. So können sich z. B. Umgebungsbedingungen wie Ort, Temperatur, ablenkende Reize oder auch die Gegenwart anderer Personen darauf auswirken, in welcher Form und wie intensiv Informationen beurteilt werden.

Auch das inhaltliche Umfeld, in das eine kommunikationspolitische Maßnahme wie z. B. eine Werbeanzeige eingebettet ist, wirkt sich auf deren Beurteilung durch die Konsumenten aus. Beispielsweise werben einige Unternehmen bewusst nicht im Kontext von Fernsehnachrichten, da die Gefahr besteht, dass sich schlechte Nachrichten negativ auf die Produktwahrnehmung auswirken.

2.2.5 Informationsspeicherung

2.2.5.1 Lerntheorien

Die Speicherung und der Abruf von Informationen aus dem Gedächtnis können mithilfe der Lerntheorien erklärt werden. Zur Erklärung von Lernprozessen haben sich insbesondere drei Ansätze durchgesetzt (vgl. Abb. 2.6).

Beim **Lernen durch klassische Konditionierung** (vgl. das klassische Experiment von Pawlow 1953) werden Verhaltensweisen als Reaktion auf das gemeinsame Auftreten zweier Reize erlernt. Dabei wird ein für den Konsumenten neutraler Reiz eine gewisse Zeit

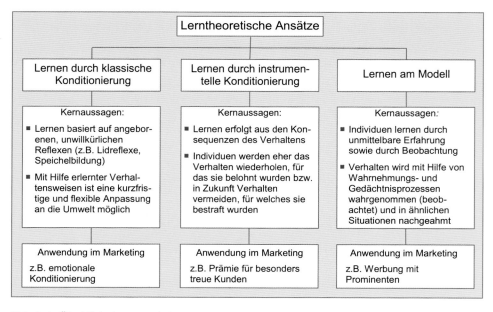

Abb. 2.6 Überblick über zentrale lerntheoretische Ansätze

zusammen mit einem Reiz dargeboten, auf den der Konsument mit hoher Wahrscheinlichkeit reagiert. Nach einiger Zeit löst der ursprünglich neutrale Reiz dieselbe Reaktion aus wie der Reiz, der für die Reaktion des Konsumenten eigentlich verantwortlich ist.

Die wichtigste Anwendung der klassischen Konditionierung im Marketing ist die emotionale Konditionierung. Im Rahmen der emotionalen Konditionierung wird angestrebt, einen Markennamen oder ein Produkt mit einem positiven Gefühl zu verbinden und dadurch die Kaufwahrscheinlichkeit zu erhöhen. Dies kann beispielsweise die Darstellung eines noch unbekannten Autos (neutraler Reiz) mit einem emotional anregenden Hintergrund (z. B. Strand, Sonne) in einem Werbespot sein. Ziel ist es, dass der Konsument bei der Wahrnehmung des Autos später dieselben positiven Emotionen verspürt, die er in Verbindung mit Strand und Sonne empfindet.

Beim **Lernen durch instrumentelle Konditionierung** (vgl. Skinner 1938, 1953, 1974) steht die Verbindung von Verhalten und nachfolgenden Konsequenzen (Belohnung oder Bestrafung als Folge des Verhaltens) im Vordergrund. Nach dem **Verstärkerprinzip** wird das Verhalten des Individuums durch die Konsequenzen des vorhergehenden Verhaltens beeinflusst. Die instrumentelle Konditionierung hat insbesondere bei der Erklärung von Kundenzufriedenheit und -loyalität Anwendung gefunden: Die Zufriedenheit stellt eine „Belohnung" für den Kauf des Konsumenten dar. Das Konsumentenverhalten wird positiv verstärkt, was wiederum zu einer erhöhten Wiederkaufsabsicht führt.

Beim **Lernen am Modell** steht die Beobachtung von Verhaltensweisen im Vordergrund. Ein Individuum lernt, indem es das Verhalten anderer Individuen beobachtet. Verhaltensänderungen entstehen dabei durch das erfolgreiche Nachahmen eines zuvor beobachteten Verhaltens in ähnlichen Situationen.

Als beispielhafte Anwendung dieses Lernprinzips im Rahmen des Marketing kann die Ausstattung von Spitzensportlern mit bestimmter Sportbekleidung angeführt werden. In der Kommunikation können Personen gezeigt werden, die als besonders attraktiv oder kompetent wahrgenommen werden. Auch können Personen gezeigt werden, die von vielen Kunden als ihnen ähnlich empfunden werden (vgl. für ein Beispiel Abb. 2.7).

Abb. 2.7 Beispiel für Werbung mit Personen, die von den Kunden als ihnen ähnlich empfunden werden

2.2.5.2 Prozess der Informationsspeicherung

Informationen werden im Langzeitgedächtnis (vgl. Abb. 2.3) gespeichert. Hier sind die Informationen in gewissen Strukturen angeordnet. Wie der Prozess des Lernens selbst abläuft, kann durch die Lerntheorien (Abschn. 2.2.5.1) erklärt werden.

Eine grundlegende Erkenntnis besteht darin, dass Wissen in netzwerkartigen Strukturen gespeichert wird, die auch als **semantische Netzwerke** bezeichnet werden. Ein semantisches Netzwerk gibt Aufschluss darüber, wie Informationen im Langzeitgedächtnis des Konsumenten zueinander in Beziehung stehen. Der Aufbau eines semantischen Netzwerkes soll am Beispiel eines Konsumenten dargestellt werden, der die Auswahl zwischen zwei Fahrrädern hat (vgl. Abb. 2.8).

Die Informationsstruktur wird grafisch durch zwei Darstellungshilfen veranschaulicht:

- semantische Einheiten (Vorstellungen, die ein Konsument mit einem Produkt verbindet, dargestellt als ovale Knoten) und
- assoziative Verknüpfungen zwischen den Einheiten (semantische Entfernungen zwischen den verschiedenen Vorstellungen, dargestellt als Linien).

Je näher die semantischen Einheiten zueinander angeordnet sind, umso stärker ist die assoziative Verknüpfung der jeweiligen Vorstellungen. Beispielsweise ist in Abb. 2.8 die Vorstellung „junge Menschen" mit „Mountain-Bike" enger verbunden als die Vorstellung „unbequem".

Die Assoziationen, die ein Konsument mit einem bestimmten Produkt verbindet, spielen eine wichtige Rolle für das Kaufverhalten des Konsumenten. Das Ziel des

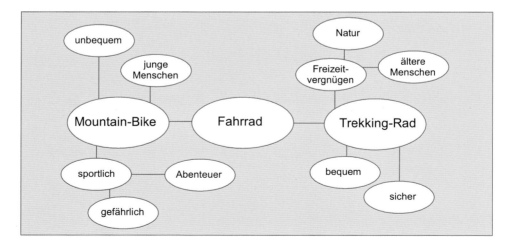

Abb. 2.8 Semantisches Netzwerk am Beispiel eines Fahrrades

Marketing sollte die Verstärkung der positiven Assoziationen der Konsumenten mit den Produkten und dem Unternehmen sein. Hierzu eignet sich insbesondere die Anwendung von Kommunikationsmaßnahmen (vgl. Kap. 11).

2.2.6 Informationsabruf

Der Informationsabruf ist der Prozess des Erinnerns (retrieval). Grundsätzlich unterscheidet man zwischen dem expliziten und dem impliziten Informationsabruf (vgl. Abb. 2.9). Beim **expliziten Informationsabruf** unternimmt der Konsument bewusst Anstrengungen, um Informationen aus seinem Gedächtnis abzurufen. Beim **impliziten Informationsabruf** werden im Gehirn des Konsumenten Informationen durch Gedächtnisprozesse zur Verfügung gestellt, ohne dass der Konsument dies bewusst steuert.

Es gibt zwei Formen des expliziten Informationsabrufs: Wiedererkennung und Erinnerung (vgl. Hoyer et al. 2016). **Wiedererkennung** (recognition) beschreibt den Fall, dass etwas Bekanntes wiedererkannt wird. Von besonders hoher praktischer Relevanz ist die Wiedererkennung von Marken, insbesondere als Stimulus für Spontankäufe in Handelsgeschäften.

Erinnerung (recall) beschreibt einen aufwendigeren Prozess. Hier wird Information aus dem Gedächtnis abgerufen. Man kann zwei Formen unterscheiden: Die freie Erinnerung (free oder unaided recall) und die gestützte Erinnerung (cued oder aided recall). Von **freier Erinnerung** spricht man, wenn Informationen ohne Hilfe abgerufen werden können (z. B. „An welche Marke für Hifi-Geräte können Sie sich erinnern?"). Von **gestützter Erinnerung** spricht man, wenn Hilfestellungen gegeben werden, um das Erinnerungsvermögen zu unterstützen (z. B. „Kennen Sie die Waschmittelmarke xyz?").

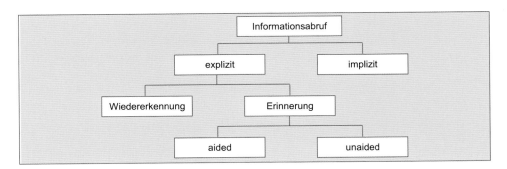

Abb. 2.9 Kategorisierung verschiedener Formen des Informationsabrufes

2.3   Kaufentscheidung

2.3.1   Das Stufenmodell der Kaufentscheidung

Einleitend ist zu verdeutlichen, dass eine Kaufentscheidung mehrstufiger Art sein kann (vgl. Abb. 2.10). Auf der **ersten Stufe** ist zunächst zu entscheiden, **ob überhaupt ein Kauf stattfinden soll.** Es handelt sich also auf dieser Stufe um eine Ja/ Nein-Entscheidung. Bei dieser Grundsatzentscheidung stehen Aspekte wie das aktuelle Einkommen und die Vermögenssituation des Konsumenten, aber auch Faktoren wie Kaufanreize, attraktive Einkaufsstätten oder günstige Finanzierungsmöglichkeiten im Mittelpunkt.

Die **zweite Stufe** betrifft die Frage, **in welcher Produktkategorie** der Kauf stattfinden soll. Oftmals treten in dieser Phase aufgrund eines begrenzten Budgets Zielkonflikte zwischen mehreren als wünschenswert empfundenen Akquisitionsobjekten auf.

Nach der Entscheidung über die Produktkategorie erfolgt auf der **dritten Stufe** die **Auswahlentscheidung bezüglich eines konkreten Produktes** (bzw. einer bestimmten Marke) innerhalb der Produktkategorie. Hier spielen insbesondere die vom Konsumenten wahrgenommenen Leistungsattribute sowie der geforderte Preis eine zentrale Rolle.

Häufig haben Konsumenten für eine Produktkategorie (z. B. Shampoo) eine definierte Menge von Marken oder Produkten, die sie beim Kauf prinzipiell in Erwägung ziehen. Diese Menge bezeichnet man als das **Evoked Set** des Konsumenten. Empirische Untersuchungen deuten darauf hin, dass das Evoked Set bei Konsumenten zwischen drei und fünf Marken bzw. Produkte umfasst. Es konnte festgestellt werden, dass das Evoked Set umso größer ist, je komplexer das zu kaufende Produkt ist und je geringer die Erfahrungen des Konsumenten in der Produktkategorie sind. Darüber hinaus ist das Evoked Set umso kleiner, je loyaler ein Kunde zu einer Marke ist, je vielseitiger das Produkt einsetzbar ist und je weiter die Produktkategorie in ihrem Lebenszyklus fortgeschritten ist.

Im Zusammenhang mit der Auswahlentscheidung auf der dritten Stufe ist die Frage von Bedeutung, wie sich die **Zahl** sowie die **Heterogenität der Auswahlalternativen** auf die Kaufentscheidung auswirken. Mit steigender Anzahl ähnlicher oder nahezu

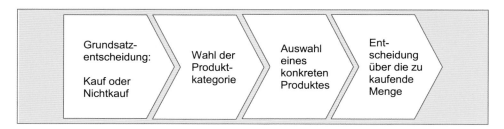

Abb. 2.10   Stufen der Kaufentscheidung

gleichwertiger Alternativen (fehlender „tradeoff contrast") wird die Entscheidungsfindung zunehmend erschwert („wer die Wahl hat, hat die Qual", „choice under
conflict"), so dass der Konsument dazu neigt, die Kaufentscheidung hinauszuzögern
bzw. nur schwache Präferenzen für eine bestimmte Alternative zu entwickeln.

Auf der **vierten Stufe** ist schließlich die Entscheidung über die **zu kaufende Menge**
zu treffen. Diese kann beispielsweise im Rahmen der Preispolitik durch Mengenrabatte
(nichtlineare Preisbildung; vgl. Abschn. 10.3.2) beeinflusst werden.

2.3.2   Typologisierung von Kaufentscheidungen

Für das weitere Verständnis der Kaufentscheidung ist eine Bildung von Kaufent-
scheidungstypen hilfreich. Hierzu ziehen wir zwei Charakteristika des Konsumenten
heran: das emotionale und das kognitive Involvement bei der Kaufentscheidung (zu den
Arten des Involvement Abschn. 2.1.4). Durch Kombination dieser beiden Dimensionen
lassen sich vier Typen von Kaufentscheidungen unterscheiden (vgl. Tab. 2.2).

Bei **extensiven Kaufentscheidungen** weisen Konsumenten ein hohes kognitives und
hohes emotionales Involvement auf. Bei diesen relativ selten zu treffenden Kaufentscheidungen berücksichtigen Konsumenten sowohl umfangreiche Informationen als auch
die eigenen Gefühle und benötigen folglich relativ viel Zeit für die Entscheidung.

Primär rationale Kaufentscheidungen sind durch ein hohes kognitives und ein
niedriges emotionales Involvement gekennzeichnet. Im Mittelpunkt steht der funktionale
Nutzen des Produktes, sodass Kaufentscheidungen vor allem auf Basis objektiver
Informationen getroffen werden.

Bei **impulsiven Kaufentscheidungen** (auch als Impulskäufe oder Spontankäufe
bezeichnet) liegt ein niedriges kognitives und ein hohes emotionales Involvement
vor. Konsumenten reagieren hier intensiv und schnell auf emotionale Reize (vgl. zu
emotionalen Reizen Abschn. 2.1.3). Solche Kaufentscheidungen werden oftmals nicht

Tab. 2.2 Typologisierung von Kaufentscheidungen. (In Anlehnung an Kroeber-Riel und Gröppel-
Klein 2019, S. 463; Foscht und Swoboda 2017, S. 171)

		Kognitives Involvement	
		Niedrig	Hoch
Emotionales Involvement	Hoch	Impulsive Kaufentscheidung (z. B. Kauf von Modeschmuck, Süßigkeiten an der Kasse im Supermarkt)	Extensive Kaufentscheidung (z. B. Kauf einer Immobilie, eines Autos)
	Niedrig	Habitualisierte Kaufent-scheidung (z. B. Kauf von Milch, Brot)	Primär rationale Kaufent-scheidung (z. B. Kauf eines Versicherungsproduktes, eines Investmentfonds)

kognitiv hinterfragt, es findet also keine gedankliche Kontrolle statt vgl. Gilbride 2015 für Einflussfaktoren von impulsiven Kaufentscheidungen).

Habitualisierte Kaufentscheidungen (niedriges kognitives und niedriges emotionales Involvement) sind Routine-Entscheidungen, bei denen der Konsument gewohnheitsmäßig und unreflektiert entscheidet. Die Entscheidung wird hier meist ohne einen systematischen Vergleich der Produktalternativen relativ schnell getroffen – weil dem Kaufobjekt nur eine geringe Relevanz beigemessen wird oder weil der Konsument bereits eindeutige Präferenzen (z. B. aufgrund von Markenloyalität) hat und auf vertraute Entscheidungsmuster zurückgreift.

2.3.3 Einstellungen als zentrale Einflussgrößen der Kaufentscheidung

Die in Tab. 2.2 dargestellte Typologisierung von Kaufentscheidungen stellt insbesondere auf die Einflussgrößen kognitives bzw. emotionales Involvement ab. Es wurde verdeutlicht, dass diese beiden Größen den **Prozess der Kaufentscheidung** stark beeinflussen. Das **Ergebnis einer Kaufentscheidung** hängt von den entsprechenden Einstellungen des Konsumenten ab, die sich im Rahmen der Informationsverarbeitung (vgl. Abschn. 2.2) herausgebildet haben.

Der **Einfluss von Einstellungen auf die Kaufentscheidung** und damit das tatsächliche Verhalten kann anhand des **Einstellungsmodells von Ajzen/Fishbein** (1973) (Abb. 2.11) deutlich gemacht werden. In diesem Modell wird davon ausgegangen, dass die Verhaltensabsicht eines Konsumenten durch die Einstellungen und subjektiven

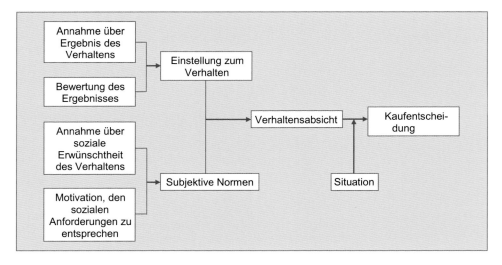

Abb. 2.11 Das Einstellungsmodell von Ajzen und Fishbein (1973, S. 41 ff.)

Normen des Individuums beeinflusst wird. Ebenfalls von Bedeutung sind die Annahmen des Konsumenten darüber, was das Ergebnis seines Verhaltens sein wird, und die Bewertung dieses Ergebnisses. Die subjektiven Normen werden wiederum durch die soziale Erwünschtheit des Verhaltens und die Motivation, den sozialen Anforderungen zu entsprechen, gebildet. Inwiefern nun die Verhaltensabsicht tatsächlich zur Realisierung des Verhaltens (Kaufentscheidung) führt, hängt von der speziellen Situation ab.

Zur Veranschaulichung soll der Kauf eines Autos anhand des Einstellungsmodells erklärt werden. Die Einstellung des Konsumenten zum Kauf eines Autos (Einstellung zum Verhalten) wird beeinflusst durch seine Annahmen über das Ergebnis des Kaufs und seine Bewertung dieses Ergebnisses. Im positiven Fall könnten dies Status und Fahrvergnügen sein (positive Bewertung), im negativen Fall könnten es hohe finanzielle Belastungen sein (negative Bewertung). Neben der Einstellung wirken auch subjektive Normen auf die Verhaltensabsicht des potenziellen Autokäufers. Wenn Umweltschutz in der Gesellschaft einen wichtigen Wert darstellt (soziale Erwünschtheit), kann eine subjektive Norm für den Konsumenten darin bestehen, ein umweltfreundliches Auto zu bevorzugen (Motivation, den Anforderungen zu entsprechen).

Die Verhaltensabsicht muss jedoch nicht zwingend zu Verhalten führen. Dies hängt vielmehr von der Situation ab. So ist beispielsweise anzunehmen, dass ein Konsument mit einer hohen Verhaltensabsicht zum Kauf einer bestimmten Automarke diesen letztlich nicht umsetzen wird, wenn ihm die in Aussicht gestellte Lieferzeit zu lang erscheint.

2.3.4   Ausgewählte Theorien zur Kaufentscheidung

In diesem Abschnitt stellen wir eine Reihe von Theorien dar, die für das Verständnis von Kaufentscheidungen hilfreich sind.

2.3.4.1 Nutzenorientierte Auswahlmodelle

Produktmarktraummodelle gehen von der Überlegung aus, dass man ein Produkt durch eine Vielzahl von Attributen beschreiben kann. Zur Modellierung des Produktwahlverhaltens werden die zur Auswahl stehenden Alternativen in einem Wahrnehmungsraum angesiedelt, der aber nur durch eine Teilmenge der denkbaren Attribute aufgespannt wird (z. B. Sportlichkeit und Wirtschaftlichkeit für einen PKW).

Die Alternativen lassen sich anhand ihrer Position im Produktmarktraum charakterisieren. Aus den Positionen der Alternativen im Produktmarktraum allein lässt sich aber noch keine Aussage über die Wahlentscheidung eines Individuums treffen. Hierzu sind Aussagen über die Präferenzen des Individuums zu berücksichtigen. Zur Abbildung von Präferenzen im Produktmarktraum kann auf das Idealpunktmodell zurückgegriffen werden.

Das **Idealpunktmodell** basiert auf dem Idealpunktkonzept: Der Idealpunkt ist der Ort im Produktmarktraum, der den höchsten Präferenzwert verkörpert. Man nimmt an, dass ein bestimmtes Produkt umso eher gewählt wird, je geringer seine richtungsunabhängige

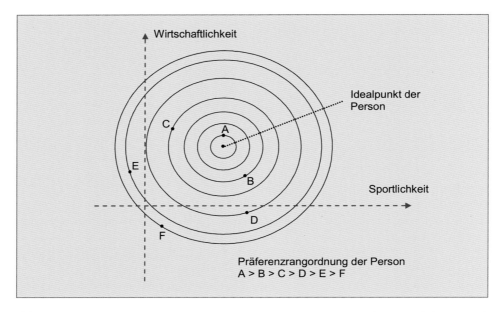

Abb. 2.12 Veranschaulichung des Idealpunktmodells. (In Anlehnung an Dichtl und Schobert 1979, S. 61)

Distanz zum Idealpunkt ist. Hierbei stellen die Kreise (bzw. Kugeln) um den Idealpunkt Iso-präferenzlinien dar. Die Güter, die auf der gleichen Linie liegen, werden vom Individuum gleich stark präferiert (Iso = „gleich"). Abb. 2.12 verdeutlicht die grund-legende Logik des Idealpunktmodells am Beispiel der Bewertung von Autos anhand der Dimensionen Wirtschaftlichkeit und Sportlichkeit.

2.3.4.2 Psychologische und sozialpsychologische Theorien
Equity-Theorien beschäftigen sich mit der Gerechtigkeit von Austauschbeziehungen und konzentrieren sich auf das Entstehen von Verhaltensabsichten, die aus Ungleichheit in Austauschbeziehungen resultieren. Sie gehen von der Annahme aus, dass Personen dazu neigen, erhaltene Erträge (Outcome) und erbrachte Aufwendungen (Input) mit dem Input-Outcome-Verhältnis anderer Personen zu vergleichen. Es wird ferner angenommen, dass Individuen Gerechtigkeit anstreben. Gerechtigkeit im Rahmen einer Austauschbeziehung liegt vor, wenn das Verhältnis zwischen Input (z. B. Kosten, Zeit, persönliches Engagement) und Outcome (z. B. erhaltene Leistungen und Zufrieden-heit mit diesen) zwischen den Austauschpartnern übereinstimmt. Ungerechtigkeit wird dagegen empfunden, wenn die wahrgenommenen Input-Outcome-Verhältnisse von-einander abweichen. Dies kann beispielsweise der Fall sein, wenn der eine Partner das Gefühl hat, dass der andere Partner deutlich mehr von der Beziehung profitiert als er selbst. Allerdings unterstellen Equity-Theorien, dass auch die Bevorteilung der eigenen Person als ungerecht empfunden wird.

Personen, die sich in einer ungerechten Austauschbeziehung befinden, empfinden dies als störend und streben danach, wieder Gerechtigkeit herzustellen. Dies kann durch Anwendung unterschiedlicher Mechanismen erfolgen:

- Einstellungsänderung: Die Individuen verändern ihre Bewertung des wahrgenommenen Inputs oder Outcomes.
- Beeinflussung des Austauschpartners: Beim Austauschpartner wird ein höherer Outcome eingefordert.
- Veränderung des Inputs: Bei wahrgenommener Benachteiligung kann das Individuum seinen eigenen Input verringern.
- Abbruch der Beziehung: Die Ungerechtigkeit wird als so groß angesehen, dass die Beziehung abgebrochen wird.

Die Erkenntnisse der Equity-Theorien kann man auch zur Erklärung von Kaufentscheidungen heranziehen. Konsumenten werden demnach zunächst solche Angebote verwerfen, die sie als ungerecht empfinden. In einem weiteren Schritt würden Konsumenten sich dann nach der Equity-Theorie für die Angebotsalternative entscheiden, die sie als die gerechteste Alternative wahrnehmen. Der Einfluss equity-theoretischer Überlegungen auf die Kaufentscheidung erscheint insbesondere unter einer dynamischen Perspektive plausibel. Man denke nur an eine wiederholte Disposition in Bezug auf einen Anbieter und die in diesem Fall naheliegende Bedeutung von bisherigen Erfahrungen mit dem Anbieter unter Gerechtigkeitsaspekten.

Die Equity-Theorien haben wichtige Implikationen für das Marketing von Unternehmen. Beispielsweise kann Anbietern hochwertiger Produkte auf der Basis dieser Theorien empfohlen werden, den hohen Aufwand, der mit der Herstellung dieser Produkte verbunden ist, zu kommunizieren. Beispielhaft seien hier Ansätze von Automobilherstellern genannt, die ihren Kunden Einblick in die Produktion hochwertiger Automobile gewähren, in der sehr aufwendig im Stile klassischer Manufakturen gearbeitet wird. Dies soll nach Aussage der Equity-Theorien dazu führen, dass die Kunden den Input des Anbieters als hoch ansehen und folglich einen hohen Preis für angemessen (d. h. fair) halten. Besondere Bedeutung haben die Equity-Theorien auch bei der Kommunikation und Durchsetzung von Preiserhöhungen: Gelingt es einem Anbieter, die Kunden davon zu überzeugen, dass gestiegene Kosten hinter der Preiserhöhung stehen, so wird der Kunde die Preiserhöhung anders bewerten und anders darauf reagieren als bei der Vermutung, dass andere Motive (z. B. Gewinnsteigerung) hinter der Preiserhöhung stehen.

Das Kaufverhalten organisationaler Kunden

3

Inhaltsverzeichnis

> **Lernziele**
>
> - Der Leser versteht, inwiefern sich das organisationale Kaufverhalten vom Kaufverhalten der Konsumenten unterscheidet.
> - Der Leser weiß, was sich hinter dem Begriff des Buying Centers verbirgt und welche Akteure das organisationale Kaufverhalten prägen.
> - Der Leser kennt die wichtigsten theoretischen Erklärungsansätze des organisationalen Kaufverhaltens.
> - Der Leser versteht die Bedeutung von Geschäftsbeziehungen im Kaufverhalten organisationaler Kunden.
> - Der Leser kennt die zentralen Einflussgrößen des organisationalen Kaufverhaltens und weiß, wie diese den Kaufprozess beeinflussen.

Nicht nur Konsumenten, sondern auch Organisationen (z. B. Unternehmen und Behörden) treffen Kaufentscheidungen. So entscheiden Unternehmen über den Kauf von Rohstoffen, Produktionsmaterial, Produktkomponenten, Anlagen, Ersatzteilen oder Dienstleistungen. Die Kaufentscheidungen von Organisationen stehen im Mittelpunkt dieses Kapitels.

© Springer Fachmedien Wiesbaden GmbH, ein Teil von Springer Nature 2020   49
C. Homburg, *Grundlagen des Marketingmanagements*,
https://doi.org/10.1007/978-3-658-29638-4_3

3.1   Phänomenbeschreibung und Akteure

Zunächst wollen wir auf die **allgemeinen Charakteristika des organisationalen Kaufverhaltens** eingehen. Hierzu zählen die folgenden Merkmale:

- abgeleiteter Charakter der Nachfrage,
- hoher Formalisierungsgrad,
- hoher Individualisierungsgrad,
- besondere Bedeutung von Dienstleistungen,
- Multiorganisationalität,
- Langfristigkeit der Geschäftsbeziehung,
- hoher Grad der Interaktion sowie
- Multipersonalität.

Der **abgeleitete Charakter der organisationalen Nachfrage** ergibt sich aus ihrer Abhängigkeit von der Nachfrage der Konsumenten. Wenn beispielsweise der Konsum von Orangensaft steigt, steigt auch der Bedarf an Verpackungsmaterial beim Safthersteller und somit der Absatz beim Hersteller des Verpackungsmaterials. Die Nachfrage eines organisationalen Kunden ist somit nicht originär, sondern derivativ: Sie leitet sich aus der Nachfrage der Kunden des organisationalen Kunden ab.

Kaufentscheidungen in Organisationen weisen meist einen **hohen Formalisierungsgrad** auf. Hierunter versteht man das Ausmaß, zu dem Kaufentscheidungsprozesse durch schriftlich festgehaltene Verfahrensrichtlinien geregelt werden. Derartige Richtlinien schreiben z. B. vor, wie viele alternative Angebote verschiedener Anbieter eingeholt werden müssen, anhand welcher Kriterien Alternativangebote verglichen und bewertet werden sollen oder welche Akteure im Unternehmen die Zustimmung zu verschiedenen Kaufentscheidungen geben müssen.

Darüber hinaus ist der **hohe Individualisierungsgrad** ein charakteristisches Merkmal der organisationalen Nachfrage. Dieser resultiert aus der Tatsache, dass viele organisationale Kunden sehr spezifische Bedürfnisse aufweisen und daher nicht Standardprodukte (auch häufig als **commodities** bezeichnet), sondern Produkte nachfragen, die individuell auf die eigenen spezifischen Bedürfnisse zugeschnitten sind.

Ein weiteres Merkmal liegt in der **besonderen Bedeutung von Dienstleistungen,** die gerade bei komplexen Leistungen oder einem hohen Investitionsvolumen eine wichtige Rolle spielen. So muss beispielsweise bei der Weiterverarbeitung bestimmter Chemikalien auf technische Beratungsleistungen der Anwendungstechniker des Anbieters dieser Chemikalien zurückgegriffen werden.

Ein weiteres charakteristisches Merkmal des organisationalen Kaufverhaltens ist die **Multiorganisationalität.** Dieser Begriff bezieht sich auf das typische Phänomen, dass zusätzlich zu der Anbieter- und der Nachfragerorganisation weitere Organisationen am Beschaffungsprozess beteiligt sind. Ein Industrieunternehmen kann z. B. ein Ingenieurbüro mit der technischen Planung einer neuen Anlage sowie der Erarbeitung von Vorschlägen für die Beschaffung beauftragen.

Eine weitere Besonderheit des organisationalen Kaufverhaltens ist die **Langfristigkeit der Geschäftsbeziehung.** Diese ergibt sich z. B. aus der Langlebigkeit der Produkte sowie der Bedeutung entsprechender Dienstleistungen – häufig über die gesamte Lebensdauer des Produktes hinweg.

Schließlich ist noch der **hohe Grad der persönlichen Interaktion** zwischen Anbieter- und Nachfragerorganisation als Besonderheit des organisationalen Kaufverhaltens zu nennen. Bei der Vermarktung von Industriegütern entstehen in einem interaktiven Prozess zwischen Anbieter und Nachfrager persönliche Kontakte, die eine wichtige Rolle für den Erfolg der Geschäftsbeziehung spielen.

Eine organisationale Kaufentscheidung wird in der Regel von mehreren Akteuren getroffen. So können verschiedene Mitglieder der Organisation (wie z. B. Mitarbeiter der Einkaufsabteilung, Mitarbeiter aus der Produktion und Entscheidungsträger aus dem Management) am Kaufentscheidungsprozess beteiligt sein. Dieser Sachverhalt wird als **Multipersonalität** bezeichnet. Auf die verschiedenen Akteure und deren Rollen im Rahmen organisationaler Kaufentscheidungen gehen wir im Folgenden ein.

Während Konsumenten ihre Kaufentscheidungen in der Regel individuell fällen, sind in Organisationen häufig mehrere Personen (Akteure) in den Kaufentscheidungsprozess involviert. Im Hinblick auf diesen multipersonalen Charakter organisationaler Kaufprozesse wurde der Begriff des Buying Centers geprägt.

▶ **Buying Center**   Unter einem Buying Center versteht man den gedanklichen Zusammenschluss der an einer bestimmten organisationalen Kaufentscheidung beteiligten Personen bzw. Gruppen.

Die verschiedenen Mitglieder des Buying Centers nehmen in Bezug auf den Kaufprozess unterschiedliche **Rollen** ein:

- Der **Initiator** (initiator) stellt den Beschaffungsbedarf fest und löst den Kaufentscheidungsprozess aus. Beispielsweise können Initiatoren auf Basis einer gestiegenen Endkundennachfrage oder als Folge technologischer Innovationen die Entscheidung über den Kauf bestimmter Produkte veranlassen.
- Der **Informationsselektierer** (gatekeeper) nimmt durch eine bewusste Selektion der Informationen eine Vorstrukturierung der Kaufentscheidung sowie eine Alternativenreduktion vor. Er entscheidet, ob bestimmte Informationen organisationsintern weiter geleitet werden oder nicht.
- Im Bereich des **Benutzers** (user) wird das zu beschaffende Produkt verwendet. Durch den Umgang mit dem zu kaufenden Produkt bzw. der Produktart verfügt der Benutzer über spezifisches Nutzerwissen und Erfahrungswerte. Seine Präferenzen sind daher in der Regel von großer Bedeutung für die Kaufentscheidung.

- Der **Beeinflusser** (influencer) ist meist ein Meinungsführer, der als Fachmann über besondere Informationen verfügt. Die Beteiligung des Beeinflussers am Kaufprozess besteht in der Vermittlung kaufrelevanter Informationen. Beispielsweise definiert der Beeinflusser Anforderungskriterien (z. B. technische Spezifikationen) für das zu beschaffende Produkt.
- Der **Entscheider** (decider) besitzt aufgrund seiner hierarchischen Position Entscheidungsbefugnis. Er trifft letztlich die Kaufentscheidung. Der monetäre Umfang des Kaufobjekts ist dabei oft ausschlaggebend dafür, auf welcher Hierarchieebene die Kaufentscheidung gefällt wird.
- Der **Einkäufer** (buyer) besitzt die formale Befugnis für die Vorbereitung und den Abschluss von Kaufverträgen. Zentrale Aufgabe des Einkäufers ist es, bei Beschaffungsverhandlungen sowohl kaufmännische als auch juristische Aspekte zum Vorteil der beschaffenden Organisation zu berücksichtigen. In vielen Organisationen gehören Einkäufer einer Beschaffungs- oder Einkaufsabteilung an.

Nach der Darstellung der Akteure des organisationalen Kaufverhaltens soll nun der organisationale Kaufprozess erläutert werden. Grundsätzlich ist festzustellen, dass der organisationale Kaufprozess in der Regel rationaler, systematischer und formeller abläuft als der Kaufprozess eines Konsumenten (vgl. Kap. 2). Impulsive Kaufentscheidungen wird man bei organisationalen Kunden sehr selten antreffen. Auch erstreckt sich der organisationale Kaufprozess über einen längeren Zeitraum.

Zur Veranschaulichung des organisationalen Kaufprozesses ist es hilfreich, diesen in Prozessphasen einzuteilen (vgl. Abb. 3.1 sowie für verschiedene Phasenmodelle Backhaus und Voeth 2010). Es ist allerdings darauf hinzuweisen, dass der in Abb. 3.1 dargestellte Kaufprozess idealtypischer Art ist: In der Unternehmenspraxis kann die Reihenfolge der Phasen variieren. Auch kann es zwischen den Phasen zu Überlappungen und Rückkopplungen kommen. Einzelne Phasen können übersprungen oder mit anderen verschmolzen werden.

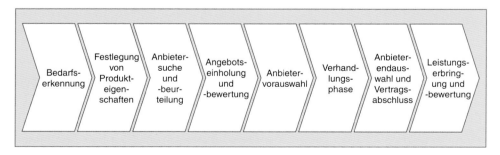

Abb. 3.1 Phasen des organisationalen Kaufprozesses

3.2   Theoretische Erklärungsansätze

3.2.1   Strukturmodelle

Strukturmodelle leisten eine Systematisierung der vielfältigen Einflussgrößen des organisationalen Kaufverhaltens. Das **Sheth-Modell** zur Erklärung des organisationalen Kaufverhaltens (vgl. Sheth 1973) gehört zu den klassischen Ansätzen auf diesem Gebiet (vgl. Abb. 3.2). Zentrale Einflussgrößen des organisationalen Kaufprozesses sind gemäß diesem Modell psychologische Größen (z. B. Rollenverhalten, Erwartungen der beteiligten Personen), Kommunikationsinhalte des Anbieters sowie Rahmenbedingungen der Entscheidungsfindung, die zum einen produktspezifisch (z. B. Risiko) und zum anderen unternehmensspezifisch (z. B. Unternehmensgröße) sein können.

Ein zentraler Aspekt, der in diesem Modell thematisiert wird, ist die Frage, inwieweit die Kaufentscheidung autonom oder kollektiv gefällt wird. Beispielsweise wird postuliert, dass in Beschaffungssituationen mit geringem Risiko und hohem Zeitdruck Entscheidungen eher autonom (d. h. durch einzelne Personen) gefällt werden.

Im Fall von Kollektiventscheidungen werden im Sheth-Modell Konfliktlösungs-mechanismen formuliert wie z. B. die Konfliktlösung durch Informationssammlung und

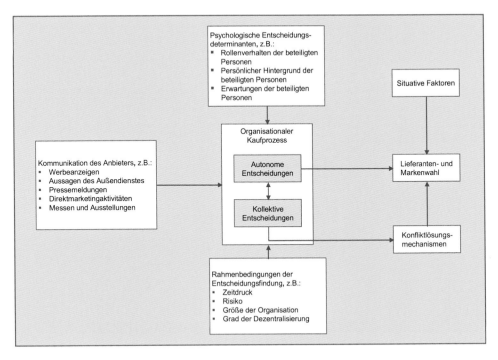

Abb. 3.2 Das Strukturmodell von Sheth zur Erklärung des organisationalen Kaufverhaltens (in Anlehnung an Sheth 1973, S. 51)

-verarbeitung, Überredung, Verhandlung oder „Austricksen". Darüber hinaus berücksichtigt das Modell auch den Einfluss situativer Faktoren wie z. B. den Einfluss der
Marktunsicherheit oder des technologischen Fortschritts.

3.2.2 Interaktionsansätze

Während der bisher vorgestellte Ansatz den Nachfrager bzw. das Buying Center isoliert
betrachtet, berücksichtigen die Interaktionsansätze die Interaktion zwischen Nachfrager und Anbieter, indem sie die am Kaufprozess beteiligten Akteure in ihrem sozialen
Gruppengefüge analysieren.

Der zentrale Ansatz der dyadisch-organisationalen Ansätze ist das **Interaktionsmodell**
der IMP-Group (Industrial Marketing and Purchasing Group; vgl. Håkansson 1982).
Dieses Modell basiert vor allem auf der Prämisse, dass organisationale Beschaffungsprozesse in langfristige Geschäftsbeziehungen eingebettet sind. Das Interaktionsmodell
besteht aus den vier Hauptelementen Interaktionsprozess, Parteien des Interaktionsprozesses, Atmosphäre des Interaktionsprozesses und Umwelt des Interaktionsprozesses
(vgl. Abb. 3.3).

Im Zentrum des Modells steht der **Interaktionsprozess.** Im Interaktionsprozess
lassen sich sogenannte Episoden abgrenzen, in denen Güter, Informationen, soziale Aus-
tauschelemente oder finanzielle Mittel transferiert werden. Insbesondere der soziale
Austausch zwischen den **beteiligten Parteien** hat eine große Bedeutung, da er dem

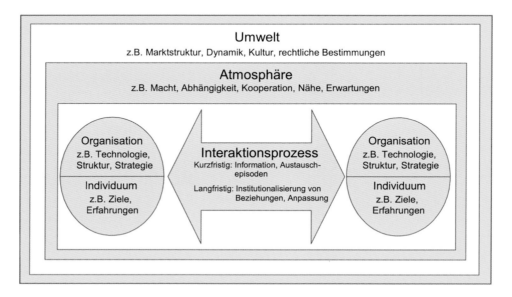

Abb. 3.3 Das Interaktionsmodell der IMP-Group (in Anlehnung an Håkansson 1982, S. 24)

langfristigen Aufbau von Vertrauen, der Festigung der Geschäftsbeziehung und der Reduktion von Unsicherheit dient (vgl. Scheer 2012).

Die einzelnen Episoden sind eingebettet in ein Beziehungsgeflecht zwischen den Interaktionspartnern. Dieses Beziehungsgeflecht bezeichnet die IMP-Group als **Atmosphäre.** Es handelt sich um ein abstraktes Konstrukt, das Aspekte wie Macht- und Abhängigkeitsverhältnisse zwischen den beiden Organisationen, Kooperationsbereitschaft und Nähe beinhaltet.

Schließlich ist die einzelne Geschäftsbeziehung zwischen zwei Organisationen in die **Umwelt** eingebettet. Der Markt kann z. B. einen entscheidenden Einfluss auf die Geschäftsbeziehung haben. Bei mangelnden Alternativen kann sich ein Unternehmen gezwungen sehen, eine sehr enge Geschäftsbeziehung mit einem Zulieferer einzugehen.

Der große Fortschritt dieses Ansatzes liegt in der Bereitstellung eines allgemeinen Bezugsrahmens zur Analyse einzelner organisationaler Beschaffungsprozesse, aber auch langfristiger Geschäftsbeziehungen. Insbesondere werden wichtige Konstrukte wie Macht, Kooperation oder Nähe/Distanz, die in bisherigen Ansätzen eher vernachlässigt wurden, erstmals ausführlich thematisiert. Allerdings ist der Ansatz relativ allgemein gehalten und macht kaum konkrete Aussagen zu den Zusammenhängen zwischen den einzelnen Konstrukten.

3.2.3 Der Geschäftsbeziehungsansatz

Eine Konkretisierung und Erweiterung haben die organisationalen Interaktionsansätze im Rahmen zahlreicher Untersuchungen über Geschäftsbeziehungen zwischen Organisationen erfahren. Diese Untersuchungen lassen sich zu dem sogenannten Geschäftsbeziehungsansatz zusammenfassen.

▶ **Geschäftsbeziehung** Unter einer Geschäftsbeziehung werden hier von ökonomischen Zielen geleitete Interaktionsprozesse mit personalen Kontakten verstanden, die langfristige Geschäftsperspektiven und oftmals auch eine investive Komponente aufweisen.

Eine zentrale Fragestellung des Geschäftsbeziehungsansatzes betrifft die Entwicklung und Beschreibung von Geschäftsbeziehungen im Zeitablauf. Hierzu bietet sich eine Prozessperspektive an, in der die Entwicklung einer langfristigen Geschäftsbeziehung anhand verschiedener Phasen betrachtet wird (vgl. Dwyer et al. 1987). Ein solcher **Prozess** wird in Abb. 3.4 dargestellt.

Die erste Phase wird als Phase der **Awareness** bezeichnet. In dieser Phase wird den einzelnen Parteien bewusst (Awareness = Bewusstsein), dass bestimmte andere Organisationen potenzielle Beziehungspartner darstellen können.

Die zweite Phase, die Phase der **Exploration,** stellt eine Such- und Versuchsphase dar. In dieser Phase betrachten die potenziellen Geschäftspartner die Vorteile und Verpflichtungen aus einer gemeinsamen Geschäftsbeziehung und ziehen die

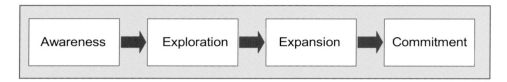

Abb. 3.4 Phasen der Entwicklung einer langfristigen Geschäftsbeziehung zwischen Organisationen (in Anlehnung an Dwyer et al. 1987, S. 21)

Partnerschaft ernsthaft in Betracht. Hierbei kommt es in der Regel zu ersten Probekäufen. Im Kern geht es darum, wechselseitig Erwartungen zu kommunizieren sowie die Leistungsfähigkeit und Zuverlässigkeit der anderen Organisation auszuloten (Exploration = Erkundung). Die Beziehung ist noch nicht gefestigt, sondern eher fragil und wird oftmals schon wegen relativ unbedeutender Unstimmigkeiten beendet.

Die dritte Phase, die Phase der **Expansion,** ist durch eine kontinuierliche Erhöhung des gegenseitigen Nutzens sowie der gegenseitigen Abhängigkeit gekennzeichnet. Aufgrund ihrer Zufriedenheit mit der bisherigen Geschäftsbeziehung und insbesondere aufgrund eines Anstiegs des gegenseitigen Vertrauens sind die Geschäftspartner bereit, die Geschäftsbeziehung auszudehnen (Expansion = Ausweitung) und verstärkt in die Geschäftsbeziehung zu investieren. Beispielsweise könnte ein Kunde den Anteil seines Bedarfs, den er über einen Lieferanten deckt, deutlich erhöhen.

In der Phase des **Commitments** liegt zwischen den Geschäftspartnern eine (ausdrücklich formulierte oder stillschweigende) Übereinkunft vor, die Geschäftsbeziehung fortzuführen (Commitment = Bindung). Es besteht ein hohes Maß an Bereitschaft, spezifische Investitionen in die Geschäftsbeziehung zu tätigen und sich dadurch in gewissem Umfang vom Partner abhängig zu machen.

3.3   Zentrale Einflussgrößen

Abschließend werden Faktoren behandelt, die das organisationale Kaufverhalten beeinflussen. Diese Faktoren wirken sich beispielsweise auf die Zahl der Akteure, die Dauer des Entscheidungsprozesses sowie die verwendeten Kriterien aus. In diesem Zusammenhang wurden insbesondere vier zentrale Einflussgrößen des organisationalen Beschaffungsverhaltens identifiziert: Neben der Komplexität, der wirtschaftlichen Bedeutung und dem Risiko der Kaufsituation bzw. des Produktes wirkt sich die **Neuartigkeit der Kaufsituation** in vielfältiger Weise auf das organisationale Beschaffungsverhalten aus. Mit zunehmender Neuartigkeit der Kaufsituation

- nimmt der Informationsbedarf des organisationalen Kunden zu,
- nimmt die Dauer des Kaufentscheidungsprozesses und die Zahl der im Prozess durchlaufenen Stufen zu (vgl. Abb. 3.5),

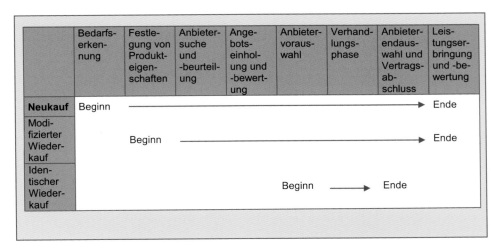

Abb. 3.5 Kaufentscheidungsprozess in Abhängigkeit von der Neuartigkeit der Kaufsituation (in Anlehnung an Robinson et al. 1967)

- nimmt die Zahl der zu betrachtenden alternativen Anbieter zu,
- werden zunehmend neue Anbieter (Out Supplier) in Betracht gezogen,
- nimmt die Zahl der am Kaufentscheidungsprozess beteiligten Personen zu,
- nimmt das Bedürfnis organisationaler Kunden nach einem persönlichen Kontakt zu einem Vertriebsmitarbeiter zu,
- nimmt der Anteil der Käufe, die über Online-Kanäle getätigt werden, ab.

Anbieter sollten diese Erkenntnisse bei der Entwicklung ihrer Marketingaktivitäten sowie der Gestaltung ihres Vertriebssystems berücksichtigen. Bei neuartigen Kaufsituationen sollten so beispielsweise Kommunikationsaktivitäten intensiver ausgeprägt sein und unternehmensinterne Vertriebsorgane (insbesondere der persönliche direkte Vertriebskontakt, siehe hierzu auch Abschn. 12.3) stärker integriert werden.

Teil II
Informationsbezogene Perspektive

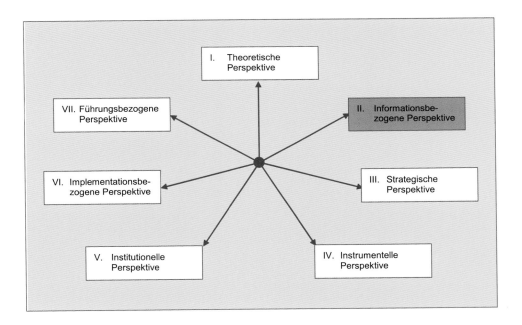

Dieser Teil widmet sich der zweiten unserer sieben Perspektiven. Im Kern der **informations-bezogenen Perspektive** des Marketing steht die Frage, wie Unternehmen die für ziel-führende Marketingentscheidungen notwendigen unternehmensexternen Informationen gewinnen können. Unsere Ausführungen zu dieser Perspektive gliedern sich in zwei Kapitel:

- Zunächst werden die einzelnen Schritte des Marktforschungsprozesses von der Problemformulierung über die Stichprobenauswahl bis hin zur Ergebnispräsentation diskutiert (vgl. Kap. 4).
- Im Anschluss hieran wird in Kap. 5 aufgezeigt, wie die durch die Marktforschung gewonnenen Daten analysiert und interpretiert werden können.

Grundlagen und Prozess der Marktforschung

4

Inhaltsverzeichnis

Lernziele

- Der Leser hat einen Überblick über die Erkenntnisobjekte der Marktforschung.
- Der Leser kennt die einzelnen Schritte des Marktforschungsprozesses.
- Der Leser kennt die verschiedenen Untersuchungsdesigns einer Marktforschungs-studie und kann sie voneinander abgrenzen.

© Springer Fachmedien Wiesbaden GmbH, ein Teil von Springer Nature 2020
C. Homburg, *Grundlagen des Marketingmanagements*,
https://doi.org/10.1007/978-3-658-29638-4_4

- Der Leser kennt die verschiedenen Methoden der Datenerhebung, weiß, welche Aspekte bei ihrer Auswahl zu berücksichtigen sind und hat einen groben Eindruck von der praktischen Anwendung dieser Datenerhebungsmethoden.
- Der Leser kennt die verschiedenen Skalenniveaus und die Qualitätsanforderungen an Messinstrumente im Rahmen der Marktforschung.
- Der Leser kennt die zentralen Verfahren der Stichprobenauswahl und die Einflussgrößen des erforderlichen Stichprobenumfangs.
- Der Leser kennt die Vorgehensweise bei der Gestaltung eines standardisierten Fragebogens sowie die wichtigsten zu berücksichtigenden Aspekte.
- Der Leser weiß, was bei der Editierung und Kodierung von Daten zu beachten ist.

Im vorliegenden Kapitel stellt zunächst Abschn. 4.1 einige Grundlagen der Marktforschung dar. Insbesondere wird ein idealtypischer Prozess für die Durchführung von Marktforschungsuntersuchungen aufgezeigt (vgl. Abb. 4.2). Dieser Prozess liefert die Gliederung für die folgenden Abschnitte (vgl. die Abschn. 4.2 bis 4.7), die sich den einzelnen Prozessphasen widmen.

4.1   Grundlagen der Marktforschung

▶ **Marktforschung** Unter Marktforschung verstehen wir die systematische Sammlung, Aufbereitung, Analyse und Interpretation von Daten über Märkte (Kunden und Wettbewerber) zum Zweck der Fundierung von Marketingentscheidungen.

Die Marktforschung schafft somit die Voraussetzung dafür, dass Unternehmen ihre marktbezogenen Aktivitäten an tatsächlichen Gegebenheiten im Markt (und nicht beispielsweise an mehr oder weniger fundierten Vermutungen) orientieren können. Sie stellt somit eine wichtige Voraussetzung für den Markterfolg von Unternehmen dar.

Um dem Leser einen einführenden Überblick über die Vielfalt der inhaltlichen Fragestellungen im Rahmen der Marktforschung zu vermitteln, haben wir in Abb. 4.1 zentrale Erkenntnisobjekte der Marktforschung stichwortartig dargestellt.

4.1.1   Prozess der Marktforschung

Systematische Marktforschung ist gekennzeichnet durch wissenschaftlich fundierte Untersuchungsmethoden und einen geplanten Untersuchungsprozess. In diesem Zusammenhang bietet es sich an, sich an einem idealtypischen Prozess der Marktforschung zu orientieren (vgl. Abb. 4.2).

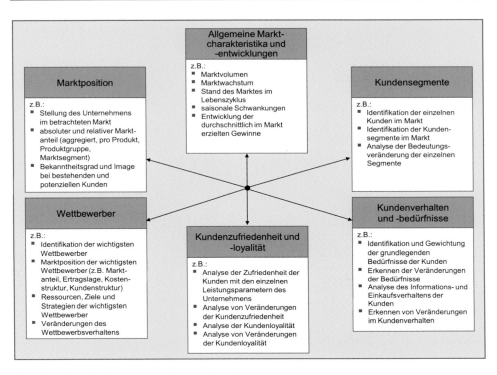

Abb. 4.1 Zentrale Erkenntnisobjekte der Marktforschung

In der Phase der **Problemformulierung** (vgl. Abschn. 4.2) geht es darum, die Fragestellungen der Manager in ein Forschungsproblem umzusetzen und die Ziele der Marktforschungsstudie festzulegen. Beispielsweise könnte die Identifikation von Marktchancen eines neuen Produktes als ein Ziel definiert werden.

Im Rahmen der **Festlegung des Untersuchungsdesigns** (vgl. Abschn. 4.2) wird der Studientyp (deskriptiv, explorativ, explikativ) festgelegt. Je nach Untersuchungsziel kann ein unterschiedlicher Untersuchungstyp angebracht sein.

Bei der **Bestimmung des Durchführenden** (vgl. Abschn. 4.3) kann zwischen der Durchführung durch das Unternehmen selbst und der Vergabe an Marktforschungsinstitute (Outsourcing) gewählt werden.

Bei der **Festlegung der Datenerhebungsmethode** (vgl. Abschn. 4.4) wird eine angemessene Form der Datenerhebung ausgewählt. Hierbei steht eine Vielzahl von Methoden zur Verfügung. Oftmals werden verschiedene Methoden kombiniert, indem man beispielsweise zuerst eine qualitative Vorstudie (z. B. Gruppeninterviews oder Tiefeninterviews) und dann – aufbauend auf den Erkenntnissen aus dieser Vorstudie – eine quantitative Hauptstudie (z. B. Telefoninterviews) durchführt.

Bei der **Stichprobenauswahl** (vgl. Abschn. 4.5) wird entschieden, ob alle relevanten Objekte (Vollerhebung) oder nur einige Objekte (Teilerhebung) befragt werden sollen.

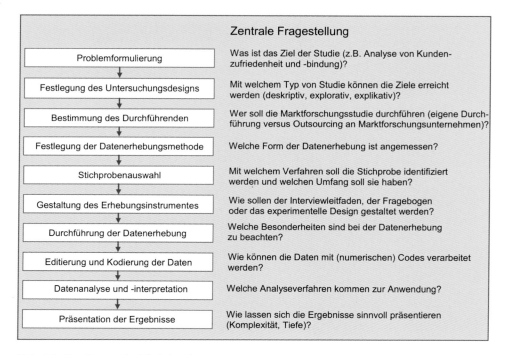

Abb. 4.2 Der Prozess der Marktforschung

Im Fall einer Teilerhebung ist weiterhin festzulegen, wie die Befragten ausgewählt werden sollen – zufällig oder bewusst.

Bei der **Gestaltung des Erhebungsinstrumentes** (vgl. Abschn. 4.6) geht es um die Gestaltung des Instrumentes, mit dem die gesuchten Daten im Kontext der gewählten Datenerhebungsmethode erfasst werden sollen (z. B. mit einem Interviewleitfaden oder einem standardisierten Fragebogen).

Im Zusammenhang mit der **Durchführung der Datenerhebung** stehen Umsetzungsaspekte der ausgewählten Datenerhebungsmethode im Vordergrund. Wir behandeln derartige Umsetzungsaspekte bereits in Abschn. 4.4 bei der erstmaligen Darstellung von Methoden der Datenerhebung.

Im Rahmen der **Editierung und Kodierung der Daten** (vgl. Abschn. 4.7) werden unzulässige und fehlerhafte Antworten identifiziert und gegebenenfalls aus dem Datensatz entfernt (Editierung). Die Rohdaten werden in Zahlen umgewandelt, um eine Auswertung zu ermöglichen (Kodierung).

In der Phase der **Datenanalyse und-interpretation** (vgl. Kap. 5) kommen statistische Analyseverfahren zur Anwendung. Hier steht eine Vielfalt an Analyseverfahren zur Verfügung. Im Kern geht es in dieser Stufe des Marktforschungsprozesses darum, aus komplexen und häufig unüberschaubaren Datenmengen mithilfe statistischer Verfahren aussagefähige Informationen zu generieren.

Im Rahmen der **Ergebnispräsentation** werden dann die gewonnenen Erkenntnisse den involvierten Funktionsbereichen des Unternehmens vorgelegt. Um die Akzeptanz der Ergebnisse zu erhöhen, ist darauf zu achten, dass die Gestaltung der Präsentation so erfolgt, dass man die Ergebnisse auch ohne detaillierte Kenntnisse der verwendeten Methoden nachvollziehen kann. Die in der Phase der Problemformulierung definierten Forschungsfragen sollten an dieser Stelle beantwortet werden.

4.1.2   Gütekriterien der Marktforschung

Entscheidungen, die auf der Grundlage von Marktforschungsinformationen getroffen werden, haben oft sehr weitreichende Konsequenzen für ein Unternehmen. Daher müssen sich Unternehmen auf die Richtigkeit der im Rahmen eines Marktforschungs-projektes gewonnenen Daten verlassen können. Zur Gütebeurteilung von Messvorgängen werden in der Regel drei Kriterien verwendet:

- Objektivität,
- Reliabilität und
- Validität.

Objektivität des Messvorgangs bedeutet, dass die aus dem Messvorgang resultierenden Messergebnisse unabhängig vom Durchführenden sind. Liegt eine objektive Messung vor, so kommen mehrere Personen, die unabhängig voneinander die Messergebnisse registrieren, zum gleichen Ergebnis.

▶ **Reliabilität** Reliabilität oder Zuverlässigkeit betrifft die formale Genauigkeit der Erfassung der Merkmalsausprägungen.

Peter und Churchill (1986) definieren Reliabilität als den Grad, zu dem das Messver-fahren **frei von Zufallsfehlern** ist. Reliabilität manifestiert sich also darin, dass bei Wiederholung der Messung unter gleichen Rahmenbedingungen auch das gleiche Mess-ergebnis erzielt wird.

Folgendes Beispiel soll ein mögliches Reliabilitätsproblem im Rahmen der Markt-forschung verdeutlichen: Werden auf der Basis eines Handelspanels die Marktanteile der einzelnen Marken einer Produktkategorie bei den Konsumenten gemessen, so kann die Messung durch Zufallsfehler überlagert werden, wenn die Erfassungszeiträume nicht auf die Bestellzyklen der am Panel beteiligten Handelsunternehmen abgestimmt sind. Das Resultat sind in diesem Fall zufällige Schwankungen der ermittelten Marktanteile, die nicht aufgrund von tatsächlichen Marktanteilsveränderungen, sondern lediglich aufgrund von Besonderheiten im Bestellverhalten der beteiligten Handelsunternehmen auftreten.

▶ **Validität** Validität oder Gültigkeit eines Messverfahrens ist gegeben, sofern es gelingt, den eigentlich interessierenden Sachverhalt tatsächlich zu erfassen, also genau das zu messen, was man messen möchte.

Anders ausgedrückt ist ein Messinstrument dann valide, wenn es über die Eigenschaft der Reliabilität hinaus **frei von systematischen Fehlern** ist. Validität bezieht sich somit auf die konzeptionelle Richtigkeit einer Messung (vgl. Homburg und Giering 1996).

Zur Veranschaulichung des Validitätsbegriffs greifen wir wiederum auf das Beispiel der Marktanteilsermittlung auf der Basis eines Handelspanels zurück: Kauft beispielsweise ein bestimmtes Konsumentensegment nicht in erster Linie bei Unternehmen, die im Handelspanel vertreten sind und bevorzugt dieses Segment im Vergleich zu den übrigen Konsumenten spezielle Marken, so wird der Marktanteil dieser Marken durch Schätzung auf der Basis des Handelspanels systematisch unterschätzt. Es handelt sich hier also nicht um einen Zufallsfehler, der einmal positiv und einmal negativ das Ergebnis der Messung verzerrt, sondern um einen systematischen Fehler, der im Grunde bei jeder Messung das Ergebnis in eine bestimmte Richtung verzerrt.

4.2   Problemformulierung und Untersuchungsdesign

In der Phase der **Problemformulierung** werden die Fragestellungen der Manager in ein Forschungsproblem umgesetzt und die Marktforschungsziele definiert. Als Ergebnis sollten konkrete Forschungsfragen formuliert werden, die in der Marktforschungsstudie zu beantworten sind.

Eine wichtige Erfolgsdeterminante in dieser frühen Phase der Marktforschungsstudie ist die **Fokussierung auf ausgewählte Ziele:** Mit einer einzelnen Studie dürfen nicht zu viele unterschiedliche Ziele gleichzeitig verfolgt werden, da sonst die untersuchten Fragestellungen nicht ausreichend vertieft werden können. Dies liegt insbesondere daran, dass von den Befragten nur eine begrenzte Anzahl von Fragen akzeptiert wird.

Eng verbunden mit den Zielsetzungen der Marktforschungsstudie ist die Frage, auf welche Menge von Objekten (zumeist Personen bzw. Organisationen) sich die Aussagen der Marktforschungsstudie beziehen sollen. Die Beantwortung dieser Frage wird als **Definition der Grundgesamtheit** bezeichnet. Aspekte der Repräsentativität von Stichproben (vgl. hierzu Abschn. 4.5) können nur auf der Basis einer klaren und eindeutigen Definition der Grundgesamtheit bewertet werden.

Die Festlegung des **Untersuchungsdesigns** stellt die nächste Phase des Marktforschungsprozesses dar. In dieser Phase wird der für das jeweilige Forschungsproblem am besten geeignete Studientyp festgelegt:

- In einer **deskriptiven** Untersuchung werden die für die Untersuchungsthematik relevanten Tatbestände möglichst genau erfasst und beschrieben, wobei jedoch keine Zusammenhänge zwischen Variablen untersucht werden.

- Eine **explorative** Untersuchung dient dazu, die (meist noch relativ unerforschte) Untersuchungsthematik zunächst einmal genau zu verstehen und zu strukturieren. Zusammenhänge zwischen den betrachteten Variablen können untersucht werden, wobei sich der explorative Untersuchungscharakter darin manifestiert, dass vor Durchführung der Datenanalysen keine Hypothesen über derartige Zusammenhänge formuliert werden.
- Im Rahmen einer **explikativen** Untersuchung stehen Ursachen von beobachteten Phänomenen im Mittelpunkt. Dementsprechend geht es um Zusammenhänge zwischen Variablen, die hier aber auf Basis vorab formulierter Hypothesen betrachtet werden.

4.3 Bestimmung des Durchführenden

Im Hinblick auf die Durchführung der Marktforschungsuntersuchung stehen dem Unternehmen zwei grundlegende Optionen zur Verfügung: Marktinformationen lassen sich entweder durch Eigenleistung des Unternehmens oder durch Fremdbezug gewinnen. Generell kann im Hinblick auf Marktforschungsuntersuchungen also keine pauschale Empfehlung bezüglich der Fremdvergabe bzw. der Durchführung in Eigenregie gegeben werden. Es gilt situative Vor- und Nachteile abzuwägen.

Für die **Eigenerbringung von Marktforschungsleistungen** sprechen insbesondere die folgenden Überlegungen:

- **Unternehmensspezifische Erfahrung:** Die unternehmensinternen Marktforscher sind mit dem zu lösenden Marktforschungsproblem oftmals besser vertraut. So verfügen sie im Vergleich zu externen Marktforschern häufig über bessere Kenntnisse des Unternehmens und seiner besonderen Situation sowie oftmals auch der besonderen Branchengegebenheiten.
- **Vertraulichkeit:** Externe Marktforscher werden zwar in der Regel durch Geheimhaltungsvereinbarungen zur Vertraulichkeit verpflichtet. Dennoch ist zu berücksichtigen, dass gerade Marktforschungsinstitute, die sich auf bestimmte Branchen spezialisiert haben, häufig für mehrere direkte Wettbewerber in dieser Branche tätig sind.
- **Kontrolle des Marktforschungsprozesses:** Im Rahmen der unternehmensinternen Marktforschung hat das Unternehmen einen besseren Einblick in die Durchführung der Marktforschungsaktivitäten und kann diese auch besser kontrollieren.

Für die **Vergabe von Marktforschungsaufträgen** an Marktforschungsinstitute oder entsprechend kompetente Unternehmensberatungen sprechen die folgenden Argumente:

- **Methodenkenntnis und Erfahrung:** Spezialisierte Unternehmen haben in aller Regel mehr Methodenkenntnis und Erfahrung. Beispielsweise sei das Expertenwissen im Hinblick auf die Anwendung komplexer statistischer Datenanalyseverfahren (wie wir sie in Abschn. 5.2 darstellen) genannt.

- **Kostenvorteile:** Aufgrund der größeren Erfahrung mit ähnlichen Marktforschungs-
problemen können externe Spezialisten oftmals effizienter vorgehen. Fallen bestimmte
Marktforschungsaufgaben im Unternehmen nur in geringem Umfang oder relativ
selten an, ist das Outsourcing trotz der Marge des beauftragten Marktforschungs-
partners in der Regel günstiger als die Durchführung mit eigenen Ressourcen.
- **Objektivität:** Bei unternehmensinterner Durchführung der Marktforschung kann
gerade bei Marketingentscheidungen, die im Mittelpunkt politischer Auseinander-
setzungen im Unternehmen stehen, Einfluss auf die Marktforscher ausgeübt werden
mit dem Ziel, die Ergebnisse in eine bestimmte Richtung zu lenken. Auch können
unternehmensinterne Marktforscher beispielsweise eigene Vorstellungen im Hinblick auf anstehende Marketingentscheidungen haben und diese mehr oder weniger
bewusst bei der Konzeption und Durchführung der Marktforschungsuntersuchung
berücksichtigen. Dies stellt eine Gefahr für die Objektivität von in Eigenregie durch-
geführter Marktforschung dar.
- **Akzeptanz:** Ein weiteres Argument für die Durchführung von Marktforschungsuntersuchungen durch externe Partner ist die im Vergleich zur Durchführung in Eigenregie
höhere unternehmensinterne Akzeptanz der Ergebnisse. Gerade renommierten Unternehmen, die Marktforschungsdienstleistungen anbieten, wird häufig ein höheres Maß
an Glaubwürdigkeit attestiert als der eigenen Marktforschungsabteilung.
- **Kapazitätsrestriktionen:** Wenn unternehmensintern beispielsweise für eine umfangreiche Datenerhebung nicht ausreichend Mitarbeiter zur Verfügung stehen, so kann
sich die Vergabe an externe Dienstleister empfehlen.

4.4   Festlegung der Datenerhebungsmethode

4.4.1   Überblick

Grundlage einer Marktforschungsstudie sind Daten. Einen Überblick über die Methoden
der Datengewinnung gibt Abb. 4.3.

Sekundärdaten werden nicht im Rahmen der jeweiligen Marktforschungsstudie selbst
erhoben, sondern aus bereits vorhandenen Informationsquellen gewonnen. Eine wichtige
Fragestellung ist in diesem Zusammenhang, welche Informationsquellen verwendet werden
sollen. Grundsätzlich stehen unternehmensinterne und unternehmensexterne Informationsquellen zur Verfügung. Da Sekundärdaten nicht eigens für die Marktforschungsstudie
erhoben werden, können sie den speziellen Informationsanforderungen der Marktforschungsstudie nicht immer vollständig gerecht werden. Mit der Verwendung von Sekundärdaten für
Marktforschungszwecke befasst sich Abschn. 4.4.3.

Sind Sekundärdaten im Hinblick auf die Informationsbedürfnisse der Entscheidungsträger nicht ausreichend, so müssen **Primärdaten** erhoben werden, die speziell auf
die individuellen Informationsbedürfnisse zugeschnitten sind. Mit unterschiedlichen
Verfahren der Erhebung von Primärdaten befasst sich Abschn. 4.4.2.

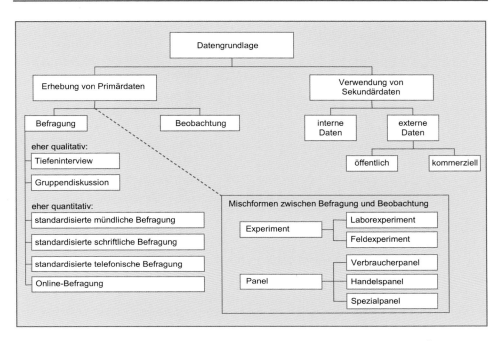

Abb. 4.3 Methoden zur Gewinnung der Datengrundlage einer Marktforschungsstudie im Überblick

Bei der Entscheidung zwischen Primär- oder Sekundärdaten ist grundsätzlich zwischen Aussagekraft und Kosten abzuwägen: Im Vergleich zu Sekundärdaten weisen Primärdaten in der Regel eine höhere Aussagekraft im Hinblick auf eine vorliegende Fragestellung auf. Die Gewinnung von Primärdaten verursacht jedoch zumeist höhere Kosten als die Verwendung von Sekundärdaten.

Ein Aspekt, der im Hinblick auf die Verwendung von Sekundärdaten problematisch sein kann, ist deren Aktualität. Für ihre Verwendung spricht jedoch wiederum die Tatsache, dass sie häufig zeitnäher als Primärdaten beschafft werden können. In der Marktforschungspraxis kommen häufig Primär- und Sekundärdaten einander ergänzend zur Anwendung. Insbesondere das Internet hat zu einer Zunahme der Bedeutung von Sekundärdaten geführt, da hier zeitnah und kostengünstig (häufig kostenlos) umfassende Informationen zu verschiedensten Themen verfügbar sind.

4.4.2 Erhebung von Primärdaten

Grundsätzlich lassen sich Methoden der Befragung und Methoden der Beobachtung sowie Mischformen von Befragung und Beobachtung unterscheiden (vgl. Abb. 4.3). In den folgenden drei Abschnitten werden diese Bereiche diskutiert.

4.4.2.1 Methoden der Befragung

Bei der Befragung lassen sich qualitativ und quantitativ orientierte Methoden unterscheiden (vgl. Abb. 4.3). Im Folgenden werden zunächst die **qualitativ orientierten Befragungsmethoden** dargestellt. Diese Methoden zielen primär auf die Generierung qualitativer Informationen und weniger auf die Generierung von quantifizierten Sachverhalten ab. Sie sind im Vergleich zu den quantitativ orientierten Befragungsmethoden auf eine eher begrenzte Anzahl von Befragten ausgerichtet. Die Fragen und Antwortmöglichkeiten sind sehr flexibel gestaltet und können sich zwischen den verschiedenen Befragten deutlich voneinander unterscheiden. Typische Anwendungsfelder für qualitative Befragungsmethoden sind beispielsweise die Gewinnung von neuen Produktideen sowie das Ergründen von tiefer liegenden Kundenbedürfnissen. Man unterscheidet

- das Tiefeninterview und
- das Gruppeninterview.

Beim **Tiefeninterview** handelt es sich um ein relativ freies, qualitatives Interview in Form eines persönlichen Gesprächs. Ziel des Tiefeninterviews ist es, tiefere Einsichten in den Untersuchungsgegenstand zu gewinnen und insbesondere durch psychologisch geschickte Fragen die Denk-, Empfindungs- und Handlungsweisen des Befragten zu verstehen.

Während beim Tiefeninterview ein tieferes Verständnis individueller Verhaltensweisen, Meinungen und Einstellungen angestrebt wird, zielt man bei der **Gruppendiskussion** darauf ab, einen möglichst umfassenden Überblick über Meinungen und Ideen mehrerer Personen zu erhalten. Hierzu wird unter Leitung eines qualifizierten Moderators ein Themenkatalog in einer Gruppe (**Fokusgruppe**) von etwa sechs bis zehn Mitgliedern diskutiert.

Im Gegensatz zu dencgsmethoden sind bei **quantitativ orientierten Methoden** der Befragung die Fragen sowie die möglichen Antworten stärker standardisiert. Ziel dieser Standardisierung ist es, die Antworten einer Vielzahl von Befragten unmittelbar vergleichen zu können. In dieser Kategorie von Befragungsmethoden sind insbesondere

- die standardisierte mündliche Befragung,
- die standardisierte schriftliche Befragung,
- die standardisierte telefonische Befragung sowie
- die Online-Befragung

zu nennen.

Das **standardisierte mündliche Interview** wird auf Grundlage eines standardisierten Fragebogens durchgeführt, d. h. die Fragen sind in Form, Inhalt und Reihenfolge festgelegt. Ziel dieser Standardisierung ist eine möglichst hohe Vergleichbarkeit der einzelnen Interviewergebnisse und die dadurch mögliche Aggregation und Verknüpfung der Daten.

Bei der **standardisierten schriftlichen Befragung** beantworten die Probanden der ausgewählten Stichprobe einen Fragebogen, den sie auf dem Postweg erhalten. Um die Fragebögen später einfacher auswerten und die Ergebnisse besser vergleichen zu können, sollten überwiegend geschlossene Fragen verwendet werden (vgl. Abschn. 4.6.2. zu Fragenformaten). Typische Beispiele für die Anwendung der schriftlichen Befragung sind Fragebogenmailings zur Kundenbefragung.

Beim **standardisierten Telefoninterview** werden die Befragten per Telefon kontaktiert und anhand eines Fragebogens befragt. Die telefonische Befragung wird häufig im Rahmen einer **computergestützten Befragung** als CATI-Befragung durchgeführt (**C**omputer **A**ssisted **T**elephone **I**nterviewing). Bei dieser Methode liest der Interviewer die Fragen vom Computerbildschirm ab und gibt die Antworten direkt in den Computer ein. Diese Vorgehensweise hat die Vorteile einer geringeren Fehleranfälligkeit bei der Dateneingabe, der automatischen Konsistenzprüfung der Antworten und der Möglichkeit von verzweigten Fragestellungen.

Online-Befragungen über das Internet werden meist als Email-Umfrage oder als WWW-Umfrage durchgeführt. Die Befragten beantworten in der Regel in einem Webbrowser einen interaktiven Online-Fragebogen und klicken entweder die jeweilige Antwortoption an oder geben ihre Antworten zu offenen Fragen in Textfelder ein. Die **E-Mail-Umfrage** unterscheidet sich nicht wesentlich von der schriftlichen Befragung, wenn der Fragebogen oder ein Link zu einem Online-Fragebogen an eine vorher bestimmte Email-Adressenliste versendet wird. Bei der **WWW-Umfrage** wird meist über einen Link auf der Webseite eines Unternehmens auf den Fragebogen verwiesen. Alternativ können Umfragen beispielsweise in sozialen Netzwerken oder in Internetforen angekündigt werden.

Die aufgezeigten Befragungsmethoden weisen unterschiedliche Vor- und Nachteile auf (vgl. Tab. 4.1 für einen Vergleich der quantitativen Befragungsmethoden). Folglich sind sie je nach Untersuchungssituation unterschiedlich gut geeignet.

4.4.2.2 Beobachtung

Im Rahmen der Beobachtung werden wahrnehmbare Sachverhalte, Verhaltensweisen und Eigenschaften bestimmter Personen planmäßig erfasst. Dies kann zu einem speziellen Zeitpunkt geschehen oder aber über einen Zeitraum hinweg. Die Beobachtung dieser Sachverhalte erfolgt meist nicht durch die handelnden Personen selbst (Selbstbeobachtung), sondern durch unabhängige Dritte (Fremdbeobachtung) oder durch Geräte (instrumentelle Beobachtung, z. B. durch Videokameras).

Bei einer Beobachtung kann das Verhalten des Beobachteten im Gegensatz zur Befragung direkt erfasst werden, wenn es auftritt. Jedoch werden die hinter dem beobachteten Verhalten stehenden Motivationen der Beobachteten nicht erfasst. Diese Motivationen muss der Marktforscher nachträglich interpretieren.

Die Beobachtung weist eine Reihe von Vor- und Nachteilen auf. Vorteilhaft sind die folgenden Aspekte:

Tab. 4.1 Vor- und Nachteile unterschiedlicher quantitativer Befragungsmethoden

Methode	Vorteile	Nachteile
Standardisiertes mündliches Interview	• Möglichkeit zur Erklärung komplizierter Sachverhalte durch den Interviewer • Möglichkeit von Rückfragen der Befragten bei Verständnisproblemen • Möglichkeit zur Illustration der Fragen durch ergänzende Materialien wie Produktmuster oder Bilder • Reduktion der Verweigerungsquote durch geschultes Verhalten des Interviewers • gute Realisierbarkeit von Verzweigungen im Fragebogen durch Interviewer	• Interviewer Bias durch soziale Interaktion zwischen Interviewer und Befragtem kann die Ergebnisse des Interviews verzerren • relativ hohe Kosten der Durchführung
Standardisierte schriftliche Befragung	• relative Kostengünstigkeit • kein Vorliegen eines Interviewer Bias • Möglichkeit für die Befragten, in Ruhe über eine Antwort nachzudenken • Erreichbarkeit großer Fallzahlen	• relativ geringe Rücklaufquoten, insbesondere bei der Befragung von Privathaushalten • daraus resultierende Gefahr der mangelnden Repräsentativität • keine Möglichkeit für Verständnisfragen
Standardisiertes Telefoninterview	• zeitliche Flexibilität: Durchführung zu unterschiedlichen Tages- und Wochenzeiten; Abbruchmöglichkeit mit Fortsetzung zu späterem Zeitpunkt • Zeitersparnis aufgrund der schnellen Verfügbarkeit von Ergebnissen • relative Kostengünstigkeit • Möglichkeit für Rückfragen und zusätzliche Verdeutlichung • geringer Interviewer Bias	• geringe Auskunftsbereitschaft der Befragten in der relativ anonymen Befragungssituation • keine Erfassung non-verbaler Reaktionen der Befragten • Problematik der schwierigen telefonischen Erreichbarkeit bestimmter Befragungsgruppen (z. B. Manager)
Online-Befragung	• relative Kostengünstigkeit • hohe Reichweite: Ansprache einer Vielzahl von Befragten möglich • schnelle Erzielbarkeit großer Fallzahlen • Möglichkeit zur ergänzenden audiovisuellen Illustration • Möglichkeit zur einfacheren Personalisierung und zur Abbildung komplexer Verzweigungen im Fragebogen	• oftmals unzureichende Informationen über die Grundgesamtheit • Gefahr der Verzerrung durch Selbstselektion der Teilnehmer • Gefahr unseriöser Antworten aufgrund der Anonymität

- In einigen Anwendungssituationen stellt die Beobachtung die **einzige Möglichkeit** der Datenerhebung dar – so z. B. bei der Blickregistrierung im Rahmen der Werbeforschung.
- Zum Teil ist die Beobachtung **kostengünstiger** als alternative Datenerhebungsmethoden (z. B. Verkehrszählung).
- Bei der Beobachtung tritt **kein Interviewereffekt** (d. h. keine Beeinflussung der Teilnehmer durch den Interviewer möglich wie z. B. im mündlichen Interview) auf.

Daneben weist die Beobachtung jedoch auch einige Probleme auf:

- Wenn der Proband die Beobachtungssituation erkennt, kann er ein atypisches Verhalten aufweisen, das als **Beobachtungseffekt** bezeichnet wird.
- Die **Beobachtungssituation** ist **einmalig,** also nicht exakt wiederholbar.
- Auf der **Seite des Beobachters** können eine mangelnde Qualität seiner Beobachtungsbestrebungen sowie eine zu hohe Selektivität von Wahrnehmung und Erinnerung problematisch sein.

Beobachtungen finden in der Marktforschungspraxis in unterschiedlichen Themengebieten Anwendung. Ein mögliches Anwendungsgebiet stellt die **Kundenlaufstudie** in Einzelhandelsgeschäften dar. Ziel dieser Methode ist es, kundengruppenspezifische Wege und deren Ursachen zu ermitteln sowie die Ladeninnengestaltung einschließlich der Warenpräsentation zu optimieren. Über Kameras oder durch persönliche Beobachtung wird hierzu der konkrete Weg von Konsumenten durch das Geschäft erfasst. Die Verweilzeit der Konsumenten wird ermittelt, wobei Kaufvorgänge und andere Kundenaktivitäten ebenfalls beobachtet werden können.

Insbesondere im Rahmen des Electronic Commerce entstehen neue technische Möglichkeiten zur intensiven Beobachtung des Einkaufsverhaltens der Konsumenten. So existiert Analysesoftware, die es den Betreibern der Website ermöglicht, das Nutzungsverhalten („Click-Through-Verhalten") und das Kaufverhalten ihrer Kunden zu erfassen und zu analysieren. Neben der Zahl der Besucher (Page Impressions) und der Käufe lässt sich somit auch der Kaufentscheidungsprozess auswerten, indem z. B. untersucht wird, welche Produkte miteinander verglichen wurden. Insert 4.1 veranschaulicht die Möglichkeiten der elektronischen Konsumentenbeobachtung in der Marktforschungspraxis.

Neben Kunden lassen sich auch Mitarbeiter des eigenen Unternehmens in kundennahen Bereichen beobachten. Dies spielt insbesondere im Dienstleistungsmarketing zur Messung der Dienstleistungsqualität eine wichtige Rolle. Ein Beispiel hierfür ist die **Silent Shopper-Analyse** (auch als Mystery Shopper-Analyse bezeichnet). Ziel dieses Verfahrens ist die Ermittlung von Schwachpunkten im Auftritt gegenüber Kunden. Dazu wird das Verhalten von Mitarbeitern im Servicebereich gegenüber Kunden beobachtet, um so die Notwendigkeit von Schulungsmaßnahmen zur Steigerung des kundenorientierten Verhaltens abzuleiten.

[…] Der amerikanische Discounter Target weiß, wenn seine Kundinnen schwanger sind. Auch ohne dass sie es verraten. Ihre Einkäufe offenbaren in Verbindung mit einer Kundenkarte ausreichend intime Details. Eine Frau gibt auf einmal Geld für Kalzium, Magnesium und Zink aus? Oder sie verzichtet plötzlich auf parfümierte Seife und Bodylotion, legt dafür aber Hände-Desinfektionsmittel in den Einkaufwagen? Mit Hilfe seiner ausgeklügelten Verhaltensforschung kann sich die Supermarkt-Kette dann ausrechnen, dass die Kundin wahrscheinlich bald ein Kind bekommt – und ihr passende Gutscheine schicken. […] „Big Data ist das neue Buzzword", sagt der Marketing-Experte Stephan Horvath von der Agentur Draftfcb. Auch wenn der Hype darum vielleicht übertrieben ist: Die Auswertung und Verknüpfung großer Datenmengen könne ein Wettbewerbsvorteil sein, betont der Agentur-Direktor, der für den Bereich „Customer Intelligence" verantwortlich ist. […] Zwei Entwicklungen helfen […] dabei. Erstens wächst die Informationsmenge rasant: „Unser Alltag wird digitalisiert, wie es nie zuvor der Fall war. Alles, was wir tun, wird in Daten gespiegelt", sagt Jeanette Hofmann vom Wissenschafts-zentrum Berlin für Sozialforschung (WZB). […] Zweitens wird die Technologie immer leistungsfähiger. Die IT-Branche entwickelt mächtige Werkzeuge, die aus dem Datenberg wertvolle Erkenntnisse zutage fördern sollen, indem sie nach Zusammenhängen suchen. […] Firmen, die immer schon mit großen Datenmengen gearbeitet hätten, seien im Vorteil – neben Banken und Telekommunikationsanbietern etwa auch der Handel. Dabei mischen sie Informationen aus verschiedensten Quellen, „am besten eine Kombination aus klassischer Kundendatenbank, mobile und social", erklärt Horvath – also auch Ortsangaben und Informationen aus sozialen Netzwerken. „Bewegungsdaten sind ungeheuer relevant", betont er. „Man weiß, ob die Kunden Fitness-Center oder Flughäfen besuchen, das sind sehr wertvolle Informationen." […] Was Marketing-Abteilungen elektrisiert, lässt viele Verbraucher erschaudern. Der Discounter Target stellte beispielsweise fest, dass einige Frauen die unerwartete Werbung für Babyprodukte befremdlich fanden. Also stellte er neben die Anzeigen für Windeln auch Ra-senmäher und Weingläser, damit die Auswahl zufällig wirkte. […]

Insert 4.1 Veranschaulichung der Beobachtung des Einkaufsverhaltens im Electronic Commerce (vgl. Kerkmann 2012)

4.4.2.3 Experiment und Panel
Mischformen zwischen Befragung und Beobachtung stellen das Experiment und das Panel dar. Beide haben in der Marktforschungspraxis große Bedeutung.

Das Ziel eines **Experiments** ist das Erkennen von Ursache-Wirkungs-Zusammenhängen. Hierzu wird zunächst ein Faktor (als eine mögliche Ursache) verändert. Daraufhin wird der Einfluss dieser Veränderung auf abhängige Größen (Wirkung) gemessen.

Je nach Problemstellung können die Messungen durch Befragungs- oder Beobachtungstechniken vorgenommen werden. Meist wird in Experimenten eine Kombination von Befragungs- und Beobachtungstechniken angewendet.

Es können zwei Arten von Experimenten unterschieden werden: das Labor- und das Feldexperiment. Das **Laborexperiment** findet unter künstlichen Bedingungen statt, d. h. die Realität wird in der Versuchsanlage vereinfacht abgebildet. Zudem wissen die Versuchspersonen, dass mit ihnen ein Experiment vorgenommen wird. Eine wichtige Anwendung des Laborexperiments sind Testmarktsimulationsmodelle, wie beispielsweise ASSESSOR.

Das Laborexperiment bietet neben Kosten- und Zeitvorteilen gegenüber dem Feldexperiment eine bessere Möglichkeit zur Kontrolle von Störgrößen. So wird beispielsweise ein TV-Werbespot, der unter Laborbedingungen gesehen wird, bei sich gleichenden Testpersonen meist eine ähnliche Reaktion hervorrufen. Einflüsse wie z. B. ablenkender Verkehrslärm, die die Aufmerksamkeit und Reaktion der Testpersonen stören könnten, werden bewusst ausgeschaltet.

Das **Feldexperiment** wird in einer natürlichen Umgebung durchgeführt, d. h. im „normalen" Umfeld der Versuchspersonen. Die Versuchspersonen wissen in der Regel nicht, dass sie an einem Experiment beteiligt sind. Daher sind sie auch nicht entsprechend befangen wie möglicherweise beim Laborexperiment. Die Ergebnisse des Feldexperiments können daher für die Grundgesamtheit aussagefähiger sein als die Ergebnisse des Laborexperiments. Problematisch ist beim Feldexperiment, dass in vielen Fällen die Kooperation von unternehmensexternen Stellen erforderlich ist. Beispielsweise müssen Handelsunternehmen zustimmen, wenn ein Feldexperiment zum Testen eines Neuproduktes durchgeführt werden soll und dieses Neuprodukt hierfür im Regal des Handelsunternehmens platziert werden muss.

Mit den bisher diskutierten Methoden werden meist zeitpunktbezogene Daten erhoben, die eine Aussage über den Status quo zulassen. Veränderungen im Zeitablauf stehen nicht im Zentrum dieser Methoden. Zu deren Erfassung sind mehrere Erhebungen zu unterschiedlichen Zeitpunkten erforderlich. Damit die hieraus gewonnenen Daten (sogenannte **Längsschnittdaten**) vergleichbar sind, sollten die Auskunftspersonen im Zeitablauf möglichst identisch sein. Um dies zu gewährleisten, werden **Panelerhebungen** durchgeführt.

▶ **Panel** Bei einem Panel handelt es sich um einen bestimmten gleichbleibenden Kreis von Adressaten, bei dem wiederholt in regelmäßigen Abständen Erhebungen zum (prinzipiell) gleichen Untersuchungsgegenstand durchgeführt werden.

Die Einrichtung und Unterhaltung eines Panels sind zeit- und kostenintensiv. Daher werden Panels oftmals von Marktforschungsinstituten aufgebaut und gepflegt, die die damit verbundenen hohen Aufbauinvestitionen durch eine Panelnutzung für mehrere Befragungen unterschiedlicher Auftraggeber wieder amortisieren können. Ein Beispiel für die Gestaltung eines Panels gibt Insert 4.2.

[…] Marketer, Medialeute und Werber schnalzen mit der Zunge, wenn ihnen der eigenartige Ortsname ins Ohr dringt. […] Seit 1985 ist Haßloch mit seinen knapp 21.000 Einwohnern das deutsche Musterdorf. Von den knapp 10.000 Haushaltungen lassen sich 3.000 freiwillig in den Einkaufswagen schauen. Und diese 3.000 Adressen sind soziodemographisch identisch mit dem gesamten Land: Das Rentnerehepaar ist ebenso mit von der Partie wie der gut verdienende Single, der Arbeitslose, die junge Familie mit zwei Kindern und der Lehrling, den es in die WG gezogen hat: Dosenmilch, Rasierschaum, Joghurt, Nudeln, Pampers, Putenschnitzel, Mineralwasser, Sekt – vieles von dem, was heute in jedem deutschen Supermarktregal steht, stand zuerst einmal hier. […] „Haßloch ist die härteste Probe für ein neues Produkt", sagt denn auch GfK-Marktforscherin Susanne Kurz. […] „Hier kann man alles testen", sagt Steffen Hasse, Marktforscher bei Procter & Gamble. Der US-Konzern mit Deutschlandsitz Sulzbach/Taunus hat schon über 50 Tests in Haßloch absolviert – von Always bis Lenor. Dabei lieferte Haßloch fast immer präzise Ergebnisse, und die Erfahrungen, die die GfK hier bei den Konsumenten sammelt, stimmen zu 90 Prozent mit den späteren Marktdaten überein. […] Vorteil: Ehe die große Werbetrommel gerührt wird und damit möglicherweise Millionen ohne sichtbaren Erfolg verpulvert werden, findet in der Oberrheinischen Tiefebene die Generalprobe statt. […] Nur wenige Dutzend

Aufträge bekommt die GfK pro Jahr, die dafür – je nach Produkt – zwischen 150.000 und 300.000 Euro in Rechnung stellt. Der Test läuft ein halbes Jahr, danach wird das Konsumentenverhalten ausgewertet und für die Auftraggeber in Empfehlungen umformuliert. […] Das Instrument heißt „GfK Behaviorscan". Dahinter verbirgt sich nichts anderes als ein experimenteller Mikrotestmarkt, der – erstmalig in Europa – „die Vorteile der Scanner-, Kabelfernseh- und Mikrocomputertechnologie in ein repräsentatives Verbraucherpanel und ein lokales Einzelhandelspanel integriert hat". […] [So] lässt sich sogar [die Auswirkung] einer ganz bestimmten Kampagne auf das Einkaufsverhalten der betreffenden Haushaltungen genau bestimmen. Realistischer ließe sich der Marketingmix […] kaum testen. […] Was Haßloch für jeden Marketer so charmant macht, ist die Tatsache, dass hier keine Meinungen abgefragt oder endlose Rubriken ausgefüllt werden, sondern brauchbare Fakten geliefert werden. Die mit Scannerkassen ausgerüsteten Lebensmittel- und Einzelhandelsgeschäfte fragen am Point of Sale den Kunden nur nach dessen Kaufentscheidung – ein simpler Chip macht es möglich. Damit werden 3.000 Test-Haushaltungen „erfasst", von denen wiederum 2.000 via Spezialsoftware „GfK Behaviorscan" an der „GfK-Box" hängen. Und hier, bei diesen vorgegebenen Haushaltsgruppen, sind nicht nur die üblichen, national ausgestrahlten TV-Spots zu sehen, sondern zur selben Sendezeit auch gleich lange „Ersatzspots". […]

Insert 4.2   Beispiel für die Gestaltung eines Panels (vgl. Rehberger 2005, S. 28 ff.)

4.4.3 Verwendung von Sekundärdaten

Im Rahmen einer Marktforschungsstudie können nicht nur die während der Studie erhobenen Primärdaten (vgl. Abschn. 4.4.2) verwendet werden, sondern auch Sekundärdaten. Bei dieser Vorgehensweise werden Informationen aus bereits vorhandenem Datenmaterial gewonnen.

Aus der Sicht eines Unternehmens, das im Rahmen einer Marktforschungsstudie auf Sekundärdaten zurückgreifen will, existieren prinzipiell zwei Arten von Datenquellen: unternehmensinterne Datenquellen und unternehmensexterne Datenquellen. Einen Überblick über relevante unternehmensinterne bzw. -externe Sekundärdatenquellen im Rahmen der Marktforschung liefert Tab. 4.2.

Unternehmensinterne Daten stellen eine wertvolle Datenquelle dar. Für Marktforschungsstudien werden oftmals Daten aus Absatzstatistiken, Kundenstatistiken, Kundendienstberichten und der Kostenrechnung verwendet. Da diese Daten sich jedoch nur auf die spezielle Situation des Unternehmens und nicht auf den Gesamtmarkt beziehen, ist ihre isolierte Verwendung von vornherein auf unternehmensbezogene Studienaspekte beschränkt.

Bei den **unternehmensexternen Daten** kann einerseits auf öffentliche Daten zurückgegriffen werden. So können Statistiken von statistischen Ämtern (wie z. B. dem Statistischen Bundesamt), von Wirtschaftsforschungsinstituten, Universitäten, Verbänden und sonstigen politischen Organisationen wertvolle Informationen liefern. Andererseits spielen kommerzielle Daten, z. B. von Marktforschungsunternehmen, eine wichtige Rolle in der Marktforschung.

Sowohl öffentliche als auch kommerzielle Daten stehen im Wesentlichen in **Datenbanken** zur Verfügung (z. B. in Marktdatenbanken und Branchendatenbanken). Derartige

Tab. 4.2 Übersicht über Quellen von Sekundärdaten im Rahmen der Marktforschung

Unternehmensinterne Datenquellen	Unternehmensexterne Datenquellen
Absatzdaten (z. B. Umsätze insgesamt, nach Produktgruppen, Artikeln, Kunden, Vertretern, Gebieten und Perioden) Finanz- und Kostendaten (z. B. Absatz- und Vertriebskosten, Deckungsbeiträge) Kunden- bzw. CRM-Daten (z. B. Kunden nach Art, Größe und Gebiet, Auftragsgrößen, Vertriebswegen, Reklamationen, Mahnungen) Außendienstberichte (z. B. Besuchsberichte) frühere Primärerhebungen, die für neue Problemstellungen relevant erscheinen	Statistiken und Veröffentlichungen amtlicher Institutionen Veröffentlichungen von Wirtschaftsverbänden und -organisationen Veröffentlichungen von wissenschaftlichen Institutionen Veröffentlichungen von Banken und Sonderdiensten Veröffentlichungen von Verlagen (z. B. Bücher, Fachzeitschriften, Zeitungen) Veröffentlichungen von Werbeträgern und Werbemittelherstellern Veröffentlichungen von Wettbewerbern (Geschäftsberichte, Firmenzeitschriften, Kataloge und Werbemitteilungen, Websites) Veröffentlichungen und Daten von Informationsdiensten, Beratungsfirmen, Marktforschungsinstitutionen und Adressverlagen Veröffentlichungen im Internet (z. B. Bewertungen, Forenbeiträge)

Datenbanken gewinnen für die Marktforschung an Bedeutung, insbesondere vor dem Hintergrund eines steigenden, häufig unüberschaubaren Informationsangebotes, das die Erfassung und Auswertung der relevanten Informationsquellen erschwert. Die Speicherung und Verarbeitung dieser Informationen in digitaler Form in Datenbanken erleichtern den Zugang zu den Informationen und deren Interpretation.

Das **Internet** hat die Verfügbarkeit von Sekundärdaten für Unternehmen deutlich erhöht. Sekundärdaten aus dem Internet zeichnen sich durch ihre Kostengünstigkeit und die Reichhaltigkeit an Informationen aus. Zentrale Datenquellen sind Suchmaschinen, Online-Datenbanken, Mailinglisten, Newsgroups und Virtual Communities (soziale Netzwerke).

Da die Datenmengen bei solchen Anwendungsfällen der Marktforschung mit Internetquellen schnell ein erhebliches Ausmaß annehmen können und die Daten oft unstrukturiert sind, findet die Datenanalyse in der Regel computergestützt statt. Hieraus haben sich zentrale Verfahren wie das Data Mining entwickelt. Ein solches beispielhaftes Verfahren stellt die Sentimentanalyse (auch Opinion Mining genannt) dar. Die Sentimentanalyse ist ein spezieller Anwendungsfall der automatisierten Textanalyse (dem sogenannten Text Mining), der das Ziel hat, beliebige Mengen an Sprache in Form von Text computerlinguistisch auszuwerten (vgl. Trevisan-Groddek und Jakobs 2015). Hierbei werden Aussagen von Personen mittels Kategorisierungsregeln klassifiziert, z. B. Aussagen von Konsumenten in sozialen Medien. Die Stimmung (engl. Sentiment) von Aussagen lässt sich dabei z. B. in positiv („mir gefällt…"), negativ („das Produkt ist zu teuer") oder wertungsfrei („ich habe den Werbespot gesehen") klassifizieren und auswerten. So lässt sich etwa im Rahmen der Markteinführung neuer Produkte die Stimmung von Konsumenten zum eingeführten Produkt in sozialen Netzwerken oder in Kundenbewertungen analysieren (vgl. Kayser und Rath 2019).

Neben sozialen Netzwerken sind Suchmaschinen wie Google eine vielversprechende Quelle für umfangreich nutzbare Sekundärdaten, welche ihre eigenen automatisierten Analysen oft zur kostenfreien Nutzung anbieten. Mit den Analyse-Werkzeugen Google Trends and Google AdWords lassen sich z. B. die Nachfrage nach bestimmten Gütern und Informationen in Echtzeit oder auch zeitversetzt über die weltweit oder regional getätigten Suchanfragen aller Nutzer widerspigeln. Hierbei lässt sich detailgenau analysieren, zu welchem Zeitpunkt und zu welchem Anlass Themen besonders häufig angefragt werden bzw. wurden. Diese Erkenntnisse können anschließend genutzt werden, um beispielsweise populäre Suchbegriffe ereignisgebunden in die eigene Werbung zu integrieren, um Kundenbedürfnisse zu entdecken oder um Marktnischen zu identifizieren (vgl. z. B. Du et al. 2015). Der Mobilitätsanbieter Sixt nutzt das Wissen über Suchtrends beispielsweise, um vom Suchverhalten in bisher nicht erschlossenen Märkten die ideale Strategie für den Markteintritt zu definieren. So lässt sich aus dem Suchverhalten erschließen, wie häufig die Zielgruppen in den neuen Märkten nach Mobilitätslösungen suchen. Daraufhin werden das Angebot sowie die Kommunikation entsprechend ausgerichtet (o. V. 2016).

Von stark wachsender Bedeutung sind hierbei die Möglichkeiten, die Beiträge in Newsgroups, Mailinglisten, Virtual Communities und Meinungsplattformen sekundärstatistisch zu analysieren. Hier tauschen Kunden beispielsweise Erfahrungen, Meinungen und Empfehlungen zu einer Vielzahl von Produkten, Dienstleistungen und Unternehmen aus. Mittlerweile existieren zahlreiche technische Lösungen kommerzieller Anbieter, mit denen Unternehmen die „Stimmung" im Internet in Bezug auf ihre Produkte oder Marken verfolgen können. Insert 4.3 zeigt praktische Nutzungsmöglichkeiten für Daten aus sozialen Netzwerken.

Marktforschung liefert Unternehmen die Momentaufnahme der Meinung zu einem Produkt innerhalb einer kleinen Personenstichprobe. Sentimentanalyse gleicht eher einer fortlaufenden Filmaufnahme. [Die automatisierte Textanalyse] etwa berücksichtigt alle Dialoge zu einem Angebot und bereitet sie in statistischen und computerlinguistischen Verfahren auf, wobei auch Umgangssprache ausgewertet wird. Das Verfahren erkenne jedoch nicht nur, was Verbraucher von Marken oder Prominenten halten, sondern sage auch das Verhalten des Marktes vorher, erklärt Mohasseb. Für einige Marken ergäben sich sogar positive Effekte, wenn die Kunden maulen: „Lady Gaga verdient Geld, wenn am Markt negative Stimmung herrscht", sagt der WiseWindows-Chef.

Gaylord Hotels hat auf Basis der Sentimentanalyse den Umgang mit den Kunden umgestellt, sagt Paul Hagen, leitender Analyst bei Forrester Research. Das Unternehmen, das unter dem Dach von Gaylord Entertainment eine Kette gehobener Konferenzhotels betreibt, setzt die Analysesoftware des Anbieters Clarabridge ein. Wie aus den so gesammelten Daten deutlich wurde, lässt sich in den ersten zwanzig Minuten nach Ankunft des Gastes mit etwa fünf Maßnahmen ein größtmöglicher positiver Eindruck schaffen. Zuvor habe Gaylord auf einen Katalog von 80 Punkten geachtet, damit ein Gast das Hotel am Ende weiterempfahl, sagt Hagen.

Beispielsweise fand das Hotel heraus, dass die Kunden zufriedener waren, wenn die Angestellten die Gäste zu ihrem Ziel in der Anlage begleiteten statt ihnen den Weg nur zu erklären. „Durch die Clarabridge-Erhebung wurde uns klar, dass die ersten zwanzig Minuten des Hotelaufenthalts für unsere Gäste entscheidend sind", sagt David C. Kloeppel, der bei Gaylord Hotels das Tagesgeschäft leitet. Dies habe zur Hypothese geführt, dass die Gesamtzufriedenheit der Gäste steigt, wenn diese Phase perfekt gestaltet wird. Andere Unternehmen überwachen den Tonfall in E-Mails und anderen Formen schriftlicher Kommunikation mit Kunden. Der Computerspieleanbieter GoGii Games setzt seit vergangenem Jahr das Programm „ToneCheck" von Lymbix ein, um die Rückmeldungen seiner Mitarbeiter nach außen zu kontrollieren, sagt Gogii-Chef George Donovan. „Wir wollen nicht, dass Spieler durch ein Spiel das Gefühl bekommen, sie seien dumm", sagt er. Dabei hat er insbesondere die wichtigste Kundengruppe des Unternehmens im Auge: Frauen im Durchschnittsalter von über 40, die nur begrenzte Zeit mit Spielen verbringen wollen. „Unsere meisten Entwickler sind keine 45-jährigen Frauen, sondern 25-jährige Männer, die gewohnt sind, Spiele für junge Männer zu gestalten", sagt er.

Insert 4.3 Veranschaulichung der Möglichkeiten der Datennutzung mittels Facebook (vgl. o. V. 2011)

4.5   Stichprobenauswahl

Die Stichprobenauswahl erfolgt auf der Basis der Definition der Grundgesamtheit (vgl. hierzu Abschn. 4.2). Während die Grundgesamtheit die Menge derjenigen Objekte ist, auf die die Ergebnisse der Marktforschungsuntersuchung zutreffen sollen, ist die **Stichprobe** die Menge derjenigen Objekte, von denen im Rahmen der Marktforschungsuntersuchung Informationen eingeholt werden sollen. Die Stichprobe ist also eine Teilmenge der Grundgesamtheit. Mit dem Begriff **effektive Stichprobe** bezeichnet man die Menge derjenigen Objekte, von denen im Rahmen der Marktforschungsuntersuchung tatsächlich Informationen eingeholt werden. Beispielsweise können im Rahmen einer schriftlichen Befragung 1000 Personen (Stichprobe) angeschrieben werden, von denen 300 (effektive Stichprobe) tatsächlich antworten. Die effektive Stichprobe ist also wiederum eine Teilmenge der Stichprobe.

Grundsätzlich stellt sich im Hinblick auf die Stichprobenbildung zunächst die Frage, ob eine **Vollerhebung** durchgeführt werden soll. Hierbei wird angestrebt, jedes einzelne Element der Grundgesamtheit auf die interessierenden Merkmale hin zu untersuchen. Die Stichprobe entspricht also in diesem Fall der Grundgesamtheit. Diese vollkommene Abdeckung der Grundgesamtheit stellt aus statistischer Sicht den Idealfall dar. Es gibt in der Marktforschungspraxis durchaus Situationen, in denen eine Vollerhebung realistisch ist. Beispielhaft seien Kundenbefragungen im Firmenkundengeschäft genannt, wo bisweilen die Zahl der Kunden recht gering, die Grundgesamtheit also recht überschaubar ist. Im Allgemeinen ist eine Vollerhebung bei einer großen Grundgesamtheit wegen der damit verbundenen hohen Kosten jedoch meist nicht möglich. Dann greift man im Rahmen der Marktforschung auf die Hilfskonstruktion einer Stichprobe zurück, die aus der Grundgesamtheit ausgewählt wird (**Teilerhebung).**

Bei Teilerhebungen ist die **Repräsentativität einer Stichprobe** ein zentrales Thema. Repräsentativität bedeutet im Idealfall, dass die Stichprobe in ihrer Zusammensetzung der Grundgesamtheit exakt entspricht. Da dies niemals für alle denkbaren Merkmale möglich ist, sollte die Stichprobe zumindest im Hinblick auf die zentralen Merkmale der Untersuchung repräsentativ für die Grundgesamtheit sein. Die Repräsentativität einer Stichprobe lässt Rückschlüsse von der Stichprobe auf die Gegebenheiten in der Grundgesamtheit zu, macht also die Stichprobe verallgemeinerbar und hochrechenbar.

Bezüglich des **Verfahrens zur Stichprobenauswahl** unterscheidet man zwischen Verfahren der bewussten Auswahl und Verfahren der Zufallsauswahl:

- Bei den **Verfahren der bewussten Auswahl** werden die Untersuchungsobjekte gezielt nach definierten Merkmalen ausgewählt. Beispielsweise kann sich die Stichprobe auf Merkmalsträger konzentrieren, die als besonders wichtig oder besonders typisch betrachtet werden. Kennt man die Verteilung wichtiger Merkmale in der Grundgesamtheit, können Quoten für die Stichprobe vorgegeben werden, die proportional der Verteilung in der Grundgesamtheit entsprechen.

- Die Auswahl der Untersuchungseinheiten erfolgt dagegen bei den **Verfahren der Zufallsauswahl** nach dem Zufallsprinzip. Dadurch gelangt jedes Element der Grundgesamtheit mit der gleichen Wahrscheinlichkeit in die Stichprobe. Teilweise wird auch die Grundgesamtheit zunächst in sich homogene und untereinander heterogene Teilgesamtheiten aufgeteilt, bevor aus diesen einzelnen Teilgesamtheiten dann Stichproben gezogen werden. Die Elemente werden aus diesen Gruppen dann zufällig gezogen, wohingegen Quotenverfahren bewusst einzelne Elemente aus der gebildeten Stichprobe auswählen.

Die Verfahren der bewussten Auswahl sind vorteilhaft unter Gesichtspunkten der Aufwandsbegrenzung. Die Ziehung von Zufallsstichproben hat vor allem Vorteile bei der quantitativen Auswertung, da es eine zentrale Annahme vieler statistischer Tests ist, dass die Daten aus einer Zufallsstichprobe stammen. In der praktischen Anwendung hat sich aber gezeigt, dass die fehlende Verfügbarkeit von amtlichen Verzeichnissen sowie die in der nicht-amtlichen Statistik unvermeidliche Verweigerungsquote eine wirkliche Zufallsstichprobe meistens unmöglich machen.

4.6   Gestaltung des Erhebungsinstrumentes

4.6.1   Grundlegende Aspekte zur Skalierung

Unter **Skalierung** versteht man die Entwicklung eines Maßstabs (einer Skala) zur Messung der Merkmalsausprägungen bei den betrachteten Untersuchungseinheiten. Das **Skalenniveau** bestimmt die mathematischen Eigenschaften einer Skala und damit den Informationsgehalt der Daten. Die Gestaltung des Erhebungsinstruments hat dabei entscheidenden Einfluss auf das Skalenniveau der Daten. Es lassen sich vier verschiedene Skalenniveaus unterscheiden: Nominal-, Ordinal-, Intervall- und Verhältnisskalierung.

Bei der **Nominalskalierung** werden die Merkmalsausprägungen klassifiziert, also in Kategorien eingeteilt bzw. zu Attributen zugeordnet. Beispielsweise kann im Rahmen einer Befragung von Entscheidungsträgern deren Funktion im Unternehmen abgefragt werden. Der Vergleich der Merkmalsausprägungen zweier Objekte beschränkt sich auf die Frage, ob die beiden Merkmalsausprägungen übereinstimmen oder nicht. Vergleiche zwischen Objekten im Sinne von höheren bzw. niedrigeren Merkmalsausprägungen sind nicht möglich.

Bei der **Ordinalskalierung** wird zwischen den einzelnen Merkmalsausprägungen eine Rangfolge angegeben (A>B>C). Ein Beispiel hierfür ist die Beurteilung der Zufriedenheit mit der Liefertreue eines Lieferanten anhand der Schulnotenskala. Hier ist also bereits ein Vergleich zwischen Objekten im Hinblick auf höhere bzw. niedrigere Merkmalsausprägungen möglich. Die Angabe der Distanz zwischen den in Rangstufen eingestuften Merkmalsträgern ist allerdings nicht möglich.

Die Messung bei der **Intervallskalierung** erfolgt in konstanten Maßeinheiten, so dass Distanzangaben möglich sind. Man kann also Aussagen der Form treffen, dass die Merkmalsausprägung eines Objektes A die eines Objektes B um einen bestimmten Betrag übertrifft. Der Skalennullpunkt bei Intervallskalierung kann willkürlich gewählt werden. Folglich ist die Interpretation, die Merkmalsausprägung von A sei ein Vielfaches der Ausprägung von B, nicht zulässig. Beispiele für die Intervallskalierung sind die Temperaturskala, Jahreszahlen oder die IQ-Skala.

Die Messung bei der **Verhältnisskalierung** (auch Ratioskalierung genannt) erfolgt in konstanten Einheiten und mit festem (natürlichem) Nullpunkt. Daher können Verhältnisse angegeben werden: Beispielsweise kann die Aussage getroffen werden, dass die Merkmalsausprägung von A ein Vielfaches der Ausprägung von B sei. Typische Beispiele für die Verhältnisskalierung sind Größen wie Alter, Einkommen, Umsatz oder Marktanteil.

Die Verhältnisskalierung stellt unter den vier dargestellten das „höchste" Skalenniveau dar: Es ist immer möglich, aus einer Situation der Verhältnisskalierung durch Transformation zu einem niedrigeren Skalenniveau (beispielsweise zu einer Ordinalskalierung) zu gelangen. Auch resultieren aus der Verhältnisskalierung unter allen Skalierungsarten die wenigsten Restriktionen bezüglich der Anwendbarkeit von Datenanalysemethoden.

Als Oberbegriff für Intervall- und Verhältnisskalierung verwendet man auch den Begriff der **metrischen Skalierung.** Ordinalskalierte Daten gelten als **quasi-metrische Variablen** und werden in der Marktforschungspraxis häufig wie intervallskalierte Daten behandelt. Man geht also implizit davon aus, dass die Abstände zwischen den einzelnen Skalenpunkten auf der Ordinalskala gleich weit voneinander entfernt sind (Annahme der Äquidistanz der Skalenpunkte). Dies führt in der Marktforschungspraxis zur Anwendung von statistischen Verfahren auf ordinalskalierte Variablen, obwohl diese Verfahren im strengen statistischen Sinne nur bei metrisch skalierten Variablen anwendbar wären.

4.6.2 Vorgehensweise bei der Erstellung eines standardisierten Fragebogens

Eine besondere Herausforderung ist die Gestaltung des Erhebungsinstruments bei standardisierten Befragungen. Hier hängt die Wirksamkeit des Erhebungsinstrumentes stark von dessen Interpretation durch die Befragten ab. Dies macht die **Erstellung eines standardisierten Fragebogens** (für standardisierte mündliche, telefonische, schriftliche oder internetgestützte Befragungen) zu einer besonderen Herausforderung. Abb. 4.4 gibt einen Überblick über die verschiedenen Schritte, die in diesem Zusammenhang gewöhnlich durchlaufen werden. Die einzelnen Schritte in diesem Prozess sollen im Folgenden kurz dargestellt werden.

Im ersten Schritt ist die **Entscheidung über die Frageninhalte** zu treffen. Diese sollten von der Fähigkeit und der Antwortbereitschaft der Befragten abhängig gemacht werden. Ziel hierbei ist der Ausschluss potenzieller Fehlerquellen durch die Wahl geeigneter Frageninhalte. Darüber hinaus können im Verlauf des Fragebogens neben den

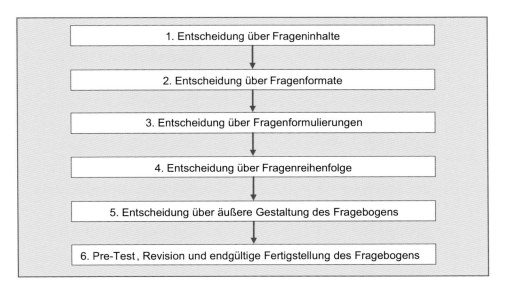

Abb. 4.4 Vorgehensweise bei der Erstellung eines standardisierten Fragebogens

Sachfragen, die sich primär auf das Untersuchungsziel der Befragung beziehen, auch Kontrollfragen verwendet werden. Anhand dieser Kontrollfragen kann die Plausibilität der Beantwortung des Fragebogens überprüft werden, indem bereits beantwortete Sachfragen in anderer Formulierungsweise wiederholt werden.

Stehen die Frageninhalte fest, besteht der zweite Schritt in der **Entscheidung über Fragenformate**. Grundsätzlich existieren zwei Optionen: Es können offene oder geschlossene Fragen gestellt werden. Während bei offenen Fragen keine Antwortkategorien vorgegeben sind, lassen die bei geschlossenen Fragen verwendeten Skalen nur bestimmte Antworten zu.

Als Vorteile geschlossener Fragen sind

- einfache Beantwortung,
- einfache Kodierung und Analyse,
- gedankliche Inspiration der Befragten und
- gute Vergleichbarkeit

zu nennen.

Nachteile geschlossener Fragen sind vor allem darin zu sehen, dass

- die Befragten aus den Fragen Hinweise auf die Antworten entnehmen können,
- oberflächliches Antwortverhalten erleichtert wird (z. B. das Phänomen des „Durchklickens" bei Online-Befragungen) und
- originelles Antwortverhalten erschwert wird.

Da geschlossene Fragen in der Regel bereits einen Maßstab zur Messung bestimmter Sachverhalte zugrunde legen, spricht man von Skalierungsverfahren (vgl. zur Skalierung Abschn. 4.6.1). Skalierungsverfahren beziehen sich auf die Art und Weise, wie durch Skalen Daten gemessen werden. Abb. 4.5 vermittelt einen Überblick der wichtigsten Verfahren.

Der dritte Schritt im Rahmen der Erstellung eines standardisierten Fragebogens umfasst die **Entscheidung über die Fragenformulierung.** Diese sollte von folgenden Prinzipien geleitet werden:

- Einfachheit (z. B. Vermeidung von komplexen Sätzen und von Fachausdrücken, die der Zielgruppe möglicherweise Probleme bereiten),
- Neutralität (z. B. Vermeidung von Suggestivformulierungen, die beispielsweise zu sozial erwünschtem Antwortverhalten führen) und
- Eindeutigkeit (z. B. Vermeidung von Doppelfragen).

In einem vierten Schritt wird die **Reihenfolge der Fragen** festgelegt. Dabei sollten drei Hauptziele verfolgt werden: die Nachvollziehbarkeit des Aufbaus, das Verhindern von Ausstrahlungseffekten durch Extremerfahrungen des Befragten und die Vermeidung der Beeinflussung des Antwortverhaltens durch die Reihenfolge der Fragen.

Um möglichst niedrige Abbruchquoten zu erzielen, sollte der Fragebogenaufbau **spannend und gleichzeitig nachvollziehbar** sein. Um das Interesse an der Befragung

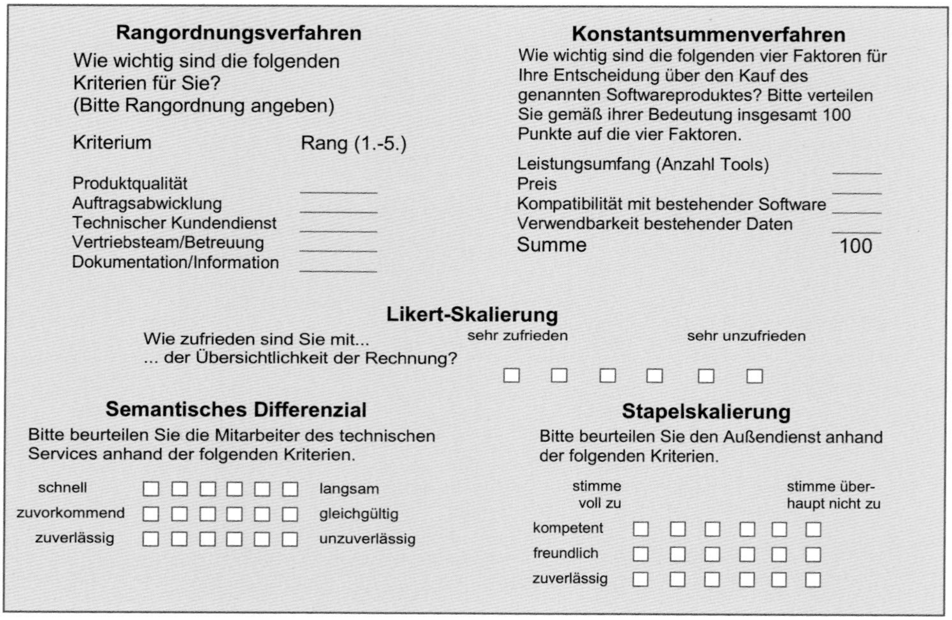

Abb. 4.5 Illustrative Beispiele für verschiedene Skalierungsverfahren

zu erhöhen, sollte der Fragebogen mit interessanten Einleitungsfragen beginnen. Diese sollen vor allem „das Eis brechen" und sind daher für die Auswertung der Untersuchung meist nicht sehr relevant. Enden sollte der Fragebogen mit besonders sensiblen Fragen und allgemeinen Fragen zur Person bzw. zum Unternehmen.

Um zu verhindern, dass aktuelle, extrem positive oder negative Erfahrungen des Befragten mit dem Unternehmen die gesamte Befragung zu stark beeinflussen, sollte der Befragte sich zu Beginn des Fragebogens zu derartigen extremen Erfahrungen äußern können. So können mögliche **Ausstrahlungseffekte verhindert werden.** Hierunter versteht man vor allem, dass die Befragten ihre diesbezüglichen Eindrücke auch in die Beantwortung anderer Fragen einfließen lassen.

Der fünfte Schritt besteht darin, eine **Entscheidung über die äußere Gestaltung des Fragebogens** (Layout) zu treffen. Dieser Schritt sollte in seiner Bedeutung für den Erfolg einer schriftlichen Befragung nicht unterschätzt werden. Durch die übersichtliche und ansprechende Gestaltung des Fragebogens kann das Interesse an der Befragung gesteigert werden. Insbesondere sollte der Eindruck vermittelt werden, dass das Beantworten des Fragebogens einfach ist und wenig Zeit in Anspruch nimmt.

In einem letzten Schritt erfolgen der **Pre-Test** und die **endgültige Fertigstellung** des Fragebogens. Für den Pre-Test werden Mitglieder der zu befragenden Zielgruppe ausgewählt, die insbesondere beurteilen sollen, wie verständlich der Fragebogen ist, inwieweit die Befragten über ausreichende Informationen verfügen, um die Fragen zu beantworten, inwieweit die Antwortkategorien bei geschlossenen Fragen alle relevanten Aspekte umfassen und wie viel Zeit die vollständige Beantwortung des Fragebogens tatsächlich in Anspruch nimmt.

4.7   Editierung und Kodierung von Daten

Im Rahmen der **Editierung** von Daten wird sichergestellt, dass die benötigten Daten vorhanden, lesbar und fehlerfrei sind. Hierfür müssen Entscheidungen darüber getroffen werden, was mit nicht eindeutigen oder unlesbaren Antworten geschehen soll. Derartige Antworten können entweder zum Teil genutzt oder von der Analyse ausgeschlossen werden. Insbesondere sollte geprüft werden, ob

- die Fragebögen oder Datensätze vollständig sind,
- die Fragen richtig beantwortet wurden,
- Widersprüche im Antwortverhalten erkennbar sind und
- Fragebögen oder Datensätze von den Interviewern verfälscht wurden.

Von den hier aufgeführten Problemen stellt vor allem das erste Problem, d. h. das Fehlen einzelner Antworten bei ansonsten sorgfältig ausgefüllten Fragebögen, für Marktforscher eine Herausforderung dar. Gerade wenn verschiedene Variablen im Rahmen der im nächsten Kapitel vorgestellten multivariaten Analyseverfahren miteinander verknüpft werden sollen, kann das Fehlen von Variablen ein großes Problem darstellen. Es existiert eine Vielzahl an Verfahren zum Umgang mit solchen fehlenden Werten. Welches Verfahren in einer bestimmten Situation anwendbar ist, hängt dabei in erster Linie von der Ursache ab, die zum Fehlen einzelner Werte geführt hat.

Fehlen die Werte zufällig, z. B. weil Fragen übersehen wurden, so steht dem Marktforscher eine ganze Reihe von Verfahren zur Verfügung, um mit diesen fehlenden Werten uzugehen. Insbesondere lassen sich Verfahren der Elimination (Nichtberücksichtigung fehlender Variablen), Verfahren der Imputation (Ersetzen der fehlenden Werte durch möglichst gute Schätzungen) sowie Verfahren der simultanen Parameterschätzung (im Rahmen der multivariaten Datenanalyse wird bei der Parameterschätzung das Fehlen der Werte mitberücksichtigt) unterscheiden.

Die **Kodierung** bezeichnet den Prozess der Kategorisierung von Rohdaten. Die Rohdaten werden in Antwortkategorien eingeteilt und gegebenenfalls in Zahlen umgewandelt, um eine Auswertung der Daten zu ermöglichen. Der für die Kodierung notwendige Aufwand hängt stark von der Art der erhobenen Daten (d. h. quantitative versus qualitative Daten) ab. Im quantitativen Fall, d. h. vor allem bei geschlossenen Fragen in standardisierten Befragungen, findet die Kategorisierung bereits weitestgehend im Vorfeld der Befragung (vgl. Abschn. 4.6.2) statt. Im Rahmen der Kodierung geht es dann nur noch darum, den einzelnen Antwortoptionen Zahlenwerte zuzuweisen. Hierbei empfiehlt es sich, hohe Werte für hohe Antwortoptionen (z. B. starke Zustimmung) zu verwenden und die Interpretierbarkeit der Werte im Auge zu behalten. Tab. 4.3 gibt ein Beispiel für einen Kodierungsplan.

Tab. 4.3 Beispiel für einen Kodierungsplan

Frage im Fragebogen	Variable	Code	Ausprägung
21	Haushaltsgröße	Var_21	1 = 1 Person 2 = 2 Personen 3 = 3 Personen 4 = 4 Personen und mehr −1 = keine Angabe
22	Geschlecht	Var_22	1 = weiblich 2 = männlich −1 = keine Angabe
23	Alter	Var_23	1 = unter 14 Jahren 2 = 14–20 Jahre 3 = 21–29 Jahre 4 = 30–50 Jahre 5 = über 50 Jahre −1 = keine Angabe
45	Beschwerde ursache	Var_45	1 = produktbezogene Mängel 2 = Mängel im Servicebereich 3 = Mängel der technischen Dokumentation

Liegen qualitative Daten vor, z. B. als Ergebnis von Tiefeninterviews, Fokusgruppen oder Beobachtungen, so ist das Kodieren der Daten ein weitaus anspruchsvollerer Prozess. Die Zuordnung erfolgt nicht länger quasi-automatisch, sondern erfordert die Interpretation durch die kodierende Person. Der Prozess der Kodierung ist hier ein mehrstufiger Prozess. Zuerst sollten die Daten grob auf sich wiederholende Regelmäßigkeiten überprüft werden. So gefundene Regelmäßigkeiten können die Basis für ein erstes Kategoriensystem bilden. In der Folge werden die einzelnen Aussagen den verschiedenen Kategorien zugeordnet. Der Kodierer sollte sich zwischen Daten und Kategorien hin- und herbewegen, bis ein stabiles Kategoriensystem entstanden ist.

4

Datenanalyse und -interpretation

5

Inhaltsverzeichnis

Lernziele

- Der Leser kennt die für die Marktforschung wichtigsten uni- und bivariaten Analyseverfahren, kann sie selbst anwenden und die Ergebnisse interpretieren.
- Der Leser kennt die für die Marktforschung wichtigsten Verfahren der multivariaten Interdependenzanalyse.
- Der Leser kennt die für die Marktforschung wichtigsten Verfahren der multivariaten Dependenzanalyse.

© Springer Fachmedien Wiesbaden GmbH, ein Teil von Springer Nature 2020
C. Homburg, *Grundlagen des Marketingmanagements*,
https://doi.org/10.1007/978-3-658-29638-4_5

- Der Leser weiß im Hinblick auf die Verfahren der multivariaten Interdependenz- und Dependenzanalyse, welche Art von Fragestellung sie angehen, ist orientiert über ihre Anwendungsmöglichkeiten in der Marktforschung, kennt in Grundzügen ihre Vorgehensweisen und kann ihre Ergebnisse interpretieren.

Im vorliegenden Kapitel werden wir einen Überblick über Methoden der Datenanalyse geben. Zur Typologisierung dieser Methoden verwenden wir zwei Kriterien. Zum einen unterscheiden wir die Methoden der Datenanalyse hinsichtlich der Zahl der in die Analyse einfließenden Variablen: Je nachdem, ob eine, zwei oder mehr als zwei Variablen berücksichtigt werden, unterscheidet man zwischen **uni-, bi-** und **multivariaten Verfahren.** Uni- und bivariate Verfahren werden in Abschn. 5.1 dargestellt. In Abschn. 5.2 befassen wir uns mit multivariaten Verfahren.

Zum anderen unterscheiden wir die Methoden der Datenanalyse hinsichtlich ihrer Zielsetzung. Hier sind deskriptive und induktive Methoden zu unterscheiden (vgl. Abschn. 5.1).

- **Deskriptive** (beschreibende) **Verfahren** lassen lediglich Aussagen über die vorliegende Datenmenge zu. Im Regelfall handelt es sich hierbei um eine aus einer Grundgesamtheit gezogene effektive Stichprobe. Es werden also Aussagen über die in dieser Stichprobe vorgefundenen Strukturen gemacht. Hat ein Unternehmen z. B. eine Stichprobe von Käufern eines bestimmten Produktes befragt, so kann man auf dieser Basis zu der folgenden deskriptiven Aussage gelangen: Der Mittelwert des Alters der Personen in der Stichprobe liegt bei 28,3 Jahren.
- Dagegen werden bei **induktiven** (schließenden) **Verfahren,** die auf der Wahrscheinlichkeitstheorie beruhen, von der Stichprobenstruktur Rückschlüsse auf Strukturen in der Grundgesamtheit (Population) gezogen. Diese Rückschlüsse sind im Allgemeinen nicht mit Sicherheit möglich. Vielmehr muss eine begrenzte Irrtumswahrscheinlichkeit in Kauf genommen werden. Eine Aussage mithilfe einer induktiven Methode könnte sein, dass bei einem in der Stichprobe beobachteten Mittelwert von 28,3 Jahren die Hypothese, dass der Mittelwert des Alters in der Grundgesamtheit 28 Jahre beträgt, mit einer Irrtumswahrscheinlichkeit von 5 % nicht abgelehnt wird.

5.1   Uni- und bivariate Verfahren

In diesem Abschnitt werden die für die Marktforschungspraxis wichtigsten uni- und bivariaten Verfahren der Datenanalyse dargestellt. Einen Überblick dieser Verfahren vermittelt Abb. 5.1.

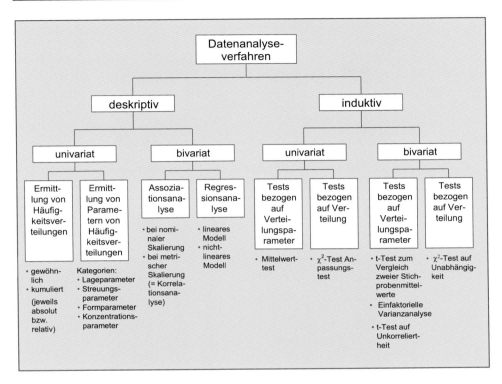

Abb. 5.1 Wichtige uni- und bivariate Verfahren im Überblick. (In Anlehnung an Homburg et al. 2008, S. 157)

5.1.1   Univariate deskriptive Verfahren

Im Bereich der univariaten deskriptiven Verfahren ist zunächst die Ermittlung der ein-dimensionalen Häufigkeitsverteilung zu nennen. Bei diesem Verfahren werden die **absoluten** sowie die **relativen Häufigkeiten** der verschiedenen Ausprägungen eines Merkmals ermittelt (vgl. Tab. 5.1). Wenn mindestens ordinales Skalenniveau vorliegt (vgl. Abschn. 4.6.1),

Tab. 5.1 Absolute und relative Häufigkeit am Beispiel der Altersverteilung der Teilnehmer einer Kundenbefragung

Alter in Jahren	19	20	21	22	23	24	25	26	27
Absolute Häufigkeit	2	4	4	5	5	8	8	5	3
Relative (prozentuale) Häufig-keit (%)	4,5	9,1	9,1	11,4	11,4	18,2	18,2	11,4	6,7
Relative kumulierte Häufig-keit (%)	4,5	13,6	22,7	34,1	45,5	63,7	81,9	93,3	100

können die Häufigkeiten summiert werden, wobei dann von **kumulierten** (absoluten oder relativen) **Häufigkeiten** gesprochen wird. Hier wird einer Merkmalsausprägung die Häufigkeit des Merkmals selbst sowie die aller Merkmale, die in der Rangordnung davor kommen, zugeordnet. Beispielsweise würde bei dem Merkmal „Alter" dem Wert 22 Jahre in der kumulierten Betrachtung die Häufigkeit derjenigen Personen in der Stichprobe zugeordnet, die maximal 22 Jahre alt sind. Im Beispiel in Tab. 5.1 sind dies 34,1 %.

Ein weiteres Teilgebiet univariater deskriptiver Verfahren ist die Ermittlung der **Parameter von Häufigkeitsverteilungen.** Hier kann unterschieden werden zwischen

- Lageparametern,
- Streuungsparametern,
- Formparametern und
- Konzentrationsparametern.

Lageparameter geben die Position der Häufigkeitsverteilung auf der Merkmalsskala an (vgl. Abb. 5.2). Die wichtigsten Lageparamter sind die folgenden (vgl. hierzu das Beispiel in Tab. 5.2):

- Den Durchschnitt aller Merkmalausprägungen nennt man **arithmetisches Mittel** (Mittelwert). Es errechnet sich für eine Stichprobe vom Umfang n folgendermaßen:

$$\bar{x} = \frac{1}{n} \sum_{i=1}^{n} x_i.$$

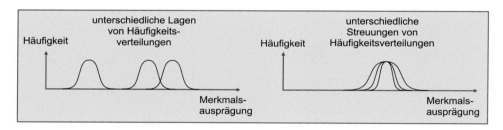

Abb. 5.2 Veranschaulichung von Lage- und Streuungsparametern

Tab. 5.2 Lagemaße der Altersverteilung einer Stichprobe von Konsumenten

Konsument	A	B	C	D	E	F	G	H	I
Alter in Jahren	24	27	27	20	25	18	26	23	28

Arithmetisches Mittel: $(24+27+27+20+25+18+26+23+28)/9 = 24{,}22$
Median: $(18; 20; 23; 24; \mathbf{25}; 26; 27; 27; 28) = 25$
Modus: $(18; 20; 23; 24; 25; 26; \mathbf{27}; \mathbf{27}; 28) = 27$
Quantile: 0,25-Quantil $= 21{,}5$ $(= (20+23)/2)$; 0,5-Quantil $= 25$;
0,75-Quantil $= 27$ $(= (27+27)/2)$

Hierbei bezeichnet x_i die Ausprägung des Merkmals beim i-ten Objekt. Der Mittelwert eines Merkmals in der Grundgesamtheit (im Gegensatz zum Mittelwert in der Stichprobe) wird üblicherweise mit μ bezeichnet.

Zur Berechnung des arithmetischen Mittels sollte idealerweise metrisches Skalenniveau vorliegen, jedoch wird in der Marktforschungspraxis das arithmetische Mittel oft auch bei ordinalem Skalenniveau berechnet (vgl. hierzu Abschn. 4.6.1). Bei der Interpretation des Mittelwertes sollte man berücksichtigen, dass extreme Merkmalsausprägungen („Ausreißer") diesen verzerren können.

- Der **Median** ist diejenige Merkmalsausprägung, die in einer der Größe nach geordneten Reihe von Beobachtungswerten in der Mitte steht. Oberhalb und unterhalb des Medians liegen also gleich viele Beobachtungswerte. Der Median zeichnet sich durch seine relative Stabilität gegenüber Ausreißern aus.
- Die Merkmalsausprägung, die am häufigsten auftritt, heißt **Modus** (auch Modalwert genannt).
- Verallgemeinerungen des Medians sind die sogenannten **Quantile.** Ein Quantil unterteilt die nach Größe angeordneten Beobachtungswerte so in zwei Gruppen, dass ein bestimmter Prozentsatz der Beobachtungswerte unter dem Quantil und ein bestimmter Prozentsatz über dem Quantil liegt. Der Median ist also das 0,5-Quantil.

Streuungsparameter bringen zum Ausdruck, wie eng bzw. weit die einzelnen Merkmalswerte über den Bereich der Merkmalsskala verteilt sind (vgl. Abb. 5.2). Die gebräuchlichsten Streuungsparameter basieren auf der Messung des Abstands der Merkmalsausprägungen vom Mittelwert (vgl. Tab. 5.3 für Beispiele zu den Streuungsparametern):

- Die **Varianz** ist der in der Marktforschung am häufigsten verwendete Streuungsparameter. Sie wird in der Stichprobe berechnet auf der Basis der quadrierten Abweichungen der einzelnen Beobachtungswerte x_i vom arithmetischen Mittel:

$$s^2 = \frac{\sum\limits_{i=1}^{n}(x_i - \bar{x})^2}{n-1}.$$

Die Varianz eines Merkmals in der Grundgesamtheit wird üblicherweise als σ^2 bezeichnet.

Tab. 5.3 Streuungsparameter der Altersverteilung einer Stichprobe von Konsumenten

Konsument	A	B	C	D	E	F	G	H	I	Mittelwert
Alter in Jahren	24	27	27	20	25	18	26	23	28	24,22

Empirische Varianz $= ((24{-}24{,}22)^2 + (27{-}24{,}22)^2 + (27{-}24{,}22)^2 + (20{-}24{,}22)^2 + (25{-}24{,}22)^2 + (18{-}24{,}22)^2 + (26{-}24{,}22)^2 + (23{-}24{,}22)^2 + (28{-}24{,}22)^2)/(9{-}1) = 11{,}44$
Empirische Standardabweichung $= \sqrt{11{,}44} = 3{,}38$
Variationskoeffizient $= 3{,}38/24{,}22 = 0{,}14$
Spannweite $= 28{-}18 = 10$

- Die Quadratwurzel aus der Varianz ist die **Standardabweichung** (auch Streuung oder mittlere Abweichung genannt). Sie wird bezogen auf eine Stichprobe mit s und bezogen auf die Grundgesamtheit mit σ bezeichnet.
- Ein relatives Streuungsmaß ist der **Variationskoeffizient,** der als Quotient der Standardabweichung und des Mittelwerts definiert ist. Mithilfe dieser Größe lassen sich beispielsweise Stichproben, die unterschiedliche Mittelwerte aufweisen, hinsichtlich ihrer Streuungen vergleichen.
- Schließlich ist die **Spannweite** definiert als die Differenz zwischen dem größten und dem kleinsten vorkommenden Merkmalswert. Wie beim arithmetischen Mittel besteht bei der Spannweite die Gefahr der Verzerrung durch Ausreißer.

Formparameter enthalten Informationen über die Form der Verteilung, die über Lage- und Streuungsparameter hinausgehen. Diese Maße lassen sich in Schiefe- und Wölbungsmaße unterscheiden. Schiefemaße treffen eine Aussage über die Symmetrie bzw. Asymmetrie einer Verteilung, während Wölbungsmaße die Steilheit (Exzess) erfassen. Diese Parameter sind in der Marktforschung weniger verbreitet.

Schließlich untersuchen die **Konzentrationsparameter** das Ausmaß der Ungleichverteilung der Merkmalssumme auf die Merkmalsträger einer Gesamtheit. Es geht also um das Ausmaß der Abweichung von der Gleichverteilung.

5.1.2 Bivariate deskriptive Verfahren

Im Mittelpunkt steht bei bivariaten deskriptiven Verfahren die Frage nach einer möglichen **Beziehung zwischen zwei Variablen.** Es lassen sich Verfahren der Assoziationsanalys e und die Regressionsanalyse unterscheiden (vgl. Abb. 5.1).

Verfahren der **Assoziationsanalyse** untersuchen den Zusammenhang zwischen zwei Variablen, ohne zwischen abhängiger (zu erklärender) und unabhängiger (gegebener) Variable zu unterscheiden. Zu dieser Gruppe von Verfahren gehören die Kreuztabellierung und die Korrelationsanalyse.

5.1.2.1 Kreuztabellierung

Die **Kreuztabellierung** ist ein Verfahren der Assoziationsanalyse, das bei Variablen mit nominalem Skalenniveau angewendet werden kann. Hierbei werden in einer Matrix die (absoluten bzw. relativen) Häufigkeiten aller möglichen Kombinationen der Merkmalsausprägungen zweier Merkmale angegeben.

Ein möglicher Anwendungsbereich ist beispielsweise die Frage, ob zwischen der Zugehörigkeit zu einem Kundensegment und der Markenpräferenz ein Zusammenhang besteht. In Tab. 5.4 ist eine entsprechende Kreuztabellierung dargestellt.

Aus Tab. 5.4 wird ersichtlich, dass vermutlich ein Zusammenhang zwischen der Zugehörigkeit zu einem Kundensegment und der Markenpräferenz besteht: Die verschiedenen Kundensegmente haben unterschiedliche Präferenzen für die verschiedenen

Tab. 5.4 Beispiel für eine Kreuztabellierung (Gegenüberstellung von Zugehörigkeit zu einem Kundensegment und präferierter Marke)

Kunden- segment Marke	Kundenseg- ment 1	Kundenseg- ment 2	Kundenseg- ment 3	Kundenseg- ment 4	Kundenseg- ment 5	Summe
Marke A	32	56	47	109	181	425
Marke B	14	26	112	77	45	274
Marke C	101	98	59	29	14	301
Summe	147	180	218	215	240	1000

Marken. Beispielsweise scheint in den Segmenten 1 und 2 eine starke Präferenz für Marke C zu bestehen, während Segment 3 eher zu Marke B und die Segmente 4 und 5 eher zu Marke A tendieren. Ob dieser in einer Stichprobe beobachtete Zusammenhang zwischen Zugehörigkeit zu einem Kundensegment und Markenpräferenz ausreichend ist, um auf einen entsprechenden Zusammenhang in der Grundgesamtheit zu schließen, kann anhand entsprechender induktiver Verfahren bewertet werden (vgl. den χ^2-Test auf Unabhängigkeit in Abschn. 5.1.4). Im Rahmen des hier dargestellten Verfahrens der Kreuztabellierung geht es entsprechend der Zielsetzung deskriptiver Verfahren lediglich um die Beschreibung des Sachverhaltes auf der Basis der vorliegenden Stichprobe und nicht um Rückschlüsse auf die Grundgesamtheit.

5.1.2.2 Korrelationsanalyse

Im Fall metrisch skalierter Merkmale erfolgt die Analyse der Assoziation üblicherweise anhand der **Korrelationsanalyse.** Bei der Korrelationsanalyse wird die Stärke eines möglichen linearen Zusammenhangs zwischen zwei Variablen analysiert. Es wird untersucht, zu welchem Teil eine Änderung der Werte einer Variablen mit einer Änderung der Werte der anderen Variablen verbunden ist.

Die Korrelationsanalyse stützt sich auf den **Korrelationskoeffizienten r,** der ein Maß für den Grad der gemeinsamen Variation der beiden Variablen x und y darstellt. Auf der Basis einer Stichprobe vom Umfang n mit Wertepaaren (x_i, y_i) $(i = 1, \ldots, n)$ errechnet er sich folgendermaßen:

$$r = \frac{\sum\limits_{i=1}^{n} (x_i - \bar{x}) \cdot (y_i - \bar{y})}{\sqrt{\left(\sum\limits_{i=1}^{n} (x_i - \bar{x})^2\right) \cdot \left(\sum\limits_{i=1}^{n} (y_i - \bar{y})^2\right)}}.$$

Dabei bezeichnen $\bar{x}$ den Stichprobenmittelwert aller Messwerte der Variablen x und $\bar{y}$ den Stichprobenmittelwert der Variable y.

Der Korrelationskoeffizient r ist auf den Bereich von −1 bis +1 beschränkt. Positive Werte des Korrelationskoeffizienten zeigen einen gleich gerichteten Zusammenhang zwischen den beiden Variablen (je größer x, desto größer y), negative Werte einen gegenläufigen Zusammenhang an (je kleiner x, desto größer y). Je näher der Korrelationskoeffizient betragsmäßig bei 1 liegt, desto besser lässt sich der Zusammenhang zwischen den beiden Variablen in einem (x,y)-Koordinatensystem durch eine Gerade veranschaulichen. Bei r = 0 (Unkorreliertheit) ist kein linearer Zusammenhang zwischen x und y gegeben. Allerdings könnte ein nichtlinearer Zusammenhang existieren (vgl. z. B. Diagramm I in Abb. 5.3 für einen quadratischen Zusammenhang).

Die Berechnung des Korrelationskoeffizienten soll anhand eines kleinen Beispiels veranschaulicht werden: In Tab. 5.5 sind für zehn befragte Kunden auf einer Skala von 0 bis 100 Werte für deren Zufriedenheit mit den Dienstleistungen eines Unternehmens sowie für deren Wiederkaufabsicht zusammengestellt.

Hier ergibt sich ein Korrelationskoeffizient von

$$r = \frac{602{,}8}{\sqrt{941{,}6 \cdot 472{,}4}} = 0{,}90$$

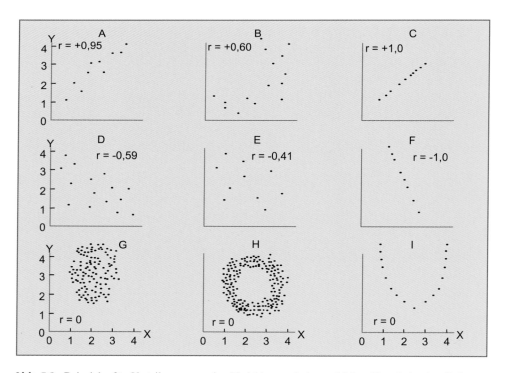

Abb. 5.3 Beispiele für Verteilungen zweier Variablen und dazugehörige Korrelationskoeffizienten. (Vgl. Iacobucci und Churchill 2018, S. 394 ff.)

Tab. 5.5 Beispielhafte Datengrundlage zur Berechnung eines Korrelationskoeffizienten

Kunde i	1	2	3	4	5	6	7	8	9	10
Zufriedenheit mit den Dienstleistungen x_i	88	80	70	71	75	87	58	82	90	87
Kundenbindung (Wiederkaufabsicht) y_i	85	78	75	73	82	83	63	75	88	82

Es besteht also ein fast perfekter positiver linearer Zusammenhang zwischen den beiden Variablen.

5.1.2.3 Bivariate Regressionsanalyse

Mithilfe der Regressionsanalyse können die Auswirkungen so genannter unabhängiger Variablen auf abhängige Variablen untersucht werden, wobei alle verwendeten Variablen metrisches bzw. quasi-metrisches Skalenniveau aufweisen müssen (vgl. zur Diskussion der unterschiedlichen Skalenniveaus Abschn. 4.6.1). Durch die Einteilung der zu untersuchenden Variablen in abhängige und unabhängige Variablen wird eine eindeutige Richtung des Zusammenhangs zwischen den beiden Variablen unterstellt. Liegen nur eine unabhängige und eine abhängige Variable vor, handelt es sich um die im Folgenden dargestellte bivariate Regressionsanalyse. Sobald mehr als eine unabhängige Variable verwendet wird, liegt eine multiple (bzw. multivariate) Regressionsanalyse vor (vgl. hierzu Abschn. 5.2.2.1).

Die Vorgehensweise der bivariaten Regressionsanalyse soll anhand eines kleinen Beispiels veranschaulicht werden. Es geht hierbei um die Analyse des Zusammenhangs zwischen dem Preis und der Absatzmenge eines Produktes. Die Datengrundlage des Beispiels ist in Tab. 5.6 dargestellt. Hier wurden für das gleiche Produkt in zehn vergleichbaren Testgeschäften unterschiedliche Preise festgesetzt, die dann zu jeweils unterschiedlich hohen Verkaufszahlen für das Produkt führten.

Überträgt man diese Beobachtungswerte in ein Punktediagramm (vgl. Abb. 5.4), wird deutlich, dass der Zusammenhang zwischen den Daten offenbar sehr gut durch eine lineare Beziehung beschrieben werden kann. Eine Gerade kann bekanntlich durch die Gleichung

$$y = a + b \cdot x$$

Tab. 5.6 Preise und Verkaufsmengen eines Produktes in 10 Testgeschäften

Testgeschäft (i)	1	2	3	4	5	6	7	8	9	10
Preis pro Einheit (x_i) in €	5,19	4,69	4,99	4,49	4,59	4,29	4,89	4,79	4,39	5,19
Verkaufte Menge in Stück (y_i)	34	55	45	66	62	71	46	50	67	36

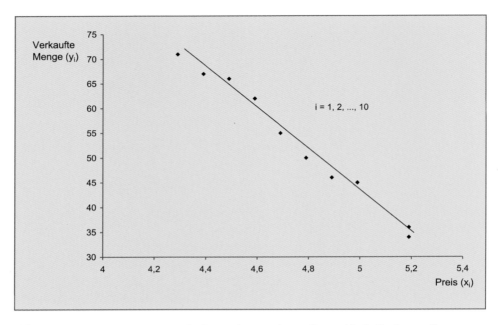

Abb. 5.4 Illustration der Anpassung der Regressionsgeraden an die empirische Punkteverteilung

dargestellt werden. Dabei bezeichnet y die abhängige (im Beispiel die verkaufte Menge) und x die unabhängige Variable (im Beispiel der Preis). Die abhängige Variable wird auch endogene Variable, Prognosevariable oder Regressand genannt, die unabhängige Variable wird alternativ als exogene Variable, Prädiktorvariable oder Regressor bezeichnet. Hierbei sind a der y-Achsenabschnitt und b die Steigung der Geraden.

Im Rahmen einer Regressionsanalyse werden nun die beiden Größen a und b (die sogenannten Regressionsparameter) so bestimmt, dass sich die Gerade der empirischen Punkteverteilung möglichst gut anpasst. Die optimale Gerade wird Regressionsgerade genannt.

Die **Schätzung der Regressionsparameter** erfolgt unter Anwendung der Methode der kleinsten Quadrate: Die Regressionsparameter werden so bestimmt, dass die Summe der Fehlerquadrate (quadrierte Differenzen zwischen den empirischen Werten der abhängigen Variablen y_i und den zugehörigen Werten auf der Regressionsgerade $\widehat{y}_i$) minimiert wird. Formal ausgedrückt wird also die Größe

$$\sum_{i=1}^{n} \left(y_i - \widehat{y}_i\right)^2$$

minimiert. Falls alle Punkte exakt auf einer Gerade liegen, hat diese Größe den Wert 0, ansonsten ist sie positiv. Aufgrund der Beziehung

$$\widehat{y}_i = a + b \cdot x_i$$

lässt sich die zu minimierende Größe als Funktion von a und b ausdrücken, so dass man folgendes Minimierungsproblem zu lösen hat (für eine ausführliche Lösung vgl. Fahrmeir et al. 2007, S. 154 ff.):

$$f(a, b) = \sum_{i=1}^{n} \left(y_i - a - b \cdot x_i \right)^2 \rightarrow \min$$

Setzt man die partiellen Ableitungen der Funktion f nach a und b zu Null und löst nach a und b auf, so ergeben sich folgende Werte für die Regressionsparameter:

$$b = \frac{n \cdot \sum_{i=1}^{n} \left(x_i \cdot y_i \right) - \left(\sum_{i=1}^{n} x_i \right) \cdot \left(\sum_{i=1}^{n} y_i \right)}{n \cdot \left(\sum_{i=1}^{n} x_i^2 \right) - \left(\sum_{i=1}^{n} x_i \right)^2}$$

und

$$a = \overline{y} - b \cdot \overline{x}.$$

Im Beispiel ergeben sich somit unter Verwendung der Daten aus Tab. 5.6 die folgenden Werte:

$$b = (10 \cdot 2.489{,}88 - 47{,}5 \cdot 532)/\left(10 \cdot 226{,}53 - 47{,}5^2 \right) = -41{,}06 \text{ und}$$
$$a = 53{,}2 + 41{,}06 \cdot 4{,}75 = 248{,}24.$$

Daraus folgt die Gleichung der Regressionsgeraden:

$$y = 248{,}24 - 41{,}06 \cdot x.$$

Der Regressionsparameter b (die Steigung der Regressionsgerade) kann als Maß für die Stärke des Zusammenhangs interpretiert werden. Er gibt die erwartete Veränderung der abhängigen Variable an, wenn sich die unabhängige Variable um eine Einheit ändert. Das negative Vorzeichen im Beispiel bedeutet, dass ein negativer Zusammenhang zwischen Preis und Absatz besteht (je höher der Preis, desto niedriger die abgesetzte Menge). Im Beispiel ergibt sich also der Sachverhalt, dass eine Erhöhung des Preises um einen € zu einer Senkung der Absatzmenge um etwa 41 Einheiten führt.

5.1.3 Univariate induktive Verfahren

Wie bereits ausgeführt, zeichnen sich induktive Verfahren dadurch aus, dass Rückschlüsse von einer Stichprobe auf Gegebenheiten in der Grundgesamtheit vorgenommen werden. Derartige Rückschlüsse erfolgen mithilfe statistischer Signifikanztests.

Ein **Signifikanztest** ist ein Verfahren, mit dem man anhand einer Stichprobe Hypothesen über die Verteilung bzw. einzelne Verteilungsparameter von Merkmalen in der Grundgesamtheit überprüfen kann. Insbesondere kann mit einer gewissen Irrtumswahrscheinlichkeit (Signifikanzniveau) eine zu testende Aussage gegenüber der logischen Alternative dieser Aussage geprüft werden. Die zu testende Aussage wird als Nullhypothese bezeichnet, die logische Alternative der zu testenden Aussage als Gegenhypothese (auch als Alternativhypothese). Im Folgenden werden die Fragestellungen dargelegt, die mit diesen Verfahren beantwortet werden können.

Beim **Mittelwerttest** handelt es sich um einen Test, der in der Marktforschungspraxis große Bedeutung hat. Mit dem Test wird überprüft, ob aus dem Mittelwert eines Merkmals der Stichprobe signifikante Aussagen über den Mittelwert dieses Merkmals in der Grundgesamtheit abgeleitet werden können. Zur Veranschaulichung der Relevanz solcher Fragestellungen in der Marktforschung betrachten wir ein kleines Beispiel:

Ein Hersteller von hochwertigen HiFi-Geräten, der seine Geräte über ein eigenes Netz von Händlern vertreibt, möchte die Kundenzufriedenheit seiner Endkunden (d. h. der Nutzer seiner HiFi-Geräte) steigern. Zu diesem Zweck sollen Händler, bei denen die durchschnittliche Kundenzufriedenheit über einem Wert von 80 auf einer Skala von 0 (keine Zufriedenheit) bis 100 (vollkommene Zufriedenheit) liegt, einen speziellen Kundenzufriedenheitsbonus bekommen. Pro Händler werden 15 zufällig ausgewählte Endkunden befragt. Tab. 5.7 gibt die Daten für einen dieser Händler wieder.

Für das Unternehmen stellt sich nun die Frage, ob die durchschnittliche Zufriedenheit bei allen Kunden dieses Händlers über dem Grenzwert von 80 liegt. Auf der Basis der Stichprobe ermittelt man eine mittlere Kundenzufriedenheit von 82,5. Das Unternehmen möchte wissen, ob es mit ausreichender Sicherheit davon ausgehen kann, dass die Zufriedenheit in der Grundgesamtheit ebenfalls über 80 liegt. Dies könnte man im Rahmen eines Mittelwerttests überprüfen.

Ein weiterer univariater Signifikanztest ist der **χ^2-Anpassungstest,** der zum Vergleich einer Stichprobenverteilung mit einer hypothetischen Verteilung dient. Im Mittelpunkt steht also die Frage, inwieweit eine in einer Stichprobe beobachtete Merkmalsverteilung mit einer für die Grundgesamtheit unterstellten hypothetischen Verteilung konsistent ist. Man untersucht also, inwieweit die Unterschiede zwischen empirisch beobachteter und erwarteter Verteilung zufallsbedingt sind. Die Nullhypothese H_0 unterstellt, dass die Stichprobe aus einer Grundgesamtheit gezogen wurde, in der das Merkmal

Tab. 5.7 Empirische Erhebung von Kundenzufriedenheitswerten als Grundlage eines Mittelwerttests

Kunde	1	2	3	4	5	6	7	8
Zufriedenheit	81	82	79	84	81	78	84	90
Kunde	9	10	11	12	13	14	15	
Zufriedenheit	75	81	83	84	87	84	85	

die hypothetische Verteilung aufweist, dass also auftretende Unterschiede zwischen theoretischer und empirischer Verteilung ausschließlich zufallsbedingt sind.

Zur Veranschaulichung der Fragestellung des χ^2-Anpassungstests soll das folgende Beispiel dienen. Ein Anbieter von Bildungsreisen hat eine Online-Befragung durchgeführt, um die Attraktivität möglicher neuer Reiseziele zu ermitteln. An dieser Befragung haben insgesamt 200 Kunden teilgenommen, die sich wie in Tab. 5.8 dargestellt auf fünf Altersgruppen verteilen. Das Unternehmen ist nun daran interessiert herauszufinden, ob die Stichprobe in Bezug auf die Altersverteilung der Grundgesamtheit aller Kunden repräsentativ ist (vgl. zur Repräsentativität Abschn. 4.5). Aus diesem Grund wird mithilfe der Kundendatenbank der Anteil der verschiedenen Altersgruppen an der Gesamtheit aller Kunden ermittelt. Die entsprechende Auswertung ist ebenfalls in Tab. 5.8 wiedergegeben. Mit dem χ^2-Anpassungstest könnte ermittelt werden, ob die Altersverteilung in der Stichprobe signifikant von der Altersverteilung in der Grundgesamtheit abweicht.

5.1.4 Bivariate induktive Verfahren

In der Marktforschungspraxis haben auch die induktiven bivariaten Verfahren hohe Relevanz. Die grundlegenden Fragestellungen mit denen sie sich befassen, sind im Folgenden dargestellt.

Beim **t-Test zum Vergleich zweier Stichprobenmittelwerte** geht man von einem Merkmal aus, das in zwei verschiedenen Stichproben erhoben wurde. Die Unterscheidung zwischen den beiden Stichproben soll anhand eines inhaltlich bedeutsamen Merkmals (z. B. Geschlecht) orientiert sein, so dass man unterstellen kann, dass den beiden Stichproben jeweils unterschiedliche Grundgesamtheiten (z. B. Männer bzw. Frauen) zugrunde liegen. Im Vordergrund steht der Vergleich zwischen den Mittelwerten der beiden Stichproben. Hat man aus den beiden Stichproben die jeweiligen Mittelwerte $\bar{x}$ bzw. $\bar{y}$ ermittelt und stellt man hier eine gewisse Differenz fest, so stellt sich die Frage, ob diese Differenz so groß ist, dass man mit hinreichender Sicherheit unterstellen kann, dass die Mittelwerte in den beiden Grundgesamtheiten, denen die beiden Stichproben

Tab. 5.8 Altersstruktur der Teilnehmer einer Kundenbefragung und Anteil der Altersgruppen bezogen auf alle Kunden des Anbieters

Altersgruppe (Klasse i)	Bis 30 Jahre	31 bis 40 Jahre	41 bis 50 Jahre	51 bis 60 Jahre	61 Jahre und älter	Σ
Anzahl Befra-gungsteil-nehmer (h_i)	28	41	55	52	24	200
Anteil an Gesamt-kunden (p_i) (%)	11,8	12,5	21,5	30,8	23,4	100

entnommen sind, unterschiedlich sind. Die Nullhypothese unterstellt dabei die Gleichheit der beiden Mittelwerte.

In der Marktforschungspraxis taucht darüber hinaus häufig das Problem auf, dass die Stichprobenmittelwerte aus mehr als zwei Gruppen miteinander zu vergleichen sind. In solchen Fällen kann die **einfaktorielle Varianzanalyse** zur Anwendung kommen. Ähnlich wie bei der Regressionsanalyse unterscheidet man bei der Varianzanalyse zwischen abhängigen und unabhängigen Variablen. Die Zugehörigkeit zu einer Gruppe wird als unabhängige Variable angesehen, die Variable, bei der Mittelwertunterschiede zwischen den Gruppen analysiert werden sollen, als abhängige Variable.

Der **t-Test auf Unkorreliertheit** kommt zur Anwendung, wenn von einem auf der Basis einer Stichprobe ermittelten Korrelationskoeffizienten zwischen zwei Variablen auf die Korrelation der Variablen in der Grundgesamtheit geschlossen werden soll. Die Frage, inwieweit ein bestimmtes empirisches Ergebnis statistisch signifikant ist, hängt immer vom Stichprobenumfang ab. Je größer der Stichprobenumfang ist, desto bedeutsamer ist eine empirisch beobachtete Korrelation zwischen zwei Merkmalen.

Der χ^2**- Unabhängigkeitstest** untersucht für zwei nominalskalierte Variablen die Nullhypothese, dass sie in der Grundgesamtheit unabhängig voneinander sind. Datengrundlage dieses Tests ist eine Kreuztabellierung der Häufigkeiten der beiden Merkmale (vgl. hierzu Abschn. 5.1.2.1). Im Beispiel aus Abschn. 5.1.2.1 kann davon ausgegangen werden, dass die Merkmale Kundensegment und Markenpräferenz voneinander abhängig sind.

5.2   Multivariate Verfahren

Im Folgenden werden die für die Marktforschung wichtigsten multivariaten Verfahren dargestellt, wobei zwischen Methoden der **Interdependenzanalyse** (vgl. Abschn. 5.2.1) und solchen der **Dependenzanalyse** (vgl. Abschn. 5.2.2) unterschieden wird.

Bei Verfahren der Interdependenzanalyse haben alle Variablen a priori den gleichen Status. Es werden also lediglich Zusammenhänge untersucht, ohne dass Richtungshypothesen bezüglich dieser Zusammenhänge aufgestellt werden. Verfahren der Dependenzanalyse zeichnen sich demgegenüber dadurch aus, dass gerichtete Abhängigkeiten zwischen Variablen untersucht werden. Es erfolgt also (wie z. B. bei der bivariaten Regressionsanalyse in Abschn. 5.1.2.3) eine Unterscheidung zwischen unabhängigen und abhängigen Variablen.

5.2.1   Verfahren der Interdependenzanalyse

5.2.1.1 Faktorenanalyse
Die Faktorenanalyse untersucht eine Gruppe von (Indikator-)Variablen auf die ihr zugrunde liegende Struktur. Das Ziel der Faktorenanalyse ist die Reduktion einer größeren Zahl (metrisch skalierter) Indikatorvariablen auf einige wenige grundlegende Faktoren. Es geht im Rahmen dieser Methode also um **Komplexitätsreduktion durch Merkmalsverdichtung.**

Im Rahmen der Faktorenanalyse sind zwei grundsätzliche Varianten zu unterscheiden: die exploratorische und die konfirmatorische Faktorenanalyse. Der wesentliche Unterschied liegt darin, dass im Rahmen der exploratorischen Faktorenanalyse a priori keine zugrunde liegende Faktorenstruktur unterstellt wird. Weder die Zahl der Faktoren noch die Zuordnung der Variablen zu den Faktoren werden vorgegeben. Vielmehr geht es im Sinne der exploratorischen Datenanalyse darum, diese Faktoren zu „entdecken". Im Gegensatz hierzu wird im Rahmen der konfirmatorischen Variante des Verfahrens a priori eine Faktorenstruktur (Zahl der Faktoren und Zuordnung der Variablen zu den Faktoren) spezifiziert, die dann im Sinne der konfirmatorischen Datenanalyse auf ihre Konsistenz mit dem Datenmaterial der vorliegenden Stichprobe geprüft werden soll. Im Folgenden wird die exploratorische Faktorenanalyse dargestellt.

Die **exploratorische Faktorenanalyse** findet in der Marktforschung eine relativ breite Anwendung. Entsprechend ihrer Zielsetzung ist sie prinzipiell bei allen Marktforschungsuntersuchungen mit einer großen Zahl von Variablen von Bedeutung. So findet die exploratorische Faktorenanalyse beispielsweise in den folgenden Bereichen des Marketing Anwendung:

- Im Rahmen der **Erforschung des Konsumentenverhaltens** werden für Marketingzwecke beispielsweise Persönlichkeitsprofile erstellt. Hier kann die exploratorische Faktorenanalyse zur Komplexitätsreduktion beitragen, indem sie die zahlreichen Untersuchungsvariablen auf wenige zugrunde liegende Faktoren reduziert.
- In der **Produktpolitik** sind Positionierungsanalysen von besonderer Bedeutung (vgl. hierzu Abschn. 9.4.2). Hierbei werden verschiedene Produkte/Marken in einem Eigenschaftsraum positioniert (vgl. hierzu auch die in Abschn. 2.3.4.1 dargestellten Produktmarktraummodelle) Im Vorfeld einer solchen Analyse können die zahlreichen Eigenschaften von Produkten/Marken mithilfe der Faktorenanalyse auf wenige zugrunde liegende Beurteilungsdimensionen (Faktoren) verdichtet werden.
- Im Rahmen der **Marktsegmentierung** können im Vorfeld einer Clusteranalyse (vgl. Abschn. 5.2.1.2) die Eigenschaften der zu clusternden Objekte auf zugrunde liegende Faktoren verdichtet werden, anhand derer dann die Clusteranalyse durchgeführt werden kann.

Diese Beispiele verdeutlichen, dass die Faktorenanalyse in der Marktforschungspraxis häufig nicht isoliert, sondern im Verbund mit anderen multivariaten Methoden zur Anwendung kommt.

Der **Ablauf einer exploratorischen Faktorenanalyse** enthält folgende wesentliche Verfahrensschritte:

1. Erstellen der Datenmatrix,
2. Berechnung der Korrelationsmatrix,
3. Bestimmung der Zahl der Faktoren und
4. Rotation und Interpretation der Faktoren.

Der erste Schritt im Rahmen einer exploratorischen Faktorenanalyse sollte die Erstellung einer Datenmatrix sein. Ausgangspunkt der exploratorischen Faktorenanalyse ist eine Stichprobe von Objekten, bei der eine größere Zahl von Variablen erhoben wurde.

Die Vorgehensweise der exploratorischen Faktorenanalyse soll nachfolgend an einem Anwendungsbeispiel verdeutlicht werden. Die Grundlage bilden Befragungsdaten zur Einschätzung verschiedener Erfrischungsgetränke. Bewertet wurden die Produkte Cola, Eiskaffee, Apfelschorle, Eistee, Fruchtsaft und Wellnessdrink bezüglich der acht Variablen Preisattraktivität, Geschmack, Vitamingehalt, Zuckergehalt, Image, Kaloriengehalt, Attraktivität der Verpackung und Durstlöschung. Verwendet wurde einheitlich eine siebenstufige Skala (1 = niedrig, 7 = hoch). In Tab. 5.9 ist die entsprechende Datenmatrix wiedergegeben. Sie fasst die Angaben zu den einzelnen Produkten zusammen.

Die standardisierte Datenmatrix wird dann in einem zweiten Schritt zur Berechnung einer **Korrelationsmatrix** (vgl. zur Berechnung von Korrelationen Abschn. 5.1.2.2) herangezogen. Hierbei handelt es sich um eine quadratische Matrix, in deren Zellen die Korrelationskoeffizienten der Variablen stehen. Tab. 5.10 zeigt die Korrelationsmatrix der acht Variablen im Anwendungsbeispiel.

Eine grobe Betrachtung der Korrelationsmatrix zeigt, dass die einzelnen Variablen sehr unterschiedlich miteinander korreliert sind. Beispielsweise beobachtet man eine starke Korrelation zwischen den Variablen 4 und 6. Es drängt sich angesichts dieser Beobachtung die Vermutung auf, dass einzelne Gruppen von Variablen untereinander einen starken Zusammenhang aufweisen, in gewissem Sinne also „zusammengehören". Die Zielsetzung der Faktorenanalyse ist es nun, diese stark zusammenhängenden Gruppen von Variablen zu ermitteln und sie zu wenigen zugrunde liegenden Faktoren zu bündeln.

Im dritten Schritt ist zu klären, **wie viele Faktoren** extrahiert werden sollen. Im Hinblick auf dieses Problem existieren unterschiedliche Varianten der Methode. Zum einen

Tab. 5.9 Datenmatrix von Objekten und Variablen im Anwendungsbeispiel zur exploratorischen Faktorenanalyse

Getränk	Preis-attrak-tivität	Ge-schmack	Vita-min-gehalt	Zu-cker-gehalt	Image	Kalo-rien-gehalt	Attrak-tivität Verp.	Durst-lösch-ung
Cola	2	5	1	7	5	7	4	1
Eiskaffee	4	3	1	4	2	5	2	2
Apfel-schorle	7	2	6	1	3	1	1	7
Eistee	5	3	2	3	4	2	4	6
Fruchtsaft	2	4	6	2	4	4	2	4
Wellness-drink	1	2	6	2	6	3	4	7

Tab. 5.10 Korrelationsmatrix der acht Variablen des Anwendungsbeispiels

Nr.	Variable	1	2	3	4	5	6	7	8
1	Attraktivität Preis	1,000							
2	Geschmack	−0,417	1,000						
3	Vitamingehalt	−0,034	−0,508	1,000					
4	Zuckergehalt	−0,352	0,787	−0,822	1,000				
5	Image	−0,689	0,121	0,274	0,132	1,000			
6	Kaloriengehalt	−0,615	0,818	−0,598	0,881	0,131	1,000		
7	Attraktivität Verpackung	−0,566	0,279	−0,369	0,505	0,745	0,325	1,000	
8	Durstlöschung	0,325	−0,826	0,718	−0,850	0,219	−0,930	−0,087	1,000

kann man eine Faktorenzahl fest vorgeben. Die Methode ist dann allerdings im strengen Sinne nicht mehr exploratorisch. Zum anderen, und daher weiter verbreitet, ist die Bestimmung der Anzahl der Faktoren anhand objektiver Kriterien. Hierbei orientiert man sich bei der Entscheidung über die Faktorenzahl daran, inwieweit die Hinzunahme eines zusätzlichen Faktors die Varianzerklärung der Faktoren im Hinblick auf die ursprüngliche Variablenmenge erhöht. In unserem Anwendungsbeispiel wurden so zwei Faktoren extrahiert.

Bereits zu diesem Zeitpunkt werden zu beiden Faktoren erste Faktorladungen berechnet. Sie sind in einer sogenannten **Faktorladungsmatrix** in Tab. 5.11 dargestellt. Die einzelnen Faktorladungen geben die Stärke des Zusammenhangs zwischen den einzelnen ursprünglichen Variablen und den einzelnen extrahierten Faktoren an. So hängt in unserem Anwendungsbeispiel (vgl. Tab. 5.11) die erste Variable „Attraktivität des Preises" mit beiden Faktoren recht stark negativ zusammen, während die Variable

Tab. 5.11 Unrotierte Faktorladungsmatrix im Anwendungsbeispiel zur exploratorischen Faktorenanalyse

Variable / Faktor	1	2
Attraktivität Preis	−0,566	−0,671
Geschmack	0,864	−0,101
Vitamingehalt	−0,724	0,435
Zuckergehalt	0,955	−0,117
Image	0,212	0,954
Kaloriengehalt	0,953	−0,060
Attraktivität Verpackung	0,527	0,665
Durstlöschung	−0,885	0,408

Tab. 5.12 Rotierte Faktorladungsmatrix im Anwendungsbeispiel zur exploratorischen Faktorenanalyse

Faktor Variable	1	2
Attraktivität Preis	−0,261	**−0,838**
Geschmack	**0,835**	0,243
Vitamingehalt	**−0,836**	0,120
Zuckergehalt	**0,926**	0,263
Image	−0,175	**0,961**
Kaloriengehalt	**0,901**	0,314
Attraktivität Verpackung	0,228	**0,817**
Durstlöschung	**−0,974**	0,032

„Attraktivität der Verpackung" mit beiden Faktoren positiv zusammenhängt. Diese fehlende Eindeutigkeit macht die Interpretation der Faktoren schwierig.

Um solchen Schwierigkeiten aus dem Weg zu gehen, werden im vierten Schritt „Rotation und Interpretation der Faktoren" die **Faktoren „rotiert".** Konkret geht es in diesem Schritt darum, die Faktoren so zu ermitteln, dass die einzelnen Variablen jeweils möglichst nur auf einen Faktor laden. Solchermaßen „rotierte" Faktoren erleichtern die Interpretation der extrahierten Faktoren (vgl. Tab. 5.12).

Für die **Interpretation der extrahierten Faktoren** gibt es keinen definierten Mechanismus. Vielmehr sind an dieser Stelle das Abstraktionsvermögen und die Kreativität des Marktforschers gefordert. Zentraler Orientierungspunkt zur Faktoreninterpretation sind die Faktorladungen. Es geht im Rahmen der Interpretation der Faktoren darum, den gemeinsamen „inhaltlichen Kern" derjenigen Variablen herauszukristallisieren, die mit einem bestimmten Faktor einen starken Zusammenhang (d. h. eine hohe Faktorladung) aufweisen. Dies ist natürlich umso einfacher, je eindeutiger die Zuordnung der Variablen zu den Faktoren ist. Im vorliegenden Anwendungsbeispiel greift der erste Faktor das „Genusserlebnis" durch die Erfrischungsgetränke auf, während der zweite Faktor Aspekte des „Kauferlebens" zusammenfasst.

5.2.1.2 Clusteranalyse

Die Clusteranalyse ist ein Verfahren der Interdependenzanalyse zur Reduktion der Komplexität eines Datensatzes durch die Zusammenfassung von Objekten (z. B. Kunden) zu Gruppen – sogenannten Clustern (z. B. Kundensegmente). Diese Gruppen sollten in sich möglichst homogen und untereinander möglichst heterogen sein. Die Clusteranalyse weist hinsichtlich ihrer Zielsetzung eine deutliche Verwandtschaft mit der Faktorenanalyse auf: In beiden Fällen geht es um Komplexitätsreduktion, wobei diese bei der Faktorenanalyse durch Gruppierung von Variablen und bei der Clusteranalyse durch Gruppierung von Objekten erreicht wird.

Das zentrale Anwendungsgebiet der Clusteranalyse in der Marktforschung ist die **Marktsegmentierung**. Wie in Abschn. 7.2 detailliert ausgeführt, geht es bei der Marktsegmentierung um die Aufteilung eines heterogenen Gesamtmarktes in homogene Teilmärkte, um eine differenziertere Marktbearbeitung zu ermöglichen. Mit dem Methodenspektrum der Clusteranalyse können die marktforschungsbezogenen Aspekte der Marktsegmentierung abgedeckt werden.

In der Regel fallen bei der Durchführung einer Clusteranalyse sechs Schritte an:

1. Auswahl der Clustervariablen und Aufstellen der Datenmatrix,
2. Aufstellen einer Distanzmatrix,
3. Elimination von Ausreißern,
4. Auswahl eines Clusteralgorithmus,
5. Bestimmung der Clusterzahl und
6. Interpretation und Benennung der Cluster.

Ausgangspunkt einer Clusteranalyse ist eine Datenmatrix, in der die Merkmalsausprägungen für die Objekte der Stichprobe dargestellt sind. Beispielhaft betrachten wir die Datenmatrix in Tab. 5.13, in der Befragungsergebnisse für sechs exemplarische Kunden gezeigt werden. Die Befragungsergebnisse beziehen sich auf drei Aspekte der Einstellung der Kunden. Sie wurden auf einer siebenstufigen Ratingskala mit den Extrempunkten „sehr hoch" bzw. „sehr niedrig" ermittelt.

Eine zentrale Entscheidung im Rahmen der Clusteranalyse liegt darin, mit welchem **Ähnlichkeits- bzw. Distanzmaß** die Ähnlichkeit bzw. Unterschiedlichkeit zwischen den zu klassifizierenden Objekten gemessen werden soll. Diese Maße beruhen auf einem Paarvergleich, d. h. jeweils zwei Untersuchungsobjekte werden miteinander verglichen. Ein gebräuchliches Distanzmaß ist die quadrierte Euklidische Distanz zwischen zwei Objekten A und B, die folgendermaßen berechnet wird:

$$D(A, B) = \sum_{i=1}^{p} |x_{Ai} - x_{Bi}|^2.$$

Tab. 5.13 Ausgangsdatenmatrix des Anwendungsbeispiels zur Clusteranalyse

Merkmale Kunden	Positive Lebenseinstellung	Innovationsorientierung	Risikobereitschaft
Kunde A	1	2	2
Kunde B	1	3	3
Kunde C	2	4	2
Kunde D	5	4	3
Kunde E	5	4	4
Kunde F	7	6	7

Dabei bezeichnen D die Distanz zwischen den beiden Objekten A und B, p die Anzahl der Clustervariablen, x_{Ai} die Ausprägung des Merkmals i bei Objekt A und x_{Bi} die Ausprägung des Merkmals i bei Objekt B. Es wird also über alle Merkmale die quadrierte Differenz zwischen den Merkmalsausprägungen der beiden Objekte aufsummiert. Für die Zahlen unseres kleinen Anwendungsbeispiels ergibt sich bei Verwendung der quadrierten Euklidischen Distanz die in Tab. 5.14 dargestellte Distanzmatrix. Ihr entnimmt man beispielsweise, dass die Objekte A und B sehr ähnliche Merkmalsausprägungen (also eine sehr geringe Distanz) und die Objekte A und F sehr unterschiedliche Merkmalsausprägungen (also eine sehr große Distanz) aufweisen.

Ein weiterer wichtiger Schritt vor der eigentlichen Anwendung der Clustermethode ist die **Elimination von Ausreißern**. Hierunter versteht man Objekte, deren Merkmalsausprägungen für die Stichprobe sehr untypisch sind, die also zu keinem anderen Objekt oder nur zu sehr wenigen anderen Objekten eine geringe Distanz aufweisen. Derartige Ausreißer sind bei der Anwendung statistischer Verfahren grundsätzlich ein Problem, da sie Ergebnisse verzerren können. Im Rahmen der Clusteranalyse sind sie jedoch von besonderer Bedeutung, da der Effekt auftreten kann, dass Ausreißer „ihre eigenen Cluster bilden". Dies kann zu Clusterstrukturen mit sehr vielen Clustern führen, von denen einige sehr wenige Objekte aufweisen.

Hinter dem Begriff der Clusteranalyse steht kein standardisiertes Verfahren. Vielmehr existiert eine Vielzahl von unterschiedlichen Methoden, die unter dem Begriff Clusteranalyse subsumiert werden. Ihr gemeinsames Ziel ist es, die beobachteten Objekte, für die die relevanten Merkmale ermittelt wurden, zu in sich homogenen und untereinander he-terogenen Gruppen zusammenzufassen. Deshalb kommt dem vierten Schritt im Rahmen der Durchführung der Clusteranalyse eine große Bedeutung zu: der Auswahl des **Clus teralgorithmus.**

Wir veranschaulichen die Vorgehensweise von **Linkage-Verfahren** anhand unseres kleinen Anwendungsbeispiels. In der Distanzmatrix in Tab. 5.14 werden zunächst die beiden Objekte (hier Kunden) zu einem Cluster zusammengefasst, die die geringste Distanz zueinander aufweisen. Dies sind die Kunden D und E, die nur eine Distanz von Eins aufweisen und daher zum Cluster (D, E) zusammengefasst werden. Zwischen

Tab. 5.14 Distanzmatrix nach der quadrierten Euklidischen Distanz im Anwendungsbeispiel zur Clusteranalyse

	A	B	C	D	E	F
A						
B	2					
C	5	3				
D	21	17	10			
E	24	18	13	1		
F	77	61	54	24	17	

diesem neuen Cluster (D, E) und den übrigen Objekten sind nun erneut Distanzen zu bestimmen. Dies führt uns zu der grundsätzlichen Frage, wie Distanzen zwischen zwei Objektmengen auf der Basis von Distanzen zwischen den einzelnen Objekten definiert werden können.

Das hier vorgestellte **Single-Linkage-Verfahren** ermittelt die kleinste Distanz zwischen zwei Objekten aus verschiedenen Objektmengen und wählt diese kleinste Distanz als Distanz zwischen den Objektmengen. Beispielsweise wird hierbei die Distanz zwischen dem Cluster (D, E) und dem Objekt A wie folgt berechnet: Die Distanz zwischen D und A beträgt 21, während die Distanz zwischen E und A 24 beträgt. Folglich ergibt sich als

Distanz zwischen (D, E) und A ein Wert von 21. Durch diese Vorgehensweise ergibt sich eine reduzierte Distanzmatrix, die in Tab. 5.15 dargestellt ist.

Diese Gruppierungsschritte werden auf der Basis immer neuer Distanzmatrizen so lange fortgesetzt, bis nur noch ein Cluster existiert, dem alle Objekte angehören. Resultat dieser Vorgehensweise ist eine Hierarchie, die in einem **Dendrogramm** dargestellt werden kann (vgl. Abb. 5.5). Dieses Dendrogramm verdeutlicht zum einen die aufeinander folgenden Schritte im Rahmen der sukzessiven Verschmelzung von Clustern und zum anderen (auf der vertikalen Achse) das Distanzniveau, auf dem die jeweiligen Verschmelzungen von Clustern stattfinden.

Eine zentrale Problematik im Rahmen der Clusteranalyse ist die **Bestimmung der Clusterzahl.** Hierfür gibt es keine fest definierte, eindeutige Regel. Offensichtlich muss im Rahmen der hierarchischen Verfahren der Verschmelzungsprozess an irgendeiner Stelle abgebrochen werden. Zahlreiche Arbeiten haben sich deshalb mit geeigneten Abbruchkriterien befasst.

Ein sehr anschauliches Kriterium, das bei der Ermittlung der Clusteranzahl hilfreich sein kann, ist das so genannte Elbow-Kriterium (Ellenbogenkriterium). Hier wird die „Verschmelzungsdistanz", die auch im Dendrogramm dargestellt wird (vgl. Abb. 5.5), gegen die entsprechende Clusterzahl in einem Koordinatensystem abgetragen. Ein „Ellenbogen" (Knickstelle) bildet sich dann bei derjenigen Clusterzahl heraus, bei der im Vergleich zu vorhergehenden Gruppierungen von Clustern der stärkste Heterogenitätszuwachs (ausgedrückt durch den Anstieg der Verschmelzungsdistanz) vorliegt. Die

Tab. 5.15 Distanzmatrix nach der ersten Gruppierung beim Single-Linkage-Verfahren im Anwendungsbeispiel

	A	B	C	D, E	F
A					
B	2				
C	5	3			
D, E	21	17	10		
F	77	61	54	17	

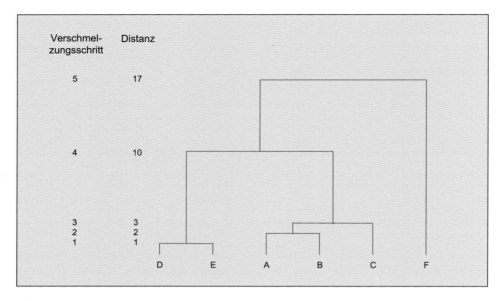

Abb. 5.5 Dendrogramm für das Single-Linkage-Verfahren im Anwendungsbeispiel

Anwendung dieses Kriteriums auf unser Beispiel ist in Abb. 5.6 dargestellt. Es ergibt sich also eine Knickstelle bei drei Clustern, so dass dieses Kriterium eine Zahl von drei Clustern empfiehlt. Die entsprechende Clusterlösung würde die drei Cluster (D, E), (A, B, C) und (F) beinhalten (vgl. das Dendrogramm in Abb. 5.5).

Wie bei allen exploratorischen Verfahren ist die ermittelte Struktur im Anschluss an die Datenanalyse zu interpretieren. Ausgangspunkt für die **Interpretation der Cluster** sind die Mittelwerte der Cluster bezüglich der Merkmale, auf denen die Clusterbildung basiert (im Anwendungsbeispiel die Variablen positive Lebenseinstellung, Innovationsorientierung und Risikobereitschaft). Schließlich empfiehlt es sich, die Cluster mit Namen zu versehen, um dadurch die Ergebnisse der Clusteranalyse besser zu veranschaulichen (vgl. Tab. 5.16):

- Cluster (A, B, C): „Schwarzseher",
- Cluster (D, E): „Leistungsorientierte" und
- Cluster (F): „Spieler".

Insert 5.1 veranschaulicht ein Beispiel für die Anwendung der Cluster-Analyse im Rahmen der Marktsegmentierung.

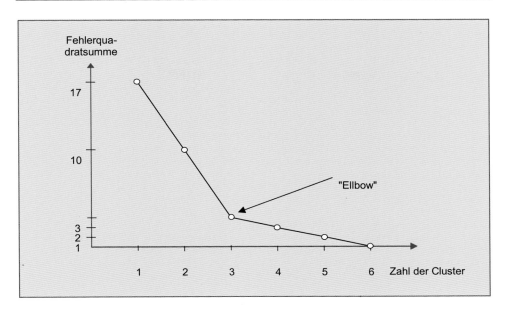

Abb. 5.6 Elbow-Kriterium im Anwendungsbeispiel zur Clusteranalyse

Tab. 5.16 Mittelwerte der Cluster des Anwendungsbeispiels bezüglich der Clustervariablen

Merkmale / Cluster	Positive Lebenseinstellung	Innovationsorientierung	Risikobereitschaft
(A, B, C)	1,3	3	2,3
(D, E)	5	4	3,5
(F)	7	6	7

5.2.2 Verfahren der Dependenzanalyse

5.2.2.1 Multiple Regressionsanalyse

Während bei der bivariaten Regressionsanalyse (vgl. Abschn. 5.1.2.3) nur der Einfluss einer unabhängigen Variablen auf eine abhängige Variable untersucht wird, wird bei der multiplen Regressionsanalyse der Einfluss **mehrerer unabhängiger Variablen auf eine abhängige Variable** analysiert. Es handelt sich um ein Verfahren der Dependenzanalyse, welches für die abhängige und die unabhängigen Variablen metrisches Skalenniveau erfordert.

Vor dem Hintergrund dauerhafter Überkapazitäten bei Büroimmobilien und sich verändernder Anforderungen und Präferenzstrukturen der Büronutzer versagen die klassischen Instrumente zur Reduzierung und Vermeidung von Büroleerständen zunehmend. [...] Die Ansprüche, Entscheidungsmotive und -prozesse der Mieter verändern sich mit rasanter Geschwindigkeit. Die Bedeutung des Mietpreises als Entscheidungsfaktor für eine Mietfläche ist in den letzten Jahren, nicht zuletzt auch wegen der allgemeinen wirtschaftlichen Situation, deutlich gestiegen. [...] Eine weitere zentrale Determinante der Nachfrageseite [...] stellt die Auflösung der "klassischen" Nachfragegruppen dar. Galt über Jahrzehnte die Einteilung der Büronachfrager nach Merkmalen wie Unternehmensgröße und Branche als geeignet, um entsprechende Flächen anzubieten, sind diese objektiven Merkmale zwischenzeitlich zunehmend unbrauchbar für eine zuverlässige Marktsegmentierung. Um diese Hypothese zu prüfen, haben wir mehr als 300 umfangreiche Befragungen von Büronutzern an den wichtigsten sieben Büromärkten in Deutschland durchgeführt und das individuelle Anforderungsprofil anhand von mehr als 100 Einzelfragen erhoben.

Diese wurden zu den fünf Anforderungsfaktoren "Makro-Lage", "Mikro-Lage", "Optik", "Ausstattung" und "Services" aggregiert, um auf dieser Basis die befragten Unternehmen mittels einer Clusteranalyse zu gruppieren. Als Ergebnis lassen sich drei Nutzersegmente herausarbeiten, die sich hinsichtlich ihres Anspruchsniveaus bei den oben genannten fünf Merkmalen von Büroimmobilien mit einer hohen statistischen Signifikanz unterscheiden. Als Beleg für unsere Ausgangshypothese weisen die drei Nutzersegmente keinen statistisch nachweisbaren Bezug zu bestimmten Branchen oder Unternehmensgrößen auf, sondern unterscheiden sich eher in "weichen" Merkmalen wie Kundenstruktur, Selbstverständnis und Arbeitsprozesse [...]. Das Ergebnis zeigt: Erst mit einer klaren Zielgruppenfokussierung und der Kenntnis der genauen Bedürfnisse der anvisierten Zielgruppe lassen sich Entwicklungsrisiken minimieren. Über die eindeutige Ausrichtung einer Immobilie an den Bedürfnissen einer konkreten Zielgruppe lässt sich eine konsequente Positionierung im Wettbewerb erreichen und ein effizienter Marketing-Mix entwickeln und umsetzen.

Insert 5.1 Beispiel für den Einsatz der Cluster-Analyse im Rahmen der Marktsegmentierung. (Vgl. Bodenbach 2005, S. 10 f.)

Die multiple Regressionsanalyse ist in der Marktforschung eines der am weitesten verbreiteten multivariaten Analyseverfahren. **Typische Fragestellungen** sind z. B. von welchen Leistungsparametern die Zufriedenheit der Kunden beeinflusst wird, von welchen Faktoren die Loyalität der Kunden abhängt oder durch welche Einflussgrößen die Kaufentscheidung der Kunden beeinflusst wird.

Das Vorgehen bei der multiplen Regressionsanalyse erfolgt in vier Prozessschritten:

1. Modellspezifikation,
2. Parameterschätzung,
3. Modellbeurteilung und
4. Interpretation der Ergebnisse.

Im ersten Schritt der Durchführung einer multiplen Regressionsanalyse wird **das Regressionsmodell spezifiziert.** Das Grundmodell der multiplen Regressionsanalyse unterstellt dabei einen linearen Zusammenhang zwischen J unabhängigen Variablen x_j ($j = 1, \ldots, J$) und der abhängigen Variable y. Die grundlegende Struktur eines solchen Modells ist in Abb. 5.7 veranschaulicht. Hier beeinflussen $J = 7$ unabhängige Variablen $x_1, \ldots, x_7$ (Teilaspekte der Kundenzufriedenheit) die abhängige Variable Gesamtzufriedenheit (y). Formal lässt sich dieses Modell folgendermaßen darstellen:

$$y = a + b_1 \cdot x_1 + b_2 \cdot x_2 + \ldots + b_J \cdot x_J + e.$$

Hierbei bezeichnen a die Regressionskonstante, $b_1, \ldots, b_J$ die Regressionskoeffizienten und e den Fehlerterm des Modells (auch Residuum oder Störgröße genannt). Die Regressionskoeffizienten b_j ($j = 1, \ldots, J$) geben an, wie stark die einzelnen unabhängigen Variablen x_j die abhängige Variable beeinflussen. Der Fehlerterm e bildet Einflussfaktoren der abhängigen Variablen ab, die nicht im Modell enthalten sind.

Das zentrale Anliegen der Regressionsanalyse ist der zweite Prozessschritt: die **Schätzung der Regressionsparameter** a, $b_1, \ldots, b_J$. Auf der Basis einer solchen Schätzung lassen sich dann Aussagen darüber treffen, wie stark die einzelnen

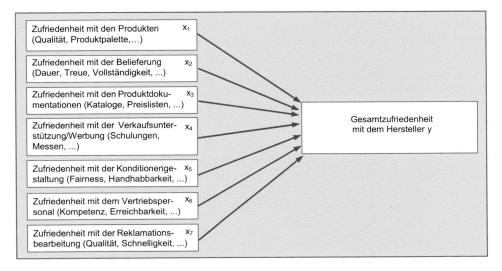

Abb. 5.7 Beispiel zur Veranschaulichung der Grundstruktur eines multiplen Regressionsmodells

unabhängigen Variablen die abhängige Variable beeinflussen. Die Parameterschätzung erfolgt mittels des Prinzips der kleinsten Quadrate, das bereits im Zusammenhang mit der bivariaten Regressionsanalyse (vgl. Abschn. 5.1.2.3) ausführlich erläutert wurde. Die Regressionsparameter werden also auf der Basis einer Stichprobe vom Umfang n so bestimmt, dass die Summe der Fehlerquadrate zwischen den empirischen Werten der abhängigen Variablen y_i und den zugehörigen vom Regressionsmodell generierten Werten $\widehat{y}_i$ minimiert wird.

Formal lässt sich das entsprechende Minimierungsproblem folgendermaßen darstellen:

$$f(a, b_1, \ldots, b_J) = \sum_{i=1}^{n} \left(y_i - \widehat{y}_i\right)^2 = \sum_{i=1}^{n} [y_i - (a + b_1 \cdot x_{1i} + b_2 \cdot x_{2i} + \ldots + b_J \cdot x_{Ji})]^2 \to \min$$

Hierbei bezeichnen y_i die Ausprägung der abhängigen Variablen bei dem i-ten Objekt in der Stichprobe und x_{ji} die Ausprägung der j-ten unabhängigen Variablen x_j bei dem i-ten Objekt in der Stichprobe.

Im Gegensatz zur bivariaten Regressionsanalyse kann die Ermittlung der Regressionsparameter im multivariaten Fall nicht mehr „von Hand" erfolgen. Das Minimierungsproblem ist durch geeignete numerische Verfahren zu lösen, was problemlos von gängigen statistischen Softwarepaketen (z. B. IBM SPSS, SAS, R, und Stata) geleistet wird.

Im Rahmen des dritten Schrittes, der **Modellbeurteilung,** kommt eine **Signifikanzprüfung der einzelnen Regressionskoeffizienten** zur Anwendung. Diese kann mithilfe eines **t-Tests** erfolgen. Für jeden Regressionsparameter b_j wird die Nullhypothese getestet, dass dieser in der Grundgesamtheit gleich Null ist, d. h. die entsprechende Variable x_j also keinen signifikanten Beitrag zur Erklärung der abhängigen Variablen y leistet.

Im abschließenden Schritt bei der Durchführung einer multiplen Regressionsanalyse geht es um die **Ergebnisinterpretation.** Von besonderem Interesse ist hier die Höhe der Regressionskoeffizienten, die gemäß der Signifikanzprüfung einen Beitrag zur Erklärung der abhängigen Variablen leisten. Die im Rahmen der Parameterschätzung geschätzten Regressionskoeffizienten b_j geben Auskunft darüber, wie stark die unabhängige Variable x_j die abhängige Variable y beeinflusst: Wird x_j um eine Einheit erhöht und werden alle übrigen unabhängigen Variablen im Regressionsmodell konstant gehalten, so verändert sich die abhängige Variable um b_j Einheiten. Um die unterschiedlichen Wirkungsstärken der verschiedenen unabhängigen Variablen auf die abhängige Variable miteinander vergleichen zu können, müssen diese **standardisiert** werden. Das Resultat sind die so genannten **Beta-Koeffizienten** β_j, deren Werte im Gegensatz zu den unstandardisierten Regressionskoeffizienten b_j nicht von der Skalierung der unabhängigen Variablen abhängen. Diese Beta-Koeffizienten berechnen sich gemäß folgender Beziehung:

$$\beta_j = b_j \cdot \frac{\text{Standardabweichung } x_j}{\text{Standardabweichung } y}$$

Als **Beispiel** für die Anwendung der multiplen Regressionsanalyse in der Marktforschung soll eine Zufriedenheitsmessung eines Investitionsgüterherstellers bei seinen Handelspartnern betrachtet werden. Es liegt eine effektive Stichprobe von n = 290 Handelsunternehmen zugrunde. Die konkrete Fragestellung lautet hier, wie stark die Zufriedenheit mit den Produkten, der Belieferung, der Dokumentation, der Verkaufsunterstützung/Werbung, der Konditionengestaltung, dem Vertriebspersonal und der Behandlung von Reklamationen die Gesamtzufriedenheit der Händler beeinflusst (vgl. zum untersuchten Modell auch Abb. 5.7). Diese Fragestellung kann mithilfe der multiplen Regressionsanalyse beantwortet werden, wobei die Teilzufriedenheiten als unabhängige Variablen und die Gesamtzufriedenheit als abhängige Variable verwendet werden (vgl. ebenfalls Abb. 5.7).

Das Ergebnis der mit dem statistischen Softwarepaket IBM SPSS (vgl. zur Anwendung dieser Software Field 2017 sowie SPSS Inc. 2017) durchgeführten multiplen Regressionsanalyse ist in Tab. 5.17 dargestellt.

Neben den standardisierten Regressionskoeffizienten (Beta-Koeffizienten), die einen Vergleich der Wirkungsstärken der einzelnen unabhängigen Variablen ermöglichen, wird für jeden dieser Parameter ein t-Wert angegeben, anhand dessen die Signifikanz des Parameters bewertet wird. Ist dieses Signifikanzniveau beispielsweise kleiner als 0,05, so kann man mit mehr als 95-prozentiger Wahrscheinlichkeit davon ausgehen, dass der Regressionsparameter in der Grundgesamtheit von Null verschieden ist.

Im Beispiel zeigt sich, dass sich bis auf die Variable „Zufriedenheit mit den Produktdokumentationen" alle betrachteten unabhängigen Variablen signifikant (positiv) auf die Kundenzufriedenheit auswirken. Die Zufriedenheit mit der Konditionengestaltung

Tab. 5.17 Ergebnisse des Anwendungsbeispiels zur multiplen Regressionsanalyse mit der abhängigen Variable Gesamtzufriedenheit

Unabhängige Variablen	Standardisierte Regressionskoeffizienten (Beta-Koeffizienten)	t-Werte	Signifikanzniveau[1]
Zufriedenheit mit den Produkten	0,156	2,944	***
Zufriedenheit mit der Belieferung	0,124	2,404	***
Zufriedenheit mit den Produktdokumentationen	0,018	0,349	Nicht signifikant
Zufriedenheit mit der Verkaufsunterstützung/Werbung	0,108	2,175	**
Zufriedenheit mit der Konditionengestaltung	0,264	5,139	***
Zufriedenheit mit dem Vertriebspersonal	0,090	1,875	**
Zufriedenheit mit der Reklamationsbearbeitung	0,083	1,635	*

[1]***p $\leq$ 0,01, **p $\leq$ 0,05, *p $\leq$ 0,10

($\beta = 0{,}264$) wirkt sich am stärksten auf die Kundenzufriedenheit aus und die Zufriedenheit mit der Reklamationsbearbeitung am schwächsten ($\beta = 0{,}083$).

5.2.2.2 Conjoint-Analyse

Mithilfe der Conjoint-Analyse kann untersucht werden, wie einzelne Merkmale bzw. Merkmalsausprägungen eines Produktes zum Gesamtnutzen dieses Produktes für die Kunden beitragen. Dies ermöglicht es zu ermitteln, wie sich die Präferenzen der Kunden verändern, wenn man einzelne Merkmale des Produktes verändert. Ergebnisse einer Conjoint-Analyse können Marketingentscheidungen in vielen Bereichen unterstützen. Beispielsweise kann die Conjoint-Analyse im Rahmen der Produktpolitik zur Gestaltung neuer bzw. Überarbeitung existierender Produkte eingesetzt werden. In der Preispolitik kann mit ihrer Hilfe bestimmt werden, wie viel die Kunden für eine bestimmte Mehrleistung bei Qualität, Service oder Design zu zahlen bereit sind.

Die Conjoint-Analyse wird als Methode der Dependenzanalyse kategorisiert. Die abhängige Variable ist der Gesamtnutzen, den ein Kunde aus einem Produkt gewinnt; sie ist metrisch skaliert. Die unabhängigen Variablen sind die einzelnen Merkmale eines Produkts. Sie können quasi-metrisch oder nominal skaliert sein. Die Conjoint-Analyse umfasst mehrere Analyseschritte, die im Folgenden anhand eines Beispiels illustriert werden sollen:

1. Festlegung der Merkmale und der Merkmalsausprägungen,
2. Festlegung des Erhebungsdesigns,
3. Datenerhebung,
4. Schätzung der Nutzenwerte, sowie
5. Interpretation der Nutzenparameter.

Beim ersten Schritt der **Festlegung der Merkmale und der Merkmalsausprägungen** werden diejenigen Merkmale definiert, anhand derer Produkte im Rahmen der Conjoint-Analyse beschrieben werden sollen. Die gewählten Merkmale sollten unabhängig, für die Kaufentscheidung des Kunden bedeutend und durch das Unternehmen beeinflussbar sein. Darüber hinaus sollten mit Hilfe der gewählten Merkmale alle wichtigen Produkte der Wettbewerber abbildbar sein.

Das stark vereinfachte Beispiel, an dem wir die Conjoint-Analyse veranschaulichen werden, bezieht sich auf einen chemischen Grundstoff. Es werden die vier Merkmale Hersteller, Preis pro t, Körnigkeit und Art der Belieferung mit jeweils drei Ausprägungen verwendet:

Hersteller	A, B, C
Preis pro t	1000 €, 1050 €, 1100 €
Körnigkeit	fein, mittel, grob
Art der Belieferung	Abholung, Gesamtlieferung, Just-in-time Lieferung

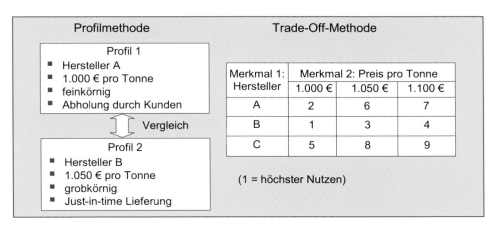

Abb. 5.8 Illustration von Profilmethode und Trade-off-Methode im Rahmen der Datenerhebung für die Conjoint-Analyse

Der zweite Schritt besteht in der **Festlegung des Erhebungsdesigns.** Es geht also um die Vorgehensweise im Rahmen der Datenerhebung. Grundsätzlich basiert die Datenerhebung im Rahmen einer Conjoint-Analyse auf der Methode der Befragung. Bei der **Profilmethode** werden als Stimuli Produktprofile mit Ausprägungen der im ersten Schritt definierten Merkmale verwendet. Der Befragte bewertet also gewissermaßen „hypothetische Produkte" (vgl. Abb. 5.8).

Ein grundlegendes Problem der Datenerhebung mittels der Profilmethode liegt offensichtlich darin, dass die Zahl der möglichen Profile und damit auch die Zahl der möglichen Paarvergleiche schon bei wenigen Merkmalen und Merkmalsausprägungen so groß wird, dass im Rahmen einer Befragung nicht alle möglichen Profile bewertet werden können. Üblicherweise werden daher bei der Anwendung der Profilmethode in der Marktforschungspraxis bei der Befragung einer Person nicht alle theoretisch möglichen Stimuli, sondern nur eine begrenzte Teilmenge zur Bewertung vorgelegt. Diese reduzierten Designs können mit statistischer Standardsoftware erzeugt werden.

Der dritte Schritt bei der Anwendung der Conjoint-Analyse besteht in der **Datenerhebung,** im Rahmen derer die Befragten die betrachteten Stimuli bewerten. Die Präsentation der Stimuli gegenüber den Befragten kann mithilfe von „Produktkärtchen" vorgenommen werden. Heute werden in der Marktforschungspraxis zunehmend computergestützte Befragungen durchgeführt. Hier werden die Stimuli dem Befragten auf dem Computerbildschirm präsentiert, wobei auch Bilder und Videosequenzen der Produktalternativen eingespielt werden können.

Der vierte Schritt der Conjoint-Analyse besteht in der **Schätzung der Nutzenwerte** für die einzelnen Merkmalsausprägungen. Da der Conjoint-Analyse ein additives Nutzenmodell zugrunde gelegt wird, ergibt sich beispielsweise der Gesamtnutzenwert y eines Profils, welches auf einem Merkmal mit den beiden Merkmalsausprägungen A und B beruht, aus der Summe der beiden Teilnutzenwerte der Merkmalsausprägungen A und B.

Als Ergebnis der Parameterschätzung erhält man die Teilnutzenwerte der Merkmalsausprägungen β_{jm} sowie die daraus resultierenden Nutzenwerte der Stimuli. Im Anwendungsbeispiel ergeben sich beispielsweise für einen befragten Kunden die in Abb. 5.9 dargestellten Teilnutzenwerte. So ist erkennbar, dass für diesen Kunden die Ausprägung „mittel" des Merkmals Körnigkeit mit einem deutlich höheren Nutzen verbunden ist als die Ausprägung grob (Nutzendifferenz = 12). Dagegen führt eine weitere Erhöhung der Körnigkeit von „mittel" auf „fein" zu einem deutlich geringeren Nutzenzuwachs für den Kunden (Nutzendifferenz = 3).

Auf Basis dieser Informationen lassen sich dann auch die Gesamtnutzenwerte bestimmter Produktprofile berechnen. So beträgt beispielsweise der Gesamtnutzenwert für das Profil {Hersteller A, 1000 € pro t, feinkörnig, Abholung} 76 (= 14 + 36 + 22 + 4) Nutzeneinheiten.

Auf der Basis der so geschätzten Teilnutzenwerte für die Merkmalsausprägungen lassen sich nun auch Aussagen über die Wichtigkeit der Merkmale selbst im Hinblick auf die Schaffung von Kundennutzen machen. Offensichtlich ist ein Merkmal im Hinblick auf den Kundennutzen umso wichtiger, je höher die Spanne der zugehörigen Teilnutzenwerte ist: Im Extremfall einer vollkommen horizontalen Teilnutzenkurve (Spanne = Null) wäre das entsprechende Merkmale für den Kundennutzen vollkommen irrelevant, da Veränderungen der Merkmalsausprägungen sich nicht auf den Kundennutzen auswirken.

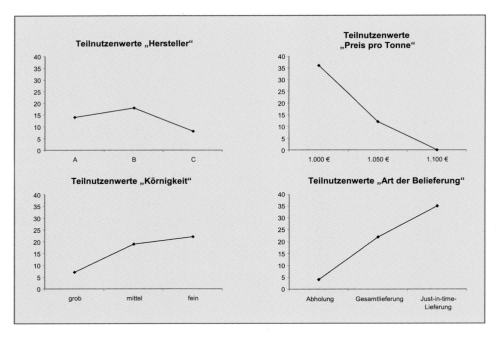

Abb. 5.9 Teilnutzenwerte für einen befragten Kunden im Rahmen einer Conjoint-Analyse

Dementsprechend ergibt sich die Wichtigkeit w_j für das Merkmal j aus der Differenz des größten und des kleinsten Teilnutzenwertes der Merkmalsausprägungen:

$$w_j = \underset{m}{\text{Max}}\left\{\beta_{jm}\right\} - \underset{m}{\text{Min}}\left\{\beta_{jm}\right\}$$

Die so berechneten Werte können in relative (prozentuale) Wichtigkeiten $\widehat{w}_j$ transformiert werden:

$$\widehat{w}_j = \frac{w_j}{\sum\limits_{j=1}^{J} w_j} \cdot 100\,\%$$

Die absoluten bzw. relativen Wichtigkeiten der Merkmale des Anwendungsbeispiels sind in Tab. 5.18 dargestellt. Demnach hängt der Nutzen für diese befragte Person sehr stark vom Preis ab. An zweiter Stelle bezüglich der Wichtigkeit stehen Logistikleistungen.

Tab. 5.18 Berechnung der Wichtigkeiten der Merkmale im Anwendungsbeispiel zur Conjoint-Analyse

Merkmal	Wichtigkeit w_j	Relative Wichtigkeit $\hat{w}_j$
Hersteller	$18 - 8 = 10$	$10/92 \cdot 100\,\% = 10{,}9\,\%$
Preis pro Tonne	$36 - 0 = 36$	$36/92 \cdot 100\,\% = 39{,}1\,\%$
Körnigkeit	$22 - 7 = 15$	$15/92 \cdot 100\,\% = 16{,}3\,\%$
Art der Belieferung	$35 - 4 = 31$	$31/92 \cdot 100\,\% = 33{,}7\,\%$
Summe	92	$100{,}0\,\%$

Teil III
Strategische Perspektive

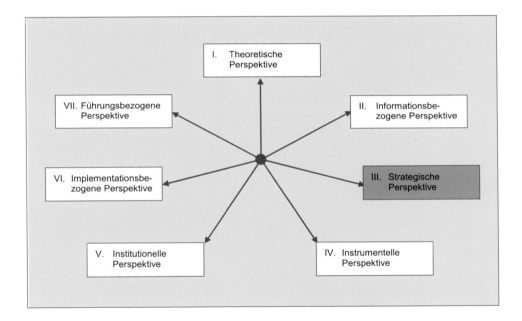

Dieser Teil widmet sich der dritten unserer sieben Perspektiven. Im Mittelpunkt steht die strategische Ausrichtung der Marketingaktivitäten eines Unternehmens. Der Begriff „strategisch" wird in der Managementlehre im Kontext von langfristig orientierten Überlegungen über die Aktivitäten von Unternehmen verwendet. Neben der langfristigen Orientierung strategischer Entscheidungen sind diese dadurch charakterisiert, dass sie nicht problemlos revidiert werden können. Heutzutage sind jedoch die zwei Prämissen der Planbarkeit und Langfristigkeit dieses Strategieverständnisses in vielen Branchen nur noch eingeschränkt gegeben. Aufgrund zunehmender Marktdynamiken sind vielerorts Planungshorizonte deutlich verkürzt. Deshalb wird im Rahmen der strategischen

Perspektive des Marketing sowohl die grundlegende Ausrichtung der Marketingaktivitäten des Unternehmens als auch deren iterative Neuausrichtung behandelt. Es geht hierbei um die Leitlinie für die Gestaltung der Marketinginstrumente, die im Rahmen der vierten Perspektive behandelt werden.

Der Teil gliedert sich in drei Kapitel:

- Zunächst werden in Kap. 6 die Grundlagen des strategischen Marketing dargelegt.
- Im Anschluss hieran wird in Kap. 7 aufgezeigt, wie die strategische Ausgangssituation des Unternehmens analysiert werden kann.
- In Kap. 8 werden die Formulierung, die Bewertung und die Auswahl von Marketingstrategien diskutiert.

Grundlagen des strategischen Marketing

6

Inhaltsverzeichnis

Lernziele

- Der Leser kennt die verschiedenen Kategorien von Marketingzielen.
- Der Leser kennt die Grundlagen und die wichtigsten Ergebnisse der PIMS-Forschung (Profit Impact of Market Strategies) und kann das PIMS-Projekt kritisch bewerten.
- Der Leser kennt die wesentliche Aussage des Erfahrungskurvenmodells, beherrscht dessen formale Darstellung und kann die Implikationen für das strategische Marketing kritisch bewerten.
- Der Leser kennt die wesentlichen Aussagen des Lebenszyklusmodells sowie dessen Implikationen für das strategische Marketing und kann das Lebenszyklusmodell kritisch bewerten.
- Der Leser kennt die einzelnen Schritte im Prozess der Entwicklung von Marketingstrategien im Unternehmen.

© Springer Fachmedien Wiesbaden GmbH, ein Teil von Springer Nature 2020
C. Homburg, *Grundlagen des Marketingmanagements*,
https://doi.org/10.1007/978-3-658-29638-4_6

6.1   Grundlagen zum Begriff der Marketingstrategie

Für den Marketingbereich schlagen wir eine Unterscheidung zwischen den drei **Zielkategorien**

- potenzialbezogene Marketingziele,
- markterfolgsbezogene Marketingziele und
- wirtschaftliche Marketingziele

vor.

Zwischen der Erreichung dieser Zielkategorien wird eine kausale Kette (vgl. Abb. 6.1) unterstellt. **Potenzialbezogene Marketingziele** beziehen sich auf Zielgrößen, die dem tatsächlichen Verhalten der Kunden kausal vorgelagert sind und somit potenziellen Markterfolg verkörpern. Beispielsweise kann sich auf der Basis hoher Kundenzufriedenheit (potenzialbezogenes Marketingziel) ein hoher Marktanteil (markterfolgsbezogenes Marketingziel) durch Wiederholungskäufe zufriedener Kunden ergeben.

Markterfolgsbezogene Marketingziele beziehen sich auf Zielgrößen, die den Erfolg eines Unternehmens/einer strategischen Geschäftseinheit (SGE) im Markt auf der Basis von tatsächlichen Verhaltensweisen der Kunden abbilden. Es geht im Rahmen der markterfolgsbezogenen Marketingziele also um die Realisierung des Potenzials und nicht (wie bei den potenzialbezogenen Marketingzielen) um die Schaffung des Potenzials. Beispielsweise stellt die Steigerung des Marktanteils ein in der Praxis sehr weit verbreitetes Ziel dar.

Wirtschaftlichen Marketingzielen liegen Zielgrößen zugrunde, die gängige ökonomische Erfolgsgrößen darstellen und einen Bezug zur Gewinn- und Verlustrechnung des Unternehmens haben. Die Erreichung dieser wirtschaftlichen Marketingziele

Abb. 6.1 Systematisierung der Marketingziele des Unternehmens

wird wesentlich (nicht ausschließlich) von der Erreichung der markterfolgsbezogenen Marketingziele beeinflusst.

Die Formulierung der Marketingziele sollte sich an den Erfolgsfaktoren auf den jeweils betrachteten Märkten orientieren. Die Erforschung derartiger Erfolgsfaktoren steht im Mittelpunkt der Strategieforschung sowie der Forschung auf dem Gebiet des strategischen Marketing. In diesem Abschnitt stellen wir drei Ansätze dar, die gewissermaßen als „Klassiker" der strategischen Erfolgsfaktorenforschung bezeichnet werden können: das PIMS-Projekt, das Erfahrungskurvenmodell und das Lebenszyklusmodell.

6.1.1 Das PIMS-Projekt

Die Wurzeln des PIMS-Ansatzes (**P**rofit **I**mpact of **M**arket **S**trategies) reichen bis in die 50er Jahre des letzten Jahrhunderts zurück. Er war lange Zeit der bekannteste Ansatz der Erfolgsfaktorenforschung und umfasste zu Spitzenzeiten Daten von über 3000 SGEs aus über 450 Unternehmen unterschiedlichster Branchen. Zentrales **Ziel** dieses Ansatzes war die Gewinnung von branchenübergreifend gültigen Aussagen über die Einflussfaktoren des Geschäftserfolges einer SGE.

Die in der Datenbank gesammelten Daten beziehen sich im Wesentlichen auf fünf Bereiche (neben der Erfassung des Erfolges über ROI [Return on Investment], ROS [Return on Sales], Cash Flow, Wachstumskennzahlen):

- **Merkmale des geschäftlichen Umfeldes** (langfristiges und kurzfristiges Marktwachstum, Preisentwicklung, Anzahl und Größe der Kunden, Kaufhäufigkeit und -umfang),
- **Wettbewerbsposition der strategischen Geschäftseinheit** (Marktanteil, relativer Marktanteil [in Relation zu den drei stärksten Konkurrenten], relative Produktqualität),
- **Merkmale der Leistungserstellung** (Investitionsintensität, Ausmaß vertikaler Integration, Kapazitätsauslastung, Produktivität),
- **Budgetaufteilung** (Budget für Werbung und Verkaufsförderung, Budget für persönlichen Verkauf) und
- **Strategie der SGE** (Änderungen bei Variablen wie relativer Preis, relative Marketingaufwendungen).

Zur Ermittlung der zentralen Erfolgsfaktoren wurden diese Daten auf **Zusammenhänge mit den beiden Erfolgsmaßen ROI und ROS** untersucht. Dies geschah in der frühen Phase der PIMS-gestützten Forschung (zweite Hälfte der 70er Jahre) auf der Basis von einfachen bivariaten deskriptiven Methoden (z. B. durch Kreuztabellierung oder Berechnung des Korrelationskoeffizienten, vgl. hierzu Abschn. 5.1.2). Im Rahmen weitergehender Analysen wurden diese Erfolgsfaktoren in multivariate Regressionsmodelle mit den Rentabilitätskennzahlen ROI bzw. ROS als abhängige Variablen eingebunden.

Die verschiedenen Untersuchungen auf der Basis der PIMS-Daten haben drei **zentrale Einflussgrößen des ROI** herausgearbeitet. Dies sind

- die Investitionsintensität,
- der relative Marktanteil und
- die relative Produktqualität.

Die Bezeichnung „relativ" deutet an, dass die eigene SGE im Vergleich zu entsprechenden Werten der Konkurrenten beurteilt wird. So berechnet sich z. B. der relative Marktanteil als Quotient des eigenen Marktanteils und der Summe der Marktanteile der drei größten Konkurrenten.

Die aufgezeigten Einflussgrößen des ROI wirken sich in unterschiedlicher Art auf den ROI aus. Die **Investitionsintensität** wirkt sich negativ auf den ROI aus. Hierfür gibt es im Wesentlichen zwei Begründungen. Die erste ist definitorischer/algebraischer Natur: Die Investitionsintensität wird definiert als Verhältnis von Investitionsvolumen zu Umsatz. Daher steigt mit zunehmender Investitionsintensität auch das Abschreibungsvolumen in Relation zum Umsatz, wodurch die Profitabilität beeinträchtigt wird. Neben dieser rein formalen Erklärung existiert aber noch eine inhaltliche Begründung für die negative Beeinflussung des ROI durch die Investitionsintensität: Eine hohe Investitionsintensität zwingt ein Unternehmen dazu, eine hohe Auslastung der teuren Kapazitäten anzustreben. Oft sehen sich Unternehmen dann gezwungen, die entsprechenden Absatzzahlen durch Niedrigpreise und/oder kostenintensive Marketingmaßnahmen zu sichern, was die Rentabilität beeinträchtigt.

Der **relative Marktanteil** (im PIMS-Programm bezogen auf den aus Unternehmenssicht relevanten Markt) hingegen wirkt sich positiv auf den ROI aus. Der wesentliche Grund für diese positive Beziehung sind die „Economies of Scale": Ein Anbieter mit hohem Marktanteil (dessen Ausbringungsmenge folglich im Vergleich zum Wettbewerb groß ist), kann in unterschiedlichen Funktionsbereichen (z. B. Produktion, Marketing, Verwaltung) niedrigere Stückkosten erreichen als ein Wettbewerber mit geringem Marktanteil. Dieser Gedanke steht in enger Beziehung zum Modell der Erfahrungskurve (vgl. Abschn. 6.1.2), wonach strategische Geschäftseinheiten mit hohem Marktanteil in den Genuss erfahrungsbedingter Kostenvorteile kommen können. Eine weitere Erklärung liegt in der Marktmacht, die mit einem höheren Marktanteil verbunden ist. Die resultierende gute Verhandlungsposition gegenüber den Lieferanten lässt sich ebenfalls zum Aufbau einer überlegenen Kostenposition nutzen.

Der positive Einfluss der **relativen Produktqualität** auf den ROI ist weitgehend unbestritten. Dieser Effekt lässt sich zum einen durch das Erzielen höherer Preise auf der Basis überlegener Qualität erklären. Zum anderen kann eine hohe Qualität auch dazu beitragen, „verborgene Kostenfallen" im Unternehmen zu begrenzen. Beispielhaft seien hier hohe Kosten der Reklamationsbearbeitung sowie hohe Fehlerbehebungskosten genannt. Unterstellt man schließlich, dass die Kaufneigung von Kunden positiv von der relativen Produktqualität abhängt, so kann eine hohe Qualität über Marktanteilszugewinne (nach dem Erfahrungskurvenmodell, vgl. Abschn. 6.1.2) zu einer günstigeren Kostenposition führen.

Aus heutiger Sicht ist am PIMS-Projekt kritisch zu bemerken, dass der grundlegende Ansatz, aus vergangenheitsbezogenen Daten Aussagen über den Erfolg zukünftiger Strategien abzuleiten, in immer dynamischeren Umfeldern nicht mehr trägt. Weiterhin erschwert eine zunehmende Häufigkeit von strukturellen Veränderungen in Unternehmen (z. B. Neu-gruppierung bzw. Ausgliederung strategischer Geschäftseinheiten) eine Anwendung von PIMS-Analysen. Schließlich sind strategische Stabsabteilungen in Unternehmen – die Haupt-zielgruppe von PIMS – heute in den meisten Unternehmen stark dezimiert.

6.1.2 Das Erfahrungskurvenmodell

Das Erfahrungskurvenmodell postuliert einen Rückgang der Kosten in Abhängigkeit von der im Zeitablauf kumulierten „Erfahrung", die das Modell durch die kumulierte Menge misst. Das dem Modell zugrunde liegende **Erfahrungskurvengesetz** lässt sich folgendermaßen formulieren: Mit jeder Verdopplung der im Zeitablauf kumulierten (produzierten bzw. abgesetzten) Menge eines Produktes besteht ein Stückkosten-senkungspotenzial von 20 bis 30 %, bezogen auf alle in der Wertschöpfung des Produktes enthaltenen (inflationsbereinigten) Stückkosten. Berücksichtigt werden also alle direkt einem Produkt zurechenbaren Kosten, die im unternehmensinternen Prozess der Wertschöpfung anfallen. Hierzu zählen neben den Produktionskosten und den Ver-waltungskosten beispielsweise auch die Marketingkosten.

Zur Klarstellung sei hier darauf hingewiesen, dass die Abhängigkeit der Kosten von der kumulierten Menge und nicht von der Menge pro Periode behandelt wird. Dies bedeutet z. B., dass auch bei gleichbleibender Menge pro Periode (also beispiels-weise bei gleichbleibender jährlicher Produktions- und Absatzmenge) über mehrere Perioden hinweg ein Kostensenkungspotenzial gesehen wird (aufgrund der steigenden kumulierten Menge).

Abb. 6.2 veranschaulicht die Erfahrungskurve grafisch. In einem doppeltlogarithmischen Koordinatensystem (logarithmische Skalierung beider Achsen) erhalten wir dann einen linearen Verlauf (Abb. 6.2b).

Als Gründe für das im Erfahrungskurvenmodell aufgezeigte (und vielfach empirisch nachgewiesene) Kostensenkungspotenzial sind im Wesentlichen **Lerneffekte** zu nennen: Das Erfahrungskurvengesetz basiert auf der Logik, dass Unternehmen im Zusammen-hang mit der Produktion und Vermarktung eines Produktes sukzessiv Erfahrung (gemessen durch die kumulierte Menge) aufbauen können, die dann zu kostensenkenden bzw. produktivitätssteigernden Maßnahmen führt. Diese Argumentation verdeutlicht, dass in diesem Gesetz lediglich ein **Kostensenkungspotenzial** und nicht deterministisch eine tatsächliche Kostensenkung postuliert wird: Inwieweit das gemäß diesem Modell vorhandene Potenzial tatsächlich realisiert wird, hängt von den Gegebenheiten im Unter-nehmen und insbesondere vom Verhalten der verantwortlichen Manager ab.

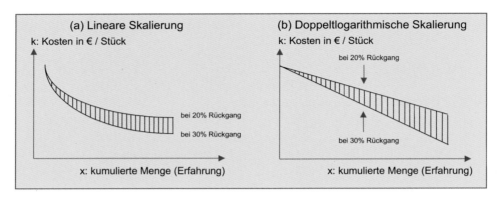

Abb. 6.2 Grafische Veranschaulichung der Erfahrungskurve bei linearer bzw. doppeltlogarithmischer Skalierung (in Anlehnung an Homburg 2000b, S. 74)

Die Relevanz des Erfahrungskurvenmodells für das strategische Marketing hängt entscheidend von **Merkmalen des Marktumfeldes** ab. Sie ist umso höher, je größer die Bedeutung des Preises auf dem jeweils betrachteten Markt für die Kaufentscheidung der Kunden ist: Ist die Preissensitivität der Kunden eher gering, so relativiert sich auch die Bedeutung der Kosten eines Anbieters für dessen unternehmerischen Erfolg. Darüber hinaus hängt die Relevanz von der Lebenszyklusphase (vgl. hierzu Abschn. 6.1.3) bzw. dem Wachstum des jeweils betrachteten Marktes ab: In jungen bzw. schnell wachsenden Märkten ist eine signifikante Zunahme der kumulierten Menge eher möglich als in reifen, stagnierenden Märkten. Daher ist die Bedeutung der Erfahrungskurve in Märkten der erstgenannten Kategorie tendenziell höher.

6.1.3 Das Lebenszyklusmodell

Das Lebenszyklusmodell beruht auf der generellen Hypothese, dass jedes Produkt am Markt bestimmte Lebenszyklusphasen durchläuft, die unterschiedliche Absatz- und Gewinnpotenziale aufweisen. In einer idealtypischen Darstellung werden zunächst ein konvexer und dann ein konkaver Verlauf von Absatz- und Gewinnkurve unterstellt (vgl. Abb. 6.3).

Im Rahmen des Lebenszyklusmodells unterscheidet man die vier Phasen

- Einführung,
- Wachstum,
- Reife und
- Sättigung.

Das Lebenszyklusmodell bezieht sich in seiner klassischen Form auf ein Produkt bzw. auf eine bestimmte Produktkategorie. Neben diesem Produktlebenszyklus wird die

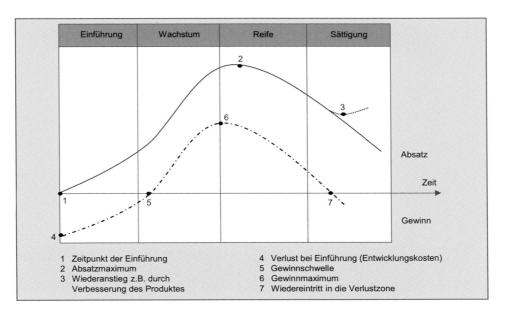

Abb. 6.3   Absatz- und Gewinnverlauf gemäß dem Lebenszyklusmodell (vgl. Homburg 2000b, S. 83)

zugrundeliegende Gesetzmäßigkeit bisweilen aber auch für ganze Märkte bzw. Branchen unterstellt. Wir sprechen in diesem Zusammenhang vom **Markt- bzw. Branchenlebens-zyklus.** Die einzelnen Phasen in diesem Zyklus lassen sich anhand von Marktgegeben-heiten wie Marktwachstum, Marktpotenzial oder Marktanteilsverteilung charakterisieren (vgl. hierzu Tab. 6.1).

Für die verschiedenen Phasen im Lebenszyklus lassen sich **grundsätzliche („norm-strategische") Aussagen** über sinnvolle strategische Ziele und Verhaltensweisen treffen. Diese grundsätzlichen Aussagen vermitteln Unternehmen eine gewisse Orientierung bezüglich einer sinnvollen strategischen Ausrichtung ihrer Marketingaktivitäten in ver-schiedenen Lebenszyklusphasen.

Das Lebenszyklusmodell lässt sich als **idealtypisches Beschreibungsmodell** charakterisieren. Es nimmt eine derart starke Vereinfachung der Realität vor, dass empirische Absatzverläufe häufig stark davon abweichen. Eine Anwendung des Konzeptes im Sinne eines Prognosemodells ist daher ausgesprochen problematisch. Die unkritische Umsetzung der Implikationen des Modells in der Unternehmenspraxis kann zu schwerwiegenden marketingstrategischen Fehlentscheidungen führen. Dies ist beispielsweise dann der Fall, wenn hochprofitable Produkte, die sich in der Reifephase befinden, vorschnell eliminiert bzw. nicht mehr gefördert werden, obwohl sie sich (bei entsprechenden Maßnahmen) noch lange Zeit behaupten könnten. So gibt es zahlreiche Beispiele dafür, dass es Unternehmen gelungen ist, durch Produktvariation dem Absatz eines Produktes in der Reifephase neue Impulse zu geben (vgl. hierzu auch Insert 6.1).

Tab. 6.1 Merkmale der Phasen des Marktlebenszyklus (in Anlehnung an Homburg 2000b, S. 84)

Kriterium	Lebenszyklusphase			
	Einführung	Wachstum	Reife	Sättigung
Markt-wachstum	Steigende Wachstumsrate	Stark steigende Wachstumsrate	Stagnation, gegen Ende negative Wachstumsrate	Negative bis stark negative Wachstumsrate
Markt-potenzial	Nicht überschaubar; Befriedigung eines kleinen Teils der potenziellen Nachfrage	Unsicherheit in der Bestimmung des Marktpotenzials aufgrund von Preissenkungen (Nutzung von Erfahrungseffekten)	Überschaubarkeit des Markt-potenzials	Begrenztes Marktpotenzial, häufig nur Ersatzbedarf
Marktanteile	Entwicklung der Marktanteile nicht abschätzbar	Konzentration der Marktanteile auf wenige Anbieter	Konzentration der Marktanteile auf wenige Anbieter	Verstärkte Konzentration durch das Ausscheiden schwacher Konkurrenten
Stabilität der Marktanteile	Starke Schwankungen der Marktanteile – hohe Instabilität	Konsolidierung der Markanteile aufgrund von Erfahrungswerten	Weitgehende Stabilität, Verschiebungen im Wesentlichen aufgrund des Ausscheidens von Wettbewerbern	
Anzahl der Wettbewerber	Klein	Höchstwert der Anzahl der Wettbewerber	Ausscheiden der Wettbewerber ohne Wettbewerbsvorteil	Weitere Verringerung der Anzahl der Wettbewerber
Loyalität der Nachfrager	Kaum Loyalität gegenüber Anbietern	Gewisse Kundenloyalität, häufig unter Beibehaltung alternativer Bezugsquellen	Relativ hohe Kundenloyalität	Relativ hohe Kundenloyalität
Eintritts-barrieren	Im Allgemeinen keine Eintrittsbarrieren, Eintritt hängt von Kapitalkraft, technischem Know-how und Risikobereitschaft ab	Schwieriger Marktzugang (Ausschöpfung des Kostensenkungspotenzials der Erfahrungskurve durch Marktteilnehmer); in der Regel Eintritt nur durch Schaffung von Marktnischen	Mit wachsenden „Erfahrungen" der Konkurrenten zunehmende Schwierigkeit des Markteintritts; Marktanteilssteigerungen nur auf Kosten von Konkurrenten	Im Allgemeinen keine Veranlassung, in einen stagnierenden Markt einzudringen
Technologie	Technische Innovationen als Voraussetzung für die Erschließung neuer Märkte	Produkt- und Verfahrensverbesserungen	Marktanforderungen bekannt; Rationalisierung der Produktions- und Distributionsprozesse	Bekannte, verbreitete und stagnierende Technologie

Eine neue Chefredakteurin hat die „Bravo" mit Nadine Nordmann bereits, nun soll auch ein umfangreicher Markenrelaunch Bauers schwächelnde Jugendzeitschrift wieder auf Erfolgskurs bringen. [...] Ein deutlicher Akzent beim Relaunch, nach Verlagsangaben der größte in der Markengeschichte, lag auf einer stärkeren Digitalisierung der „Bravo" - sowohl inhaltlich als auch gestalterisch. Davon zeugt nicht nur der verstärkte Einsatz von QR-Codes im Heft, um Print und Online besser zu verzahnen. Auch die Rubrik „Community/Style-Battle" sowie die Doppelseite „Web & App" sollen der Zielgruppe digitalen Mehrwert bieten. „Mit diesen neuen Themenwelten tragen wir der hohen Web- und Social Media-Affinität unserer Leserschaft Rechnung", sagt Nordmann, die ihr Amt im Mai antrat. Des Weiteren setzt die "Bravo", deren verkaufte Auflage im 3. Quartal nur noch bei 224.722 Exemplaren lag, auf „ein hohes Maß an themenbezogener Flexibilität", einen erhöhten Starfaktor sowie „frischen, jungen People-Journalismus, der exakt auf die Zielgruppe der 12- bis 19-Jährigen zugeschnitten ist", wie der Bauer-Verlag mitteilt. Dieser neuen sprachlichen und visuellen Tonalität entsprechend wurde die Rubrik „Dr. Sommer" angepasst und inhaltlich erweitert, auch die Foto-Love-Story präsentiert sich in einem neuen Look. Die neue letzte Seite bilden die „Dates der Woche", die auf einen Blick zeigen sollen, was in den kommenden Tagen in Kino, TV oder an Events angesagt ist. Insgesamt sei die „Bravo" deutlich moderner geworden und habe sich dem veränderten Informationsbedürfnis der Jugendlichen angepasst, so Nordmann. Begleitet wird der „Bravo"-Relaunch von einer Werbekampagne, für die Bauer über einen Zeitraum von acht Wochen ein siebenstelliges Bruttoinvestment locker macht. Zu den komplett inhouse umgesetzten Maßnahmen gehören Anzeigen in verlagseigenen sowie in Fremdtiteln, TV-, Online- und Kino-Spots, Leseproben an jugendaffinen Points of Interest, Couponing-Aktionen sowie eine Medien-Kooperation mit RTL II.

Insert 6.1 Beeinflussung des Produktlebenszyklus durch Marketingmaßnahmen (vgl. Rentz 2013)

6.2 Prozess der Strategieentwicklung im Marketing

Unsere folgenden Ausführungen im Rahmen der strategischen Perspektive des Marketing orientieren sich an einem Prozess der Entwicklung von Marketingstrategien. Dabei wird zwischen dem klassischen Prozess der Strategieentwicklung im Marketing und dem experimentbasierten Prozess unterschieden. Die beiden Prozesse werden in Abb. 6.4 gegenübergestellt.

Auf der Basis der Marktabgrenzung des Unternehmens (vgl. hierzu Abschn. 1.1) erfolgt im Rahmen beider Prozesse zunächst eine **Analyse der strategischen Ausgangssituation.** Sie bezieht sich auf die globale Unternehmensumwelt (z. B. Entwicklung von politischen und rechtlichen Rahmenbedingungen, die für das Marketing bedeutsam sind), auf die vom Unternehmen bearbeiteten Märkte (z. B. Veränderungen im Kunden- bzw.

Wettbewerbsverhalten) und auf die Situation des Unternehmens selbst (z. B. Entwicklung von Kundenloyalität bzw. Marktanteilen). Diese Analyse liefert die für die fundierte Entwicklung von Marketingstrategien notwendige Informationsbasis. Eine ausführliche Darstellung von Inhalten der Analyse der strategischen Ausgangssituation sowie von Methoden, die in ihrem Rahmen zur Anwendung kommen können, findet sich in Kap. 7.

Im Anschluss hieran erfolgt in beiden Prozessen die eigentliche **Strategieformulierung.** Sie bezieht sich beispielsweise auf Aspekte wie die Ziele und Zielgruppen, den angestrebten Kundennutzen sowie die grundsätzliche Gestaltung des Marketingmix. Eine ausführliche Diskussion der inhaltlichen Aspekte der Marketingstrategie sowie der wichtigsten Konzepte, die die Formulierung einer Marketingstrategie unterstützen können, findet sich in den Abschn. 8.1 bzw. 8.2.

Häufig erfolgt die Strategieformulierung derart, dass man sich nicht in einer frühen Phase des Prozesses bereits auf eine Marketingstrategie festlegt, sondern mehrere alternative Marketingstrategien zumindest in gewissem Umfang formuliert. Dies ist insbesondere bei hoher Umweltunsicherheit zu empfehlen. In einer solchen Situation muss im Anschluss an die Formulierung dieser Strategiealternativen deren **Bewertung** erfolgen, die letztendlich in die **Auswahl der zu verfolgenden Marketingstrategie** mündet. In dieser Reihenfolge funktioniert zumindest der klassische Prozess der Strategieentwicklung im Marketing. Hiermit befasst sich Abschn. 8.3.

Ein weiterer Schritt im klassischen Prozess der Strategieentwicklung umfasst die **Strategieumsetzung** sowie die **Umsetzungskontrolle.** Hiermit befassen wir uns inhaltlich nicht im Rahmen der strategischen, sondern im Rahmen der implementationsbezogenen Perspektive des Marketing (vgl. hierzu Teil VI des Buches). Aus der Umsetzungskontrolle ergeben sich permanent Impulse für eine Neubewertung bzw. Aktualisierung von Aspekten in früheren Prozessphasen. Als Resultat der Umsetzungskontrolle sind daher Rückkopplungen in alle Phasen des Strategieprozesses möglich (vgl. die Rückkopplungspfeile in Abb. 6.4).

Im Gegensatz zu dem klassischen Prozess schlägt der experimentbasierte Prozess nach der Formulierung von alternativen Marketingstrategien die **Umsetzung eines Portfolios an Strategieexperimenten** vor. Dabei werden die alternativen Marketingstrategien jeweils als Marktexperimente umgesetzt und getestet, bevor eine Bewertung und Auswahl erfolgt. Für diese Strategieexperimente werden klare Erwartungen und Leistungsindikatoren formuliert, die eine spätere Bewertung der Experimente zulassen.

Als letzter Schritt des experimentbasierten Prozesses der Strategieformulierung erfolgt die **Kontrolle, Bewertung und Auswahl von Strategien,** die längerfristig verfolgt werden sollen. Bei diesem Schritt wird zunächst für jedes Strategieexperiment kontrolliert, ob die Strategie wie erwartet umgesetzt wurde und welche Erwartungen und Leistungsindikatoren erfüllt wurden. Danach erfolgt eine Bewertung der verschiedenen Strategieexperimente vor dem Hintergrund der aktuellen strategischen Ausgangssituation des Unternehmens. Abschließend werden Budgets auf eine oder mehrere Strategien verteilt, die längerfristig verfolgt werden soll. Diese Budgetallokation und Auswahl von

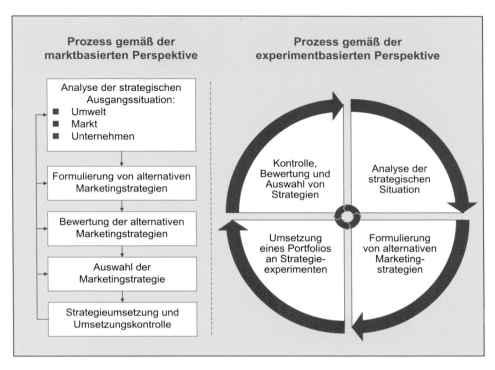

Abb. 6.4 Der Prozess der Strategieentwicklung im Marketing

Strategien verändert die strategische Ausgangssituation unmittelbar, weshalb der experimentbasierte Prozess wieder von vorne beginnt.

Für eine systematische Darstellung der Inhalte und Methoden im Rahmen der Formulierung von Marketingstrategien im Rahmen eines Lehrbuches liefert der klassische Ansatz die bessere Basis. Daher orientieren sich unsere Ausführungen in den folgenden Kap. 7 und 8 an dem in Abb. 6.4 dargestellten klassischen Prozess.

Analyse der strategischen Ausgangssituation

7

Inhaltsverzeichnis

> **Lernziele**
> - Der Leser kennt die inhaltlichen Facetten, die bei der Analyse der strategischen Ausgangssituation im Bereich der globalen Unternehmensumwelt betrachtet werden sollten.
> - Der Leser kennt die zentralen inhaltlichen Aspekte, die bei der Analyse der strategischen Ausgangssituation im Bereich des Marktes betrachtet werden sollten.
> - Der Leser kennt die inhaltlichen Facetten, die bei der Analyse der strategischen Ausgangssituation im Bereich der Situation des Unternehmens analysiert werden sollten.

In inhaltlicher Hinsicht stehen drei Bereiche im Mittelpunkt der Analyse der strategischen Ausgangssituation (vgl. Abb. 7.1). Es geht im Einzelnen um

- die Analyse der globalen Umweltfaktoren (Makro-Umwelt),
- die Analyse der Marktgegebenheiten (Mikro-Umwelt) und
- die Analyse der Situation des Unternehmens.

© Springer Fachmedien Wiesbaden GmbH, ein Teil von Springer Nature 2020
C. Homburg, *Grundlagen des Marketingmanagements*,
https://doi.org/10.1007/978-3-658-29638-4_7

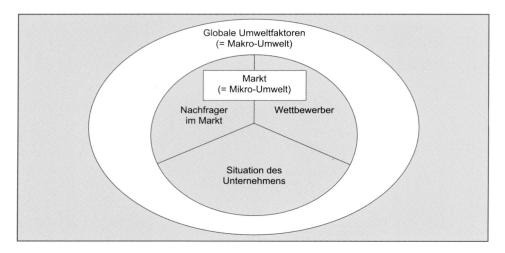

Abb. 7.1 Inhaltliche Teilbereiche der Analyse der strategischen Ausgangssituation

Hinsichtlich der **globalen Umweltfaktoren** (Makro-Umwelt) sind im Rahmen der Analyse der strategischen Ausgangssituation diejenigen (derzeitigen und möglichen zukünftigen) Entwicklungen im gesellschaftlichen, gesamtwirtschaftlichen, politischen, rechtlichen und technologischen Bereich zu identifizieren, die für die marketing-strategische Ausrichtung von Bedeutung sind. Man denke hier beispielsweise an Techno-logien wie das Internet, die die Interaktion des Unternehmens mit den Kunden verändern oder zum Auftreten neuer Wettbewerber führen können.

Die Untersuchung des relevanten **Marktes** (Mikro-Umwelt) bezieht sich neben generellen Marktcharakteristika (wie z. B. das geschätzte Marktwachstum) insbesondere auf Veränderungen der Kundenbedürfnisse sowie des Kundenverhaltens. Auch die Betrachtung der Wettbewerber, ihrer Ziele sowie ihrer Strategien spielt in diesem Bereich eine zentrale Rolle. Beispielsweise könnte ein Industriegüterunternehmen feststellen, dass die Kunden verstärkt dazu übergehen bzw. darüber nachdenken, die technische Wartung ihrer Produktionsanlagen nicht mehr in eigener Regie durchzuführen, sondern an entsprechend kompetente Dienstleister zu vergeben.

Bei der **Analyse der Situation des Unternehmens** sind zum einen kundenbezogene Aspekte von entscheidender Bedeutung. Beispielsweise ist in diesem Kontext zu eruieren, inwieweit bei der Kundenloyalität Veränderungen zu beobachten sind. Von zentraler Bedeutung ist zum anderen die Situation des Unternehmens im Wettbewerbs-umfeld. So ist zu untersuchen, ob und inwieweit Veränderungen bei den Marktanteilen stattgefunden haben. Eine derartige Betrachtung kann beispielsweise zu der Erkenntnis führen, dass ein Wettbewerber auf der Basis eines verbesserten Leistungsangebotes oder aufgrund einer intensivierten Vertriebsaktivität Marktanteile gewinnt.

7.1 Analyse der globalen Unternehmensumwelt

Der allgemeine Handlungsrahmen der Strategieformulierung wird durch die globale Unternehmensumwelt vorgegeben, die vom einzelnen Unternehmen in der Regel nicht beeinflusst werden kann. Die globale Umwelt des Unternehmens weist einen gesellschaftlichen, gesamt-wirtschaftlichen, politischen, rechtlichen und technologischen Bereich auf wie die folgende Übersicht zeigt:

Umweltbezogene Leitfragen im Rahmen der Analyse der strategischen Ausgangssituation

- Welche allgemeinen gesellschaftlichen Entwicklungen sind für die Formulierung der Marketingstrategie relevant?
- Welche gesamtwirtschaftlichen Entwicklungen sind für die Formulierung der Marketingstrategie relevant?
- Welche politischen Entwicklungen sind für die Formulierung der Marketingstrategie relevant?
- Welche rechtlichen Veränderungen sind für die Formulierung der Marketingstrategie relevant?
- Welche technologischen Entwicklungen sind für die Formulierung der Marketingstrategie relevant?

Generell gilt die Frage nach den **allgemeinen gesellschaftlichen Entwicklungen** als relevant für die meisten Unternehmen im Markt, da diese Entwicklungen als gesellschaftliches Phänomen die große Mehrzahl der Nachfrager im Markt betreffen. Diese Leitfrage bezieht sich auf Veränderungen bei den allgemeinen Werten, Einstellungen und Normen in einer Gesellschaft. Hierbei geht es um Aspekte wie Arbeit, Freizeit, Konsum, Umweltschutz, Ernährung und Gesundheit sowie Familie und Partnerschaft.

Auch von der **gesamtwirtschaftlichen Entwicklung** werden sich nur wenige Unternehmen abkoppeln können. Im Mittelpunkt des Interesses stehen hier beispielsweise Veränderungen von Umfang und Struktur der Bevölkerung (z. B. Zahl der Haushalte, Altersverteilung), des Wirtschaftswachstums, der Haushaltseinkommen oder der öffentlichen und privaten Investitionen.

Politische Entwicklungen (z. B. Änderungen im Rahmen der Steuer-, Arbeitsmarkt-, Beschäftigungs- und Umweltpolitik) sowie die damit verbundenen **rechtlichen Entwicklungen** (z. B. Veränderungen von Gesetzen und Verordnungen) betreffen zum Teil alle Unternehmen im Markt, oftmals jedoch nur einzelne Branchen. Beispielsweise führten gesetzliche Regelungen zum Verkaufsverhalten von Apothekern dazu, dass die Ärzte als Zielgruppe im Rahmen der Marktbearbeitung von Pharmaunternehmen an Bedeutung verloren und die Zusammenarbeit mit Apotheken wichtiger wurde.

Der Taximarkt hat sich verändert seit Start-ups wie Uber oder MyTaxi die klassischen Taxizentralen unter Druck setzen. In vielen deutschen Städten betreiben Taxifahrer deshalb mittlerweile Doppelfunk. Das heißt, nicht nur über die Taxizentrale werden Fahrten angenommen, sondern Fahrer können auch über die App der Daimler-Tochter MyTaxi sowie über das eigene Programm UberTaxi Fahrgäste finden. Die Taxibranche ist hart, kein Unternehmer kann es sich leisten, dass sein Fahrzeug lange an Taxiständen wartet. Deswegen nutzen die Fahrer jede zusätzliche Möglichkeit, weitere Fahrgäste zu finden. Noch zum Marktstart von MyTaxi im Jahr 2010 hatten die deutschen Taxizentralen über die Idee der Taxivermittlung per App gelächelt: Die Kunden seien es gewöhnt, per Telefon zu bestellen – und bargeldlose Zahlung sei ohnehin in Deutschland kein Thema. Doch im Wettbewerb mit Uber und MyTaxi sehen sich die traditionellen Taxizentralen nun dazu gezwungen, ihr seit Jahrzehnten gleiches Modell zu ändern: ein eigener Dienstleister wurde damit beauftragt, eine Konkurrenz-App zu MyTaxi zu schreiben: Taxi.eu heißt die App, mit der die Taxizentralen in allen großen deutschen Städten die Vermittlung per Smartphone erlauben. […]

Insert 7.1   Beispiel für die Veränderung von Märkten durch neue Technologien (vgl. Fuest 2015)

Technologische Entwicklungen (z. B. in den Bereichen der Gen-, Informations- und Lasertechnologie, Mikroelektronik oder Robotik) können für das Unternehmen neue Chancen wie auch ernstzunehmende Bedrohungen darstellen, die im Rahmen der Strategie-formulierung berücksichtigt werden müssen. Vor allem die grundlegenden Veränderungen im Bereich der Informationstechnologie haben in vielen Branchen Auswirkungen auf die Formulierung der Marketingstrategie, da neue Märkte, Wettbewerber und Marktregeln ent-stehen können (Insert 7.1 zeigt dies am Beispiel des Taximarkts).

7.2   Marktanalyse

Die Untersuchung des relevanten Marktes (Mikro-Umwelt) stellt eine wesentliche Voraussetzung für die erfolgreiche Formulierung der Marketingstrategie dar. Im Mittel-punkt des Interesses stehen drei Analysebereiche: die Analyse der Nachfrager bzw. Kunden, der Wettbewerber sowie der allgemeinen Marktcharakteristika. Diese drei Bereiche sind in der folgenden Übersicht dargestellt:

Marktbezogene Leitfragen im Rahmen der Analyse der strategischen Ausgangssituation

I. Nachfrager/Kunden im Markt

- Wer sind die Kunden im Markt?
- Welche Kundensegmente lassen sich im Markt unterscheiden?
- Welche grundlegenden Bedürfnisse haben die Kunden?
- Wie werden sich die grundlegenden Bedürfnisse der Kunden verändern?
- Welche Veränderungen im Kundenverhalten sind zu erwarten?

II. Wettbewerber im Markt

- Wer sind die relevanten Wettbewerber im Markt?
- Inwiefern ist der Markteintritt neuer Wettbewerber bzw. der Austritt existierender Wettbewerber zu erwarten?
- Wie wird sich das allgemeine Wettbewerbsverhalten im betrachteten Markt verändern?
- Wie stark ist die Marktposition der einzelnen Wettbewerber und welche Veränderungen sind diesbezüglich erkennbar?
- Welche besonderen Stärken und Schwächen kennzeichnen die einzelnen Wettbewerber?
- Welche Strategien verfolgen die einzelnen Wettbewerber?

III. Allgemeine Marktcharakteristika

- Wie groß sind das Marktvolumen, das derzeitige Marktwachstum sowie das geschätzte zukünftige Marktwachstum?
- Wie ist die derzeitige Gewinnsituation der Anbieter im Markt und wie wird sie sich zukünftig entwickeln?
- Inwieweit sind Veränderungen im Hinblick auf die Akteure im Markt (außer Nachfragern und Wettbewerbern) absehbar (z. B. bezüglich der Absatzmittler)?

Im Bereich der Fragen zu den **Kunden im Markt** stehen alle im relevanten Markt (vgl. zum Thema der Marktabgrenzung Abschn. 1.1) auftretenden Nachfrager (also sowohl die aktuellen Kunden des Unternehmens als auch die Nachfrager, die nicht Kunden sind) im Mittelpunkt. Ausgangspunkt der Betrachtung ist die Frage, wer überhaupt als Nachfrager im relevanten Markt auftritt, und in enger Verbindung damit, welche Kundensegmente sich im Markt unterscheiden lassen.

Von zentraler Bedeutung für die Formulierung der Marketingstrategie sind darüber hinaus auch die grundlegenden Bedürfnisse der Kunden und das Verhalten der Kunden. In diesem Zusammenhang sind jedoch nicht nur die aktuellen Gegebenheiten, sondern auch die zukünftigen Entwicklungen (d. h. Veränderungen der Bedürfnisse bzw. des Verhaltens der Kunden) von großem Interesse. Stellt beispielsweise ein Automobilzulieferer im Rahmen seiner strategischen Analyse fest, dass das Kaufverhalten der Kunden (d. h. der Automobilhersteller) immer mehr darauf abzielt, nicht einzelne Komponenten, sondern ganze Systeme einzukaufen, so hat dies offensichtlich weitgehende Konsequenzen für die Marketingstrategie. Die grundsätzliche Frage lautet dann, inwieweit sich das Unternehmen durch Erweiterung seines Produktangebotes zu einem Systemanbieter entwickeln möchte.

Ein zweiter Fragenblock im Bereich der marktbezogenen Leitfragen bezieht sich auf die Analyse der **Wettbewerber im Markt.** Wie auch bei den Kunden stellt sich zunächst die Frage, wer die Wettbewerber des Unternehmens sind. Eine zentrale Rolle für die Formulierung der Marketingstrategie spielt die Beantwortung der Frage nach dem möglichen Markteintritt neuer Wettbewerber. Hier geht es insbesondere darum, die Gefahr der Abwerbung eigener Kunden durch neue Wettbewerber frühzeitig zu berücksichtigen und in der Marketingstrategie vorbeugend darauf zu reagieren (z. B. durch den Aufbau von Kundenloyalitätsprogrammen).

Im Rahmen des allgemeinen Wettbewerbsverhaltens ist für die Formulierung der Marketingstrategie beispielsweise von Interesse, ob die Wettbewerbsintensität zunehmen wird. Auf eine erwartete Steigerung der Wettbewerbsintensität kann sich ein Unternehmen im Rahmen der Marketingstrategie beispielsweise durch Maßnahmen einstellen, die der Gefahr eines massiven Preisverfalls vorbeugen (z. B. durch eine Verstärkung der leistungsbezogenen Differenzierung vom Wettbewerb).

Im Hinblick auf einzelne Wettbewerber stellt sich die Frage nach deren Marktposition. Sie bezieht sich auf deren Erfolg im Hinblick auf potenzialbezogene, markterfolgsbezogene sowie wirtschaftliche Marketingziele (vgl. zu dieser Unterscheidung Abschn. 6.1). Im Gegensatz hierzu zielt die Frage nach Stärken und Schwächen der einzelnen Wettbewerber eher auf interne Aspekte ab. Es geht also um eine Bewertung von Aspekten, aus denen die derzeitige Marktposition des Wettbewerbers resultiert und die im Hinblick auf den Ausbau dieser Marktposition von Bedeutung sein können. Schließlich zielt die Frage nach den Strategien auf die zukünftige Ausrichtung der Wettbewerber ab.

Ein dritter Fragenbereich bezieht sich auf die **allgemeinen Marktcharakteristika** und umfasst beispielsweise Fragen in Bezug auf die Größe des Marktes und die Entwicklung des Marktwachstums. Die Analyse der Gewinnentwicklung im betrachteten Markt stellt einen besonders wichtigen Aspekt dar, insbesondere da sie auch Aussagen zum zukünftigen Verhalten der Wettbewerber ermöglicht. Beispielsweise ist in einem Markt, der durch hohe Gewinne der dort tätigen Wettbewerber gekennzeichnet ist, der Markteintritt neuer Wettbewerber tendenziell eher zu erwarten als in einem Markt mit niedriger Anbieterprofitabilität. Darüber hinaus sind Veränderungen im Hinblick auf sonstige Marktakteure (neben Kunden und Wettbewerbern) zu betrachten.

Im Hinblick auf die Beantwortung der marktbezogenen Leitfragen spielt die Marktforschung eine zentrale Rolle. Ihr Methodenspektrum (von der Datengewinnung bis zur Datenanalyse) wird umfassend in Kap. 4 und 5 dargestellt. Hinsichtlich wettbewerbsbezogener Aspekte sind in der Regel sekundärstatistische Quellen (vgl. hierzu Abschn. 4.4.3) von besonderer Bedeutung. Im Rahmen der Analyse der Kunden kommen Marktsegmentierungen zum Einsatz.

▶ **Marktsegmentierung** Unter Marktsegmentierung verstehen wir die Aufteilung eines heterogenen Gesamtmarktes in homogene Teilmärkte (Segmente) mittels bestimmter Merkmale der tatsächlichen bzw. potenziellen Käufer (Zielgruppen).

Soll in einem Unternehmen eine Marktsegmentierung erarbeitet werden, so steht praktisch immer eine Vielzahl von Möglichkeiten zur Verfügung, insbesondere im Hinblick auf die Frage, anhand welcher Kriterien segmentiert werden soll. Bevor wir auf die einzelnen Arten möglicher Segmentierungsvariablen näher eingehen, soll zunächst dargelegt werden, welchen **Anforderungen** eine Segmentierung grundsätzlich genügen sollte, damit auf ihrer Basis erfolgversprechende Marketingstrategien entwickelt und umgesetzt werden können:

- **Verhaltensrelevanz:** Zwischen den Segmenten sollten deutliche Unterschiede bezüglich des Kundenverhaltens (insbesondere des Kaufverhaltens) vorhanden sein.
- **Ansprechbarkeit:** Die Mitglieder der Segmente sollten im Rahmen von Marketing-Aktionen erreichbar sein.
- **Trennschärfe:** Die Segmente sollten deutlich voneinander abgrenzbar sein.
- **Messbarkeit:** Die Kriterien, auf denen die Segmentierung basiert, sollten hinlänglich gut messbar sein.
- **Zeitliche Stabilität:** Die Segmentierung sollte eine gewisse zeitliche Stabilität aufweisen. Dies bezieht sich sowohl auf die Segmentstruktur (Anzahl und Art der Segmente) als auch auf die Zugehörigkeit einzelner Nachfrager zu den Segmenten.
- **Wirtschaftlichkeit:** Die Erfassung und Bearbeitung der Segmente sollten mit wirtschaftlich vertretbarem Aufwand durchführbar sein. Dies bedeutet insbesondere, dass eine zu große Zahl von Segmenten, bei der möglicherweise einzelne Segmente nur eine recht geringe Nachfrage aufweisen, vermieden werden sollte.

Im Folgenden gehen wir auf die konkreten Kriterien ein, auf denen eine Marktsegmentierung basieren kann. Einen Überblick derartiger Kriterien liefert Abb. 7.2.

Anhand der Kriterien, die zur Segmentierung des Marktes herangezogen werden, lassen sich fünf grundsätzliche Segmentierungsansätze unterscheiden:

- die soziodemografische Marktsegmentierung,
- die geografische Marktsegmentierung,
- die psychografische Marktsegmentierung,
- die verhaltensorientierte Marktsegmentierung und
- die nutzenorientierte Marktsegmentierung.

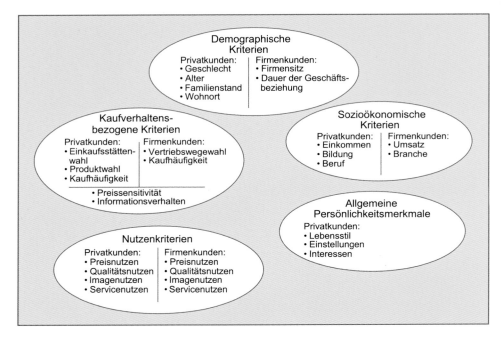

Abb. 7.2 Arten von Segmentierungskriterien im Überblick (vgl. Homburg et al. 2016, S. 36)

Aufgrund der relativ unproblematischen Messbarkeit der Kriterien sowie der guten Verfügbarkeit der notwendigen Informationen ist die **soziodemografische Markt-segmentierung** in der Marketingpraxis weit verbreitet. Auch die Ansprechbarkeit der Segmente ist bei dieser Art der Marktsegmentierung in der Regel recht gut gegeben. Im Rahmen dieses Ansatzes werden demografische bzw. sozio-ökonomische Kriterien ent-weder einzeln oder in Kombination verwendet. Beispielsweise kommen im Privatkunden-geschäft von Banken Segmentierungen anhand von Alter, Familienstand und Einkommen der Kunden zur Anwendung. Im Firmenkundengeschäft sind Segmentierungen auf der Basis der Branche, der der Nachfrager angehört, weit verbreitet. Problematisch kann allerdings die Kaufverhaltensrelevanz derartiger Segmentierungen sein. So beobachtet man in den letzten Jahren verstärkt bei Individuen ein „Nebeneinander" von Teuer-, Preis-wert- und Billigkäufen – man spricht in diesem Zusammenhang auch vom „hybriden Konsumenten". Als Konsequenz dieser Entwicklung verliert beispielsweise die sozioöko-nomische Segmentierungsvariable Einkommen in gewissem Umfang an Bedeutung.

Segmentiert man den Markt auf der Basis **geografischer Merkmale** (Teilaspekt der demografischen Merkmale), kann man zwischen einer makro- und einer mikro-geografischen Segmentierung unterscheiden. Während bei der makrogeografischen Segmentierung die Einteilung der Nachfrager z. B. nach Ländern oder Städten (Wohn-ort von Privatkunden bzw. Sitz von Firmenkunden) erfolgt, segmentiert die mikrogeo-grafische Segmentierung (deren Anwendungsgebiet in erster Linie im Privatkunden- und weniger im Firmenkundenbereich liegt) z. B. nach Wohngebieten innerhalb einer Stadt. Die mikrogeografische Form der Segmentierung basiert auf der Prämisse, dass Konsumenten mit ähnlichem sozialen Status, Lebensstil und Kaufverhalten in ähnlichen mikrogeografischen Gebieten wohnen. Für die Anwendung der mikrogeografischen Segmentierung im Privatkundenbereich spricht ihre im Vergleich zur makrogeografischen Segmentierung größere Verhaltensrelevanz. Problematisch sind allerdings die hohen Kosten der Datenbeschaffung und die nur begrenzte zeitliche Stabilität der mikrogeografischen Segmente.

Bei der **psychografischen Marktsegmentierung** werden Segmente aufgrund von Lebensstilen, Persönlichkeitsmerkmalen oder Einstellungen identifiziert. Derartige psychografische Ansätze sind zum einen auf Grund ihrer Verhaltensrelevanz attraktiv. Zu beachten ist allerdings, dass die Kaufverhaltensrelevanz vom betrachteten Produkt abhängig ist. So geht man beispielsweise davon aus, dass Lebensstil-Segmentierungen bei Produkten mit hohem Involvement (z. B. Auto, Blutzuckermessgerät) eine höhere Kaufverhaltensrelevanz aufweisen als bei Produkten mit niedrigem Involvement (z. B. Zahnpasta). Ein weiterer Vorteil der psychografischen Marktsegmentierung liegt in einer relativ hohen zeitlichen Stabilität. Diesen Vorzügen stehen einige Nachteile entgegen. Hier sind zum einen der hohe Aufwand der Erarbeitung einer solchen Segmentierung, zum anderen auch die Ansprechbarkeit der einzelnen Marktsegmente zu nennen.

In Abb. 7.3 wird als Beispiel für eine psychografische Marktsegmentierung die Segmentierung eines Cateringunternehmens dargestellt. Dieses Unternehmen segmentiert seine Kunden anhand zweier psychografischer Dimensionen in sechs Segmente. Diese beiden Dimensionen beziehen sich auf die Einstellung der Individuen zum Essen

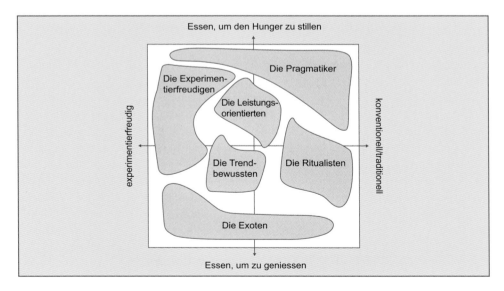

Abb. 7.3 Beispiel einer psychografischen Kundensegmentierung eines Cateringunternehmens

(senkrechte Achse in Abb. 7.3) bzw. die Experimentierfreudigkeit der Individuen (die ein lebensstilorientiertes Merkmal darstellt, waagrechte Achse in Abb. 7.3).

Im Rahmen der **verhaltensorientierten Marktsegmentierung** erfolgt die Segmentierung anhand von tatsächlichen Verhaltensweisen (in der Regel Kaufverhaltensweisen) von Nachfragern. Beispielsweise sind Segmentierungen anhand der Preissensitivität weit verbreitet (z. B. Unterscheidung zwischen Premium-, preisbewussten und preisaggressiven Käufern). Der Vorteil dieses Ansatzes liegt sicherlich darin, dass die Verhaltensrelevanz der Segmentierung quasi definitionsgemäß gegeben ist. Problematisch bei der verhaltensorientierten Marktsegmentierung ist allerdings, dass verhaltensorientierte Kriterien nicht die Ursachen für die Kaufentscheidungen der Kunden darstellen, sondern selbst beispielsweise von psychografischen oder soziodemografischen Merkmalen abhängen. Auch führen verhaltensorientierte Ansätze der Marktsegmentierung mit einiger Wahrscheinlichkeit zu Segmenten, die bezüglich anderer möglicher Segmentierungsvariablen (z. B. demografische oder sozioökonomische Kriterien) in sich sehr heterogen sind. Dies kann zu Problemen im Hinblick auf die Ansprechbarkeit der Segmente führen.

Im Rahmen der **nutzenorientierten Marktsegmentierung (Benefit Segmentation)** werden die Kunden in Marktsegmente eingeteilt, die hinsichtlich ihrer Nutzenstrukturen in Bezug auf bestimmte Produkte intern homogen und untereinander heterogen sind. Diese Segmentierung orientiert sich an der Frage, wie Personen unterschiedliche Nutzenkriterien eines Produkts gewichten. In methodischer Hinsicht kann eine derartige nutzenorientierte Marktsegmentierung auf der Analyse der Nutzenstrukturen von Personen mithilfe der Conjoint-Analyse (vgl. Abschn. 5.2.2.2) aufbauen. Die Stärken dieses Segmentierungsansatzes liegen insbesondere in der Kaufverhaltensrelevanz: Nutzenerwägungen haben in der Regel einen zentralen Einfluss auf die Kaufentscheidung. Problematisch kann in der Praxis die Ansprechbarkeit der Segmente sein – oftmals müssen die identifizierten Segmente anhand weiterer (beispielsweise demografischer bzw. sozioökonomischer) Segmentierungskriterien beschrieben werden. Ein Problem dieses Ansatzes liegt auch darin, dass die Segmentierung in hohem Maße produktspezifisch ist, da die Nutzenkriterien in der Regel zumindest teilweise produktspezifisch sind.

Zwischen den beiden zentralen Kriterien Verhaltensrelevanz und Ansprechbarkeit besteht also offensichtlich ein Zielkonflikt. Dieser wird auch als **„Dilemma der Marktsegmentierung"** bezeichnet (vgl. Bonoma und Shapiro 1984; Perrey 1998). Diesem Dilemma kann durch die Anwendung von Segmentierungskriterien verschiedener Kategorien begegnet werden. Eine Möglichkeit hierzu besteht darin, Segmentierungskriterien verschiedener Kategorien direkt in die Identifikation der Segmente einfließen zu lassen. Eine zweite Möglichkeit besteht darin, die Segmente aufgrund bestimmter Kriterien zu identifizieren und im Anschluss durch andere Kriterien zu beschreiben. Beispielhaft seien die Identifikation von nutzenorientierten Segmenten und deren anschließende Beschreibung mittels demografischer und sozioökonomischer Kriterien genannt.

7.3   Unternehmensanalyse

Im Rahmen der Unternehmensanalyse lassen sich drei Bereiche unterscheiden, die in der folgenden Übersicht aufgeführt sind: die Analyse der Situation des Unternehmens bei den Nachfragern im Markt, die Analyse der Situation des Unternehmens bei den eigenen Kunden sowie die Analyse der Situation des Unternehmens im Wettbewerbsumfeld.

Auf die Situation des Unternehmens bezogene Leitfragen im Rahmen der Analyse der strategischen Ausgangssituation

I. Situation des Unternehmens bei den Nachfragern/Kunden im Markt
(jeweils Analyse der derzeitigen Situation, der segmentspezifischen Unterschiede sowie der Veränderungen im Zeitablauf)

- Welches Image haben das Unternehmen bzw. seine Produkte/Marken bei den Nachfragern?
- Welchen Bekanntheitsgrad haben das Unternehmen bzw. seine Produkte/Marken bei den Nachfragern?

II. Situation des Unternehmens bei seinen Kunden
(jeweils Analyse der derzeitigen Situation, der segmentspezifischen Unterschiede sowie der Veränderungen im Zeitablauf)

- Wie zufrieden sind die Kunden mit den Leistungen des Unternehmens?
- Wie loyal sind die Kunden zum Unternehmen?
- Inwieweit durchdringt das Unternehmen seine Kunden im Hinblick auf das dort vorhandene Absatzpotenzial?
- Welches Preisniveau erzielt das Unternehmen bei den Kunden?
- Wie hoch ist die kundenbezogene Profitabilität des Unternehmens und welche Gewinne werden mit einzelnen Produkten bei verschiedenen Kunden erzielt?

III. Situation des Unternehmens im Wettbewerbsumfeld
(jeweils Analyse der derzeitigen Situation, der segmentspezifischen Unterschiede sowie der Veränderungen im Zeitablauf)

- Welchen (absoluten bzw. relativen) Marktanteil hat das Unternehmen?
- Welche Stärken/Schwächen weist das Unternehmen im Wettbewerbsvergleich auf?
- Inwiefern verfügt das Unternehmen über einen dauerhaften, für die Kunden relevanten und von den Kunden wahrgenommenen Wettbewerbsvorteil?

7

Die Analyse der **Situation des Unternehmens bei den Nachfragern im Markt** bezieht sich auf die Gesamtheit der Nachfrager – unabhängig davon, ob sie Kunden des Unternehmens sind oder nicht. Zwei zentrale Aspekte sind hier Image und Bekanntheitsgrad des Unternehmens bzw. der Produkte des Unternehmens. Die Kenntnis dieser Größen stellt eine wichtige Voraussetzung für die Formulierung der Marketingstrategie dar. Zum einen können diesbezügliche Defizite einen Hinweis auf das Erfordernis einer offensiveren Marktbearbeitung (z. B. durch Intensivierung der Kommunikationspolitik) geben. Zum anderen deuten positive Image- und Bekanntheitswerte bei Nachfragern, die noch nicht Kunden sind, auf Absatzsteigerungspotenziale hin, die z. B. durch eine intensivierte Neukundenakquisition erschlossen werden können.

Die Fragen zur **Situation des Unternehmens bei seinen Kunden** beziehen sich auf die Erfüllung potenzialbezogener, markterfolgsbezogener sowie wirtschaftlicher Zielgrößen in Bezug auf die Kunden des Unternehmens (vgl. zu der Diskussion dieser Zielgrößen Abschn. 6.1). Von zentraler Bedeutung ist hier die Betrachtung der Kundenzufriedenheit sowie der Loyalität der Kunden zum Unternehmen (vgl. zu diesen beiden Größen auch Abschn. 2.1.6). Auch die Frage nach möglicherweise noch nicht erschlossenen Absatzpotenzialen bei existierenden Kunden ist für die Formulierung der Marketingstrategie von zentraler Bedeutung. Werden hier im Rahmen der strategischen Analyse nennenswerte Potenziale erkannt, so kann das Cross-Selling im Rahmen der Marketingstrategie eine entsprechend starke Gewichtung erfahren. Schließlich ist die Frage relevant, wie profitabel das Unternehmen bei der Bearbeitung einzelner Kunden(segmente) ist.

Ein zentraler Aspekt im Zusammenhang mit der **Analyse der Situation des Unternehmens im Wettbewerbsumfeld** ist die Frage nach dem **Wettbewerbsvorteil** des Unternehmens. Unter einem Wettbewerbsvorteil versteht man eine im Konkurrenzvergleich überlegene Leistung, die folgende Kriterien erfüllen muss:

- Sie muss ein Merkmal betreffen, welches für den Kunden wichtig ist.
- Sie muss vom Kunden wahrgenommen werden.
- Sie muss eine gewisse Dauerhaftigkeit aufweisen, d. h. sie darf von der Konkurrenz nicht schnell einholbar bzw. imitierbar sein.

Die Formulierung der Marketingstrategie sollte auf bestehenden Wettbewerbsvorteilen aufbauen und diese weiter ausbauen. Falls kein Wettbewerbsvorteil identifiziert werden kann, so sollte die Marketingstrategie dazu beitragen, einen solchen zu etablieren.

Formulierung, Bewertung und Auswahl von Marketingstrategien

8

Inhaltsverzeichnis

Lernziele

- Der Leser kennt die inhaltlichen Facetten, die bei der Formulierung einer Marketingstrategie zu berücksichtigen sind.
- Der Leser kennt innerhalb der verschiedenen inhaltlichen Facetten einer Marketingstrategie die grundsätzlichen Gestaltungsoptionen.
- Der Leser kennt die wichtigsten Portfolio-Modelle zur Unterstützung der Formulierung von Marketingstrategien und kann diese kritisch bewerten.
- Der Leser kennt die wesentlichen Kriterien, anhand derer die Bewertung und Auswahl einer Marketingstrategie erfolgen sollte.

© Springer Fachmedien Wiesbaden GmbH, ein Teil von Springer Nature 2020

C. Homburg, *Grundlagen des Marketingmanagements*,

https://doi.org/10.1007/978-3-658-29638-4_8

8.1   Leitfragen zur Formulierung von Marketingstrategien

Bei der Formulierung von Marketingstrategien ist es sinnvoll, sich an Leitfragen zu orientieren, die durch eine Marketingstrategie beantwortet werden sollten. Hierbei können verschiedene Kategorien unterschieden werden, die sich auf jeweils unterschiedliche Strategieinhalte beziehen (vgl. Abb. 8.1).

8.1.1   Leitfragen zu strategischen Marketingzielen und Zielgruppen der Marketingstrategie

Eine erste Kategorie strategischer Leitfragen thematisiert, **was** im Rahmen des Marketing erreicht werden soll (strategische Marketingziele), **bei wem** (Zielgruppen der Marketingstrategie) und **bis wann** die Ziele erreicht werden sollen. Die entsprechenden Leitfragen sind in in dieser Übersicht zusammengestellt:

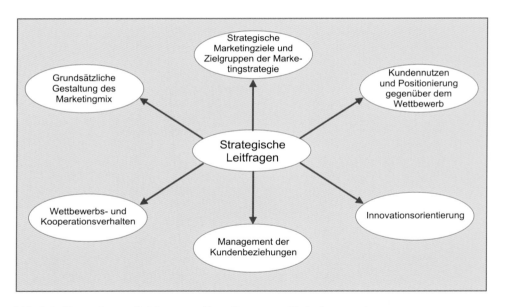

Abb. 8.1   Kategorien von Leitfragen zur Formulierung von Marketingstrategien

Leitfragen zu den strategischen Marketingzielen und den Zielgruppen der Marketingstrategie

- Welche Marktsegmente sollen durch das Unternehmen bearbeitet werden und welche Prioritäten sollen die einzelnen Segmente haben?
- Wie sollen die Marketingressourcen auf die Bearbeitung von Bestandskunden bzw. die Akquisition neuer Kunden verteilt werden?
- Welche potenzialbezogenen Marketingziele sollen insgesamt bzw. in den einzelnen Marktsegmenten bis wann erreicht werden?
- Welche markterfolgsbezogenen Marketingziele sollen insgesamt bzw. in den einzelnen Marktsegmenten bis wann erreicht werden?
- Welche wirtschaftlichen Marketingziele sollen insgesamt bzw. in den einzelnen Marktsegmenten bis wann erreicht werden?

Zunächst muss die Frage beantwortet werden, **welche Marktsegmente überhaupt bearbeitet werden** sollen (vgl. zur Marktsegmentierung Abschn. 7.2). Hier ist grundsätzlich zwischen einer vollständigen und einer partiellen Marktabdeckung zu unterscheiden. Bei der partiellen Marktabdeckung beschränkt sich das Unternehmen auf die Bearbeitung ausgewählter Segmente. Ein spezieller Aspekt bezieht sich in diesem Zusammenhang auf die geografische Ausdehnung der Marktbearbeitung. Deren Festlegung wird auch als **Marktarealstrategie** bezeichnet. Eine weit verbreitete Typologie unterscheidet diesbezüglich zwischen lokalen, regionalen, nationalen, internationalen und Weltmarktstrategien.

Angesichts begrenzter Marketingressourcen sowie unterschiedlicher Attraktivität der einzelnen Segmente stellt sich dann die Frage, **mit welcher Priorität die einzelnen Marktsegmente bearbeitet werden** sollen. So ist zu entscheiden, auf welche Segmente bei der Marktbearbeitung ein noch stärkerer Schwerpunkt gelegt werden soll, bei welchen Segmenten die derzeitige Intensität der Marktbearbeitung beibehalten wird und bei welchen Segmenten die Intensität reduziert werden soll. Bei der Beantwortung dieser Frage können Portfoliomethoden (vgl. Abschn. 8.2) einen wesentlichen Beitrag leisten.

Eine zweite zielgruppenbezogene Frage bezieht sich auf die Verteilung der Marketingressourcen auf die **Bearbeitung von Bestandskunden** bzw. die **Akquisition von Neukunden.** Sowohl bei der Bearbeitung von Bestandskunden als auch bei der Akquisition von Neukunden ist es sinnvoll, besonders attraktive Kunden priorisiert zu behandeln und auf diese Kunden mehr Ressourcen zu verwenden als auf weniger attraktive Kunden. Für die Entscheidung über die Priorisierung einzelner Kunden können z. B. das Kundenportfolio sowie der Customer Lifetime Value herangezogen werden.

Im Anschluss an diese zielgruppenbezogenen Überlegungen geht es im Rahmen der Formulierung der Marketingstrategie um die **Festlegung konkreter Marketingziele.** Hierbei kann die in Abschn. 6.1 eingeführte Unterscheidung zwischen potenzialbezogenen, markterfolgsbezogenen und wirtschaftlichen Marketingzielen herangezogen werden. Die Festlegung dieser Ziele sollte insgesamt wie auch im Hinblick auf einzelne

Marktsegmente erfolgen. Diese Differenzierung nach Marktsegmenten ist umso wichtiger, je heterogener die einzelnen Segmente sind und je differenzierter das Unternehmen die Segmente bearbeitet (vgl. zur Frage der Differenzierung der Marketingstrategie nach Segmenten Abschn. 8.1.6).

8.1.2   Strategische Leitfragen zum Kundennutzen und zur Positionierung gegenüber dem Wettbewerb

Eine zweite Kategorie strategischer Leitfragen bezieht sich auf die grundsätzliche Entscheidung, welcher Kundennutzen überhaupt geschaffen werden soll, sowie auf die grundlegende strategische Positionierung des Unternehmens gegenüber dem Wettbewerb:

> **Strategische Leitfragen zum Kundennutzen und zur Positionierung gegenüber dem Wettbewerb**
>
> - Welchen Nutzen soll das Unternehmen seinen Kunden bieten?
> - Welche Wettbewerbsvorteile strebt das Unternehmen an?

Im Hinblick auf die Frage, **welchen Kundennutzen das Unternehmen schaffen soll,** sind **Nutzenkategorisierungen** hilfreich. In diesem Zusammenhang kann zunächst grundsätzlich zwischen Grund- und Zusatznutzen unterschieden werden. Der **Grundnutzen** bezieht sich auf elementare Aspekte der Leistungen eines Unternehmens. Er resultiert also aus der Erfüllung von grundlegenden Kundenanforderungen an das Produkt, sodass bei der Formulierung der Marketingstrategie hier tendenziell nur wenig Gestaltungsspielraum besteht. **Zusatznutzen** entsteht dagegen durch das Angebot zusätzlicher Leistungen, die über die grundlegenden Anforderungen der Kunden hinausgehen. Es besteht hier also durchaus auch ein Kundenbedürfnis, allerdings erwartet der Kunde hier nicht unbedingt die Erfüllung des Bedürfnisses durch das Unternehmen. So erwartet ein Kunde einer Autowerkstatt eine einwandfreie Funktionsfähigkeit seines Autos nach erfolgter Reparatur (Grundnutzen). Ein Zusatznutzen kann beispielsweise dadurch entstehen, dass die Autowerkstatt dem Kunden für die Dauer der Reparatur einen Leihwagen zur Verfügung stellt. Bei der Festlegung des Zusatznutzens im Rahmen der Formulierung der Marketingstrategie verfügt das Unternehmen in der Regel über einen größeren Gestaltungsspielraum als bei der Definition des Grundnutzens.

Die Frage nach dem angestrebten Wettbewerbsvorteil (vgl. Abschn. 7.3) steht im Kern der **Wettbewerbsstrategie** eines Unternehmens bzw. einer strategischen Geschäftseinheit. Die Wettbewerbsstrategie ist also ein Teilbereich der Marketingstrategie. Abb. 8.2 zeigt eine Typologie grundlegender (generischer) Wettbewerbsstrategien.

Die Strategie der **Kostenführerschaft** zielt auf die Erreichung der günstigsten Kostenposition in einer Branche ab (vgl. Insert 8.1). Eine solche Kostenposition eröffnet dem

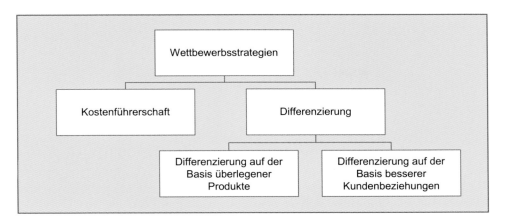

Abb. 8.2 Grundlegende Wettbewerbsstrategien

Erfolgsrezept der Billigflieger: Kostendisziplin

Weil Airline-Riesen wie die Lufthansa ein weltweites Streckennetz unterhalten, sind ihre Kosten im Vergleich zu Billigfliegern weitaus höher. So (erzielen) Fluggesellschaften wie Ryanair trotz tiefer Preise noch hohe Gewinne:

Betriebskosten: Enorm kurze Umkehrzeiten, die Jets sind fast zwölf Stunden täglich in der Luft. Folge: Für das gleiche Streckennetz sind weniger Flugzeuge nötig, und die Crews sind länger im Einsatz. Da sie nur auf abgelegenen Neben-Airports landen, sparen die Billigflieger Millionen an Gebühren ein.
Personalkosten: Weniger und schlechter bezahlte Mitarbeiter; keine Tarif-Altlasten wie bei vielen Ex-Monopolisten in der Airline-Branche.

Vertrieb: Ein Internet-Ticket kostet kaum mehr als einen Dollar, Provisionen für Reisebüros entfallen.

Flotte: Knallharte Verhandlungen mit Flugzeugbauern. Einheitsflotten vereinfachen die Wartung der Jets und die Ausbildung der Piloten.
Service: Einmal in der Luft, gibt es nichts mehr umsonst. Fehlende Service- und Getränkewagen schaffen Platz für zusätzliche Sitze.

Insert 8.1 Beispiel zur Illustration einer Strategie der Kostenführerschaft (vgl. o. V. 2002b, S. 11)

Anbieter einen größeren Spielraum bei der Gestaltung der Preise, d. h. er kann seine Produkte zu niedrigeren Preisen anbieten als seine Wettbewerber. Insbesondere aufgrund der durch das Internet stark gestiegenen Preistransparenz werden die Effekte dieser Strategie der Kostenführerschaft immer größer. Um diese Kostenposition zu erreichen, wird ein Anbieter in der Regel hohe Marktanteile anstreben. Typisch für eine Marktbearbeitung im Sinne der Strategie der Kostenführerschaft, sind eine aggressive Niedrigpreispolitik, eine weitgehende Standardisierung des Leistungsangebots, die Nutzung effizienter Vertriebswege sowie die Betonung der attraktiven Preise im Rahmen der Kommunikationspolitik.

8

Im Gegensatz hierzu zielt eine **Differenzierungsstrategie** auf eine leistungsbezogene Überlegenheit des Unternehmens ab (vgl. Porter 1980). Grundsätzlich lassen sich zwei Ausprägungen von Differenzierungsstrategien unterscheiden:

- die Differenzierung auf der Basis überlegener Produkte und
- die Differenzierung auf der Basis besserer Kundenbeziehungen.

Bei der **Differenzierung auf der Basis überlegener Produkte** (Hagel und Singer 1999 sprechen von „Product Leadership") wird angestrebt, die Produkte des Unternehmens so zu gestalten, dass sie von den Kunden im Konkurrenzvergleich als einzigartig und überlegen wahrgenommen werden (vgl. zur Illustration einer derartigen Strategie Insert 8.2). Die Wahrnehmung der Überlegenheit muss dabei nicht zwangsläufig auf objektiven

[...] Der Duft, der einen vor dem Gebäude umfängt, löst schon Glücksgefühle aus [...]. Hier, in der Westerstraße, fertigt die „Bremer Chokolade Manufaktur Hachez" ihre Köstlichkeiten. [...] Der Großvater von Hasso Nauck, der heute 60 Prozent der Anteile an Hachez hält, erfand diese Spezialität. [...] „Wir sind das einzige deutsche Unternehmen im Premium-Bereich, das seine Schokolade noch von der Bohne bis zum fertigen Produkt herstellt", sagt Nauck. Nur beste Qualitäten werden verarbeitet, auch bei den Zutaten wie Bourbon-vanille aus Madagaskar, Mandeln aus Italien, Nüssen aus Kalifornien oder Pistazien aus dem Iran. [...] Früher gab es Hachez mit einer fest umrissenen Sortimentspalette nur im Facheinzelhandel. Doch die Kaffee- und Schokoladengeschäfte wurden immer weniger, Supermärkte immer größer und hochwertiger sortiert. „Wir sprechen heute vom fachorientierten Einzelhandel", sagt Nauck. Häufig liefert Hachez die Aufsteller gleich mit und zeigt im

Laden auf der Fläche das eigene Gesicht. [...] So hat sich das 1890 vom Belgier Emile Hachez gegründete Unternehmen bis heute behauptet. „Lindt hat 80 Prozent Marktanteil im Premium-Sektor", sagt Nauck. „Danach kommen wir, und der Rest ist kaum bekannt". [...] Der Umsatz wird traditionell nicht genannt, „aber es geht uns gut". Eine 100-Gramm-Tafel kostet bei ihm zwischen zwei und drei Euro.
Lieber als über den Umsatz spricht der Firmenchef von seiner Spezialität: Wild-Kakao. Das Regenwald-Institut, auf der Suche nach Hilfe für Indios am Amazonas, berichtete einst davon. „Wir bekamen lange Ohren". [...] Es wurde ein Hilfsprojekt für die Indios gegründet, die ähnlich wie bei Fairtrade-Projekten bezahlt und gefördert werden. Zehn Cent von jeder Tafel mit 38, 45 oder gar 70 Prozent Wild-Kakao-Anteil vom Amazonas gehen an das Projekt. „Und wir unterstreichen damit unsere Kennerschaft in Sachen Kakao".

Insert 8.2 Beispiel zur Illustration einer Differenzierungsstrategie auf Basis überlegener Produkte (vgl. Reiners 2011)

Leistungsmerkmalen (z. B. Produktzuverlässigkeit) beruhen, sondern kann sich durchaus auf subjektiv empfundene Vorteile der Leistung (z. B. das Image einer Marke) beziehen.

Die **Differenzierung durch bessere Kundenbeziehungen** stellt den Kunden und die Kundenbeziehung in den Mittelpunkt. Grundgedanke dieser Strategie ist, im Wettbewerb durch den Aufbau langfristiger und stabiler Kundenbeziehungen zu bestehen. Typische Merkmale einer Marktbearbeitung, die auf einer solchen Strategie basiert, sind ein hoher Individualisierungsgrad der Kundenansprache und des Leistungsangebots sowie die Forcierung persönlicher Kontakte mit dem Kunden.

8.1.3   Strategische Leitfragen zur Innovationsorientierung

Eine weitere Kategorie strategischer Leitfragen setzt sich mit der Innovationsorientierung des Unternehmens bzw. der Geschäftseinheit auseinander. Hierbei können drei Leitfragen unterschieden werden:

> **Strategische Leitfragen zur Innovationsorientierung**
>
> - Welches Ausmaß an Innovationsorientierung soll das Unternehmen grundsätz-lich anstreben?
> - Wie stark sollen die Entwicklung neuer Produkte bzw. die Erschließung neuer Märkte gewichtet werden?
> - Welche Technologien sollen mit welcher Intensität genutzt und weiterentwickelt werden?

Im Zusammenhang mit der Frage nach dem **Ausmaß der Innovationsorientierung** kann die Strategietypologie von Miles und Snow (2003) zur Charakterisierung unterschied-licher strategischer Optionen herangezogen werden. Es werden die folgenden Strategie-typen unterschieden, die sich auf einem Kontinuum anordnen lassen (vgl. Abb. 8.3):

- **Defender:** Das Unternehmen weist eine geringe Innovationsorientierung auf und konzentriert sich auf die Verteidigung der erreichten Marktposition. Dies erfolgt häufig in Kombination mit einer nischenorientierten Strategie.
- **Prospector:** Das Unternehmen weist eine weite Marktdefinition und eine hohe Innovationsorientierung auf, die durch die kontinuierliche aktive Suche nach neuen Chancen gekennzeichnet ist. Unternehmen dieser Kategorie sind im Hinblick auf Innovationen in hohem Maße risikofreudig.
- **Analyzer:** Das Unternehmen weist eine mittlere Innovationsorientierung auf. Es ist Innovationen gegenüber aufgeschlossen, analysiert die Erfolgschancen aber systematischer und ist weniger risikofreudig als Unternehmen der Prospector-Kategorie.

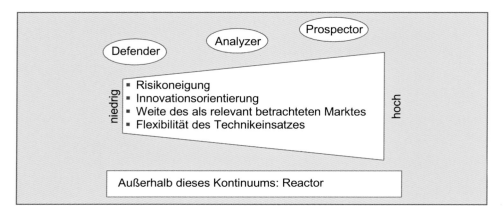

Abb. 8.3 Innovationsbezogene Strategietypologisierung (in Anlehnung an Miles und Snow 2003)

Außerhalb dieses Kontinuums existiert die **Reactor**-Strategie, bei der kein Muster bezüglich der betrachteten Strategiedimensionen zu beobachten ist. Hier reagieren Unternehmen erst bei hoher Dringlichkeit auf Veränderungen der Umwelt, ohne dass jedoch eine strategische Konzeption erkennbar ist.

Während sich die erste Leitfrage auf das Ausmaß der Innovationsorientierung im Allgemeinen bezieht, steht das **Objekt der Innovationsorientierung** im Mittelpunkt der zweiten Frage. Grundsätzlich kann ein Unternehmen **innovativ in Bezug auf Produkte** und **in Bezug auf bearbeitete Märkte** sein. Aus der Gegenüberstellung dieser beiden Möglichkeiten ergeben sich vier alternative Strategien, die in der Produkt/Markt-Matrix von Ansoff (1965) zusammengeführt werden (vgl. Tab. 8.1):

- Bei der Strategie der **Marktdurchdringung** konzentriert sich das Unternehmen auf derzeit bereits bearbeitete Märkte und derzeit bereits angebotene Produkte. Diese Strategie weist im Hinblick auf die beiden betrachteten Dimensionen den geringsten Innovationsgrad auf. Innovativität kann hier allerdings durchaus im Hinblick auf die Ansätze der Marktbearbeitung gegeben sein. Ein zentrales Element einer solchen Strategie der Marktdurchdringung ist typischerweise ein intensives Cross-Selling, bei dem die Vermarktung bereits existierender Produkte im Rahmen von existierenden Geschäftsbeziehungen forciert wird.

Tab. 8.1 Strategietypologisierung anhand des Innovationsobjektes (in Anlehnung an Ansoff 1965, S. 109)

Märkte Produkte/Leistungen	Jetzige	Neue
Jetzige	Marktdurchdringungsstrategie	Marktentwicklungsstrategie
Neue	Produktentwicklungsstrategie	Diversifikationsstrategie

- Bei der Strategie der **Produktentwicklung** stehen die Erneuerung bzw. Erweiterung des Leistungsangebotes und dessen Vermarktung in heute bereits bearbeiteten Märkten im Mittelpunkt (vgl. zur Neuproduktentwicklung Abschn. 9.2). Neue Produkte können entweder zusätzlich zu den bestehenden eingeführt werden (Sortimentserweiterung) oder aber bestehende Produkte ersetzen (Produktsubstitutionen). Ein weit verbreiteter Ansatzpunkt ist in diesem Zusammenhang die Erweiterung des physischen Produktangebots um ergänzende Dienstleistungen.
- Werden bereits existierende Produkte auf neuen Märkten abgesetzt, handelt es sich um eine Strategie der **Marktentwicklung.** Im Rahmen dieser Strategie liegt der innovationsbezogene Akzent also auf der Erschließung neuer Märkte. Beispielhafte Maßnahmen zur Realisierung einer solchen Strategie sind die Erweiterung des bearbeiteten Marktes in geografischer Hinsicht (z. B. im Rahmen einer zunehmenden Internationalisierung der Marktbearbeitung), die Ansprache neuer Abnehmergruppen und der Aufbau neuer Absatzkanäle.
- Bei einer Strategie der **Diversifikation** werden neue Produkte auf bisher nicht bearbeiteten Märkten angeboten. Innovativität ist hier also bezüglich beider Dimensionen gegeben.

Die dritte der strategischen Leitfragen zur Innovationsorientierung bezieht sich auf die **Beurteilung von Technologien** (Welche Technologien sollen mit welcher Intensität genutzt und weiterentwickelt werden? Vgl. Übersicht: Strategische Leitfragen zur Innovationsorientierung. Welches Ausmaß an Innovationsorientierung soll das Unternehmen grundsätzlich anstreben?). Diese Thematik wird im Zusammenhang mit dem Innovationsmanagement (vgl. Abschn. 9.2) weiter vertieft.

8.1.4 Strategische Leitfragen zum Kundenbeziehungsmanagement

Eine vierte Kategorie von Leitfragen zur Formulierung einer Marketingstrategie setzt sich mit Aspekten des Kundenbeziehungsmanagements auseinander. Hier geht es also primär um die Optimierung der Bearbeitung der Bestandskunden. Die Relevanz des Betrachtungsobjektes Kundenbeziehung manifestiert sich in dem bereits in Abschn. 1.2 angesprochenen Bedeutungszuwachs des sogenannten Relationship Marketing, in dessen Rahmen eine stärkere Orientierung der Marketingaktivitäten an Kundenbeziehungen gefordert wird.

Von besonderer Bedeutung im Rahmen des Kundenbeziehungsmanagements ist das Streben nach Kundenloyalität. Insert 8.3 zeigt ein Beispiel für die kostenintensive Neukundenakquisition, welche durch die Pflege von Stammkunden reduziert werden kann.

Die strategische Orientierung des Kundenbeziehungsmanagements ergibt sich aus der Beantwortung der in der folgenden Übersicht dargestellten Leitfragen.

8

In Las Vegas verkündete der T-Mobile-Chef (John Legere), dass sein Unternehmen gerade das beste Quartal seit acht Jahren abgeschlossen habe. 1,6 Millionen Kunden habe T-Mobile innerhalb dieser Zeit gewinnen können, 4.4 Millionen Kunden im letzten Jahr insgesamt. […] Laut Marktumfragen würden über die Hälfte aller US-Mobilfunkkunden gerne den Anbieter wechseln, sind aber in langfristigen Verträgen gebunden. Genau auf diese Zielgruppe zielt nun der neue Vorstoß von Legere, den er am Mittwoch in Las Vegas vorstellte: Bis zu 650 US-Dollar können Kunden nun gutgeschrieben bekommen, wenn sie zu T-Mobile wechseln und ihre alten Handys eintauschen. […] Branchenexperten gehen davon aus, dass der neue Schachzug T-Mobile einen weiteren Kundenzustrom bringen dürfte, obwohl im Gegenzug AT&T bereits angekündigt hatte, T-Mobile-Kunden eine Prämie für den Wechsel zu zahlen. Eine präventive Maßnahme gegen die kostspielige und aggressive Strategie Legeres zur Neukundengewinnung. […]

Insert 8.3 Beispiel für hohe Kosten der Neukundenakquisition (vgl. Rest 2014)

Strategische Leitfragen zum Kundenbeziehungsmanagement
- An welches Objekt soll der Kunde gebunden werden?
- Welche Kunden bzw. Kundengruppen sollen gebunden werden?
- Wie (d. h. über welche Bindungsursache) soll die Loyalität der Kunden sichergestellt werden?
- Mithilfe welcher Instrumente soll die Loyalität der Kunden sichergestellt werden?
- Zu welchem Zeitpunkt und mit welcher Intensität sollen Kundenbindungsmaßnahmen unternommen werden?
- Mit welchen Partnern sollen die Kundenbindungsmaßnahmen durchgeführt werden?

Die erste Leitfrage zum Kundenbeziehungsmanagement bezieht sich darauf, an welches **Objekt** der Kunde gebunden werden soll. Grundsätzlich können Kunden an Unternehmen, Menschen, Produkte oder Marken gebunden werden.

Im Hinblick auf die zweite Leitfrage, welche **Kunden** bzw. **Kundengruppen** gebunden werden sollen, ist grundsätzlich darauf hinzuweisen, dass gerade im Hinblick auf Aktivitäten des Kundenbeziehungsmanagements die Priorisierung einzelner Marktsegmente (die bereits in der ersten Leitfrage in Abschn. 8.1.1 thematisiert wurde) von besonderer Bedeutung ist. Eine Durchführung derartiger Aktivitäten ohne klare Prioritätensetzung kann daher kurzfristig sehr kostenintensiv sein.

Ein Unternehmen sollte im Rahmen der Formulierung seiner Marketingstrategie festlegen, welche **Kundenbindungsursachen** in welchem Umfang forciert werden sollen.

Im Kontext der Marketingstrategie sind insbesondere vier grundlegende Ursachen der Kundenbindung relevant (vgl. Meyer und Oevermann 1995):

- **Vertragliche Bindungsursachen** liegen vor, wenn der Kunde aufgrund einer vertraglichen Vereinbarung für eine bestimmte Zeit an das Unternehmen gebunden ist und somit aus rechtlichen Gründen nicht zu einem anderen Anbieter wechseln kann. Beispielsweise seien vertragliche Bindungen im Telekommunikationsmarkt sowie bei Versicherungen genannt.
- **Ökonomische Bindungsursachen** bestehen, wenn die Geschäftsbeziehung so gestaltet ist, dass es für den Kunden aufgrund hoher Wechselkosten wirtschaftlich unvorteilhaft ist, zu einem anderen Anbieter zu wechseln. Hat z. B. ein industrielles Unternehmen einen Anbieter umfassend qualifiziert, so stellt dies eine erhebliche Investition in die Geschäftsbeziehung dar.
- **Technisch-funktionale Bindungsursachen** sind vorhanden, wenn technische Abhängigkeiten vorliegen und ein Wechsel zu einem anderen Anbieter mit Beschaffungsschwierigkeiten oder Kompatibilitätsproblemen verbunden ist. So kann beispielsweise ein Systemanbieter (vgl. zur Erläuterung des Systemgeschäfts Abschn. 15.1) in der Maschinenbaubranche seine Kunden an sich binden, indem er sein Produktprogramm derart gestaltet, dass es nicht kompatibel mit den Produkten der Wettbewerber ist.
- Zu den **psychologischen Bindungsursachen** gehören die Kundenzufriedenheit, persönliche Beziehungen sowie Gewohnheiten des Kunden. Ein Anbieter kann versuchen, derartige persönliche Bindungen zwischen Vertriebsmitarbeitern und Kunden gezielt zu fördern, beispielsweise indem er ausgewählte Kunden zu sportlichen oder kulturellen Veranstaltungen (Events) einlädt, bei denen auch die eigenen Vertriebsmitarbeiter anwesend sind. Darüber hinaus zählt auch die Bindung an eine Marke zu den psychologischen Bindungsursachen.

Eine weitere Leitfrage zum Kundenbeziehungsmanagement bezieht sich darauf, mithilfe welcher **Instrumente** der Kunde gebunden werden soll. Hierbei handelt es sich zum einen um Instrumente innerhalb einzelner Bereiche des Marketingmix (z. B. Einsatz preispolitischer Instrumente zur Förderung der Kundenbindung) und zum anderen um Instrumente, die mehrere Teilbereiche des Marketingmix umfassen (z. B. die Schaffung von Kundenclubs).

Die Frage, zu welchem **Zeitpunkt** und mit welcher **Intensität** Kundenbindungsmaßnahmen unternommen werden sollen, ist ebenfalls von strategischer Bedeutung. Beispielsweise können Cross-Selling-Aktivitäten zur Steigerung der Kundenbindung kontinuierlich oder aber im Rahmen zeitlich befristeter Sonderaktionen forciert werden.

Die Frage, mit welchen **Partnern** die Kundenbindungsmaßnahmen durchgeführt werden sollen, bezieht sich auf die Möglichkeit, mit anderen Unternehmen (z. B. mit Absatzmittlern oder entsprechend spezialisierten Dienstleistern) bei der Durchführung der Kundenbindungsmaßnahmen zu kooperieren. Auf diese Weise können das spezielle Know-how sowie die Ressourcen dieser Partner genutzt und somit die Wirkung der eigenen Kundenbindungsmaßnahmen gesteigert werden. Beispielsweise kann das Unternehmen im Rahmen der Einführung von Kundenkarten mit einem hierauf spezialisierten Dienstleister kooperieren.

8.1.5 Strategische Leitfragen zum Wettbewerbs- und Kooperationsverhalten

Eine fünfte Kategorie von Leitfragen zur Formulierung der Marketingstrategie setzt sich mit dem Verhalten gegenüber anderen Unternehmen auseinander. Im Mittelpunkt stehen hier strategische Überlegungen zum Wettbewerbs- und Kooperationsverhalten des Unternehmens:

Strategische Leitfragen zum Wettbewerbs- und Kooperationsverhalten

- Wie soll sich das Unternehmen grundsätzlich gegenüber seinen Wettbewerbern verhalten?
- Mit welchen Unternehmen und mit welchen Zielen soll das Unternehmen im Rahmen der Marktbearbeitung zusammenarbeiten und wie soll die Zusammenarbeit ausgestaltet sein?

Die erste Leitfrage bezieht sich darauf, wie sich das Unternehmen grundsätzlich gegenüber seinen **Wettbewerbern** verhalten soll. Grundsätzlich kann hier zwischen kooperativen und bedrohlichen Verhaltensweisen unterschieden werden. Sind bedrohliche Aktionen der Wettbewerber noch nicht durchgeführt, aber zu erwarten, so kann das Unternehmen versuchen, die Wettbewerber von diesen Verhaltensweisen abzuschrecken. Um dies zu erreichen, können im Rahmen der Formulierung der Marketingstrategie eine Reihe von **Abschreckungsmechanismen** berücksichtigt werden.

Eine weitere zentrale Leitfrage betrifft das **Kooperationsverhalten** und somit die Frage, mit welchen Unternehmen im Rahmen der Marktbearbeitung zusammengearbeitet werden soll. Ein zentraler Aspekt dieser Leitfrage bezieht sich auf die **Ziele** einer unternehmensübergreifenden Kooperation. Hier sind insbesondere die folgenden möglichen Ziele zu nennen:

- gemeinsamer Aufbau von Markteintrittsbarrieren für andere Wettbewerber,
- wechselseitiger Zugang zu Know-how oder anderen Ressourcen,
- erleichterter Marktzutritt und Umsatzsynergien (z. B. durch Cross-Selling an die Kunden des anderen Unternehmens),
- Erweiterung des Leistungsangebotes bzw. Schließung von Lücken im Produktprogramm,
- Erschließung von Kostensenkungspotenzialen in Form von Economies of Scale bzw. Erfahrungskurveneffekten (vgl. hierzu Abschn. 6.1.2) sowie
- Risikostreuung.

8.1.6   Strategische Leitfragen zur grundsätzlichen Gestaltung des Marketingmix

An dieser Stelle setzen wir uns mit den strategischen Leitfragen zur übergreifenden Gestaltung des Marketingmix auseinander. Diese werden in der folgenden Übersicht dargestellt:

Leitfragen zur übergeordneten Gestaltung des Marketingmix

- Inwieweit soll bei der Marktbearbeitung zwischen den einzelnen Kundensegmenten differenziert werden?
- Wie soll die Produkt-Preis-Positionierung des Unternehmens gestaltet sein?
- Wie groß soll das Marketingbudget sein und wie soll es auf die verschiedenen Marketinginstrumente verteilt werden?
- Welche Interaktionseffekte zwischen den verschiedenen Marketinginstrumenten bzw. zwischen den verschiedenen Produkten müssen berücksichtigt werden?

Eine zentrale Frage übergreifender Art bezieht sich auf den Grad der **Differenzierung der Marktbearbeitung** zwischen einzelnen Segmenten. Es geht also darum, sich zwischen den beiden Extrempunkten einer vollkommen standardisierten Marktbearbeitung über alle Segmente hinweg bzw. einer vollständig individualisierten Bearbeitung jedes einzelnen Marktsegments zu positionieren. Die herausragende Bedeutung dieser Frage ergibt sich daraus, dass im Fall einer stark differenzierten Marktbearbeitung die Leitfragen zur Ausgestaltung der einzelnen Komponenten des Marketingmix sowie viele der vorhergehenden Leitfragen (z. B. die Frage zum Kundennutzen in Abschn. 8.1.2) nicht übergreifend, sondern segmentspezifisch zu beantworten sind.

Die Frage nach der **Produkt-Preis-Positionierung** des Unternehmens bezieht sich ebenfalls auf die grundsätzliche Gestaltung des Marketingmix. Die grundsätzlichen Gestaltungsoptionen im Hinblick auf diese Positionierungsentscheidung sind in Abb. 8.4 veranschaulicht. Hier werden Preis und Leistung zueinander in Beziehung gesetzt und beide relativ zum Wettbewerb bewertet. Im Diagonalbereich liegt eine konsistente Positionierung vor, bei der sich relativer Preis und relative Leistung entsprechen. In der Praxis sind strategische Positionierungen in diesem Diagonalbereich häufig vorzufinden. Darüber hinaus wählen Unternehmen, die ihren Marktanteil erhöhen oder neu in einen Markt eintreten wollen, oftmals vorübergehend eine Positionierung, die ein besonders günstiges Preis-Leistungs-Verhältnis aufweist.

Im Zusammenhang mit diesen grundsätzlichen Gestaltungsoptionen spricht man auch von **Marktstimulierungsstrategien** (vgl. Becker 2018), da es im Kern um die Frage geht, wie die Nachfrage stimuliert werden soll. Im Fall der Premium-Positionierung erfolgt dies über hochwertige Leistungen (diese Variante entspricht prinzipiell der

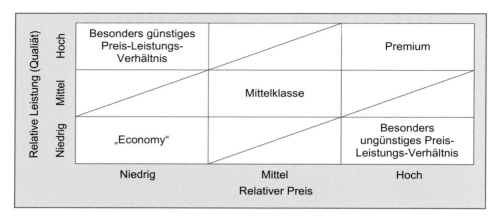

Abb. 8.4 Grundsätzliche Gestaltungsoptionen im Hinblick auf die Produkt-Preis-Positionierung (vgl. Simon und Fassnacht 2016, S. 48)

Differenzierungsstrategie, vgl. Abschn. 8.1.2), im Fall der „Economy"-Positionierung durch niedrige Preise. Diese Vorgehensweise ist der Strategie der Kostenführerschaft (vgl. Abschn. 8.1.2) grundsätzlich ähnlich und ist häufig mit hohen Stückzahlen verbunden.

Weitere übergeordnete Fragen beziehen sich auf die Höhe der Gesamtausgaben **(Marketingbudget)** sowie auf zu berücksichtigende **Interaktionseffekte.** Im Zusammenhang mit der Budgetierungsentscheidung steht auch die Frage nach der Verteilung des Budgets auf die einzelnen Instrumente des Marketingmix. Interaktionseffekte, die für die Formulierung der Marketingstrategie von Bedeutung sind, können sowohl zwischen den einzelnen Instrumenten des Marketingmix als auch zwischen Produkten auftreten. Vorhandene Interaktionseffekte führen typischerweise dazu, dass der Gestaltungsspielraum bei bestimmten Marketingentscheidungen kleiner ist als bei deren isolierter Betrachtung.

8.2 Unterstützende Konzepte für die Formulierung von Marketingstrategien

Grundsätzlich lassen sich qualitativ und quantitativ orientierte Konzepte zur Unterstützung der Strategieformulierung unterscheiden. Die **qualitativ orientierten Konzepte** unterstützen die Formulierung der Marketingstrategie durch die Förderung der Kreativität der am Strategiefindungsprozess beteiligten Personen. Im Wesentlichen handelt es sich hierbei um Kreativitätstechniken, die kreative Denkprozesse stimulieren und in den verschiedensten Gebieten zur Anwendung kommen können. Wir behandeln diese Kreativitätstechniken in Abschn. 9.2.2 im Zusammenhang mit der Gewinnung und Konkretisierung von Ideen für neue Produkte.

Die **quantitativ orientierten Konzepte** zur Unterstützung der Formulierung der Marketingstrategie weisen eine formale Struktur auf. Ihre Bezeichnung resultiert daraus, dass sie auf quantifizierbaren Mechanismen basieren. Das bekannteste dieser Konzepte ist der **Portfolio-Ansatz.**

Die grundlegende Frage, deren Beantwortung durch die Portfolio-Methode unterstützt werden soll, ist die der **Ressourcenallokation in marktbezogener Hinsicht.** Anders ausgedrückt geht es also um die Frage, in welchem Umfang ein Unternehmen Ressourcen in die Bearbeitung eines bestimmten Marktes bzw. eines bestimmten Marktsegmentes investieren sollte. Das Spektrum der möglichen Empfehlungen auf der Basis einer Portfolio-Analyse reicht von der massiven Investition in die Marktbearbeitung mit dem Ziel, die eigene Position auszubauen, über die begrenzte Investition mit dem Ziel, die eigene Position zu halten, bis hin zur Aufgabe eines Marktes. Aus dieser Grundsatzaussage lassen sich dann konkretere Schlüsse für die Ausgestaltung der Marketingaktivitäten ziehen.

Unter dem Begriff Portfolio-Konzept wird eine Vielzahl von Varianten (Portfolio-Modellen) subsumiert. Ihre Gemeinsamkeit liegt zum einen in der Zielsetzung (Unterstützung von Entscheidungen über marktbezogene Ressourcenallokation) und zum anderen in ihrer Logik: Märkte werden im Rahmen der Portfolio-Analyse in einem zweidimensionalen Koordinatensystem positioniert, dessen eine Achse sich im weitesten Sinne auf die Marktattraktivität bezieht, während die andere Achse im weitesten Sinne die Stärke der Position des Unternehmens in den betrachteten Märkten abbildet. Aus der Bewertung hinsichtlich dieser beiden Dimensionen wird dann eine grundlegende Aussage im Hinblick auf die Ressourcenallokation abgeleitet. Wir behandeln im Folgenden die wichtigsten Portfolio-Modelle, das Marktwachstums/Marktanteils-Portfolio und das Marktattraktivitäts/Wettbewerbspositions-Portfolio.

Das **Marktwachstums/Marktanteils-Portfolio** stellt gewissermaßen den Ausgangspunkt der Entwicklung von Portfolio-Modellen dar (vgl. Abell und Hammond 1979; Hedley 1977). Im Rahmen dieses grundlegenden Portfolio-Modells wird die Marktposition des Unternehmens anhand des relativen Marktanteils (definiert als Verhältnis des eigenen Marktanteils zum Marktanteil des größten Wettbewerbers) bewertet. Dieser Ansatz ist offensichtlich geprägt von den Ergebnissen des PIMS-Projekts (positive Korrelation zwischen relativem Marktanteil und Profitabilität, vgl. Abschn. 6.1.1) sowie von der Aussage des Erfahrungskurvenmodells (Volumen als Schlüssel zu überlegener Kostenposition, vgl. Abschn. 6.1.2). Die Marktattraktivität wird im Rahmen dieses Ansatzes anhand des Marktwachstums bewertet, was in der Logik des Lebenszyklusmodells (vgl. Abschn. 6.1.3) verwurzelt ist. Unterstellen wir für einen Markt die Gültigkeit dieses Modells, so ist das Marktwachstum ein geeigneter Indikator für die Lebenszyklusphase des Marktes und somit in gewissen Grenzen auch für die Attraktivität dieses Marktes.

Der formale Aufbau dieses Portfolios ist in Abb. 8.5 dargestellt. Die horizontale Achse (relativer Marktanteil) ist (in Anlehnung an die Erfahrungskurve) logarithmisch skaliert, die vertikale Achse (Marktwachstum) ist linear skaliert. Eine vertikale und eine

8

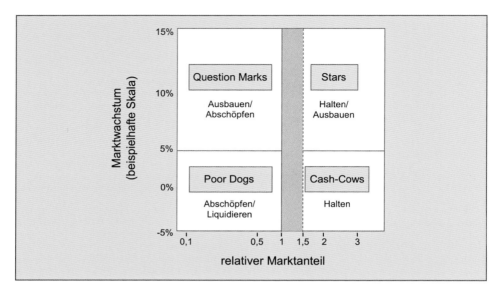

Abb. 8.5 Das Marktwachstums/Marktanteils-Portfolio

horizontale Trennlinie zerlegen das Portfolio in vier Felder. Für die Lokalisierung der horizontalen Trennlinie existieren keine allgemeingültigen Kriterien (der gewählte Wert von fünf Prozent in Abb. 8.5 ist lediglich beispielhaft zu verstehen). Denkbar sind z. B. das durchschnittliche Branchenwachstum, allgemeine volkswirtschaftliche Wachstumsdaten oder auch das unternehmensweite Wachstumsziel eines Unternehmens.

Die einzelnen Märkte bzw. SGEs werden in der Regel in Form von Kreisen abgebildet, deren Durchmesser proportional zum jeweiligen Umsatz des Unternehmens ist. Aus der Zuordnung eines Marktes zu einem der vier Felder in Abb. 8.5 werden grundsätzliche Empfehlungen (Normstrategien) im Hinblick auf die Ressourcenallokation abgeleitet:

- **Stars** (SGEs mit hohem Marktanteil bei hohem Marktwachstum) sind meistens sehr profitabel. Sie erfordern aber beträchtliche Ressourcenzuwendungen, wenn die starke Position auf dem schnell wachsenden Markt gehalten bzw. ausgebaut werden soll. Die grundsätzliche Empfehlung im Hinblick auf diese Einheiten lautet hier, einen intensiven Einsatz von Marketingressourcen zu betreiben (z. B. im Hinblick auf Neuproduktentwicklung, Neukundengewinnung).
- **Question Marks** (SGEs mit niedrigem Marktanteil bei hohem Marktwachstum) benötigen in der Regel in Relation zu ihrem Umsatz erhebliche Marketingressourcen, um sich auf dem schnell wachsenden Markt behaupten zu können. Es ergibt sich die strategische Schlüsselfrage, ob große Investitionen (z. B. für Neuproduktentwicklung oder die Erschließung neuer Absatzkanäle) getätigt werden sollen, um eine derartig

positionierte SGE zu einem Star zu machen. Wird diese Frage verneint, so legt das Portfolio den Rückzug aus dem Markt nahe.

- **Poor Dogs** (SGEs mit niedrigem Marktanteil bei schwach wachsendem bzw. sogar schrumpfendem Markt) sollten so geführt werden, dass sie keine finanzielle Belastung für das Unternehmen darstellen. Handlungsoptionen sind hier der allmähliche Rückzug bzw. die Beschränkung auf einzelne Marktnischen.
- **Cash-Cows** setzen aufgrund ihrer starken Position auf einem allenfalls schwach wachsenden Markt mehr Kapital frei als vernünftigerweise zu reinvestieren ist. Hier sollte man Marketingressourcen nur in dem Umfang investieren (z. B. in Kundenbindungsprogramme), wie zur Behauptung der Marktposition erforderlich ist. Auf Märkten mit einer derartigen Positionierung sollten Unternehmen die Gewinne erzielen, die für die Investitionen in Wachstumsmärkten (Stars oder Question Marks) benötigt werden.

Eine wesentliche Schwäche dieses grundlegenden Portfoliomodells liegt darin, dass die Datengrundlage sehr begrenzt ist: Weitgehende Empfehlungen bezüglich der Ressourcenallokation werden aus drei Zahlen (Marktwachstum, eigener Marktanteil, Marktanteil des stärksten Wettbewerbers) abgeleitet. Diese Schwäche wird durch das **Marktattraktivitäts/Wettbewerbspositions-Portfolio** behoben. Im Gegensatz zum vorhergehenden Portfolio-Modell wird hier die Operationalisierung der beiden Achsen nicht vorgegeben. Die Achsen werden lediglich mit Marktattraktivität bzw. Wettbewerbsposition überschrieben. Die konkrete Bewertung eines Marktes bzw. einer SGE kann dann jeweils anhand mehrerer Kriterien mit anschließender Verdichtung (z. B. durch die Ermittlung gewichteter Durchschnitte) erfolgen. So können in die Beurteilung der Marktattraktivität z. B. Marktvolumen, Marktwachstum und die durchschnittliche Rentabilität der im Markt auftretenden Anbieter einfließen. Bei der Beurteilung der Wettbewerbsposition können neben dem Marktanteil beispielsweise auch Stärken und Schwächen des Unternehmens im Hinblick auf Faktoren wie z. B. die Produktqualität oder die Qualität des Vertriebsnetzes berücksichtigt werden.

8.3 Bewertung und Auswahl von Marketingstrategien

Als Resultat der in Abschn. 8.2 dargestellten Strategieformulierung ergeben sich häufig mehrere alternative Marketingstrategien. Diese können sich grundsätzlich oder auch nur graduell unterscheiden. Es ergibt sich also für das Unternehmen die Aufgabe, die alternativen Strategien bezüglich geeigneter Kriterien zu bewerten und auf dieser Basis eine Alternative auszuwählen:

Leitfragen zur übergeordneten Gestaltung des Marketingmix

Konsistenzbezogene Kriterien (Ist die Strategie nach außen sowie im Inneren widerspruchsfrei?)

- Konsistenz der Marketingstrategie mit dem Zielsystem des Unternehmens
- Konsistenz der Marketingstrategie mit der Unternehmensstrategie und gegebenenfalls den Geschäftsbereichsstrategien
- Konsistenz der Marketingstrategie mit anderen Funktionalstrategien
- Konsistenz der Marketingstrategie in sich (z. B. Konsistenz der Ziele und des angestrebten Kundennutzens mit der grundlegenden Ausrichtung des Marketingmix)

Informationsbezogene Kriterien (Beruht die Strategie auf einer ausreichenden Informationsbasis?)

- Umfang und Qualität der Analyse der globalen Unternehmensumwelt
- Umfang und Qualität der Marktanalyse
- Umfang und Qualität der Analyse der Situation des Unternehmens

Inhaltliche Kriterien (Sind die inhaltlichen Aussagen der Marketingstrategie präzise und vor dem Hintergrund der Resultate der strategischen Analyse angemessen?)

- Präzision und Angemessenheit der Ziele sowie der Zielgruppendefinition
- Präzision und Angemessenheit des angestrebten Kundennutzens sowie der Positionierung gegenüber dem Wettbewerb
- Präzision und Angemessenheit der angestrebten Innovationsorientierung
- Präzision und Angemessenheit der strategischen Ausrichtung des Kundenbeziehungsmanagements
- Präzision und Angemessenheit des Wettbewerbs- und Kooperationsverhaltens
- Präzision und Angemessenheit der grundsätzlichen Gestaltung des Marketingmix

Realisierbarkeitsbezogene Kriterien (Inwieweit ist die Strategie für das Unternehmen umsetzbar?)

- Verfügbarkeit der für die Umsetzung der Marketingstrategie benötigten Ressourcen und Fähigkeiten
- Akzeptanz der Marketingstrategie im Unternehmen (Top-Management, mittleres Management, Mitarbeiter) sowie gegebenenfalls bei Absatzmittlern oder anderen Kooperationspartnern
- Robustheit der Marketingstrategie gegenüber möglichen Gegenreaktionen von Wettbewerbern

Teil IV
Instrumentelle Perspektive

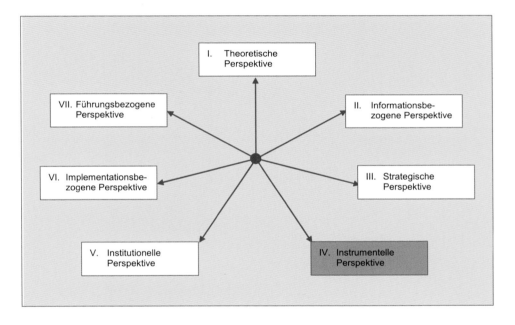

Zur Realisierung der im dritten Teil des Buches diskutierten Marketingstrategie dient der systematische Einsatz der Marketinginstrumente, der im Rahmen der instrumentellen Perspektive im vorliegenden Teil des Buches dargestellt wird. Die Gesamtheit dieser Marketinginstrumente wird als **Marketingmix** bezeichnet. Durch die Gestaltung des Marketingmix wird die Marketingstrategie in konkrete Maßnahmen umgesetzt. Der Marketingmix umfasst die folgenden vier Komponenten: die **Produktpolitik** (vgl. Kap. 9), die **Preispolitik** (vgl. Kap. 10), die **Kommunikationspolitik** (vgl. Kap. 11) sowie die **Vertriebspolitik** (vgl. Kap. 12).

Die Gestaltung des Marketingmix ist in zweifacher Weise in die Marketingstrategie eingebettet: Zum einen besteht eine Vernetzung über die Ziele. Die Ziele, die mit dieser Gestaltung des Marketingmix verfolgt werden, leiten sich aus den Zielen der Marketingstrategie ab. Zum anderen enthält die Marketingstrategie, wie in Abschn. 8.1.6 dargelegt, grundsätzliche Aussagen zur Gestaltung der einzelnen Elemente des Marketingmix. Diese grundsätzlichen Aussagen stecken gewissermaßen den Gestaltungsspielraum innerhalb der einzelnen Bereiche des Marketingmix ab.

Produktpolitik

9

Inhaltsverzeichnis

Lernziele

- Der Leser kennt unterschiedliche Definitionen des Produktbegriffs, grundlegende Produkttypologien sowie die zentralen Entscheidungsfelder der Produktpolitik.
- Der Leser überblickt die einzelnen Phasen des Innovationsprozesses von der Ideengewinnung und -konkretisierung bis zur Markteinführung.
- Der Leser kennt die wesentlichen Instrumente, die in den einzelnen Phasen des Innovationsprozesses bzw. phasenübergreifend zur Anwendung kommen

© Springer Fachmedien Wiesbaden GmbH, ein Teil von Springer Nature 2020   167
C. Homburg, *Grundlagen des Marketingmanagements,*
https://doi.org/10.1007/978-3-658-29638-4_9

können, und kann ihren Beitrag zur Optimierung des Innovationsprozesses einschätzen.
- Der Leser kennt die wesentlichen Entscheidungsfelder und Handlungsoptionen
  im Rahmen des Managements etablierter Produkte und versteht die Bedeutung
  von Komplexitätskosten und Verbundeffekten bei Entscheidungen über das
  Produktprogramm.
- Der Leser hat ein fundiertes Verständnis vom Begriff der Marke und kennt die
  zentralen markenstrategischen Handlungsoptionen.

9.1   Konzeptionelle Grundlagen der Produktpolitik

Aus der Perspektive des Kunden stellt ein Produkt ein Mittel zur Bedürfnisbefriedigung
und somit zur Nutzengewinnung dar (vgl. zum Kundennutzen Abschn. 8.1.2). Wir ver-
stehen ein Produkt also als ein Bündel von Eigenschaften, das auf die Schaffung von
Kundennutzen (jedweder Art) abzielt. Dementsprechend unterscheiden wir verschiedene
Komponenten eines Produktes, die Ansatzpunkte zur Nutzenstiftung darstellen (vgl.
Abb. 9.1).

Der **Produktkern** setzt sich aus den **Kerneigenschaften** des Produktes zusammen.
Kerneigenschaften sind solche Eigenschaften, die maßgeblich die Funktionalität des

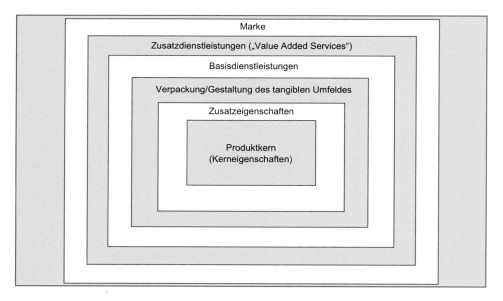

Abb. 9.1   Komponenten eines Produktes

Produktes festlegen. Beispielsweise kann man bei Industriestahl die Festigkeit, die Dichte und die Elastizität als Kerneigenschaften interpretieren. Für einen Linienflug wären Kerneigenschaften beispielsweise der Start- und Zielort, die Abflug- und Ankunftszeit oder die Flugdauer.

Zusatzeigenschaften tragen zur Generierung eines Nutzens bei, der nicht in der Kernfunktion des Produktes begründet liegt. Im Falle des Industriestahls wäre eine Oberflächenbehandlung ein Beispiel für eine Zusatzeigenschaft. Für einen Linienflug stellt beispielsweise ein Premium-Entertainment-Paket eine Zusatzeigenschaft dar. Im Rahmen der Zusatzeigenschaften nimmt das Design einen besonderen Stellenwert ein.

Eine weitere wesentliche Komponente des Produktes ist die **Verpackung** bzw. die **Gestaltung des tangiblen Umfelds.** Während der Begriff Verpackung sich primär auf physische Produkte bezieht, ist die Gestaltung des tangiblen Umfelds sowohl bei physischen Produkten als auch bei Dienstleistungen von Bedeutung. Verpackungen erfüllen verschiedene Funktionen. Neben dem Schutz des Produktes, der leichten Handhabbarkeit sowie der Sicherstellung des Produkttransports spielt die Verpackung vor allem bei Konsumgütern im Bereich der Kaufbeeinflussung am Point of Sale eine zentrale Rolle. Dies lässt sich beispielsweise dadurch erklären, dass von der ästhetischen Wahrnehmung der Verpackung auf die Produktqualität geschlossen wird. Eine ähnliche Rolle wie die Verpackung spielt die Gestaltung des tangiblen Umfelds. Beispielhaft sei die Anmutung der Ausstellungsräume eines Autohauses genannt. Von besonderer Bedeutung ist die Gestaltung des tangiblen Umfelds bei Dienstleistungen (z. B. Anmutung eines Frisörsalons, einer Bankfiliale, eines Fitnessstudios). Das tangible Umfeld kann gewissermaßen als die „Verpackung" einer Dienstleistung interpretiert werden.

Basisdienstleistungen sind solche Dienstleistungen, deren Erbringung durch den Anbieter der Kunde beim Kauf voraussetzt. Hierzu gehören beispielsweise das Angebot von Beratungsleistungen durch Ingenieure für technisch anspruchsvolle Industrieanlagen.

Im Gegensatz hierzu sind **Zusatzdienstleistungen („Value Added Services")** keine Kaufvoraussetzung für den Kunden, bieten ihm aber zusätzlichen Nutzen. Sie befriedigen die Kundenbedürfnisse umfassender als das Kernprodukt. Beispielhaft sei die Reinigung eines Autos anlässlich einer Inspektion genannt. Mit dem Angebot von Value Added Services streben Unternehmen an, sich vom Wettbewerb zu differenzieren und Kundenloyalität zu schaffen. Von besonderer Bedeutung sind Value Added Services auf Märkten, wo die Kerneigenschaften der angebotenen Produkte sich nicht (mehr) nennenswert voneinander unterscheiden. In diesem Kontext kann das Angebot von Value Added Services die vollkommene Vergleichbarkeit (und damit Austauschbarkeit) des eigenen Produktes mit denen der Konkurrenz (und den damit verbundenen intensiven Preiswettbewerb) verhindern.

Schließlich ist die **Marke** als Produktkomponente zu nennen (vgl. hierzu ausführlich Abschn. 9.4).

Eine Produkttypologie auf Basis mehrerer dieser Merkmale ist in Abb. 9.2 dargestellt. Das übergeordnete Typologisierungsmerkmal ist hier die Materialität der Leistung, aus der

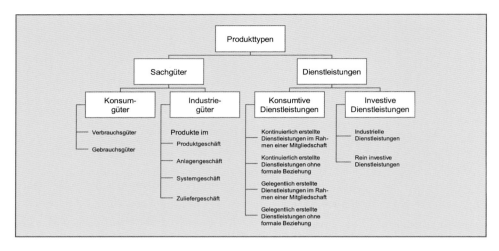

Abb. 9.2 Grundlegende Typologisierung von Produkten

sich auf der ersten Ebene die Unterscheidung zwischen Sachgütern und Dienstleistungen ergibt. Auf der nächsten Ebene wird dann weiter nach den Trägern des Bedarfs unterschieden, woraus die Einteilung der Sachgüter in Konsum- und Industriegüter und die der Dienstleistungen in konsumtive und investive Dienstleistungen resultiert.

Eine weitere zentrale Grundlage der Produktpolitik ist eine Systematisierung ihrer **Entscheidungsfelder.** Hier können die folgenden drei Bereiche unterschieden werden:

- das Innovationsmanagement,
- das Management bereits am Markt etablierter Produkte sowie
- das Markenmanagement.

An diesen drei Entscheidungsfeldern orientiert sich der Aufbau des vorliegenden Kapitels. Die einzelnen Entscheidungsfelder beziehen sich auf Produkte in verschiedenen Lebenszyklusphasen (vgl. Abb. 9.3). So spielt das Innovationsmanagement (vgl. Abschn. 9.2) bereits vor der Entwicklung und Markteinführung von Produkten eine wichtige Rolle. Das Management bereits am Markt etablierter Produkte (vgl. Abschn. 9.3) wird hingegen erst nach der Markteinführung relevant. Im Mittelpunkt stehen hier Entscheidungen bezüglich der Struktur, Ausweitung und Verbundenheit des Produktprogramms. Schließlich bezieht sich das Markenmanagement (vgl. Abschn. 9.4) auf alle Phasen im Lebenszyklus von Produkten. Hier geht es im Rahmen der Produktkennzeichnung (Markierung) insbesondere um die Festlegung der grundlegenden Markenstruktur sowie um die Positionierung der Marken in Relation zu den Marken der Wettbewerber.

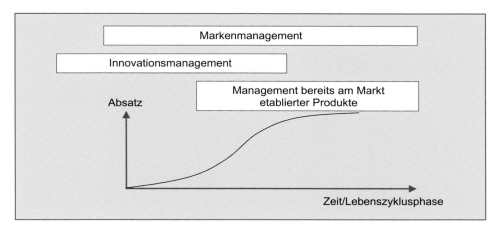

Abb. 9.3   Relevanz der Entscheidungsfelder der Produktpolitik im Produktlebenszyklus

9.2   Innovationsmanagement

9.2.1   Grundlagen des Innovationsmanagements

Kern des Innovationsmanagements ist die Entwicklung von **Produktinnovationen.**

▶ **Produktinnovation**   Unter einer Produktinnovation verstehen wir jedes Produkt (bzw. jede Produktidee), das (die) von den Kunden als neu wahrgenommen wird.

Grundsätzlich kann zwischen markt- und technologieinduzierten Produktinnovationen unterschieden werden. Marktinduzierte Innovationen gehen von unerfüllten bzw. nicht optimal erfüllten Kundenbedürfnissen aus („Demand Pull"), wohingegen technologie-induzierte Innovationen („Technology Push") auf naturwissenschaftlich-technologische Entwicklungen zurückzuführen sind. Trotz der unbestreitbaren Bedeutung derartiger (häufig anbietergetriebener) Innovationen ist für den Markterfolg einer Innovation letzt-lich entscheidend, inwieweit Kundenbedürfnisse erfüllt werden.

Daher behandeln wir im Folgenden insbesondere Ansätze zur Systematisierung des Innovationsprozesses sowie zur Berücksichtigung von Kundenbedürfnissen im Rahmen von Innovationsprozessen. Abb. 9.4 vermittelt einen Überblick über die einzelnen Phasen eines idealtypischen Innovationsprozesses sowie die Instrumente, die in den einzel-nen Phasen zur Anwendung kommen können (vgl. hierzu ausführlich die folgenden Abschnitte).

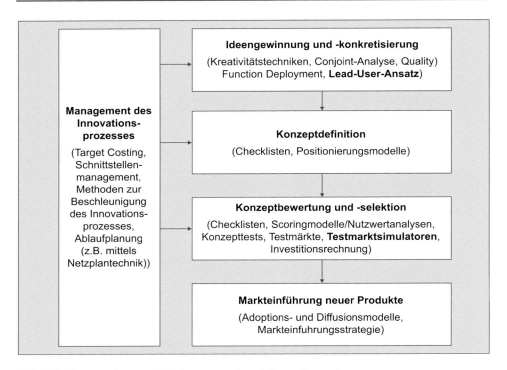

Abb. 9.4 Phasen und ausgewählte Instrumente innerhalb von Innovationsprozessen

9.2.2 Ideengewinnung und -konkretisierung

Zunächst stellt sich die Frage, woraus **Ideen für Innovationen gewonnen** werden können. Grundsätzlich kann hierfür auf Ideenquellen sowohl innerhalb als auch außerhalb des Unternehmens zurückgegriffen werden (vgl. Tab. 9.1 für wichtige Ideenquellen). Unternehmensinterne Quellen sind bisweilen schneller verfügbar und kostengünstiger, wohingegen aus unternehmensexternen Quellen tendenziell innovativere Ideen resultieren können – insbesondere dann, wenn die Gefahr einer gewissen „Betriebsblindheit" besteht. Viele dieser Quellen können durch Nutzung von Methoden der Marktforschung erschlossen werden. Dies ist von besonderer Bedeutung im Hinblick auf die Nutzung von Kunden als Ideenquelle für neue Produkte. Hier spielen neben den quantitativen Formen der Informationserhebung insbesondere auch qualitative Ansätze wie z. B. Fokusgruppen oder Tiefeninterviews (vgl. Abschn. 4.4.2.1) eine zentrale Rolle. Besonders aufschlussreich können gerade bei komplexeren Produkten auch Beobachtungen der Kunden bei der Nutzung der Produkte sein. Beispielsweise werden derartige Beobachtungen von vielen Herstellern technischer Gebrauchsgüter angewandt, um mögliche Überforderungen der Kunden durch die Beschaffenheit des Produktes bereits in einer frühen Phase des Innovationsprozesses zu erkennen.

Tab. 9.1 Wichtige Quellen für Neuproduktideen

Unternehmensinterne Quellen	Unternehmensexterne Quellen
• Vorschlagswesen des Unternehmens • Mitarbeiter des F&E-Bereichs (z. B. im Hinblick auf Technologietrends) • Mitarbeiter des Außendienstes • Mitarbeiter des Kundendienstes/ der Service-Hotline, Beschwerdeinformationen	• Kunden (direkte Befragung, Fokusgruppen mit Kunden, Beobachtung der Produktbenutzung durch Kunden, Anregungen/Nachfragen von Kunden) • Wettbewerber (z. B. Analyse von Ausstellungen, Messen und Neuproduktankündigungen der Wettbewerber) • Marktneuheiten auf anderen Märkten • Technologische Entwicklungen • Experten (z. B. Befragung von Absatzmittlern oder Branchenexperten) • Erkenntnisse von Trend- und Marktforschungsinstituten, Unternehmensberatungen und Werbeagenturen

Zur Generierung von Produktideen kann darüber hinaus auf **Kreativitätstechniken,** wie z. B. das Brainstorming oder der morphologische Kasten, zurückgegriffen werden (vgl. Schlicksupp 1995). Diese Techniken dienen dazu, das schöpferische Denken, beispielsweise der Mitglieder eines funktionsübergreifenden Projektteams, durch Synergieeffekte zu fördern und von einengenden Denkmustern zu befreien. Hierbei soll der Denkprozess gleichzeitig zielgerichtet strukturiert werden.

Im Rahmen der **Ideenkonkretisierung** kann die Conjoint-Analyse einen wichtigen Beitrag leisten (vgl. zur Vorgehensweise der Conjoint-Analyse Abschn. 5.2.2.2). Mit Hilfe der Conjoint-Analyse kann der Kundennutzen eines Produktes in Nutzenbeiträge einzelner Produktmerkmale zerlegt werden. Die Conjoint-Analyse liefert auch Informationen darüber, wie der Kundennutzen sich durch Variation bestimmter Merkmalsausprägungen verändert. Aufgrund dieser Orientierung am Kundennutzen trägt die Anwendung der Conjoint-Analyse im Rahmen der Ideenkonkretisierung dazu bei, dass die Neuproduktentwicklung bereits in einer frühen Phase des Innovationsprozesses am Kundennutzen ausgerichtet wird, so dass das Risiko von Neuproduktflops gesenkt werden kann.

Die Anwendung der Conjoint-Analyse im Rahmen der Ideenkonkretisierung ermöglicht insbesondere Erkenntnisse in drei Bereichen:

- Anhand der Conjoint-Analyse lassen sich die Merkmale identifizieren, die für den Kundennutzen von entscheidender Bedeutung sind. Die Gestaltung dieser Merkmale sollte im Rahmen der Ideenkonkretisierung besondere Aufmerksamkeit erfahren.
- Für einzelne Merkmale kann auf der Basis einer Conjoint-Analyse untersucht werden, wie der Kundennutzen von den Merkmalsausprägungen abhängt. Diese Erkenntnis ist von besonderer Bedeutung im Hinblick auf das Erkennen von Merkmalsausprägungen, die gegenüber ungünstigeren Merkmalsausprägungen einen wesentlichen Nutzenzuwachs generieren. Aber auch Leistungssteigerungen, denen nur ein geringfügiger

9

Zuwachs an Kundennutzen entgegensteht, können auf diesem Wege identifiziert werden. Derartige Erkenntnisse sind wichtig, um ein so genanntes Overengineering (Steigerung der Leistungsfähigkeit von Produkten, der kein nennenswerter Zuwachs an Kundennutzen entgegensteht) zu vermeiden. Die Gefahr des Overengineering besteht darin, dass Produkte entstehen, deren Kosten über der (vom Kundennutzen abhängigen) Zahlungsbereitschaft der Kunden liegen.

- Von besonderer Bedeutung ist die Möglichkeit, den Preis als Merkmal im Rahmen der Conjoint-Analyse zu berücksichtigen. Auf diese Weise lassen sich beispielsweise Zahlungsbereitschaften von Kunden für Produktverbesserungen ermitteln. Auf der Basis solcher Informationen können explizite Kosten-Nutzen-Vergleiche im Rahmen der Ideenkonkretisierung erfolgen.

Ergänzend sei im Rahmen der Ideenkonkretisierung noch der Begriff **Open Innovation** erwähnt. Hierunter versteht man einen Such- und Lösungsprozess, der zwischen mehreren Akteuren über die Unternehmensgrenzen hinweg abläuft (vgl. Reichwald und Piller 2009). In der Praxis ist vor allem die Zusammenarbeit mit Kunden im Rahmen der Neuproduktentwicklung relevant. Hierfür werden den Endkonsumenten beispielsweise sogenannte Toolkits zur Verfügung gestellt, mithilfe derer sie eigene Produkte kreieren können. Als weiteres Instrument von Open Innovation ist der **Lead-User-Ansatz** (vgl. für eine ausführliche Darstellung dieses Ansatzes von Hippel 1988) zu nennen, der insbesondere im B2B-Bereich breite Anwendung findet. Der Grundgedanke dieses Ansatzes liegt darin, dass Kunden identifiziert und möglicherweise in die Produkt-konzeption eingebunden werden sollen, deren derzeitige Bedürfnisse zukunftsweisend für die Bedürfnisse der übrigen Kunden in einem Markt sind. Dieser Sachverhalt kann sich z. B. daraus ergeben, dass die zukünftigen Kundenbedürfnisse durch gewisse Trends geprägt sind, denen bestimmte Kunden (sogenannte Lead User) derzeit schon in starkem Maße ausgesetzt sind. Bisweilen versuchen sich derartige Lead User auch selbst in der Realisierung von neuen Produkten bzw. Produktvarianten. Ein weiteres Merkmal von Lead Usern liegt darin, dass sie sich von der Neuproduktentwicklung des Anbieters einen wesentlichen wirtschaftlichen Vorteil erhoffen und daher sehr motiviert sind, an der Problemlösung mitzuarbeiten. Aus Sicht des Anbieters besteht der Nutzen dieses Ansatzes also darin, die Konkretisierung der Produktidee unter ausgeprägter Berück-sichtigung zukünftiger Kundenbedürfnisse vorzunehmen.

9.2.3 Konzeptdefinition

Neue Produktideen, für die nach der Ideenkonkretisierung eine Realisierung infrage kommt, werden im Rahmen der Konzeptdefinition umfassend präzisiert. Hierbei werden Produktkonzepte entwickelt, in denen eine Reihe von Aspekten festgelegt wird. Im Rahmen eines Produktkonzeptes sollten insbesondere Aussagen zu den folgenden Aspekten getroffen werden:

- **Angestrebte Zielgruppen:** Um den späteren Markterfolg des Produktkonzeptes vorzubereiten, sollte festgelegt werden, wer als zukünftiger Käufer des Produktes infrage kommt.
- **Nutzenversprechen:** Im Mittelpunkt steht hier das zentrale Nutzenversprechen gegenüber einer Zielgruppe (Unique Selling Proposition bzw. USP), durch das sich der Anbieter positiv von seinen Wettbewerbern abheben will.
- **Produkteigenschaften:** Neben den funktionalen Eigenschaften des Produktes (Leistungskern) werden formal-ästhetische Produkteigenschaften sowie das angestrebte Produktimage definiert.
- **Angestrebte Positionierung:** Durch die Definition der angestrebten Positionierung des neuen Produktes im Wahrnehmungsraum der Kunden bezüglich relevanter Produktmerkmale soll das Produkt gegenüber (bereits am Markt etablierten) Wettbewerbsprodukten abgegrenzt werden (vgl. hierzu die Produktmarktraum-Modelle in Abschn. 2.3.4.1 sowie zur Markenpositionierung Abschn. 9.4.2).

9.2.4 Konzeptbewertung und -selektion

Im Rahmen der Konzeptbewertung und -selektion empfiehlt sich eine systematische, mehrstufige Vorgehensweise, in deren Rahmen eine Reihe von Methoden zur Anwendung kommen kann (vgl. Abb. 9.5). Diese Methoden werden im Folgenden näher erläutert. Kennzeichnend für diesen Bewertungs- und Selektionsprozess ist, dass häufig aus einer größeren Zahl von Konzepten eine kleine ausgewählt wird, die dann zur Realisierung und zur Markteinführung gelangen soll.

Eine weit verbreitete Methode zur Evaluierung verschiedener Produktkonzepte stellen **Checklisten** dar. Mit ihrer Hilfe überprüft man, inwiefern alternative Produktkonzepte zuvor definierten Anforderungskriterien genügen, wie z. B.

- die Konsistenz der Produktkonzepte mit den strategischen Unternehmens- und Marketingzielen,
- die grundsätzliche technische Realisierbarkeit der Produktkonzepte,
- die rechtliche Zulässigkeit bzw. Unanfechtbarkeit der Produktkonzepte und
- die Verfügbarkeit von Ressourcen zur Realisierung der Produktkonzepte.

Scoringmodelle (Punktbewertungsverfahren) dienen ebenfalls dazu, Produktkonzepte anhand zuvor festgelegter Kriterien zu beurteilen. Im Gegensatz zu Checklisten berücksichtigen sie den Grad, zu dem ein Produktkonzept jeweils die verschiedenen Kriterien erfüllt, wobei eine Gewichtung der unterschiedlichen Kriterien möglich ist.

Die Anwendung derartiger Scoringmodelle zur Bewertung von Neuproduktkonzepten wird auch als **Nutzwertanalyse** bezeichnet. Tab. 9.2 veranschaulicht die Bewertung eines Produktkonzeptes anhand eines Scoringmodells unter Berücksichtigung unternehmensbezogener, marktbezogener, handelsbezogener, konkurrenzbezogener und umfeld-bezogener Bewertungskriterien.

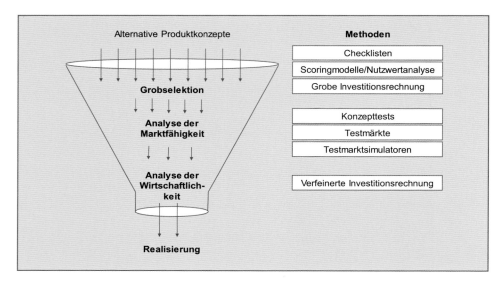

Abb. 9.5 Phasen und Methoden der Konzeptbewertung und -selektion

Scoringmodelle werden aufgrund ihrer Flexibilität und Einfachheit häufig für die Konzeptbewertung und -selektion angewendet. Hierbei sollte man sich jedoch bewusst sein, dass Scoringmodelle einer gewissen Subjektivität bei der Auswahl sowie der Gewichtung der Kriterien und bei der Beurteilung der alternativen Produktkonzepte unterliegen.

Die Produktkonzepte, die die Phase der Grobselektion auf der Basis von Checklisten, Scoringmodellen oder einer „groben" (überschlagsmäßigen) Investitionsrechnung (vgl. hierzu später in diesem Abschnitt) überstanden haben, können in einem nächsten Schritt im Rahmen sogenannter **Konzepttests** durch Kunden auf ihre voraussichtliche Akzeptanz am Markt beurteilt werden.

Konzepttests werden häufig in Gruppendiskussionen im Rahmen von Fokusgruppen durchgeführt (vgl. zur Erläuterung dieser Erhebungsmethode Abschn. 4.4.2.1). Dort diskutieren ausgewählte Nutzer die neuen Produktkonzepte unter Leitung eines Moderators. Darüber hinaus können Konzepte auch einzelnen Befragten zur Bewertung vorgelegt werden. Liegt das Konzept noch nicht als Prototyp vor, so kann es entweder verbal beschrieben oder visualisiert werden, beispielsweise unter Verwendung neuer Medien (z. B. Virtual Reality-Darstellung des Konzeptes durch Computergrafiken).

Derartige Konzepttests liefern in der Unternehmenspraxis ein breites Spektrum an Informationen im Hinblick auf die voraussichtliche Akzeptanz des neuen Produktes bei den Nachfragern. Aufgrund ihres qualitativen Charakters liefern sie allerdings keine zuverlässigen Abschätzungen des Markterfolgs in quantitativer Hinsicht. Zur Gewinnung derartiger Informationen bieten sich **Testmärkte** und **Testmarktsimulatoren** an.

Tab. 9.2 Beispielhaftes Scoringmodell zur Bewertung eines Produktkonzeptes

Beurteilungskriterium	Punktwert (1 bis 10 Punkte)	Relatives Gewicht des Kriteriums (%)	Gewichteter Punktwert
1. Unternehmensbezogene Kriterien			
• Technische Realisierbarkeit	8	15	1,2
• Unterstützung strategischer Ziele	2	15	0,3
2. Marktbezogene Kriterien			
• Sichtbarkeit des Kundennutzens	8	5	0,4
• Erschließung neuer Käuferschichten	8	10	0,8
• Verbesserung der Marktposition des Unternehmens	7	5	0,35
3. Handelsbezogene Kriterien			
• Zusätzliche Profilierung gegenüber dem Handel	3	5	0,15
• Kooperationsbereitschaft des Handels	3	10	0,3
4. Konkurrenzbezogene Kriterien			
• Erlangung von Wettbewerbsvorteilen	9	10	0,9
• Schutz vor Nachahmung	9	5	0,45
5. Umfeldbezogene Kriterien			
• Rechtlicher Schutz des Produktkonzeptes	3	10	0,3
• Umweltverträglichkeit	6	5	0,3
• Branchenkonjunktur	6	5	0,3
Gesamt-Punktwert		100	5,75

Bewertungsskala: 0–3 = schlecht, 4–7 = mittel, 8–10 = gut

Im vorliegenden Abschnitt wird auf die Anwendung dieser Methoden im Rahmen der Produktpolitik eingegangen. Es geht hier also um die Prüfung der Marktakzeptanz von Produktkonzepten anhand von Testmärkten bzw. Testmarktsimulatoren. Hierbei können entweder Prototypen oder bereits marktfähige Produkte getestet werden. Somit erfordert die Anwendung von Testmärkten und Testmarktsimulatoren einen deutlich höheren Konkretisierungsgrad als die zuvor aufgezeigten Konzepttests. Hierin liegt einerseits ein Nachteil gegenüber Konzepttests, der aus dem hohen Aufwand der Prototyperstellung resultiert, und andererseits ein Vorteil, da Produktkonzepte von den Kunden auf Basis eines konkreten Produkterlebnisses (Kauf und anschließende Nutzung des Produktes) und nicht nur, wie zumeist bei Konzepttests, auf Vorstellungen über das Produkt bewertet werden.

Als **Testmarkt** können ein regionaler Testmarkt, ein Mikrotestmarkt oder ein elektronischer Testmarkt herangezogen werden. Auf diesem Testmarkt werden im Rahmen der Konzeptbewertung und -selektion das zu testende Produkt bzw. alternative Produktkonzepte eingeführt, um von den Kunden gekauft und bewertet zu werden. Von Interesse sind hierbei insbesondere die Kaufpräferenzen für einzelne Produktkonzepte, anhand derer im Rahmen der Konzeptbewertung und -selektion die vielversprechendsten Produktkonzepte identifiziert werden können.

In einem **Testmarktsimulator** wird der Adoptionsprozess neuer Produkte (Wahrnehmung $\rightarrow$ Erstkauf $\rightarrow$ Einstellungsbildung $\rightarrow$ Wiederkauf) bei einer repräsentativen Stichprobe aus der Zielgruppe des Produktes simuliert. In einem mehrstufigen Experiment werden die Probanden zu ihren bisherigen Präferenzen und Gewohnheiten befragt und anschließend mit Werbevideos oder -anzeigen für das Testprodukt konfrontiert. Anschließend können sie in einer simulierten Einkaufssituation (Einkaufslabor) zwischen Produkten wählen. Die Probanden testen dann die Produkte (evtl. zu Hause). Nach der Nutzung werden sie erneut zu ihren Einstellungen und Präferenzen befragt. So lassen sich Aussagen über das Erst- und Wiederkaufverhalten der Zielgruppe und somit über die Ausbreitung von Innovationen im Markt im Zeitablauf (Diffusion) ableiten. Diese Informationen werden zur **Prognose des Marktanteils des neuen Produktes** verwendet, in der die zentrale Zielsetzung von Testmarktsimulatoren liegt.

Innovationen, die den bisherigen Auswahlprozess (vgl. Abb. 9.5) „überlebt" haben, sollten unter dem Aspekt der Wirtschaftlichkeit beurteilt werden. Hierfür liefern aus Marktanteilsprognosen abgeleitete Absatzzahlen sowie interne Kostenschätzungen die Basis. Da die Einführung von neuen Produkten stets auch mit Ausgaben über einen mehrperiodigen Zeitraum verbunden ist, bietet sich die Nutzung von Methoden der **dynamischen Investitionsrechnung** – wie z. B. der Kapitalwertmethode – an.

Zunächst müssen dazu die mit der Entwicklung, Einführung und Vermarktung eines Produktes verbundenen Kosten und Erlöse über die gesamte Lebensdauer des Produktes geschätzt werden. Hierzu werden neben Informationen über die regionale Verbreitung und die Lebensdauer z. B. auch die bereits gewonnenen Informationen über das Marktwachstum, den erzielbaren Marktanteil und den Preis einbezogen. Die aus der anschließenden Gegenüberstellung der für die Periode t prognostizierten Erlöse (E_t) und Kosten (K_t) resultierenden Differenzen werden mit einem Kalkulationszinssatz ($r = \text{Marktzins} + \text{Risikoaufschlag}$) auf die Gegenwart diskontiert und aufsummiert. Die Berechnung des Kapitalwertes geschieht mit Hilfe der folgenden Formel:

$$KW = \sum_{t=0}^{T} (E_t - K_t) \cdot (1 + r)^{-t}$$

Hierbei bezeichnen KW den Kapitalwert, t die Periode ($t = 0, \ldots, T$), E_t die Erlöse in Periode t, K_t die Kosten in Periode t, r den Kalkulationszinssatz und T den Zeithorizont der Investitionsrechnung (der sich z. B. aus der geschätzten Lebenszyklusdauer des neuen Produktes ergeben kann). Im Falle eines positiven Kapitalwertes ist das neue

Produkt als vorteilhaft einzustufen, sodass eine Umsetzung der Produktidee ernsthaft in Betracht gezogen werden sollte.

Tab. 9.3 zeigt ein Anwendungsbeispiel zur Beurteilung eines Neuproduktkonzeptes mithilfe der dynamischen Investitionsrechnung. Hier ergibt sich also eine schwach positive Bewertung des Neuproduktkonzeptes. Der Kapitalwert ist zwar positiv, allerdings zeigt die letzte Zeile der Tabelle, dass die Amortisation der Anfangs-investitionen sehr spät stattfindet (nämlich erst in der letzten Periode). Vor diesem Hintergrund sollten im Hinblick auf das zu beurteilende Neuproduktkonzept Möglich-keiten der Absatzsteigerung, der Diffusionsbeschleunigung, der Lebenszyklusver-längerung sowie unter Umständen auch der Kostenreduktion geprüft werden.

9.2.5 Markteinführung neuer Produkte

Für diejenigen Produktkonzepte, die den aufgezeigten Selektionsprozess bestehen, ist im Anschluss an die technische Realisierung die Markteinführung zu gestalten. Die erfolg-reiche Markteinführung eines neuen Produktes setzt eine gut durchdachte Einführungs-strategie voraus. Hierbei kann sich ein Unternehmen an dem Katalog von Leitfragen orientieren, der in Tab. 9.4 zusammengestellt ist.

Die ersten beiden Fragen beziehen sich auf das Timing der Markteinführung. Hin-sichtlich des **Zeitpunktes der Produkteinführung** stellt sich die grundsätzliche Frage, ob das Unternehmen anstrebt, als erstes Unternehmen eine Produktinnovation im Markt einzuführen (Pionierstrategie), oder ob es erst nach der Einführung ähnlicher Produkte durch Wettbewerber später am Markt auftreten möchte (Folgerstrategie). In Tab. 9.5 sind mögliche Vor- bzw. Nachteile einer Pionierstrategie gegenübergestellt.

Eine zweite wichtige zeitbezogene Entscheidung bei der Gestaltung einer Marktein-führungsstrategie betrifft die Frage, inwieweit bereits vor der eigentlichen Verfügbar-keit des Produktes für die Kunden Marketingaktivitäten durchgeführt werden sollen. Man spricht in diesem Zusammenhang auch von **Prämarketing** (vgl. Bornemann 2010; Möhrle 1995). Die grundlegende Logik derartiger Aktivitäten besteht darin, dass im Vor-feld der Einführung für das neue Produkt bessere Startmöglichkeiten geschaffen werden sollen. Diesem potenziellen Vorteil des Prämarketing stehen als potenzielle Nach-teile im Wesentlichen zwei Aspekte gegenüber: Zum einen besteht die Gefahr, durch Prämarketing-Aktivitäten die Wettbewerber zu frühzeitig über die bevorstehende Markt-einführung des eigenen Produktes und über dessen Beschaffenheit zu informieren. Falls das neue Produkt ein noch am Markt befindliches Produkt des Anbieters substituiert, besteht zum zweiten die Gefahr, dass sich die Nachfrage für das alte Produkt aufgrund der Prämarketing-Aktvititäten rückläufig entwickelt. Derartige Effekte können z. B. in der Automobilbranche beobachtet werden, wenn eine neue Modellbaureihe angekündigt und beworben wird.

Eine zweite Kategorie von Leitfragen zur Formulierung einer Markteinführungs-strategie (vgl. Tab. 9.4) bezieht sich auf die **Zielgruppen** der Markteinführung. Neben

Tab. 9.3 Beispielhafte Bewertung eines Neuproduktkonzeptes im Industriegüterbereich anhand der Kapitalwertmethode (monetäre Angaben in Euro)

Zeitraum	t = 0	t = 1	t = 2	t = 3	t = 4	t = 5	t = 6
Stückzahl	48.600	54.600	72.300	75.360	95.000	110.000	120.000
Stückpreis	127,46	125,18	123,79	122,42	121,06	121,06	121,06
Variable Stückkosten	90,89	88,79	85,16	81,20	79,13	77,10	73,20
Stückdeckungsbeitrag	36,57	36,39	38,63	41,22	41,93	43,96	47,86
Gesamter Deckungsbeitrag	1.777.302	1.986.894	2.792.949	3.106.339	3.983.350	4.835.600	5.743.200
Fixe Kosten							
Abschreibungen	1.205.000	850.000	550.000	280.000	100.000	90.000	50.000
Personalkosten	650.000	550.000	450.000	450.000	420.000	400.000	380.000
Sachkosten	435.000	650.000	700.000	690.000	720.000	765.000	787.000
Marketingkosten	3.500.000	2.420.000	500.000	250.000	120.000	100.000	80.000
Summe der Fixkosten	5.790.000	4.470.000	2.200.000	1.670.000	1.360.000	1.355.000	1.297.000
Differenz aus Deckungsbeitrag und Fixkosten	−4.012.698	−2.483.106	592.949	1.436.339	2.623.350	3.480.600	4.446.200
Abgezinster Wert dieser Differenz (Kalkulationszinssatz von 9 %)	−4.012.698	−2.278.079	499.073	1.109.117	1.858.447	2.262.151	2.651.124
Kumulierter abgezinster Wert dieser Differenz	−4.012.698	−6.290.777	−5.791.704	−4.682.586	−2.824.139	−561.989	2.089.136 (Kapitalwert)

Tab. 9.4 Leitfragen zur Formulierung einer Markteinführungsstrategie

Wann?	• Wann soll das neue Produkt eingeführt werden? • Inwieweit sollen Marketingaktivitäten bereits im Vorfeld der Produktverfügbarkeit durchgeführt werden (Prämarketing)?
Wo?	• An welche Zielgruppen soll das neue Produkt vermarktet werden? • Welches sind die Innovatoren/frühen Adopter, denen im Rahmen der Markteinführung besondere Aufmerksamkeit zukommen soll? • In welchen geografischen Märkten soll das neue Produkt in welcher Reihenfolge eingeführt werden?
Wie?	• Wie soll die Produktpolitik im Rahmen der Markteinführung gestaltet werden? • Wie soll die Preispolitik im Rahmen der Markteinführung gestaltet werden? • Wie soll die Kommunikationspolitik im Rahmen der Markteinführung gestaltet werden? • Wie soll die Vertriebspolitik im Rahmen der Markteinführung gestaltet werden?

Tab. 9.5 Mögliche Vor- bzw. Nachteile einer Pionierstrategie

Mögliche Pioniervorteile (= Nachteile für den Folger)	Mögliche Pioniernachteile (= Vorteile für den Folger)
• Vorübergehende Monopolsituation, verbunden mit hohen Preisen • Kostenvorteile durch Erfahrungskurveneffekte • Image-/Präferenzbildung bei Nachfragern sowie Aufbau von Kundenloyalität • Aufbau von Wechselbarrieren bei Kunden (z. B. durch Setzen von Branchenstandards) • Sicherung wichtiger Distributionskanäle	• Hoher Ressourceneinsatz im Rahmen der Markterschließung • Unsicherheit bezüglich der Nachfrageentwicklung • Fehlende Erfahrung mit der Funktionalität des Produktes in der Anwendung durch Kunden

der grundsätzlichen Frage, in welchen Zielgruppen das neue Produkt vermarktet werden soll, ist hier insbesondere die Frage bedeutend, welche **Innovatoren/frühen Adopter** im Rahmen der Markteinführung besonders intensiv angesprochen werden sollen. Es geht in diesem Zusammenhang darum, Nachfrager zu identifizieren, die zum einen besonders aufgeschlossen gegenüber Innovationen sind, und zum anderen Ausstrahlungseffekte auf andere Nachfrager ausüben können (Meinungsführer bzw. Multiplikatoren). Insbesondere für Unternehmen, die international tätig sind, stellt sich in diesem Kontext auch die Frage nach der Gestaltung der Markteinführung in **geografischer Hinsicht.** Neben der Frage, in welchen regionalen Märkten das neue Produkt überhaupt eingeführt werden soll, ist die Reihenfolge der Markteinführung zu definieren. Eine Grundsatzentscheidung bezieht sich in diesem Zusammenhang auf die beiden Strategiealternativen Sprinklerstrategie (simultane Einführung des Produktes in vielen geografischen Märkten) bzw. Wasserfallstrategie (sukzessive Einführung des Produktes in verschiedenen geografischen Märkten).

Im Anschluss an die Entscheidung über das „Wann" und das „Wo" der Markteinführung steht die Entscheidung über das „Wie" an (vgl. hierzu Tab. 9.4). Im Kern geht es hier um die **Gestaltung der einzelnen Elemente des Marketingmix.** Grundsätzlich ist in diesem Zusammenhang anzumerken, dass die meisten der zentralen Entscheidungen im Rahmen der einzelnen Komponenten des Marketingmix auch im Hinblick auf die Gestaltung einer Markteinführungsstrategie von Bedeutung sind. Wir verweisen in diesem Zusammenhang auf die Ausführungen zur instrumentellen Perspektive in diesem Teil des Buches.

So stellt sich im Hinblick auf die **Produktpolitik** schon bei der Einführung des neuen Produktes die Frage, wie viele und welche Varianten angeboten werden sollen (vgl. Abschn. 9.3), und wie die Markenpolitik zu gestalten ist (vgl. hierzu Abschn. 9.4). Im Rahmen der **Preispolitik** stellt sich insbesondere die Frage nach dem Preis, zu dem das neue Produkt im Markt eingeführt werden soll. Grundsätzlich unterscheidet man in diesem Zusammenhang zwischen der Strategie des Penetration Pricing (niedrige Einführungspreise zur schnellen Marktdurchdringung) und der des Skimming Pricing (hohe Einführungspreise zur Abschöpfung hoher Zahlungsbereitschaften der Kunden). Eine ausführliche Diskussion der Vor- bzw. Nachteile dieser beiden Strategien erfolgt in Abschn. 10.1. Im Rahmen der **Kommunikationspolitik** ist bereits bei der Gestaltung der Markteinführung das gesamte Entscheidungsspektrum relevant. So sind Kommunikationsziele und Zielgruppen zu definieren, Budgets festzulegen und Medien auszuwählen, Kommunikationsinstrumente zu selektieren und Entscheidungen im Hinblick auf die Gestaltung der Kommunikation zu fällen (vgl. hierzu Kap. 11). Tendenziell sind Kommunikationsbudgets im Rahmen der Markteinführung eines Produktes größer als in späteren Lebenszyklusphasen. Zentrale Herausforderungen im Rahmen der **Vertriebspolitik** (vgl. Kap. 12) liegen insbesondere darin, die eigene Vertriebsorganisation sowie Absatzmittler für das neue Produkt vorzubereiten und zu motivieren. Von besonderer Bedeutung ist bei der Zusammenarbeit mit Absatzmittlern in diesem Zusammenhang die Sicherstellung der Aufnahme des neuen Produktes in das Handelssortiment. Spezielle Preisnachlässe sowie Rücknahmegarantien (im Fall der fehlenden Akzeptanz des Produktes bei den Nachfragern) seien hier beispielhaft als Instrumente genannt.

9.3   Management etablierter Produkte

Neben dem Innovationsmanagement stellt das Management der bereits am Markt etablierten Produkte des Unternehmens ein zweites zentrales Entscheidungsfeld der Produktpolitik dar (vgl. hierzu auch die Übersicht in Abb. 9.3). Im Gegensatz zum Innovationsmanagement gibt es beim Management etablierter Produkte keinen idealtypischen Prozess mit verschiedenen Prozessphasen. Vielmehr geht es darum, bereits am Markt etablierte Produkte situativ anzupassen.

9.3.1 Grundlegende Strukturentscheidungen im Hinblick auf das Produktprogramm

Unter dem Begriff **Produktprogramm** bzw. **Produktsortiment** verstehen wir die Gesamtheit der zu einem bestimmten Zeitpunkt von einem Unternehmen angebotenen Produkte. Grundsätzlich lässt sich das Produktprogramm eines Unternehmens durch zwei wesentliche **Strukturmerkmale** beschreiben:

- Die **Programmbreite** beschreibt die Anzahl der Produktlinien im Produktprogramm. Unter einer **Produktlinie** (auch als **Produktgruppe** oder **Produktkategorie** bezeichnet) verstehen wir hierbei eine Gruppe von verbundenen Produkten, die zueinander eine bestimmte Ähnlichkeit aufweisen. Diese Ähnlichkeit kann sich zum einen auf unternehmensexterne Aspekte beziehen, wie z. B. die Kunden, an die die Produkte vermarktet werden, sowie die Kundenbedürfnisse, die von den Produkten angesprochen werden. Die Ähnlichkeit kann zum anderen im Hinblick auf unternehmensinterne Aspekte (z. B. gleiche Produktionsmaterialien bzw. -prozesse) vorliegen.
- Die **Programmtiefe** beschreibt hingegen die Zahl der Produkte oder Produktvarianten innerhalb einer Produktlinie. Sie bestimmt also, wie viele Auswahlmöglichkeiten dem Kunden innerhalb einer Produktlinie angeboten werden.

Tab. 9.6 stellt beispielhaft die mögliche Programmstruktur eines Konsumgüterherstellers dar.

Tab. 9.6 Beispiel für die Produktprogrammstruktur eines Konsumgüterherstellers

	Programmbreite (= vier Produktlinien)			
	Waschmittel	Zahnpflege	Papierprodukte	Reinigungsmittel
Tiefe des Programms (im Beispiel der Produktlinie Waschmittel: Tiefe = 8 Varianten)	Vollwaschmittel Marke A: Regulär 10 kg (Variante 1), Kompakt 5 kg (Variante 2), Tabs (Variante 3)	Zahncreme Marke D: Kariesprophylaxe (Variante 1), Zahnsteinprophylaxe (Variante 2)	Papiertaschentücher Marke G: Extra soft (Variante 1), Sommerduft (Variante 2)	Oberflächenreiniger Marke J
	Vollwaschmittel Marke B (3 Varianten)	Zahnbürste Marke E	Küchenrolle Marke H	Glasreiniger Marke K
	Weichspüler Marke C (2 Varianten)	Mundspülung Marke F	Hygienepapier Marke I	Fleckenentferner Marke L

9.3.2 Ausweitung des Produktprogramms

Eine Ausweitung des Produktprogramms kann insbesondere in drei Formen vollzogen werden:

- Produktvariation,
- Produktdifferenzierung sowie
- Diversifikation.

▶ **Produktvariation** Unter einer Produktvariation verstehen wir die Modifikation von Eigenschaften eines bereits existierenden Produktes, wobei dessen Kernfunktionen nicht verändert werden.

Variiert werden im Allgemeinen ästhetische Eigenschaften (z. B. Farbe, Form), physikalisch-funktionale Eigenschaften (z. B. Material, Qualität) oder symbolische Eigenschaften (z. B. Markenname/-image) des Produktes. Beispiele für Produktvariationen sind neue Verpackungen im Konsumgüterbereich oder „Facelifts" im Design von Automobilen (vgl. hierzu auch Insert 9.1).

Im Rahmen einer Produktvariation entsteht also kein neues Produkt, sondern es wird ein bestehendes Produkt verändert (vgl. z. B. Saunders und Khan 1986). Folglich wird nicht die Anzahl der in einem Produktprogramm befindlichen Produkte erhöht (es erfolgt also keine Änderung der Produktprogrammbreite bzw. -tiefe). In diesem Zusammenhang ist darauf hinzuweisen, dass sich die Abgrenzung der Produktvariation von einer Produktinnovation mitunter problematisch gestaltet. Ab einem gewissen Ausmaß der Veränderung wird man nicht mehr von Produktvariation, sondern von Innovation sprechen. Eine vollständig trennscharfe Abgrenzung ist allerdings objektiv nicht möglich.

▶ **Produktdifferenzierung** Eine Produktdifferenzierung bezeichnet die Ergänzung eines bereits eingeführten Produktes um einen „Ableger" bzw. eine neue Produktvariante.

Während bei der Produktvariation das Ausgangsprodukt verändert wird und somit nicht mehr am Markt angeboten wird, bleibt bei der Produktdifferenzierung das Ausgangsprodukt weiterhin bestehen.

Im Zuge der **Diversifikation** nimmt das Unternehmen Produkte in das Produktprogramm auf, die in keinem direkten Zusammenhang mit dem bisherigen Produktprogramm stehen. Diversifikation ist folglich mit einer Zunahme der Produktprogammbreite verbunden (vgl. Abschn. 9.3.1). Hierbei handelt es sich häufig um Entscheidungen von großer strategischer Tragweite (vgl. auch die Darstellung der Diversifikation im Rahmen der strategischen Perspektive des Marketing in Abschn. 8.1.3).

Eins der ersten Markenprodukte Deutschlands feiert 125. Geburtstag: der Leibniz-Keks. Benannt nach Hannovers Universalgenie Gottfried Wilhelm Leibniz hat der Knusperkeks heute bei Jung und Alt einen ähnlich hohen Wiedererkennungswert wie sonst nur Traditionsmarken wie Nivea, Coca-Cola oder Jägermeister. (...) Er blieb die Basis für den wirtschaftlichen Erfolg: 2015 verkaufte Bahlsen von seinem Bestseller über zwei Milliarden Stück in mehr als 55 Ländern. „Es gibt nicht viele Produkte, die seit über 100 Jahren Marktführer im Regal und Herzen der Verbraucher sind - der Keks mit den 52 Zähnen gehört dazu", sagt der Düsseldorfer Markenexperte Frank Dopheide. Er bescheinigt dem Gebäck- und Süßwarenhersteller aus Hannover, sein Traditions-Image erfolgreich angepasst zu haben:

„Den Verantwortlichen ist es 125 Jahre lang gelungen, diesen Wirkmechanismus gegen alle Veränderungen zu verteidigen und behutsam in die neue Welt zu tragen." In der Tat haben moderne Produktvariationen dem Keksriesen mittlerweile zahlreiche neue Zielgruppen erschlossen. Der Mittelständler aus Hannover setzt auf neue Produkte, neue Verpackungskonzepte und ein frischeres Design – alles basiert aber weiterhin auf dem rechteckigen Leibniz-Keks. Flexibler und internationaler bei der Produktion setzt Bahlsen auch verstärkt auf Markeninszenierung - etwa bei der RTL-Serie „Dschungelcamp". (...) Nicht mehr das klassische Kaffeekränzchen befeuert das Geschäft, sondern die wachsende Zahl der Single-Haushalte und der Trend zu Snacks für unterwegs. (...)

Insert 9.1 Beispiel für eine Produktvariation im Konsumgüterbereich (vgl. Stern 2016)

9.3.3 Gestaltung der Verbundenheit innerhalb des Produktprogramms

Eine dritte zentrale Entscheidungsoption, die auf die Veränderung des Produktprogamms abzielt, bezieht sich auf die Ausgestaltung der Verbundenheit innerhalb des Produktprogramms. In diesem Zusammenhang sind insbesondere zwei Gestaltungsoptionen relevant:

- die Produktbündelung und
- Produktplattformen.

Wenn ein Anbieter mehrere separate Produkte zu einem Bündel (Paket) zusammenfasst und dieses zu einem Bündelpreis verkauft, bezeichnet man dies als Bundling. Überwiegen hierbei preispolitische Ziele, so spricht man von Preisbündelung (vgl. hierzu Abschn. 10.3.2). Stehen wie hier im Kontext der Veränderung des Produktprogramms produktpolitische Ziele im Vordergrund, handelt es sich um **Produktbündelung.** Durch dieses Zusammenfassen von Produkten zu Bündeln kann der Anbieter

Cross-Selling-Potenziale bei den Kunden nutzen und die eigenen Komplexitätskosten reduzieren.

Für die Entscheidung, welche Produkte zu Bündeln zusammengefasst werden sollen, kann eine sogenannte **Verbundmatrix** herangezogen werden. Mit deren Hilfe kann veranschaulicht werden, inwieweit zwischen den verschiedenen Produkten eines Unternehmens ein Nachfrageverbund vorliegt. Eine Verbundmatrix enthält Aussagen über die Wahrscheinlichkeit, mit der Kunden, die bereits ein bestimmtes Produkt als „Einstiegsprodukt" nutzen, auch ein zusätzliches Produkt nutzen werden. Im Beispiel in Tab. 9.7 wird der Nutzer einer Wohngebäudeversicherung eine Hausratversicherung mit 90-prozentiger Wahrscheinlichkeit nutzen. Produkte, die gemäß der Verbundmatrix gemeinsam nachgefragt werden, können dann zu einem „Produktpaket" zusammengefasst werden. Im vorliegenden Beispiel könnten also Wohngebäudeversicherung und Hausratsversicherung zu einem Produktbündel zusammengefasst werden.

Eine zweite Option zur Gestaltung der Verbundenheit innerhalb des Produktprogramms ist der Aufbau einer **Produktplattform.** Diese besteht aus mehreren Einzelprodukten, die in Modulbauweise hergestellt werden und bei deren Herstellung auf die gleichen standardisierten Produktkomponenten zurückgegriffen werden kann. Technologien und Produktkomponenten werden also für verschiedene Produkte mehrfach verwendet. Ein Beispiel hierfür ist die Verwendung identischer Motoren und Fahrgestelle bei verschiedenen Automobilen des gleichen Automobilherstellers. Durch Aufbau einer Produktplattform kann der Anbieter eine breite Produktpalette anbieten und gleichzeitig durch technische Standardisierung die Kosten (F&E-Kosten, Produktionskosten, Komplexitätskosten) niedrig halten. Produktbezogene Komplexität kann also kostengünstig beherrscht werden. Weitere Vorteile liegen in der schnellen Entwicklung neuer Produktvarianten und der Qualitätssicherung als Folgen der Verwendung von bewährten Technologien und Produktkomponenten.

Tab. 9.7 Verbundmatrix eines Finanzdienstleisters (in Anlehnung an Schulz 1995, S. 272)

Zusatz-produkt (linie) / Einstiegs-produkt(linie)	Lebensver-sicherung	Bauspar-vertrag	Hypothek	Wohn-gebäudever-sicherung	Hausratver-sicherung	Bau-finanzierung
Lebensver-sicherung		0,5	0,6	0,3	0,2	0,1
Bausparvertrag	0,3		0,7	0,1	0,1	0,0
Hypothek	0,1	0,3		0,7	0,3	0,8
Wohngebäude-versicherung	0,3	0,4	0,2		0,9	0,1

9.3.4 Reduktion des Produktprogramms

Bei einer **Produktelimination** werden ein Produkt oder auch eine ganze Produktlinie vom Markt genommen. Diese Handlungsoption sollte grundsätzlich immer dann in Erwägung gezogen werden, wenn ein Produkt im Markt nicht bzw. nicht mehr erfolgreich ist. Bei einer solchen Eliminationsentscheidung sollten mehrere Aspekte zur Entscheidungsfindung herangezogen werden. Insbesondere sollten potenzialbezogene (z. B. Bekanntheitsgrad des „Eliminationskandidaten"), markterfolgsbezogene (z. B. Marktanteil) und wirtschaftliche Aspekte (z. B. Deckungsbeitrag) berücksichtigt werden (vgl. zu dieser Unterscheidung auch die Typologie von Marketingzielen in Abschn. 6.1). Im Zusammenhang mit den wirtschaftlichen Aspekten spielen insbesondere auch Komplexitätskostenüberlegungen eine Rolle: Durch Elimination von Produkten lassen sich die Komplexitätskosten des Unternehmens reduzieren.

Neben der Bewertung des einzelnen Produktes sind die zwischen den Produkten bestehenden Verbundbeziehungen zu berücksichtigen. In diesem Zusammenhang stellt sich insbesondere die Frage, inwieweit die Entscheidung, ein Produkt zu eliminieren, den Markterfolg eines anderen Produktes beeinträchtigen oder auch fördern könnte. So kann die Beibehaltung eines einzeln betrachteten defizitären Produktes sinnvoll sein, wenn es in Verbundenheit mit erfolgreichen Produkten gekauft wird und seine Elimination dazu führen könnte, dass diese erfolgreichen Produkte nicht mehr verkauft werden. Allerdings sollten bei einer Produktelimination auch deren Konsequenzen aufseiten der Kunden berücksichtigt werden, wie z. B. ein Rückgang der Kundenzufriedenheit und Kundenloyalität, wenn ein für sie wichtiges Produkt aus dem Markt genommen wird (vgl. Prigge 2008).

9.4 Markenmanagement

Der klassische Anwendungsbereich des Markenmanagements ist der Konsumgütersektor. Hier hat systematisches Markenmanagement eine lange Tradition. Konsumgüterhersteller sprechen von sich selbst auch gerne als „Markenartikler". In neuerer Zeit ist jedoch zu beobachten, dass das Phänomen Marke sowie das Markenmanagement auch außerhalb des Konsumgüterbereichs starke Beachtung erfährt. Dies gilt z. B. für den Dienstleistungsbereich und für den Industriegüterbereich. Im Folgenden werden die Grundlagen (vgl. Abschn. 9.4.1) und Entscheidungsfelder (vgl. Abschn. 9.4.2) des Markenmanagements dargestellt.

9.4.1 Grundlagen zum Markenkonzept

Bei der **Abgrenzung des Markenbegriffs** lassen sich eine formale und eine wirkungsbezogene Perspektive unterscheiden. Gemäß der formalen Betrachtungsweise kann eine Marke als ein Name, ein Ausdruck, ein Zeichen, ein Symbol, ein Design oder eine

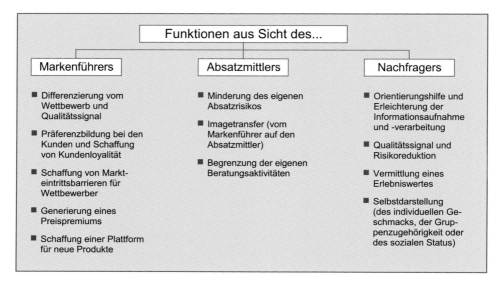

Abb. 9.6 Zentrale Markenfunktionen aus unterschiedlichen Perspektiven

Kombination dieser Elemente verstanden werden, die es ermöglichen, die Produkte eines Anbieters identifizierbar zu machen und von Wettbewerbsprodukten abzuheben (vgl. Aaker 1991). Kerngedanke der wirkungsbezogenen Sichtweise ist es, dass eine Marke letztlich in den Köpfen der Kunden entsteht und somit nicht ausschließlich über formale Aspekte definiert werden kann. Gemäß dieser Auffassung, die wir im Folgenden zugrunde legen, stellt eine Marke eine im Bewusstsein des Kunden verankerte Vorstellung dar, die das Angebot eines Unternehmens von Wettbewerbsangeboten differenziert (vgl. ähnlich auch Weinberg 1995).

Die **Funktionen einer Marke** unterscheiden sich nach der Perspektive des Betrachters. So erfüllt eine Marke für einen Anbieter eine andere Funktion als für einen Absatzmittler oder einen Nachfrager (vgl. zu den je nach Perspektive unterschiedlichen Markenfunktionen Abb. 9.6).

9.4.2   Entscheidungsfelder des Markenmanagements

Das Markenmanagement umfasst drei zentrale Entscheidungsfelder, von denen wir nachfolgend auf die Formulierung der Markenstrategie näher eingehen (vgl. hierzu auch Esch 2005):

- die Formulierung der Markenstrategie,
- die Festlegung des Markenauftritts sowie
- die Gestaltung der Markenkontrolle.

Ein zentrales Entscheidungsfeld im Rahmen der Markenstrategie bezieht sich auf die Markenpositionierung, bei der es vor allem um die Gestaltung der folgenden drei Facetten einer Marke geht: Markenkern, Markennutzen und Markenpersönlichkeit (vgl. Abb. 9.7).

Der **Markenkern** repräsentiert in kompakter Form die Identität der Marke. Diese kann in Form eines prägnanten Ausdrucks bzw. Satzes formuliert werden (z. B. Nespresso: „What else").

Der **Markennutzen** bezieht sich auf die Frage, für welches Nutzenversprechen die Marke bei den Nachfragern stehen soll. Beispielsweise kann eine Automarke für Sportlichkeit, Kraft und Exklusivität oder eine Kosmetikmarke für Natürlichkeit und Reinheit stehen. Zentrales Ziel der Markenpositionierung ist es, eine Marke mit bestimmten Nutzendimensionen in der subjektiven Vorstellung der Nachfrager zu verankern. Zu unterscheiden ist in diesem Zusammenhang zwischen der (vom Anbieter) angestrebten und der (in der Wahrnehmung der Nachfrager) tatsächlich realisierten Positionierung.

Schließlich sind Gestaltungsüberlegungen im Hinblick auf die **Markenpersönlichkeit** zu treffen (vgl. zu diesem Konzept Aaker 1997). Dieser Aspekt der Positionierung

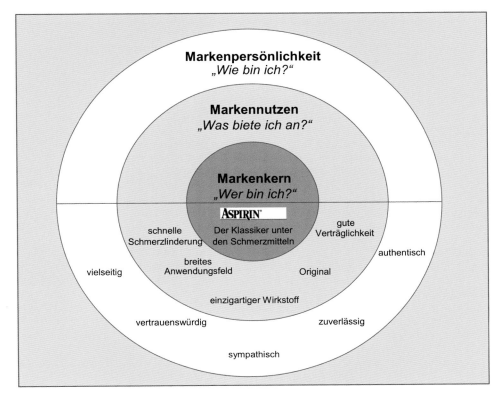

Abb. 9.7 Gestaltungsfacetten im Rahmen der Markenpositionierung am Beispiel der Arzneimittelmarke Aspirin (vgl. Homburg und Richter 2003, S. 15)

bezieht sich auf menschliche Eigenschaften, die von den Kunden mit der Marke assoziiert werden (sollen). Die Idee besteht also darin, eine Analogie zwischen menschlichen Persönlichkeitsprofilen und der Charakterisierung von Marken aufzubauen. Marken sollen also eine eigene „Persönlichkeit" erhalten, die durch Begriffe wie bodenständig, ehrlich, heiter, temperamentvoll, fantasievoll, intelligent, zuverlässig, vornehm und charmant umschrieben werden kann. Derartige Markenpersönlichkeitsassoziationen können zur Differenzierung von Marken gegenüber konkurrierenden Marken beitragen.

Einen weiteren zentralen Bereich im Rahmen der Markenstrategie stellt schließlich die Gestaltung der **Markenarchitektur** dar. Hierunter versteht man die Anordnung aller Marken eines Unternehmens, durch die die Rollen der Marken und ihre Beziehungen untereinander festgelegt werden. Hierbei stehen grundsätzlich drei markenstrategische Optionen zur Auswahl (vgl. Abb. 9.8):

- die Einzelmarkenstrategie,
- die Dachmarkenstrategie und
- die Familienmarkenstrategie.

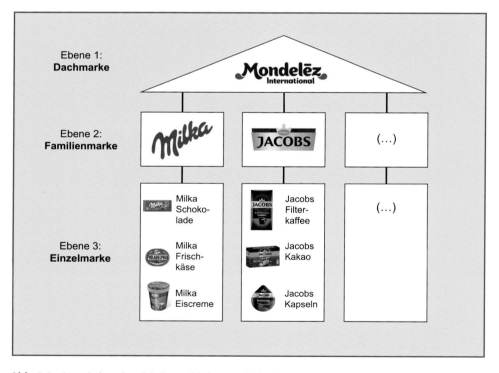

Abb. 9.8 Ausschnitte einer Markenarchitektur am Beispiel von Mondeléz International (vgl. Mondeléz International 2019)

Bei einer **Einzelmarkenstrategie** wird jede Leistung des Unternehmens unter einer eigenen Marke angeboten, und der Firmenname tritt in den Hintergrund. Wichtige Vorteile einer Einzelmarkenstrategie sind die Möglichkeiten zur präzisen Profilierung der einzelnen Marken und zur Konzentration auf eine klar abgrenzbare Zielgruppe. Außerdem können Kannibalisierungseffekte oder Ausstrahlungseffekte auf andere Unternehmensleistungen eher unterbunden werden. Ein zentraler Nachteil besteht vor allem im hohen finanziellen und zeitlichen Aufwand des Markenmanagements. Die Einzelmarkenstrategie empfiehlt sich insbesondere, wenn ein Unternehmen über ein heterogenes Produktprogramm verfügt, in dem die einzelnen Produkte unterschiedlich positioniert werden sollen.

▶ **Dachmarkenstrategie** Im Gegensatz zur Einzelmarkenstrategie werden bei einer Dachmarkenstrategie (Corporate/Umbrella Branding) alle Produkte des Unternehmens unter einer Marke angeboten.

Ein zentraler Vorteil der Dachmarkenstrategie besteht darin, dass der notwendige Markenaufwand (z. B. Werbeaufwendungen) von allen Produkten gemeinsam getragen wird. Außerdem bietet eine etablierte Dachmarke Starthilfe für die Einführung neuer Produkte, da bereits ein Markengoodwill beim Handel oder den Verbrauchern besteht. Als Nachteil ist zu nennen, dass die Vielzahl und eventuell die Unterschiedlichkeit der unter der Marke subsumierten Produkte eine klare Markenpositionierung erschweren können. Die Konzentration der Marktbearbeitung auf eine abgegrenzte Zielgruppe ist unter diesen Bedingungen nur schwer möglich. Auch Neupositionierungen einzelner Marken sind bei dieser Struktur problematisch. Schließlich besteht die Gefahr von negativen Ausstrahlungseffekten des Scheiterns eines einzelnen Produktes auf die gesamte Produktpalette. Eine Dachmarkenstrategie sollte insbesondere dann zur Anwendung kommen, wenn der Umfang des Produktprogramms zu groß ist, um eine Einzelmarkenstrategie wirtschaftlich sinnvoll zu verfolgen, oder wenn die einzelnen Produkte im Wesentlichen gleich positioniert sind.

Bei der **Familienmarkenstrategie** (Produktgruppenstrategie, Product Line Branding) wird für eine bestimmte Produktgruppe eine einheitliche Marke gewählt. Diese Strategie stellt also einen Mittelweg zwischen der Einzelmarken- und der Dachmarkenstrategie dar. Angestrebt wird die Kombination des Profilierungsvorteils der Einzelmarkenstruktur mit den ökonomischen Vorteilen der Dachmarkenstruktur. Die Verfolgung einer Familienmarkenstrategie bietet sich vor allem dann an, wenn mehrere Produkte zu Produktgruppen mit einem einheitlichen Nutzenversprechen zusammengefasst werden können. Ferner sind Familienmarken primär dort einsetzbar, wo der Kunde Systemangebote mit einem einheitlichen Nutzenversprechen sucht.

Neben dieser grundsätzlichen Entscheidung für eine der drei Gestaltungsoptionen sind in Unternehmen regelmäßig Entscheidungen über die **Weiterentwicklung der Markenarchitektur** zu treffen. In diesem Zusammenhang kann ein Unternehmen entweder die bestehenden Marken weiterentwickeln (Ausweitung auf neue Produkte der bestehenden Produktlinien oder Transfer auf neue Produktlinien) oder neue Marken (für bestehende oder neue Produktlinien) entwickeln. Hieraus resultieren vier strategische Optionen, die in Abb. 9.9 zusammengestellt sind.

Eine **Linienausweitung (Line Extension)** liegt vor, wenn eine bestehende Marke auf ein neues Produkt bzw. eine neue Produktvariante einer bereits am Markt etablierten Produktgruppe ausgeweitet wird. Diese Strategie wird häufig bei neuen Produktvarianten angewendet, die sich vom alten Produkt nur in relativ geringem Ausmaß unterscheiden. Eine Linienausweitung entspricht daher im Allgemeinen der bereits diskutierten Produktvariation bzw. der Produktdifferenzierung (vgl. Abschn. 9.3.2). Ein Beispiel für eine Line Extension wäre die Ergänzung der Produktlinie einer Brauerei um Light- oder alkoholfreie Versionen ihrer Biermarke. Die Strategie der Linienausweitung zielt auf die Absatzsteigerung durch intensivere Produktnutzung bei den bisherigen Kunden bzw. durch die Erschließung neuer Kundensegmente ab.

Eine weitere Möglichkeit der Weiterentwicklung der Markenarchitektur ist der **Markentransfer (Brand Extension).** Hierbei wird eine bestehende Marke auf Produkte einer anderen Produktgruppe übertragen. Hier treten in der Unternehmenspraxis durchaus Transfers auf völlig andersartige Produkte auf (z. B. von Automarken auf Sonnenbrillen). Die grundlegende Logik dieses Ansatzes liegt darin, die bestehende positive Wahrnehmung einer Marke durch die Nachfrager intensiver zu nutzen, indem man sie auf andere Produktlinien überträgt (Spillover-Effekt; vgl. Balachander und Ghose 2003). So können bekannte Marken den Eintritt in neue Produktbereiche aufgrund der positiven Beurteilung dieser Marken durch die Kunden erleichtern. Auch können Kunden ihre

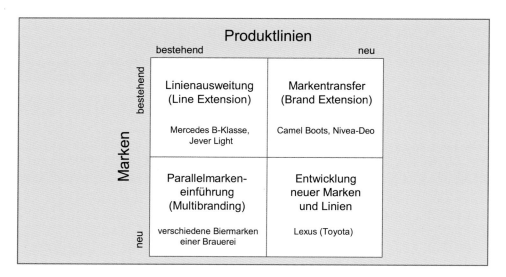

Abb. 9.9 Strategische Optionen zur Weiterentwicklung der Markenarchitektur mit ausgewählten Praxisbeispielen

Kaufentscheidung kognitiv vereinfachen, indem sie positive Erfahrungen vom Ausgangsprodukt der entsprechenden Marke auf das Transferprodukt übertragen.

Eine dritte Option zur Veränderung der Markenarchitektur ist die **Parallelmarkenein-
führung (Multi Branding).** Hierbei entschließt sich ein Anbieter, in einer bestehenden
Produktlinie neben der existierenden Marke weitere Marken einzuführen. Dies kann
z. B. mit dem Ziel geschehen, Nachfragergruppen zu erschließen, die durch die bisherige
Marke nicht bzw. kaum erreicht wurden. Derartige Ansätze spielen eine besondere Rolle,
wenn hochpreisig positionierte Premiummarken am Markt von billigeren Wettbewerbs-
marken unter Druck gesetzt werden. Eine mögliche Reaktion liegt für die Anbieter
solcher Premiummarken darin, ebenfalls eine billigere Marke einzuführen. Der Kunde,
der den Preis der Premiummarke nicht (mehr) zu zahlen bereit ist, ist dann nicht automatisch für das Unternehmen verloren.

9

Preispolitik

10

Inhaltsverzeichnis

Lernziele

- Der Leser kennt die zentralen Entscheidungsfelder der Preispolitik.
- Der Leser kennt die Problematik der unternehmensinternen und -externen Preisdurchsetzung.
- Der Leser kennt die grundlegenden Formen von Preis-Absatz-Funktionen und deren formale Darstellung.
- Der Leser kennt das Konzept der Preiselastizität des Absatzes und kann diese für gegebene Preis-Absatz-Funktionen ermitteln.
- Der Leser überblickt das Spektrum der Methoden zur empirischen Bestimmung der Preis-Absatz-Funktion.
- Der Leser kennt die zentralen verhaltenswissenschaftlichen Konzepte in den Bereichen Preisinformationsaufnahme, -beurteilung und -speicherung sowie zum Ausgabe- und Konsumverhalten.

© Springer Fachmedien Wiesbaden GmbH, ein Teil von Springer Nature 2020   195
C. Homburg, *Grundlagen des Marketingmanagements*,
https://doi.org/10.1007/978-3-658-29638-4_10

- Der Leser kennt die zentralen Ansätze der nachfrageorientierten Preisfindung und kann in diesem Zusammenhang insbesondere den Aussagegehalt
  der Amoroso-Robinson-Relation sowie die grundlegende Logik der Preisdifferenzierung und Preisbündelung erläutern.

10.1 Konzeptionelle Grundlagen der Preispolitik

Als Komponente des Marketingmix umfasst die Preispolitik alle Entscheidungen
im Hinblick auf das vom Kunden für ein Produkt zu entrichtende Entgelt (Preis). Die
Preispolitik trägt über ihren Beitrag zur Erreichung spezifischer potenzialbezogener
Ziele zur Erreichung der übergeordneten Marketingziele bei. Beispielhaft seien hier die
Preisbereitschaft der Kunden sowie deren Preiswahrnehmung als potenzialbezogene
Zielgrößen der Preispolitik genannt.

Im Vergleich zu anderen marketingpolitischen Gestaltungsparametern ist auf einige
grundlegende Charakteristika preispolitischer Entscheidungen hinzuweisen:

- **Schnelle Umsetzbarkeit:** Preispolitische Entscheidungen können im Gegensatz zu
  den meisten Entscheidungen bezüglich anderer Facetten des Marketingmix relativ
  kurzfristig umgesetzt werden. So kann ein neuer Preis recht schnell am Markt
  umgesetzt werden, wohingegen z. B. die Entwicklung und Einführung eines neuen
  Produktes meist relativ lange dauert.
- **Schwere Revidierbarkeit:** Einmal gesetzte Preise wirken als Referenzgrößen, die die
  Kundenbewertung späterer Preisänderungen beeinflussen (vgl. zu dem Phänomen der
  Referenzpreise Abschn. 10.2.2).
- **Große Wirkungsstärke:** Preisentscheidungen wirken sich stark auf das Verhalten der
  Kunden aus, da der Preis die „negative" Komponente des Kaufaktes bestimmt. Die
  Stärke der Reaktion von Kunden auf die Veränderung von Preisen ist um ein Viel-
  faches höher als die Reaktion auf Werbemaßnahmen.
- **Hohe Wirkungsgeschwindigkeit:** Kunden und Wettbewerber reagieren in vielen Märkten
  schnell auf Preisänderungen. Bei Kunden gilt dies in besonderem Maße für Güter des täg-
  lichen Bedarfs, die in relativ kurzem Abstand erworben werden. Die schnelle Reaktion der
  Wettbewerber auf Preisänderungen ist vor allem auf die bereits angesprochene schnelle
  Umsetzbarkeit von preispolitischen Entscheidungen zurückzuführen.

Die Preispolitik umfasst im Wesentlichen sechs **Entscheidungsfelder** (vgl. Abb. 10.1).
Die wesentlichen Facetten dieser Entscheidungsfelder sollen im Folgenden kurz dargestellt werden. Wir gehen hierbei auch darauf ein, wie die in den Abschn. 10.2 und 10.3
dargestellten Theorien, Konzepte und Methoden zur Entscheidungsunterstützung in den
einzelnen Entscheidungsfeldern herangezogen werden können.

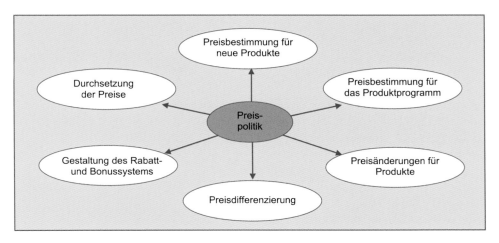

Abb. 10.1 Entscheidungsfelder der Preispolitik

Ein erstes Entscheidungsfeld der Preispolitik stellt die **Preisbestimmung für neue Produkte** dar. Wir unterscheiden in diesem Zusammenhang zwei grundlegende Orientierungen: die Skimming- und die Penetrationsstrategie.

Bei der **Skimmingstrategie** werden Produkte in der Markteintrittsphase zu vergleichsweise hohen Preisen angeboten. Im Mittelpunkt dieser Strategie steht das Ziel, die vorhandene Zahlungsbereitschaft der Nachfrager abzuschöpfen. Damit ist häufig ein Verzicht auf schnell realisierte hohe Absatzmengen verbunden. Im weiteren Verlauf des Produktlebenszyklus und bei wachsendem Konkurrenzdruck wird der Preis in der Regel sukzessiv gesenkt. Das Abschöpfen der hohen Preisbereitschaft in der Anfangsphase liefert einen wichtigen Beitrag zur schnellen Amortisation der Neuproduktinvestitionen. Die **Penetrationsstrategie** zielt hingegen darauf ab, mit relativ niedrigen Preisen schnell eine rasche Diffusion des neuen Produktes zu erreichen und Marktanteile zu gewinnen. Der zentrale Vorteil der Penetrationsstrategie liegt in der Möglichkeit, schnell eine starke Marktposition aufzubauen und so in den Genuss volumenbedingter Kostenvorteile zu gelangen. Diese Strategie steht also in enger inhaltlicher Verbindung zum Erfahrungskurvenkonzept (vgl. Abschn. 6.1.2).

Als ein Beispiel für die Anwendung der Penetrationsstrategie ist die Preisstrategie bei der Einführung der Internet-Browsersoftware Netscape Navigator zu nennen. Zu einem Preis von praktisch Null für private Endverbraucher konnte Netscape zunächst eine überlegene Marktführerschaft und einen Softwarestandard etablieren, um dann die Software Firmenkunden entgeltlich zur Verfügung zu stellen. Diese Preisstrategie war im Hinblick auf den Gewinn von Marktanteilen derart erfolgreich, dass sie von Microsoft bei der Einführung des Wettbewerbsproduktes Microsoft Internet Explorer in ähnlicher Form angewendet wurde.

10

Im Anschluss an diese Grundsatzentscheidung ist die **konkrete Preisfindung für das neue Produkt** vorzunehmen. Hier kann die Schätzung der Preis-Absatz-Funktion, also des funktionalen Zusammenhangs zwischen dem Preis und dem resultierenden Absatz, eine wesentliche Entscheidungsgrundlage liefern. Wir gehen in Abschn. 10.2.1.2 ausführlich auf Preis-Absatz-Funktionen und deren empirische Bestimmung ein. Auch die Berücksichtigung verhaltenswissenschaftlicher Aspekte kann in diesem Kontext hilfreich sein. So sollte ein Unternehmen beispielsweise im Rahmen der Preisfindung für ein neues Produkt entscheiden, welche Referenzpreisinformationen den Kunden gezielt kommuniziert werden. Derartige Aspekte der Preisbeurteilung durch Kunden werden in Abschn. 10.2.2 ausführlich behandelt.

Die **Preisbestimmung für das Produktprogramm** stellt ein zweites Entscheidungsfeld der Preispolitik dar. Dieses Entscheidungsfeld ist dadurch gekennzeichnet, dass einzelne Produkte nicht isoliert, sondern im Verbund betrachtet werden. Verbundeffekte können bewirken, dass sich die Preisbestimmung für ein Produkt auf den Absatz anderer Produkte positiv oder negativ auswirkt.

Zunächst muss auf der Basis der in der Marketingstrategie festgelegten Produkt-Preis-Positionierung des Unternehmens (vgl. hierzu Abschn. 8.1.6) die **Preispositionierung einzelner Produktgruppen/Produktlinien** definiert werden. Es geht also darum, welche Produktlinien im Premium-, im Mittelklasse- bzw. im Economy-Bereich positioniert werden sollen. Von grundsätzlicher Bedeutung ist im Zusammenhang mit dieser Preislagenwahl die Frage, welcher preisliche Abstand zwischen den Produktlinien mindestens bestehen muss, um vom Kunden wahrnehmbare preisliche Positionierungsunterschiede zu erreichen. In Abb. 10.2 ist das Resultat einer diesbezüglichen Entscheidung am Beispiel

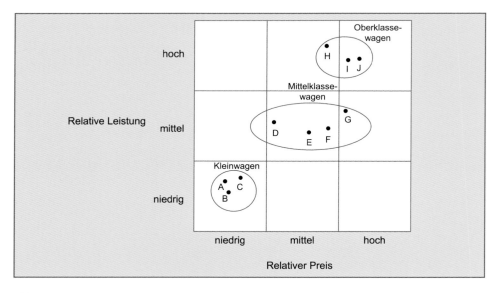

Abb. 10.2 Beispiel für die Preispositionierung der Produkte und Produktgruppen eines Automobilherstellers

von drei Produktgruppen mit insgesamt zehn verschiedenen Autovarianten (die Varianten A bis J) dargestellt.

Hierauf aufbauend ist zu entscheiden, wie das **Preisgefüge** der einzelnen Produkte/ Produktvarianten **innerhalb einer Produktgruppe** gestaltet sein soll. Grundsätzlich besteht hier die Möglichkeit einer engen bzw. einer weiten Preisspreizung in der Produktgruppe. So liegt in dem in Abb. 10.2 dargestellten Beispiel bei der Produktlinie der Mittelklassewagen eine relativ große Spreizung vor, während die Produkte der Produktlinie der Kleinwagen preislich recht nahe beieinander liegen.

Eine weitere grundsätzliche Entscheidung im Rahmen der Preisbestimmung für das Produktprogramm bezieht sich darauf, welche Produkte gemeinsam zu Paketpreisen angeboten werden sollen. Man spricht in diesem Zusammenhang auch von **Preisbündelung.** Wir diskutieren diese preispolitische Option ausführlich in Abschn. 10.3.2. Sie ist von besonderem Interesse, wenn zwischen Produkten ein kauf- oder verwendungsbezogener Nachfrageverbund (vgl. hierzu Abschn. 9.3.3) besteht.

Preise unterliegen in starkem Maße dem Spiel der Marktkräfte. Bedingt durch Änderungen der Nachfrage-, Wettbewerbs- und Kostenverhältnisse ergeben sich häufig Notwendigkeiten oder auch Chancen der **Preisänderung.** Diesbezügliche Entscheidungen bilden ein drittes zentrales Entscheidungsfeld im Rahmen der Preispolitik. Ein wichtiges Instrument zur ex ante-Bewertung von Preisänderungen ist die Preiselastizität des Absatzes, die das Ausmaß von Absatzveränderungen quantifiziert, die als Resultat von Preisänderungen auftreten (vgl. hierzu Abschn. 10.2.1.2).

Grundsätzlich kann zwischen dauerhaften und befristeten Preisänderungen unterschieden werden. Entscheidungen bezüglich **dauerhafter Preisänderungen** sind z. B. grundlegende preisliche Neupositionierungen von Produkten oder Produktlinien. Zu besonders intensiven dauerhaften Preisänderungen kommt es im Rahmen von Preiskriegen.

Vorübergehende Preisänderungen manifestieren sich insbesondere in Sonderpreisaktionen. Beispielhaft seien wöchentliche Sonderpreise im Einzelhandel sowie saisonabhängige Preise (z. B. in der Tourismusbranche) genannt. Vorübergehende Preisänderungen stellen im Prinzip Formen der zeitlichen Preisdifferenzierung dar. Wir gehen hierauf in Abschn. 10.3.2 ausführlich ein. Die grundlegende Logik vorübergehender Sonderpreisaktionen liegt in der Erzielung kurzfristiger Absatzerfolge bzw. der Sicherstellung von kurzfristiger Kapazitätsauslastung.

Ein weiteres zentrales Entscheidungsfeld im Rahmen der Preispolitik bezieht sich auf die **Preisdifferenzierung.** Hiermit ist gemeint, dass Unternehmen gleiche oder sehr ähnliche Produkte verschiedenen Kunden (Segmenten) zu unterschiedlichen Preisen anbieten. Die grundlegende Logik dieses Ansatzes liegt darin, unterschiedlichen Preisbereitschaften in verschiedenen Kundengruppen Rechnung zu tragen. Es geht in diesem Zusammenhang zum einen um die Entscheidung, inwieweit überhaupt Preisdifferenzierung betrieben werden soll, und zum anderen darum, nach welchen Kriterien Preisdifferenzierung betrieben werden kann. Im Hinblick auf die Kriterien kann man

10

z. B. zwischen personenbezogener und räumlicher Preisdifferenzierung unterscheiden. Wir befassen uns mit der Preisdifferenzierung ausführlich in Abschn. 10.3.2.

Ein weiteres Entscheidungsfeld stellt die **Gestaltung des Rabatt- und Bonussystems** dar. Rabatte sind Preisnachlässe, die den Kunden im Vergleich zum Normal- oder Listenpreis mit der Rechnungsstellung gewährt werden (z. B. Mengenrabatte, aktionsbezogene Sonderrabatte oder Einzelrabatte, die durch den Außendienst vergeben werden). Boni sind ebenfalls Preisnachlässe, die jedoch erst nach Rechnungsstellung gewährt werden (z. B. Treuebonus bei Erreichung bestimmter Abnahmemengen durch den Kunden oder Bonus für Händler als Gegenleistung für die Unterstützung bei Neuprodukteinführungen). Das Rabatt- und Bonussystem (auch als Konditionensystem bezeichnet) ist die Gesamtheit aller Regeln, nach denen Rabatte bzw. Boni an Kunden bzw. Absatzmittler vergeben werden.

Der Erfolg der Preispolitik hängt entscheidend davon ab, inwieweit die beschlossenen preispolitischen Maßnahmen (insbesondere die Preise selbst) tatsächlich auch durchgesetzt werden können. Ein weiteres wichtiges Entscheidungsfeld der Preispolitik ist somit die **Durchsetzung der Preise.** Im Rahmen dieses Entscheidungsfeldes sind unternehmensinterne und -externe Facetten zu berücksichtigen.

Die **unternehmensinterne Preisdurchsetzung** bezieht sich auf die Beeinflussung preisbezogener Verhaltensweisen von Mitarbeitern des Unternehmens. Von besonderer Bedeutung ist hier das Verhalten von Mitarbeitern im direkten Kundenkontakt, z. B. von Vertriebsmitarbeitern. Die unternehmensinterne Preisdurchsetzung muss darauf abzielen, das Verhalten der Mitarbeiter dahin gehend zu beeinflussen, dass sie mit den preispolitischen Zielen und Entscheidungen konsistent sind.

Im Gegensatz zu der unternehmensinternen Preisdurchsetzung geht es bei der **unternehmensexternen Preisdurchsetzung** um die Durchsetzung von Preisen gegenüber den Kunden des Unternehmens. Von ganz zentraler Bedeutung ist die **Kommunikation von Preisen bzw. von preispolitischen Entscheidungen.** Beispielsweise empfiehlt es sich, Preiserhöhungen nicht isoliert, sondern im Zusammenhang mit positiven Botschaften (z. B. Verbesserung des Lieferservice) zu kommunizieren.

10.2 Theoretische Grundlagen der Preispolitik

Im Hinblick auf die Preispolitik gibt es eine Vielzahl spezifischer theoretischer Ansätze. Um deren Darstellung geht es in diesem Abschnitt. Hierbei kann zwischen zwei grundlegenden Perspektiven unterschieden werden: Konzepte der klassischen Preistheorie haben ihren Ursprung in der Mikroökonomie. Hier wird der Preis als objektive Größe aufgefasst und im Rahmen quantitativer Modelle auf seine Auswirkungen hin untersucht. Im Gegensatz hierzu befassen sich verhaltenswissenschaftliche Ansätze, die ihre Wurzeln in der Psychologie haben, mit der Wahrnehmung von Preisen durch Individuen. Hier wird also zwischen dem objektiven Preis und seiner subjektiven Wahrnehmung unterschieden.

10.2.1 Konzepte der klassischen Preistheorie

10.2.1.1 Preis und Marktform

Ein Markt stellt den ökonomischen Ort des Austausches von Produkten dar (vgl. auch Abschn. 1.1). Die Form des jeweiligen Marktes bestimmt in hohem Maße den Gestaltungsspielraum der Preispolitik. Unternehmen haben daher bei preispolitischen Entscheidungen zu berücksichtigen, welche Form der relevante Markt aufweist.

Anhand der Anzahl der Anbieter sowie der Art der angebotenen Produkte (homogen versus heterogen) lassen sich verschiedene Marktformen abgrenzen. Für die Marktform des vollkommenen Wettbewerbs (viele Anbieter, homogenes Produkt) ergibt sich der Preis am Markt durch den Ausgleich von Angebot und Nachfrage. Somit stellt hier der Preis keinen Gestaltungsparameter der Marktbearbeitung eines Unternehmens dar. Es gibt in einem solchen Umfeld also im Grunde keine Preispolitik.

In der Regel herrscht auf realen Märkten jedoch kein vollkommener Wettbewerb, was unter anderem auf Kundenpräferenzen für die Produkte bestimmter Unternehmen zurückzuführen ist. Diese Präferenzen können durch gezielte Marketingaktivitäten der Unternehmen beeinflusst werden. Beispielhaft seien Maßnahmen zur Kundenbindung und Strategien der Produktdifferenzierung (vgl. Kap. 9) genannt. In derartigen Märkten (unvollkommene Märkte, kein vollkommener Wettbewerb) gewinnt die Preispolitik an Bedeutung.

Die in der Praxis beobachtbaren Marktformen des Monopols (ein Anbieter und viele Nachfrager), des Oligopols (wenige Anbieter und viele Nachfrager) und des Polypols (viele Anbieter und viele Nachfrager) haben unterschiedliche Konsequenzen für den Gestaltungsspielraum der Preispolitik. Im **Monopol** hat der Anbieter bei der Preisbestimmung lediglich die Reaktionen der Kunden zu berücksichtigen. Konkurrenten sind entweder nicht vorhanden oder ihr Einfluss ist nicht spürbar. Im **Oligopol** hat der Anbieter zusätzlich zu den Reaktionen der Kunden auch das Verhalten der Konkurrenten einzubeziehen. Im **Polypol** besitzt der Anbieter tendenziell einen geringeren Spielraum bei der Preisbestimmung als im Monopol oder im Oligopol. Dies ist insbesondere dann der Fall, wenn die höhere Zahl der Wettbewerber mit einer höheren Wettbewerbsintensität verbunden ist. Dann kann eine sehr stark wettbewerbsorientierte Preisfindung sinnvoll bzw. erforderlich sein.

10.2.1.2 Die Preis-Absatz-Funktion

Die Preis-Absatz-Funktion ist das grundlegende Konzept zur Behandlung preispolitischer Entscheidungen mit Hilfe der klassischen Preistheorie. Diese Funktion beschreibt die funktionale Abhängigkeit des Absatzes x vom Preis p:

$$x = x(p).$$

Die Kenntnis darüber, welche Menge des Produktes die Kunden zu welchem Preis kaufen würden, ist besonders wichtig für das Entscheidungsfeld der **Preisbestimmung für neue Produkte.**

10

Preis-Absatz-Funktionen können unterschiedliche Funktionsverläufe aufweisen. Wir stellen vier grundlegende Formen von Preis-Absatz-Funktionen dar:

- die lineare Preis-Absatz-Funktion,
- die multiplikative Preis-Absatz-Funktion,
- das Gutenberg-Modell (doppelt-geknickte und geglättete Form) und
- die logistische Preis-Absatz-Funktion (Attraktionsmodell).

Die **lineare Preis-Absatz-Funktion,** deren Verlauf Abb. 10.3 veranschaulicht, unterstellt eine lineare Abhängigkeit der Absatzmenge x vom Preis p. Formal lässt sie sich folgendermaßen darstellen:

$$x(p) = a - b \cdot p.$$

Der Parameter b beschreibt die Reaktion des Absatzes auf Preisänderungen. Er ist in der Regel positiv (sinkender Absatz bei steigendem Preis). Je größer b ist, desto stärker reagiert der Absatz auf Preisänderungen. Genauer formuliert stellt b den **Grenzabsatz** dar: Bei einer Preissenkung um eine Einheit steigt der Absatz um b Einheiten. Der Parameter a gibt den Schnittpunkt mit der Absatzachse an, was dem maximalen Absatz (Absatz bei einem Preis von Null) entspricht. Man kann a auch als Sättigungsmenge interpretieren. Beide Parameter fließen in den Maximalpreis a/b ein, bei dem kein Absatz mehr erzielt wird.

Ein wesentlicher Vorteil der linearen Preis-Absatz-Funktion ist ihre Einfachheit. Liegen eine Reihe von Preis-Menge-Kombinationen vor, so lassen sich die Parameter a und b ohne großen methodischen Aufwand mithilfe der bivariaten Regressionsanalyse schätzen. Ein entsprechendes Beispiel wurde in Abschn. 5.1.2.3 bereits durchgerechnet. Hier wurde auf der Basis von Preis-Menge-Daten aus zehn Testgeschäften die lineare Preis-Absatz-Funktion

$$x(p) = 248{,}24 - 41{,}06 \cdot p$$

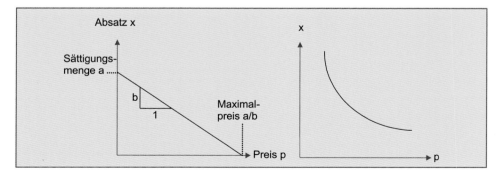

Abb. 10.3 Lineare und multiplikative Preis-Absatz-Funktion

geschätzt. Dies bedeutet, dass eine Preiserhöhung um eine Geldeinheit zu einem Absatzrückgang um circa 41 Mengeneinheiten führt. Die Sättigungsmenge beträgt circa 248 Mengeneinheiten, der Maximalpreis, bei dem kein Absatz mehr erzielt wird, liegt bei circa 6,05 Geldeinheiten.

Die **multiplikative Preis-Absatz-Funktion** hat die Form

$$x(p) = a \cdot p^{-b}.$$

Hier steuert der Parameter b die Abhängigkeit der Absatzmenge vom Preis. Ist er positiv, so ergibt sich der in Abb. 10.3 dargestellte Verlauf. Bei dieser Funktion hängt die absolute Wirkung einer Preisänderung auf den Absatz vom Ausgangspreis p ab. Je niedriger der Ausgangspreis ist, desto stärker ist die Wirkung einer Preisänderung auf den Absatz. Bei einem niedrigen Ausgangspreis führt also beispielsweise eine Preiserhöhung um 5 % zu einem deutlich höheren Absatzrückgang als bei einem hohen Ausgangspreis. Der Parameter a ist ein Normierungsparameter: Bei einem Preis von einer Geldeinheit ergibt sich ein Absatz von a Mengeneinheiten.

Berücksichtigt man hier den durchschnittlichen Preis der Wettbewerbsprodukte ($\bar{p}$), so ergibt sich die **erweiterte multiplikative Preis-Absatz-Funktion**

$$x(p,\bar{p}) = a \cdot p^{-b} \cdot \bar{p}^{c}.$$

Der in der Regel positive Parameter c bildet die Stärke der Abhängigkeit des Absatzes von den Preisen der Konkurrenzprodukte ab: Je größer c ist, desto stärker wirken sich Wettbewerbspreise auf den Absatz des betrachteten Produktes aus.

Während im multiplikativen Preis-Absatz-Modell unterstellt wird, dass das Ausmaß der Absatzveränderung mit zunehmendem Preisniveau abnimmt (dass also die Preis-Absatz-Funktion mit zunehmendem Preisniveau immer flacher wird), unterstellt das **Gutenberg-Modell** (vgl. Gutenberg 1966, der einer der geistigen Väter der deutschen Betriebswirtschaftslehre war) eine Preis-Absatz-Funktion mit einem flachen mittleren Teil und zwei steilen Randbereichen (vgl. zum Funktionsverlauf Abb. 10.4).

Die grundlegende Logik dieses Ansatzes besteht in der Annahme, dass Unternehmen innerhalb eines bestimmten Bereiches den Preis variieren können, ohne dass dies starke Auswirkungen auf den Absatz hat. Gutenberg bezeichnet diesen Bereich als „monopolistischen Bereich". Er entspricht dem flachen Teil der Preis-Absatz-Funktion. Die Existenz dieses monopolistischen Bereiches begründet Gutenberg mit dem so genannten „akquisitorischen Potenzial" von Unternehmen. Hiermit ist gemeint, dass Kunden Präferenzen für bestimmte Produkte aufbauen, die ihre Preissensibilität reduzieren. Aus Sicht des Kunden gibt es aufgrund dieser Präferenzen in gewissem Umfang keinen alternativen Anbieter, sodass der Anbieter quasi ein „Monopol" hat.

Das Gutenberg-Modell lässt sich in formaler Hinsicht in zwei Varianten abbilden: Man unterscheidet eine doppelt-geknickte (abschnittsweise differenzierbare) Preis-Absatz-Funktion und eine geglättete (differenzierbare) Funktion (vgl. Abb. 10.4).

10

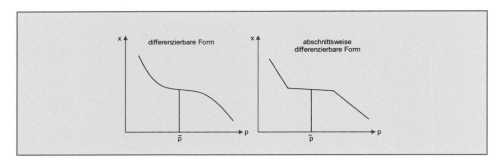

Abb. 10.4 Preis-Absatz-Funktionen nach dem Gutenberg-Modell

▶ **Preiselastizität des Absatzes** Die Preiselastizität des Absatzes ε ist ein Maß für die Stärke der Wirkung des Preises p auf den Absatz x. Sie gibt das Verhältnis der relativen Änderung des Absatzes zu der sie verursachenden relativen Änderung des Preises an.

Die Preiselastizität nimmt in der Regel negative Werte an, weil Preiserhöhungen im Allgemeinen mit einem rückläufigen Absatz einhergehen und Preissenkungen mit einem steigenden Absatz. Da die Preiselastizität eine dimensionslose Größe ist, ist sie für Vergleichszwecke besonders geeignet.

Geht beispielsweise bei einer Preiserhöhung von 20 % der Absatz um 40 % zurück, nimmt die Preiselastizität einen Wert von −2 an. Bei derartigen Betrachtungen, die Elastizitäten auf der Basis des Vergleichs der Absatzmengen zweier Preise ermitteln, spricht man von der **Bogenelastizität.**

Betrachtet man dagegen die Preiselastizität der Nachfrage für einen bestimmten Preis p bei unendlich kleinen Preisänderungen, so spricht man von der **Punktelastizität,** auf der die folgenden Ausführungen basieren. Diese Größe lässt sich mathematisch folgendermaßen darstellen:

$$\varepsilon(p) = \frac{dx(p)/x}{dp/p} = \frac{dx(p)}{dp} \cdot \frac{p}{x}.$$

Der letztgenannte Ausdruck ist für die Berechnung von Elastizitäten besonders hilfreich, da der Ausdruck dx(p)/dp der Ableitung der Preis-Absatz-Funktion entspricht. Geht man davon aus, dass der Absatz mit zunehmendem Preis sinkt, so sind negative Elastizitäten die Regel. Bei ε = −1 entspricht die relative Mengenänderung der relativen Preisänderung. Ist ε betragsmäßig größer als 1, so spricht man von einem preiselastische Absatz. In diesem Bereich reagiert der Absatz überproportional auf Preisänderungen. Liegt ε dagegen zwischen 0 und −1, so spricht man von einem preisunelastische Absatz: Hier ist die relative Absatzänderung kleiner als die relative Preisänderung.

Zur empirischen Ermittlung der Preiselastizität des Absatzes liegen zahlreiche Studien vor. In einer Metaanalyse von Studien zur Ermittlung der Preiselastizität des Absatzes im Konsumgüterbereich konnte eine durchschnittliche Preiselastizität von $-2{,}62$ nachgewiesen werden (vgl. zu den für verschiedene Produktkategorien empirisch nachgewiesenen Preiselastizitäten Tab. 10.1). Die auf der Basis zahlreicher empirischer Studien im Konsumgüterbereich ermittelte Preiselastizität liegt also im preiselastischen Bereich. Dies bedeutet tendenziell, dass der Absatz bei Konsumgütern überproportional auf Preisänderungen reagiert.

Zur Veranschaulichung der Preiselastizität betrachten wir zunächst die lineare Preis-Absatz-Funktion

$$x(p) = 248{,}24 - 41{,}06 \cdot p,$$

die wir in Abschn. 5.1.2.3 auf der Basis einer bivariaten Regressionsanalyse ermittelt haben. Hier ergibt sich beispielsweise für den Preis $p = 2$ die Elastizität

$$\varepsilon(2) = -41{,}06 \cdot 2/166{,}12 = -0{,}49.$$

Hier befinden wir uns also im Bereich des preisunelastischen Absatzes. Für $p = 4$ ergibt sich

$$\varepsilon(4) = -41{,}06 \cdot 4/84{,}00 = -1{,}96.$$

Tab. 10.1 Empirisch nachgewiesene Preiselastizitäten für verschiedene Produktkategorien (in Anlehnung an Danaher und Brodie 2000, S. 922)

Produkte	Zahl der untersuchten Marken	Mittlere Preiselastizität
Marmelade	2	$-4{,}34$
Cracker	6	$-4{,}33$
Toilettenpapier	6	$-4{,}16$
Eiscreme	4	$-4{,}10$
Butter	5	$-3{,}75$
Kartoffelchips	3	$-3{,}48$
Waschmittel	5	$-2{,}71$
Mineralwasser	5	$-2{,}40$
Margarine	4	$-2{,}13$
Orangensaft	6	$-1{,}92$
Spülmittel	5	$-1{,}87$
Nudeln	4	$-1{,}80$
Shampoo	8	$-1{,}78$
Heftpflaster	3	$-1{,}37$
Windeln	3	$-0{,}86$

10

Dieser Preis liegt somit im Bereich des preiselastischen Absatzes.

Für die Preispolitik in der Unternehmenspraxis stellt sich insbesondere die Frage, unter welchen Bedingungen die Preiselastizität tendenziell hoch bzw. niedrig ist. So ist tendenziell davon auszugehen, dass die Preiselastizität des Absatzes dann eher niedrig ist, wenn

- das Produkt eine ausgeprägte Alleinstellung am Markt besitzt,
- die Kunden nur über eine beschränkte Kenntnis der Substitutionsprodukte (also der Alternativen zum Produkt des Anbieters) verfügen,
- die Kunden die Qualität verschiedener Substitutionsprodukte nur schwer vergleichen können,
- der Preis für das Produkt im Verhältnis zum Einkommen des Kunden gering ist,
- der Kaufpreis für das Produkt im Verhältnis zu den Gesamtkosten der Produktnutzung über den Lebenszyklus hinweg gering ist,
- das Produkt in den Augen der Kunden ein hohes Maß an Qualität, Prestige sowie Exklusivität aufweist,
- das Produkt vor dem Hintergrund früherer Käufe beim gleichen Anbieter gekauft wird und für den Wechsel zu einem anderen Anbieter bestimmte Barrieren existieren.

Von gewissem Interesse für die Unternehmenspraxis ist die **Wirkung von Preisänderungen auf den Umsatz.** Der Umsatz U lässt sich bei gegebener Preis-Absatz-Funktion x(p) gemäß der Formel

$$U(p) = p \cdot x(p)$$

in Abhängigkeit des Preises darstellen. Zur Ermittlung des umsatzmaximalen Preises setzen wir die erste Ableitung dieser Funktion gleich Null:

$$\frac{dU(p)}{dp} = p \cdot \frac{dx(p)}{dp} + x(p) = 0.$$

Teilen wir diese Gleichung durch x(p), so ergibt sich die Beziehung

$$\frac{p}{x(p)} \cdot \frac{dx(p)}{dp} + \frac{x(p)}{x(p)} = 0,$$

die gleichbedeutend mit

$$\varepsilon(p) + 1 = 0$$

bzw.

$$\varepsilon(p) = -1$$

ist.

Dies bedeutet also, dass die Preiselastizität des Absatzes beim umsatzmaximalen Preis −1 beträgt. Neben der soeben vorgenommenen analytischen Herleitung dieses

Sachverhalts lässt sich hierfür eine ziemlich einfache Plausibilitätserklärung geben: Für $-1 < \varepsilon < 0$ reagiert der Absatz unterproportional auf Preisveränderungen. Daher kann in diesem Fall der Umsatz (als Produkt von Absatz und Preis) durch eine Preiserhöhung gesteigert werden. Für $\varepsilon < -1$ reagiert der Absatz dagegen überproportional auf Preisveränderungen. In diesem Fall kann der Umsatz – durch eine Preissenkung – ebenfalls gesteigert werden. Wir sehen also, dass bei einer Elastizität, die von -1 abweicht, der Umsatz durch entsprechende preisliche Maßnahmen immer noch gesteigert werden kann. Lediglich bei einem Wert der Elastizität von -1 (wo also die relative Absatzänderung der relativen Preisänderung entspricht) kann eine solche Umsatzsteigerung durch Preisveränderung nicht realisiert werden. Hier liegt somit der umsatzmaximale Preis vor.

Diese Ausführungen deuten bereits an, dass die Kenntnis der Preiselastizität des Absatzes für preispolitische Entscheidungen in der Unternehmenspraxis von großer Bedeutung ist. Wir werden im Zusammenhang mit der nachfrageorientierten Preisbildung in Abschn. 10.3.1 noch ausführlicher auf die Bedeutung der Elastizität im Hinblick auf die Bestimmung optimaler Preise eingehen.

10.2.2 Verhaltenswissenschaftliche Grundlagen der Preispolitik

In der klassischen Preistheorie (vgl. Abschn. 10.2.1) stehen rationale Kosten-Nutzen-Erwägungen im Mittelpunkt der Kaufentscheidung des Kunden. Empirische Untersuchungen zeigen jedoch, dass das Verhalten von Individuen häufig in systematischer Weise von dem abweicht, was gemäß der klassischen Preistheorie zu erwarten wäre. Dieses Phänomen wird in der verhaltenswissenschaftlich orientierten Preistheorie thematisiert, wo psychologische Faktoren im Entscheidungsverhalten des Kunden eine wichtige Rolle spielen. Die Bedeutung derartiger verhaltenswissenschaftlicher Betrachtungen im Preisbereich soll anhand von zwei grundlegenden Phänomenen veranschaulicht werden:

- Die Preisbereitschaft wird von Preiserwartungen und der wahrgenommenen Fairness der Transaktion beeinflusst.
- Bei der Bewertung von Preisunterschieden (z. B. möglichen Preisersparnissen) werden weniger die absoluten als vielmehr die relativen Preisunterschiede herangezogen. Man spricht in diesem Zusammenhang vom relativen Wert des Geldes.

Der Einfluss von **Preiserwartungen** und der wahrgenommenen **Fairness der Transaktion** auf die Preisbereitschaft der Kunden kann anhand der folgenden Szenarien verdeutlicht werden (in Anlehnung an Thaler 1985): In einem ersten Szenario liegt ein Urlauber am Strand und würde gerne ein Erfrischungsgetränk zu sich nehmen. Ein Freund bietet an, eine Flasche des Erfrischungsgetränks aus einem Lebensmittelgeschäft in Strandnähe mitzubringen, und fragt den Urlauber nach seiner Preisbereitschaft für

10

das Getränk. Das zweite Szenario ist identisch mit dem ersten. Der einzige Unterschied liegt darin, dass das Getränk nicht in einem Lebensmittelgeschäft, sondern in einem exklusiven Urlaubshotel verkauft wird.

Gemäß der klassischen Preistheorie (Annahme des rational handelnden Kunden) müsste die Preisbereitschaft des Urlaubers in beiden Szenarien gleich sein (gleiches Getränk, kein Einfluss der Atmosphäre des Kaufortes auf die Kaufentscheidung). Eine empirische Untersuchung ergab jedoch, dass die Kunden im ersten Szenario durchschnittlich 1,50 Geldeinheiten für die Getränkeflasche bezahlen würden, während sie im zweiten Szenario 2,65 Geldeinheiten ausgeben würden (vgl. Thaler 1985). Die Preisbereitschaft wird also beeinflusst von den Erwartungen der Kunden darüber, welche Preise sie üblicherweise in einem Lebensmittelgeschäft bzw. in einem exklusiven Urlaubshotel bezahlen müssten. Auch die Überlegung, dass ein exklusives Urlaubshotel höhere Personalkosten als ein Lebensmittelgeschäft hat und somit hier ein höherer Preis „fair" ist, mag hier eine Rolle spielen. Die Preisbereitschaft hängt somit nicht ausschließlich von ökonomischen Aspekten der Transaktion ab. Vielmehr beeinflussen Preiserwartungen und die wahrgenommene Fairness der Transaktion die Preisbereitschaft der Kunden.

Der Einfluss des **relativen Wertes des Geldes** auf die Preisbereitschaft kann durch das folgende Beispiel verdeutlicht werden. Nach der klassischen Preistheorie ist der Wert einer Geldeinheit absolut und damit immer gleich. Demnach haben beispielsweise 10 € in allen Kauftransaktionen für den Kunden den gleichen Wert. Gemäß dem Konzept des relativen Wertes des Geldes ist dies jedoch nicht der Fall, was anhand der folgenden beiden Szenarien verdeutlicht werden soll.

In einem ersten Szenario will ein Kunde sich einen Fotoapparat in dem seiner Meinung nach günstigsten Geschäft der Umgebung kaufen. Nach dem Betreten des Geschäftes erhält er die Information, dass der Fotoapparat 29 € kostet. Dann erfährt der Kunde durch einen anderen Kunden, dass der identische Fotoapparat in einem zehn Minuten entfernten Geschäft nur 19 € kostet. Ein zweites Szenario ist identisch mit dem ersten – mit Ausnahme der Höhe des Preises und der Art des Produktes, das der Kunde kaufen will: Hier will er eine Videokamera zu einem Preis von 495 € kaufen, die in einem zweiten Geschäft zu 485 € angeboten wird. Für diese Preisersparnis von 10 € wäre ebenfalls ein Umweg von zehn Minuten erforderlich.

Gemäß der klassischen Preistheorie müsste sich der Kunde fragen, ob er bereit ist, für eine Ersparnis von 10 € einen Umweg von zehn Minuten in Kauf zu nehmen. Wenn dies der Fall ist, müsste er sich in beiden Szenarien für das günstigere Produkt und den damit verbundenen Umweg entscheiden. Empirische Untersuchungen zeigen jedoch, dass die gleichen Kunden diesen Umweg tendenziell häufiger für das Produkt mit dem niedrigeren Basispreis wählen (vgl. Thaler 1980). Im Beispiel würden die Kunden also eher den Umweg für den Fotoapparat machen, nicht jedoch für die Videokamera. Dieses Phänomen kann mit dem relativen Wert des Geldes erklärt werden. Während der absolute Geldwert der Preisersparnis in beiden Fällen 10 € beträgt, unterscheidet sich der relative Wert. So stellen 10 € in Bezug auf einen 29 € teuren Fotoapparat eine Ersparnis von 34 %, dar, wohingegen 10 € bei einer 495 € teuren Videokamera lediglich eine Ersparnis von 2 % bedeuten. Im ersten Szenario stellt somit die Ersparnis von 10 € in der Wahrnehmung des Kunden einen relativ größeren Wert dar als im zweiten Szenario. Dies führt dazu, dass die Ersparnis von 10 € bei einem 29 € teuren Fotoapparat einen ausreichend großen Anreiz für den Umweg darstellt, wohingegen dies bei der absolut gleich hohen Ersparnis im Fall der 495 € teuren Videokamera nicht zutrifft.

Diese Phänomene verdeutlichen, dass eine rein mikroökonomisch fundierte Untersuchung von Nachfragerreaktionen auf preispolitische Maßnahmen zu kurz greift. Gleichzeitig deuten sie die hohe Bedeutung verhaltenswissenschaftlicher Betrachtungen in diesem Bereich an. Im Folgenden gehen wir daher genauer auf zwei grundlegende Aspekte der Preisinformationsbeurteilung ein: Preisschwellen und Referenzpreise.

Ein wichtiges Konzept im Rahmen der Preisinformationsbeurteilung stellen Preisschwellen dar. Es wird unterstellt, dass ein Kunde Preise unterhalb eines bestimmten Preises (Preisschwelle) deutlich günstiger beurteilt als bei Erreichen oder Überschreiten dieser Preisschwelle.

▶ **Preisschwellen** Preisschwellen sind Preise, bei denen sich die Preisbeurteilung durch den Kunden sprunghaft verändert (vgl. Diller 2008). Hierbei lassen sich absolute und relative Preisschwellen unterscheiden.

Absolute Preisschwellen stellen die Ober- und Untergrenzen des Bereiches der vom Kunden als akzeptabel beurteilten Preise dar, außerhalb derer das Produkt nicht gekauft wird. Aus der Betrachtung der absoluten Preisschwellen eines Kunden kann man also ableiten, was ein Produkt mindestens kosten muss bzw. was es höchstens kosten darf, so dass der Kunde das Produkt kauft: Die Preisbeurteilung des Kunden ändert sich bei Überschreiten einer absoluten oberen Preisschwelle bzw. bei Unterschreiten einer absoluten unteren Preisschwelle dahingehend, dass ein Kauf nicht mehr infrage kommt. Ein bemerkenswerter Aspekt ist die Existenz von absoluten unteren Preisschwellen (mit einem Preis größer als Null), die implizieren, dass ein Kunde ein Produkt nicht kauft, weil es aus seiner Sicht einen zu niedrigen Preis aufweist. Derartige Preisuntergrenzen können aus einer preisabhängigen Qualitätsbeurteilung resultieren. So können aus einem Preis unterhalb der Preisuntergrenze resultierende Qualitätszweifel des Kunden dazu führen, dass für den Kunden ein Kauf des Produktes nicht infrage kommt.

Relative Preisschwellen beziehen sich nicht wie absolute Preisschwellen auf die Entscheidung des Kunden über Kauf- bzw. Nichtkauf, sondern lediglich auf die vorgelagerte Bewertung der Preise innerhalb des über die absoluten Preisschwellen abgegrenzten akzeptierten Preisbereiches. Hintergrund dieser Thematik ist der Sachverhalt, dass ein Kunde nominal voneinander abweichende Preise nicht unbedingt als unterschiedlich wahrnehmen muss, was insbesondere bei kleinen nominalen Preisunterschieden der Fall sein kann. Bei Überschreiten einer relativen Preisschwelle verschlechtert sich das Preisgünstigkeitsurteil sprunghaft, sodass der veränderte Preis einer anderen Preisgünstigkeitskategorie zugeordnet wird.

10

In Insert 10.1 wird die Thematik der Preisschwellen anhand von Beispielen im Rahmen der Währungsumstellung auf den Euro veranschaulicht. In Abb. 10.5 haben wir die Bedeutung von absoluten und relativen Preisschwellen für die Preiswahrnehmung von vier verschiedenen Preisen für das gleiche Produkt veranschaulicht. Der Preis p_1 liegt unterhalb der absoluten unteren Preisschwelle und der Preis p_4 oberhalb der absoluten oberen Preisschwelle, sodass hier der Kauf des Produktes für den Kunden gar nicht erst infrage kommt. Der Preis p_3 ist nur geringfügig höher als der Preis p_2. Da er jedoch eine relative Preisschwelle überschreitet, wird er als deutlich höher als der Preis p_2 wahrgenommen.

Preisschwellen sind insbesondere für Preiserhöhungen relevant: Oftmals bricht bei Erreichen oder Überschreiten einer Preisschwelle der Absatz des Produktes ein. Für die Absatzveränderung macht es hierbei keinen großen Unterschied, ob die Preisschwelle nur knapp oder merklich übersprungen wird. Bei einer Preiserhöhung in Nähe einer Preisschwelle empfiehlt sich daher in der Regel ein deutliches Überspringen der Preisschwelle (vgl. Kaas und Hay 1984), da so ein deutlich höherer Umsatz erzielt werden kann. Wichtig ist hierbei, dass die nächste Preisschwelle noch nicht überschritten wird.

Da runde Preise (z. B. 1 € oder 100 €) für viele Kunden Preisschwellen darstellen, sind so genannte gebrochene Preise (Preise knapp unterhalb dieser Preisschwellen) weit verbreitet (vgl. Kucher 1985). So kommen glatte Preise mit der Endziffer 0 (z. B. 4,00 €) nur sehr selten vor. Es überwiegen deutlich Preise mit der Endziffer 9 (z. B. 3,99 €).

Das Referenzpreiskonzept ist insbesondere im Zusammenhang mit der Beurteilung von Sonderpreisaktionen relevant. Eine große Gefahr solcher Aktionen liegt darin, dass Kunden sich möglicherweise schnell an den reduzierten Preis gewöhnen, sodass dieser also zum neuen Referenzpreis wird.

Ein weiteres zentrales Konzept im Rahmen der Preisinformationsbeurteilung stellt der Referenzpreis dar.

▶ **Referenzpreis** Hierbei handelt es sich um den Preis, den der Kunde bei der Beurteilung anderer Preise als Vergleichsmaßstab heranzieht (vgl. Briesch et al. 1997; Herrmann et al. 1998). Zu unterscheiden sind externe und interne Referenzpreise (vgl. Rajendran und Tellis 1994).

Externe Referenzpreise bilden sich in einer bestimmten Kaufsituation auf Basis der beobachtbaren Preise in der Kaufumgebung (z. B. Preise anderer Produkte in der Kategorie). **Interne Referenzpreise** sind dagegen im Gedächtnis gespeichert und basieren auf wahrgenommenen Preisen vergangener Kauferfahrungen (z. B. zuletzt gezahlte Preise).

Angesichts der großen Bedeutung von Referenzpreisen für die Preisbeurteilung der Kunden sollten Unternehmen über Möglichkeiten nachdenken, ihren Kunden bzw. potenziellen Kunden gezielt Referenzpreise zu kommunizieren. Ein weit verbreitetes Beispiel hierfür sind „unverbindliche Preisempfehlungen" von Konsumgüterherstellern auf Verpackungen (vgl. zu weiteren Kommunikationsmöglichkeiten von Referenzpreisen im Rahmen der nachfrageorientierten Preisbildung Abschn. 10.3.1).

Die optisch vorteilhaften Euro-Preise [führten] dazu, dass die Konsumenten einen Großteil ihres monatlichen Budgets zügig ausgaben. [...] Aber dann kam der Katzenjammer – und mit ihm der Konsumverzicht. [...] Jetzt galt es, die zögerlichen Kunden wieder in die Geschäfte zu locken und zum Geld ausgeben anzustiften: mit Sonderangeboten, wie es sie noch nie gegeben hat. Doch haben sich die zahlreichen Promotions und Aktionen auch gelohnt? [...] Offensichtlich haben die Konsumenten vor allem in den hochpreisigen Kategorien und in jenen Warengruppen, die nicht zu den Produkten des täglichen Bedarfs gehören, mit Konsumverzicht reagiert. [...] Je günstiger der Preis, desto höher die Nachfrage, [...] gilt offensichtlich nicht mehr uneingeschränkt. Während im vergangenen Jahr bei hohen Price-Offs auch überproportionale Erfolge erzielt werden konnten, blieb dieser Effekt in den ersten vier Monaten dieses Jahres aus. Selbst bei Reduktionen von 20 Prozent und mehr wurden kaum höhere Erfolge erzielt, als bei Preisaktionen, die unterhalb dieser Grenze lagen. Der Grund ist auch dabei in der neuen Währung zu suchen. Die Konsumenten haben sich noch nicht an die neuen Preisbilder gewöhnt und können daher den Aktionspreis offensichtlich nicht mehr so gut einschätzen wie zuvor bei der D-Mark. Ein weiterer Grund ist der vergleichsweise niedrige optische Preisabstand zwischen Normal- und Aktionspreis. Früher führte eine 20-prozentige Reduktion für einen Artikel, der im Regal 7,99 DM kostete, zu einem Aktionspreis von 6,39 DM, mithin zu einem Preisabstand von 1,60 DM. Dabei wurden gleich mehrere Preisschwellen unterschritten, vor allem die bei 7,00 DM fiel stark ins Gewicht. Ein Artikel, der heute für 3,99 € zu haben ist, wird in der Promotion bei gleichem Price-Off von 20 Prozent 3,19 € kosten. Dabei wird keine „runde" Preisschwelle unterschritten, und der optische Preisabstand beträgt „nur" 0,80 €. Die Preisoptik spielt hier vermutlich eine große Rolle: Bei gleichen Preisreduktionen ist die Zahl vor dem Komma bei Normal- und Aktionspreis heute die gleiche, was für die Verbraucher weniger auffällig ist und lange nicht denselben Kaufanreiz bietet wie bei der D-Mark, als sich in der Promotion die Zahl vor dem Komma meistens nach unten veränderte. Der Handel hat mit seinen zahlreichen Promotions in den ersten vier Monaten dieses Jahres nicht den gewünschten Erfolg erzielt. Trotz höherer Preisreduktionen blieben die Verkäufe hinter dem Ergebnis des letzten Jahres zurück. Erst wenn die Euro-Preise im Gedächtnis der Konsumenten verankert sind und die Kunden sich an die neue Preisoptik gewöhnt haben, werden hohe Preisabschläge möglicherweise wieder zu ähnlich großen Erfolgen wie in der Vergangenheit führen. Es ist zu befürchten, dass die Aktionsflut eher zur Verwirrung des Verbrauchers beiträgt, da es für ihn schwer ist, den neuen Normalpreis eines Produkts zu „erlernen", wenn ihm bei jedem Einkauf andere Preise vorgesetzt werden.

Insert 10.1   Die Bedeutung von Preisschwellen im Rahmen der Preisumstellung nach der Einführung des Euro (vgl. Lämmerzahl 2002, S. 30)

10

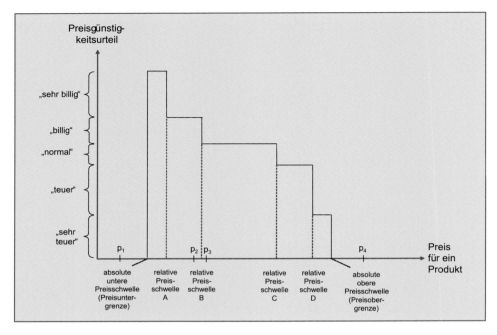

Abb. 10.5 Bedeutung der absoluten und relativen Preisschwellen eines Kunden für dessen Preiswahr-nehmung (in Anlehnung an Diller 2008, S. 129)

10.3   Ansatzpunkte zur Preisbestimmung

Zur Bestimmung von Preisen kommen in der Unternehmenspraxis drei Ansätze meist simultan zum Einsatz:

- **die nachfrageorientierte Preisbestimmung** (Preisbestimmung basiert im Wesent-lichen auf kundenbezogenen Betrachtungen),
- **die kostenorientierte Preisbestimmung** (Preisbestimmung basiert im Wesentlichen auf Informationen aus der Kostenrechnung) sowie die
- **wettbewerbsorientierte Preisbestimmung** (Preisbestimmung basiert im Wesent-lichen auf Preisverhalten der Wettbewerber).

Da der erste Punkt die größte Bedeutung für die Marketingfunktion hat, gehen wir im Folgenden lediglich auf die nachfrageorientierte Preisbestimmung ein.

10.3.1 Preisbestimmung bei expliziter Verwendung der Preis-Absatz-Funktion

Durch die Verwendung der Preis-Absatz-Funktion fließt die Nachfrage direkt in die Preisbestimmung ein. Auf der Basis der Preis-Absatz-Funktion und einer entsprechenden Kostenfunktion geht es in diesem Zusammenhang um die Bestimmung des gewinnmaximalen Preises.

Der Gewinn G in der betrachteten Periode lässt sich in diesem Fall gemäß der Gleichung

$$G(p) = U(p) - K(x(p)) = p \cdot x(p) - K(x(p))$$

durch den Preis ausdrücken. Hierbei bezeichnen U den Umsatz, K die Kosten, p den Preis und x die Absatzmenge. Der Umsatz ergibt sich als Produkt von Preis und Absatzmenge. Die Kosten hängen von der Menge x und somit indirekt vom Preis ab.

Zur Ermittlung des gewinnmaximalen Preises differenzieren wir die Gewinnfunktion nach p:

$$\frac{dG(p)}{dp} = x(p) + p \cdot \frac{dx(p)}{dp} - \frac{dK(x(p))}{dx(p)} \cdot \frac{dx(p)}{dp} = 0.$$

Wir multiplizieren die einzelnen Terme mit $p/x(p)$ und erhalten die Gleichung

$$x(p) \cdot \frac{p}{x(p)} + p \cdot \frac{dx(p)}{dp} \cdot \frac{p}{x(p)} - \frac{dK(x(p))}{dx(p)} \cdot \frac{dx(p)}{dp} \cdot \frac{p}{x(p)} = 0,$$

die nach Einführung der Preiselastizität des Absatzes (vgl. hierzu Abschn. 10.2.1.2)

$$\varepsilon = \frac{dx(p)}{dp} \cdot \frac{p}{x(p)}$$

und Auflösung nach dem Preis die folgende Beziehung für den gewinnoptimalen Preis p* liefert:

$$P^* = \frac{\varepsilon}{1 + \varepsilon} \cdot K'.$$

Diese Gleichung wird auch als **Amoroso-Robinson-Relation** bezeichnet. Für deren Interpretation gehen wir davon aus, dass die Preiselastizität des Absatzes kleiner als -1 ist, sodass der resultierende gewinnoptimale Preis einen positiven Wert aufweist. Der Bruch $\varepsilon/(1+\varepsilon)$ ist dann immer größer als 1. Der gewinnoptimale Preis ergibt sich demnach durch einen elastizitätsabhängigen Aufschlag auf die Grenzkosten K'. Dabei ist der Aufschlag umso geringer, je größer die Elastizität betragsmäßig ist.

Liegt die Preiselastizität nahe bei -1 (d. h. der Absatz reagiert nur schwach überproportional auf Preisänderungen), so ist gemäß der Amoroso-Robinson-Relation unter der Zielsetzung der Gewinnoptimierung eine Hochpreispolitik zu betreiben. Dies wird daraus ersichtlich, dass der Nenner des Bruches sehr klein wird und der Bruch sowie

10

folglich der gewinnoptimale Preis sehr groß werden. Bei einer starken Elastizität des Absatzes (d. h. der Absatz reagiert stark überproportional auf Preisänderungen) führt dagegen eine aggressive volumenorientierte Preispolitik mit niedrigen Preisen in der Nähe der Grenzkosten K′ zu optimalen Gewinnen. Dieser Sachverhalt wird in Abb. 10.6 veranschaulicht. Für betragsmäßig immer größere Preiselastizitäten des Absatzes strebt der gewinnoptimale Preis gegen die Grenzkosten.

Es sei an dieser Stelle darauf hingewiesen, dass die Amoroso-Robinson-Relation keine direkte Ermittlung des gewinnoptimalen Preises ermöglicht. Dies liegt daran, dass die Elastizität ε, die auf der rechten Seite des Gleichheitszeichens auftritt, ihrerseits wiederum vom Preis abhängt. Der gewinnoptimale Preis steht also auf beiden Seiten des Gleichheitszeichens.

Neben dieser allgemeinen Aussage über den gewinnoptimalen Preis können spezifischere Aussagen getroffen werden, wenn man spezielle Funktionsverläufe betrachtet. Sind sowohl die Preis-Absatz-Funktion als auch die Kostenfunktion linear, so ergibt sich der gewinnoptimale Preis p* als

$$p^* = \frac{1}{2} \cdot \left(\frac{a}{b} + k \right),$$

wobei a und b die Parameter der linearen Preis-Absatz-Funktion ($x = a - b \cdot p$) und k die variablen Stückkosten bezeichnen. Dieser Preis wird auch als **Cournot-Preis** bezeichnet. Wie wir in Abschn. 10.2.1.2 dargelegt haben, ist der Quotient a/b der Maximalpreis, d. h. derjenige Preis, bei dem der Absatz gerade Null wird. Demnach liegt der gewinnoptimale Preis p* genau in der Mitte zwischen den variablen Stückkosten k und dem Maximalpreis a/b.

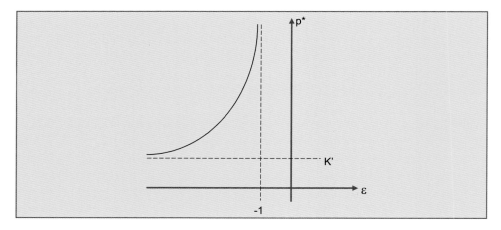

Abb. 10.6 Abhängigkeit des gewinnoptimalen Preises von der Preiselastizität des Absatzes gemäß der Amoroso-Robinson-Relation (vgl. Homburg 2000b, S. 255)

10.3.2 Implementationsformen und Umsetzungsaspekte der Preisdifferenzierung

In der Unternehmenspraxis kann die Preisdifferenzierung anhand unterschiedlicher Kriterien erfolgen. Auf dieser Basis lassen sich verschiedene **Implementationsformen der Preisdifferenzierung** unterscheiden:

- personenbezogene Preisdifferenzierung,
- räumliche Preisdifferenzierung,
- zeitliche Preisdifferenzierung,
- leistungsbezogene Preisdifferenzierung,
- mengenbezogene Preisdifferenzierung,
- kanalbezogene Preisdifferenzierung und
- Bundling.

Bei der **personenbezogenen Preisdifferenzierung** werden spezifische Merkmale der Kunden als Abgrenzungskriterium herangezogen. Diese Kundenmerkmale können beispielsweise das Alter (z. B. besondere Preise für Kinder), das Geschlecht (z. B. verschiedene Preise für Damen und Herren beim Friseur), die Einkommenssituation (z. B. ermäßigte Zeitschriftenabonnements für Studenten) oder auch berufliche Merkmale (z. B. Sonderpreise für Beamte bei Versicherungen) sein. Eine personenbezogene Preisdifferenzierung auf Basis des Alters oder des Einkommens kann z. B. zur Anwendung kommen, wenn sich der Anbieter eine langfristige Kundenbeziehung verspricht, in deren Zeitablauf er eine deutlich wachsende Kaufkraft sowie Preisbereitschaft erwartet. Dafür werden eventuell sogar nicht kostendeckende Preise im Anfangsstadium der Kundenbeziehung toleriert. Die Preiskalkulation kann dabei auf dem langfristigen Kundenwert basieren (Customer Lifetime Value). Die kostenfreie Girokontenführung bei einigen Banken für Schüler und Studenten lässt sich hier als Beispiel anführen. Allerdings konnte gezeigt werden, dass Kunden es als unfair empfinden, wenn sie für ein Produkt mehr bezahlen müssen als andere Kunden, wenn also personenbezogene Preisdifferenzierung vorliegt. Tendenziell beurteilen Kunden Preise, die sie selbst im Rahmen von Auktionen abgegeben haben, fairer als Preise, die der Anbieter vorgibt (vgl. Abschn. 10.3.2. sowie Haws und Bearden 2006). Eine Spezialform der personenbezogenen Preisdifferenzierung stellt das Prinzip Pay-What-You-Want dar. Pay-What-You-Want ist ein partizipativer Preismechanismus, der dadurch gekennzeichnet ist, dass dem Käufer die volle Kontrolle über den Preis gegeben wird. Vermarktet ein Anbieter seine Produkte mittels dieses Mechanismus, ist es dem Käufer vorbehalten den Transaktionspreis zu bestimmen. Da jeder Konsument einen eigenen Preis angeben kann, entstehen automatisch differenzierte Preise.

Bei der **räumlichen Preisdifferenzierung** orientiert man sich an geografischen Teilmärkten – beispielsweise in Form von Ländermärkten, Regionen oder Städten. Eine besonders wichtige Anwendungsform der räumlichen Preisdifferenzierung ist die Preisdifferenzierung zwischen Ländern, die in vielen Produktkategorien (z. B. im Pharmamarkt) stark ausgeprägt ist.

Bei der **zeitlichen Preisdifferenzierung** werden in Abhängigkeit vom Kaufzeitpunkt unterschiedliche Preise gesetzt. Beispielhaft können hier differenzierte Preise nach der Tageszeit (z. B. Telefon- und Stromgebühren, Tennisplatzmiete), nach Wochentagen (z. B. Hotel, Flugtarife) oder nach Saisonverläufen (z. B. Urlaubsreisen) genannt werden. Da Dienstleistungsanbieter (z. B. Hotels oder Fluggesellschaften) häufig über eine teure Infrastruktur verfügen (hohe Fixkosten), deren Nutzung durch Kunden nur geringe Zusatzkosten verursacht (niedrige variable Kosten), stellt eine hohe Kapazitätsauslastung für diese Unternehmen eine zentrale wirtschaftliche Erfordernis dar. Vor diesem Hintergrund greifen gerade Dienstleistungsanbieter intensiv auf die zeitliche Preisdifferenzierung zurück, um auch in nachfrageschwachen Zeiten eine hinreichende Kapazitätsauslastung zu erreichen (vgl. Skiera und Spann 1998 sowie Kap. 13).

Bei der **leistungsbezogenen Preisdifferenzierung** verändert der Anbieter leistungsbezogene Produktmerkmale. Wir sprechen allerdings in diesem Fall nur dann von Preisdifferenzierung, wenn die Unterschiede zum Ausgangsprodukt nicht so groß sind, dass in den Augen des Kunden völlig neue Produkte entstehen. Ein typisches Merkmal der leistungsbezogenen Preisdifferenzierung ist, dass die Preisunterschiede größer sind als die Leistungsunterschiede zwischen den Produktvarianten. Beispielhaft sei hier die Differenzierung zwischen Economy, Business und First Class bei Fluggesellschaften genannt. Im Zusammenhang von digitalen Produkten sind das Freemium und Versioning weit verbreitete Ausprägungsformen der leistungsbezogenen Preisdifferenzierung. Das sogenannte **Freemium** (vgl. Gu et al. 2018; Shi et al. 2019), setzt sich aus den Begriffen „Free" (frei) und „Premium" (Aufpreis) zusammen. Dabei wird eine Basisversion kostenlos zur Verfügung gestellt, während das Vollprodukt kostenpflichtig ist. Das Freemium ist innerhalb digitaler Geschäftsmodelle weit verbreitet, so z. B. bei Spotify, Skype oder Xing. Freemium-Modelle können dabei unterschiedliche Ausprägungen besitzen. Eine Möglichkeit ist, dass innerhalb der Basisversion Werbeanzeigen oder Werbeunterbrechungen akzeptiert werden müssen, wie dies beispielsweise bei Spotify der Fall ist. Möchte der Kunde hierauf verzichten, ist er verpflichtet einen monatlichen Beitrag von derzeit 9,99 € zu entrichten. Solch ein zweiseitiges Preissystem ist ebenfalls ein typisches Charakteristikum digitaler Preismodelle. Neben der Nachfragegruppe der Kunden, trägt auch die Nachfragegruppe der Werbetreibenden als Erlösquelle bei (vgl. Meffert et al. 2018). Beim **Versioning** werden unterschiedliche Versionen eines Produktes zu unterschiedlichen Preisen angeboten. Als Beispiel von Versioning kann das Angebot von Spielen für mobile Endgeräte wie Mario Run von Nintendo aufgeführt werden. Die kostenlose Version des Spieles ist vom Umfang auf wenige Level beschränkt. Möchte der Spieler Zugang zum kompletten Spiel mit allen Levels erhalten, ist dafür ein einmaliger Preis von 9,99 € zu entrichten.

Bei der **mengenbezogenen Preisdifferenzierung** variiert der durchschnittliche Preis pro Einheit in Abhängigkeit von der abgenommenen Menge – es werden dem Kunden also Mengenrabatte gewährt. Häufig wird die mengenbezogene Preisdifferenzierung auch als **nichtlineare Preisbestimmung** bezeichnet, da sich der Gesamtpreis nicht proportional, d. h. nichtlinear zur erworbenen Menge verhält. Diese Art der Preisdifferenzierung kann zur Steigerung der Kundenbindung eingesetzt werden: Je loyaler sich ein Kunde verhält, desto bessere Preise erhält er. Eine Form der mengenbezogenen Preisdifferenzierung im Zusammenhang von digitalen Produkten ist das **Flatrate-Modell.** Hierbei ist der Preis nicht pro Nutzung, sondern auf einen vordefinierten Zeitraum ausgerichtet. Beispiele solcher Preismodelle finden sich im Bereich der Streaminganbieter von Filmen und Serien. Unternehmen wie Netflix ermöglichen durch eine monatliche Zahlung den unbeschränkten Zugriff auf Tausende Filme und Serien. Die Entkopplung von Nutzung und Konsum kann insgesamt zu einer höheren Zahlungsbereitschaft führen. Untersuchungen haben gezeigt, dass in Bezug auf die Nutzung häufig ein so genannter „Flatrate-Bias" vorliegt, d. h. Konsumenten ziehen Flatrates nutzungsabhängigen Tarifen vor, selbst wenn der Rechnungsbetrag der Flatrate höher ist (vgl. Lambrecht und Skiera 2006).

Bei der **kanalbezogenen Preisdifferenzierung** wird die Preissetzung anhand unterschiedlicher Vertriebskanäle vorgenommen. Von besonderer Relevanz ist die kanalbezogene Preisdifferenzierung im Kontext von Online- und Offline-Vertriebskanälen. In diesem Zusammenhang spielt die Preisakzeptanz für unterschiedliche Preise eine zentrale Rolle. Untersuchungen haben gezeigt, dass die empfundene Fairness für unterschiedliche Online- und Offline-Preise wesentlich von der Produktkategorie sowie dem Kundensegment abhängig ist. Für hochpreisige Produkte, die von Verbrauchern als riskant und beratungsintensiv empfunden werden (z. B. Notebooks, Kühlschränke) und preisgünstige Produkte, die spontan gekauft werden (z. B. Süßwaren), ist eine Zahlungsbereitschaft für höhere Offline-Preise beobachtbar. 55 % aller Konsumenten sind bereit, für die genannten Produktkategorien Offline fünf Prozent mehr zu bezahlen, 36 % haben eine höhere Zahlungsbereitschaft von zwei Prozent, und nur neun Prozent der Konsumenten sind nicht bereit, Offline höhere Preise zu bezahlen (vgl. Homburg et al. 2019). Für Produkte aus dem mittleren Preissegment ist somit eine Preisdifferenzierung zwischen Online- und Offline-Kanälen nicht, oder nur sehr, schwer umsetzbar.

Eine Sonderform der Preisdifferenzierung stellt das **Bundling** dar. Bundling liegt vor, wenn ein Anbieter mehrere separate Produkte zu einem Bündel (Paket) zusammenfasst und dieses zu einem Bündelpreis verkauft. Je nachdem, ob Bundling primär produkt- oder preispolitische Ziele verfolgt, werden für Bundling auch die Begriffe **Produktbündelung** (vgl. hierzu Abschn. 9.3.3) und **Preisbündelung** verwendet. Zentrales preispolitisches Ziel des Bundling ist es, den Absatz innerhalb einer Produktlinie zu steigern.

10

Kommunikationspolitik

11

Inhaltsverzeichnis

© Springer Fachmedien Wiesbaden GmbH, ein Teil von Springer Nature 2020
C. Homburg, *Grundlagen des Marketingmanagements*,
https://doi.org/10.1007/978-3-658-29638-4_11

Lernziele

- Der Leser kennt den Prozess der Planung, Umsetzung und Kontrolle der Kommunikationspolitik.
- Der Leser kennt die wesentlichen Ziele der Kommunikationspolitik sowie Ansätze zur Zielgruppendefinition.
- Der Leser kennt die wichtigsten statischen Werbewirkungsfunktionen und überblickt ihre Anwendungsmöglichkeiten im Rahmen der Werbebudgetierung.
- Der Leser versteht die grundlegende Struktur dynamischer Ansätze zur Modellierung der Werbewirkung.
- Der Leser kennt die wichtigsten qualitativen und quantitativen Kriterien, die zur Entscheidungsfindung im Bereich der Mediaplanung beitragen können.
- Der Leser kennt die wichtigsten verhaltenswissenschaftlich fundierten Gestaltungsprinzipien des Kommunikationsauftritts.
- Der Leser hat einen Überblick über die Instrumente der Kommunikationspolitik.
- Der Leser kennt die zentralen Methoden zur Kontrolle der Kommunikationswirkung (vor bzw. nach der Durchführung der Kommunikationsmaßnahmen).

Die Kommunikationspolitik stellt eine immer wichtigere Komponente des Marketingmix dar. In vielen Märkten hat eine Verschiebung vom Produkt- hin zum Kommunikationswettbewerb stattgefunden. Deshalb können Unternehmen ihre Produkte häufig nur verkaufen, wenn sie ein entsprechendes Maß an Kommunikation gegenüber dem Kunden betreiben (z. B. mittels Werbung). Die zunehmende Bedeutung der Kommunikationspolitik wird dadurch illustriert, dass die Werbeinvestitionen (Honorare, Werbemittelproduktion, Medienstreukosten) in den letzten Jahren in vielen Ländern stärker gewachsen sind als die Gesamtwirtschaft.

Vor diesem Hintergrund will das nachfolgende Kapitel den Leser umfassend mit der Kommunikationspolitik vertraut machen. In Abschn. 11.1 zeigen wir die Grundlagen der Kommunikationspolitik auf. Eine wichtige Voraussetzung für eine effektive Kommunikationspolitik ist die sorgfältige Definition der Ziele und Zielgruppen der Kommunikation (vgl. Abschn. 11.2). Nach der Budgetierung und der Budgetallokation (vgl. Abschn. 11.3) gehen wir auf die Gestaltung der Kommunikationsmaßnahmen ein (vgl. Abschn. 11.4). Schließlich werden Ansatzpunkte zur Erfolgskontrolle der Kommunikationsaktivitäten (vgl. Abschn. 11.5) diskutiert.

11.1   Grundlagen der Kommunikationspolitik

Unter **Kommunikation** versteht man den Austausch von Informationen. Dieser Austausch kann durch einen Kommunikationsprozess abgebildet werden und ist dadurch gekennzeichnet, dass ein Sender eine Kommunikationsbotschaft über einen Kommunikationskanal an einen Empfänger richtet, was dann eine bestimmte Kommunikationswirkung hervorruft. Beispielsweise kann ein Unternehmen (Sender) die technischen Vorteile des eigenen Produktes (Kommunikationsbotschaft) über eine Anzeige in einer Fachzeitschrift (Kommunikationskanal) an die potenziellen Anwender des Produktes (Empfänger) kommunizieren, um damit Interesse für das Produkt herbeizuführen (Kommunikationswirkung). Hierbei wird die Botschaft vom Sender gestaltet (codiert) und vom Empfänger entschlüsselt und interpretiert (decodiert). Der Empfänger kann dann eine Rückmeldung (Feedback) an den Sender geben. Dieses kann er dem Sender direkt (persönlich) übermitteln oder alternativ kann der Sender die beim Empfänger durch die Botschaft hervorgerufene Kommunikationswirkung als Feedback heranziehen.

Aufgabe der **Kommunikationspolitik** ist die planmäßige Gestaltung und Übermittlung von Informationen, welche die Adressaten der Kommunikation im Bereich Wissen, Einstellungen, Erwartungen und Verhaltensweisen im Sinne der Unternehmensziele beeinflussen sollen. Als Adressaten der Kommunikation kommen primär die (potenziellen und bestehenden) Kunden des Unternehmens infrage sowie allgemein alle Personen und Organisationen, die auf Kaufprozesse am Markt Einfluss nehmen können. Um sicherzustellen, dass im Rahmen der Kommunikationspolitik zielführende Entscheidungen getroffen werden, sollte die Kommunikationspolitik systematisch im Rahmen eines Planungsprozesses gestaltet werden. Dieser Prozess ist in Abb. 11.1 dargestellt. Er orientiert sich an den zentralen Entscheidungsfeldern der Kommunikationspolitik.

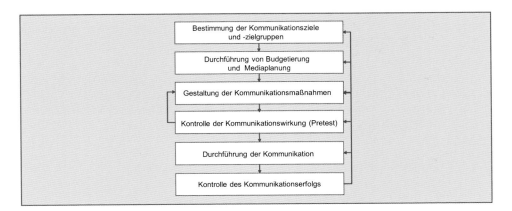

Abb. 11.1   Idealtypischer Prozess der Planung, Umsetzung und Kontrolle der Kommunikationspolitik

11.2   Ziele und Zielgruppen der Kommunikation

Unternehmen verfolgen im Rahmen der Kommunikationspolitik potenzialbezogene Marketingziele (vgl. Abschn. 6.1), welche die Erreichung der markterfolgsbezogenen und wirtschaftlichen Marketingziele unterstützen sollen. Wichtige potenzialbezogene Ziele der Kommunikationspolitik beziehen sich insbesondere auf

- den Bekanntheitsgrad sowie das Image des Unternehmens und seiner Produkte bei Nachfragern,
- die Einstellungen der Nachfrager zum Unternehmen und seinen Produkten sowie
- die Kaufabsicht der Nachfrager im Hinblick auf die Produkte des Unternehmens.

Eine gängige Systematisierung kommunikationspolitischer Ziele wird durch das sogenannte **AIDA-Modell** repräsentiert. Dieses Modell besagt, dass beim Kunden zunächst Aufmerksamkeit für das Produkt (**A**ttention) erzielt werden muss. Danach kann Interesse (**I**nterest) geweckt werden, woraufhin Verlangen (**D**esire) nach dem Produkt entsteht. Dies löst schließlich ein bestimmtes Verhalten (**A**ction) aus – beispielsweise den Kauf des Produktes. In unserer Terminologie stellen die ersten drei Aspekte potenzialbezogene Zielgrößen dar, während die letzte Facette eine markterfolgsbezogene Zielgröße bildet.

Häufig findet sich in der Literatur auch eine Unterscheidung zwischen vorökonomischen und ökonomischen Kommunikationszielen. In unserer Terminologie entsprechen die vorökonomischen Ziele den potenzialbezogenen Zielen. Die ökonomischen Kommunikationsziele beziehen sich auf Größen wie Marktanteil, Zahl der Kunden, Absatz, Umsatz, Rentabilität und Gewinn. Sie entsprechen also in unserer Terminologie den markterfolgsbezogenen bzw. wirtschaftlichen Zielen.

Neben der Definition der Kommunikationsziele (was soll erreicht werden?) ist die **Zielgruppendefinition** (bei wem soll etwas erreicht werden?) von zentraler Bedeutung. Zielgruppendefinitionen können sich grundsätzlich an denjenigen Kriterien orientieren, die im Rahmen der Marktsegmentierung thematisiert wurden (vgl. Abschn. 7.2). In diesem Zusammenhang wurden

- demografische Kriterien,
- sozioökonomische Kriterien,
- allgemeine Persönlichkeitsmerkmale,
- Nutzenkriterien sowie
- kaufverhaltensbezogene Kriterien

angesprochen. In der Unternehmenspraxis kommt bei der Zielgruppendefinition im Rahmen der Kommunikationspolitik häufig eine Kombination dieser Kriterien zur Anwendung. Einige Beispiele sind in Tab. 11.1 veranschaulicht.

Tab. 11.1 Beispiele von Zielgruppendefinitionen für Kommunikationsmaßnahmen in verschiedenen Branchen

	Zielgruppenbeispiel A	Zielgruppenbeispiel B	Zielgruppenbeispiel C
Anbieter	Kosmetikhersteller	Versicherungs-dienstleister	Druckmaschinen-hersteller
Produkt	Hochwertige Anti-Faltencreme zur vorbeugenden Behandlung von Falten	Berufsunfähigkeits-versicherung	Digitaler Laserdrucker der mittleren Leistungsklasse
Beschreibung der Zielgruppen			
Demogra-fische Kriterien	Berufstätige Frauen in Deutschland und Frankreich zwischen 25 und 35 Jahren mit trockener bis normaler Haut, ersten Ansätzen zur Faltenbildung, ausgeprägtem Interesse für Schönheitspflege und relativ niedriger Preis-sensitivität	Verheiratete, männliche, konservativ eingestellte Berufsanfänger in Süddeutschland im Alter zwischen 25 und 30 mit Hochschulabschluss in jungen Familien mit Kindern, Haushalts-nettoeinkommen von mindestens 2000 €	Bestehende Kunden, mittelständische Druckereien mit 10 bis 30 Mitarbeitern des Anbieters in den Vertriebsregionen Baden-Württemberg und Bayern mit hoher Affinität zu digitaler Drucktechnik

11.3 Budgetierung und Budgetallokation

Im Rahmen der **Budgetierung** wird die Höhe der Gesamtaufwendungen für die Kommunikation in einer Planperiode (z. B. Geschäftsjahr) festgelegt (vgl. Abschn. 11.3.1). Im Rahmen der **Budgetallokation** wird bestimmt, wie das Budget auf die verschiedenen Kommunikationsmedien verteilt werden soll. Hierauf wird in Abschn. 11.3.2 näher eingegangen.

11.3.1 Budgetierung

Im Hinblick auf die Festlegung des Kommunikationsbudgets werden heuristische und analytische Ansätze unterschieden. Heuristische Ansätze der Budgetierung sind dadurch gekennzeichnet, dass einfache, auf Plausibilitätsüberlegungen basierende Budgetierungsregeln zur Anwendung gelangen. Im Gegensatz hierzu basieren analytische Ansätze auf einer expliziten Modellierung des Zusammenhangs zwischen dem Kommunikationsbudget und entsprechenden Zielgrößen (wie z. B. Bekanntheitsgrad oder Absatz).

Wie bereits erwähnt beruhen **heuristische Budgetierungsmethoden** auf Plausibilitätsüberlegungen bzw. unternehmerischen Erfahrungen. In der Unternehmenspraxis existieren im Wesentlichen fünf heuristische Ansätze zur Budgetierung, die im Folgenden kurz dargestellt werden.

11

Bei der **Orientierung am Budget der Vorperiode** (Fortschreibungsmethode) wird das Vorperiodenbudget entweder unverändert übernommen oder um einen gewissen Betrag erhöht oder gesenkt. Dieses Verfahren ist sehr einfach in der Anwendung. Problematisch ist allerdings die implizite Annahme, dass das Vorjahresbudget eine sinnvolle Höhe aufweist: Bei einem zu hohen Vorperiodenbudget wird ein überflüssiger Kommunikationsaufwand einfach fortgeschrieben. Außerdem werden Veränderungen der Marktverhältnisse (z. B. intensivere Werbeaktivitäten der Wettbewerber) nicht berücksichtigt, die vielleicht eine Anpassung des Budgets erfordern könnten.

Bei der **Orientierung am Umsatz bzw. am Gewinn** („percentage-of-sales-method" bzw. „percentage-of-profit-method") wird die Budgethöhe als ein bestimmter Anteil des Umsatzes bzw. Gewinns der Vorperiode oder der laufenden Planungsperiode festgelegt. Bezüglich der Höhe des Prozentsatzes orientiert man sich an Erfahrungswerten aus der Vergangenheit oder an vergleichbaren Unternehmen bzw. Wettbewerbern. Dies ist relativ unkompliziert in der Anwendung, da die benötigten Daten problemlos beschafft werden können. Problematisch ist allerdings, dass Ist-Werte der Vorperiode (z. B. die mit einer bestimmten Budgethöhe erzielte Absatzmenge) nicht unbedingt auf Planwerte der laufenden Periode übertragen werden können. Beispielsweise kann aufgrund eines schwierigeren Marktumfeldes ein höherer Prozentsatz als in der Vorperiode erforderlich werden. Auch ist darauf hinzuweisen, dass zumindest die Anwendung dieser Orientierung auf der Basis der Vorperiode zu einer prozyklischen Budgetierung führt: Dies kann beispielsweise dazu führen, dass ein Unternehmen umso mehr Geld für Kommunikationsmaßnahmen ausgibt, je mehr Absatz es in der Vorperiode erzielt hat. Bei einem geringen Absatzniveau würde also möglicherweise in der Folgeperiode ein geringes Kommunikationsbudget festgelegt. Es liegt auf der Hand, dass eine solche Vorgehensweise langfristig zu problematischen Konstellationen führen kann (z. B. sich selbst verstärkende Negativentwicklungen). Vor diesem Hintergrund ist dieser Ansatz für die Budgetfestlegung eher von untergeordneter Bedeutung. Er kann allerdings herangezogen werden, um die Angemessenheit eines Budgets grob zu beurteilen.

Bei der **Orientierung an den verfügbaren monetären Mitteln,** („all-you-can-afford-method" bzw. Restwertmethode) wird zunächst der geforderte Gewinn festgelegt. Nachdem alle Kosten gedeckt sind, um diesen Gewinn zu erzielen, ergibt sich die Höhe des Kommunikationsbudgets – gewissermaßen als Residualgröße – dann aus den noch verfügbaren monetären Mitteln. Die Problematik dieser Vorgehensweise liegt auf der Hand: Die kausale Beziehung zwischen dem Kommunikationsbudget und erzieltem Absatz bzw. Gewinn bleibt unberücksichtigt. Im Extremfall kann diese Vorgehensweise dazu führen, dass ein Unternehmen, das sich in einer schwierigen wirtschaftlichen Situation befindet, das Kommunikationsbudget minimiert. In diesem Fall würden also die Chancen, mit kommunikativen Maßnahmen zur Verbesserung der wirtschaftlichen Situation beizutragen, überhaupt nicht genutzt. Auch hier handelt es sich wieder um ein sehr stark prozyklisches Budgetierungsverhalten.

Bei der **Orientierung an Wettbewerbsaktivitäten** („competitive-parity-method") wird das Budget durch die Höhe der (aktuellen oder früheren) Budgets der Wettbewerber determiniert. Zur Orientierung dienen die absoluten Budgetgrößen der Wettbewerber oder die relativen Werte (z. B. Kommunikationsausgaben der Wettbewerber im Verhältnis zum Umsatz oder Gewinn). Diese Methode basiert auf der Überlegung, dass das Unternehmen gleich hohe Kommunikationsaufwendungen wie die Wettbewerber aufbringen muss, um den eigenen Marktanteil zu halten. Problematisch ist jedoch, dass keine Orientierung an den Kommunikationszielen des eigenen Unternehmens (die von denen der Wettbewerber abweichen können) erfolgt. Kritisch anzumerken ist auch, dass Effizienzaspekte unberücksichtigt bleiben: So läuft man Gefahr, sich an dem hohen Kommunikationsbudget eines Wettbewerbers zu orientieren, der seine Werbeausgaben ineffizient einsetzt. Schließlich wird die Anwendung dieser Regel in der Unternehmenspraxis dadurch erschwert, dass die tatsächliche Höhe des Kommunikationsbudgets der Wettbewerber in der Regel nicht genau bekannt ist.

Schließlich wird bei der **Orientierung an Zielen der Kommunikationspolitik** („objectives-and-task-method") das erforderliche Kommunikationsbudget aus den Zielen der Kommunikationspolitik (beispielsweise Erhöhung des Bekanntheitsgrads, Verbesserung der Einstellungen der Nachfrager, Steigerung des Marktanteils) abgeleitet. Falls die erforderlichen Kommunikationsmaßnahmen nicht finanzierbar sind, müssen die Kommunikationsziele revidiert werden. Ein Problem dieser Methode liegt in der schwierigen Prognose der für die Realisierung der angestrebten Kommunikationsziele erforderlichen Kommunikationsmaßnahmen.

Der grundlegende Vorteil dieser heuristischen Ansätze liegt in ihrer Einfachheit. Dem stehen allerdings – wie bereits erläutert – schwerwiegende konzeptionelle Defizite entgegen. Im Kern sind die dargestellten Heuristiken trotz ihrer Verbreitung in der Unternehmenspraxis bis auf die Orientierung an kommunikationspolitischen Zielen als irrational zu bezeichnen. Vor diesem Hintergrund wenden wir uns nun den analytischen Ansätzen zu.

Bei den **analytischen Budgetierungsansätzen** kann grundsätzlich zwischen statischen und dynamischen Analyseansätzen unterschieden werden. Ausgangspunkt der statischen Analyseansätze ist der Zusammenhang zwischen dem Kommunikationsbudget (insbesondere dem Werbebudget) und einer Zielgröße der Kommunikation (z. B. Bekanntheitsgrad, Absatzmenge). Dieser Zusammenhang wird formal häufig mittels einer **Werbe-Response-Funktion** (auch als **Werbewirkungsfunktion** bezeichnet) dargestellt. Grundsätzlich wird dabei von einem positiven Zusammenhang zwischen Kommunikationsbudget und Zielgröße ausgegangen. Je nach Verlauf lassen sich lineare, degressive sowie s-förmige Werbewirkungsfunktionen unterscheiden. Generell kann davon ausgegangen werden, dass die Wirkung der Kommunikation auf die Zielgröße begrenzt ist und nicht unendlich (linear) gesteigert werden kann. Vielmehr erreicht die Steigung der Werbewirkungsfunktion ab einem gewissen Punkt eine Sättigung. Zusätzliche Kommunikationsausgaben führen dann zu keiner weiteren Steigerung der Zielgröße (z. B. der Absatzmenge). Lediglich bei linearen Werbewirkungsfunktionen tritt keine Sättigung auf, da hier ein konstanter Verlauf zwischen Werbebudget und Zielgröße unterstellt wird. Deshalb sind degressive oder s-förmige Funktionsverläufe in aller Regel realistischer als lineare Verläufe. Abb. 11.2 zeigt beispielhaft einen degressiven und s-förmigen Verlauf der Werbewirkungsfunktion.

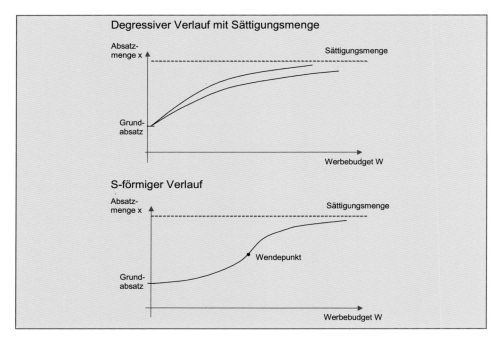

Abb. 11.2 Degressiver bzw. s-förmiger Funktionsverlauf von Werbewirkungsmodellen. (In Anlehnung an Homburg 2000b, S. 265)

Dynamischen Analyseansätzen liegt die Beobachtung zugrunde, dass Werbemaßnahmen sich zumindest teilweise mit zeitlicher Verzögerung auswirken. Ausstrahlungseffekte von Werbeaktivitäten auf den Absatz lassen sich insbesondere durch den durch Kommunikationsaktivitäten aufgebauten **Goodwill** (also beispielsweise der Markenwert und das positive Markenimage) erklären. Ein Beispiel für einen dynamischen Budgetierungsansatz ist das **Modell von Vidale und Wolfe** (1957). Es beschreibt die Veränderung des Absatzes x im Zeitablauf (dx/dt) in Abhängigkeit von den zeitpunktabhängigen Werbeausgaben W(t), wobei die Gleichung

$$\frac{dx}{dt} = r \cdot W(t) \cdot \frac{S - x(t)}{S} - \lambda \cdot x(t)$$

zugrunde gelegt wird. Hierbei bezeichnet S die Sättigungsmenge. Das Modell beinhaltet zwei gegenläufige Entwicklungen:

- Die durch den ersten Term der Gleichung modellierte Zunahme des Absatzes in Abhängigkeit vom Werbebudget ist umso geringer, je näher der Absatz x(t) bereits bei der Sättigungsmenge S liegt. Der positive Parameter r kann in diesem Zusammenhang als Werbewirkungsintensität interpretiert werden.

- Der zweite Term der Gleichung bezieht sich auf einen Absatzrückgang, der mit der Höhe des bereits erreichten Absatzvolumens wächst. Der Parameter λ (es gilt $0 < \lambda < 1$) kann in diesem Zusammenhang als „Vergessensrate" interpretiert werden.

Auf der Basis dieses Modells lässt sich nun die Frage untersuchen, welches Werbebudget erforderlich ist, um ein bestimmtes Absatzniveau x zu halten. Es wird deutlich, dass das zum Halten eines bestimmten Absatzniveaus erforderliche Werbebudget umso größer ist, je größer die Vergessensrate in Relation zur Werbewirkungsintensität ist und je näher das zu haltende Absatzniveau an der Sättigungsmenge liegt.

11.3.2 Budgetallokation

Im Rahmen der Budgetallokation (auch als **Mediaplanung** oder **Streuplanung** bezeichnet) befasst man sich mit der Frage, wie ein gegebenes Kommunikationsbudget verteilt werden soll. Neben der Verteilung des Budgets auf die verschiedenen Produkte des Unternehmens sowie die regionale Verteilung des Budgets sind insbesondere die Verteilung auf verschiedene Kategorien von Kommunikationsmedien, die Verteilung auf einzelne Kommunikationsmedien innerhalb der Kategorien und die zeitliche Verteilung zu regeln.

Die Verteilung des Kommunikationsbudgets auf verschiedene Kategorien von Kommunikationsmedien (z. B. Zeitungen, Zeitschriften, Fernsehen, Hörfunk) bezeichnet man auch als **Intermedienverteilung.** Auf der Basis dieser Allokation ist dann die Zuteilung von Budgetteilen zu einzelnen Kommunikationsmedien der jeweiligen Kategorien vorzunehmen (Intramedienverteilung). Hat ein Unternehmen beispielsweise beschlossen, einen bestimmten Teil des Budgets für TV-Werbung einzusetzen, so stellt sich im Rahmen dieser **Intramedienverteilung** die Frage nach der Verteilung dieses Budgetteils auf verschiedene Fernsehsender.

Eine zentrale Größe, die sowohl im Rahmen des Intermedienvergleichs als auch beim Intramedienvergleich zur Beurteilung herangezogen werden kann, ist die **Reichweite eines Mediums.** Die Reichweite eines Mediums gibt die Anzahl der Kontakte bzw. Personen an, die mit einer in diesem Medium durchgeführten Kommunikationsmaßnahme erreicht werden. Es lassen sich verschiedene Arten von Reichweiten unterscheiden. Diese werden in Tab. 11.2 zusammengestellt und erläutert. Ergänzend sei noch auf eine wichtige Kennzahl zur Bewertung der Reichweite von Printmedien hingewiesen: die Zahl der Leser pro Ausgabe (LpA). Diese liegt bei vielen Medien deutlich über der Auflage, da die Ausgaben in der Familie oder am Arbeitsplatz weitergegeben werden.

Neben dieser Reichweitenbetrachtung ist die Frage relevant, welche Kosten mit der Erreichung einer bestimmten Personenzahl verbunden sind. Diese Frage ist sowohl im Intermedienvergleich als auch im Intramedienvergleich von Bedeutung. Das zentrale

11

Tab. 11.2 Kennzahlen zur Beurteilung von Medien (vgl. Bruhn 2019; Vergossen und Weis 2004)

Kriterium	Kenngröße	Erläuterung
Verbreitung des Mediums	Auflage	Anzahl der gedruckten Exemplare einer Ausgabe
	Verkaufte Auflage	Anzahl der verkauften Exemplare einer Ausgabe (Bereinigung der Auflage um kostenlos weitergegebene Exemplare und Rückläufer)
Reichweite des Mediums	Bruttoreichweite	Anzahl der Kontakte, die mit einer Werbemaßnahme (einmalige oder mehrmalige Belegung eines Mediums oder mehrerer Medien) realisiert werden
	Gross Rating Points (GRP)	$\frac{\text{Bruttoreichweite}}{\text{Anzahl der Zielpersonen}} \cdot 100$
	Nettoreichweite	Anzahl der Personen, die bei einer Schaltung der Werbung in mehreren Medien erreicht werden (Bereinigung der Bruttoreichweite um externe Überschneidungen, d. h. Personen, die mehrfach über verschiedene Medien erreicht werden)
	Kumulierte Reichweite	Anzahl der Personen, die bei mehrfacher Schaltung der Werbung in einem Medium erreicht werden (Bereinigung der Bruttoreichweite um interne Überschneidungen, d. h. Personen, die mehrfach über dieses Medium erreicht werden)
	Kombinierte Reichweite (=kumulierte Nettoreichweite)	Anzahl der Personen, die bei mehrfacher Belegung mehrerer Medien erreicht werden (Bereinigung der Bruttoreichweite um externe und interne Überschneidungen)
Kosten des Mediums	TKP (Tausenderkontaktpreis)	Höhe der Kosten für die Erreichung von 1000 Kontakten
	TNP (Tausendernutzerpreis)	Höhe der Kosten für die Erreichung von 1000 Nutzern (ohne Berücksichtigung der Anzahl der Kontakte pro Person)

Bewertungskriterium ist in diesem Zusammenhang der Tausenderkontaktpreis (TKP) (vgl. Tab. 11.2).

▶ **Tausenderkontaktpreis** Er gibt die Höhe der Kosten an, die zur Erreichung von 1000 Kontakten mittels eines bestimmten Mediums notwendig sind.

Dementsprechend berechnet sich der Tausenderkontaktpreis als

$$\text{TKP} = \frac{c}{K} \cdot 1000,$$

wobei c die Kosten für eine Belegung des Mediums und K die Anzahl der pro Belegung des Mediums realisierten Kontakte bezeichnen. Der Tausenderkontaktpreis stellt ein weit verbreitetes Beurteilungskriterium für Kommunikationsmedien dar. Das folgende Beispiel verdeutlicht, wie eine Werbebudgetverteilung auf der Basis von Tausenderkontaktpreisen erfolgen kann: Es stehen vier Zeitungen zur Verfügung, das Werbebudget beträgt 220.000 €. Ziel ist eine möglichst hohe Kontaktzahl. Die Mediadaten der vier Zeitungen sind in Tab. 11.3 zusammengestellt.

Bei der Aufteilung des Werbebudgets von 220.000 € auf die vier Zeitungen (Streuplanung für das Gesamtjahr) kann auf der Basis der Tausenderkontaktpreise folgende Vorgehensweise gewählt werden. Zunächst werden möglichst viele Ausgaben der Zeitung mit dem niedrigsten TKP belegt. Im Beispiel in Tab. 11.3 ist dies die Zeitung 4. Hier werden alle zwölf Ausgaben des Jahres belegt. 60.000 € des Budgets werden also für Anzeigen in Zeitung 4 aufgewendet. Dies führt zu einem Restbudget von

$$220.000 \, € - 12 \cdot 5000 \, € = 160.000 \, €.$$

In einem zweiten Schritt werden mit diesem Restbudget möglichst viele Ausgaben der Zeitung 1 belegt (zweit-niedrigster TKP). Bei den maximal vier möglichen Belegungen dieser Zeitung ergeben sich Kosten in Höhe von $4 \cdot 25.000 \, € = 100.000 \, €$ und somit ein Restbudget von

$$160.000 \, € - 4 \cdot 25.000 \, € = 60.000 \, €.$$

Mit dem restlichen Budget von 60.000 € werden möglichst viele Ausgaben von Zeitung 3 (nächst höherer TKP) belegt. Hier zeigt sich, dass mit dem verbleibenden Budget nur noch eine Belegung von Zeitung 3 realisiert werden kann. Das Budget ist dann vollständig aufgebraucht. Folglich wird die Kontaktzahl dadurch maximiert, dass man zwölfmal Zeitung 4, viermal Zeitung 1 und einmal Zeitung 3 belegt. Im Rahmen der Budgetallokation können alternative Streupläne aufgestellt werden, die dann im Hinblick auf die in Tab. 11.2 aufgezeigten Kenngrößen verglichen werden können.

Neben der Aufteilung in sachlicher Hinsicht (Inter- und Intramedienselektion) ist eine **zeitliche Verteilung des Kommunikationsbudgets** durchzuführen. Hier geht es um die Wahl der Belegungszeitpunkte sowie um die damit verbundene Entscheidung über die zeitlichen Abstände zwischen den einzelnen Schaltungen. Im Hinblick auf die zeitliche

Tab. 11.3 Mediadaten der vier Zeitungen im Anwendungsbeispiel

Medium	Leser (K)	Kosten/ Ausgabe (c) (€)	Ausgaben/Jahr	TKP (c/K*1000) (€)
Zeitung 1	2.500.000	25.000	4	10
Zeitung 2	1.600.000	40.000	6	25
Zeitung 3	3.000.000	60.000	2	20
Zeitung 4	2.000.000	5000	12	2,5

11

Verteilung lassen sich ein konzentrierter, ein konstanter sowie ein pulsierender Werbeeinsatz unterscheiden.

Beim **konzentrierten Werbeeinsatz** werden in einem relativ kurzfristigen Zeitraum sehr hohe Werbeaufwendungen getätigt. Diese Art der Verteilung des Kommunikationsbudgets ist insbesondere für die Werbung für Produkte geeignet, die neu am Markt eingeführt werden.

Beim **konstanten Werbeeinsatz** wird das Kommunikationsbudget über einen längeren Zeitraum gleichmäßig verteilt. Eine derartige Budgetverteilung ist insbesondere für Produkte geeignet, die bereits am Markt etabliert sind und an die sich die Zielgruppe kontinuierlich erinnern soll (z. B. Güter des täglichen Bedarfs).

Schließlich stellt der **pulsierende Werbeeinsatz** einen Kompromiss zwischen konzentriertem und konstantem Werbeeinsatz dar. Hier werden in regelmäßigen Zeitabständen relativ hohe Werbeaufwendungen getätigt. Zwischen diesen Werbeaktionen werden die Werbeaufwendungen zurückgefahren. Diese Verteilung ist insbesondere bei Produkten angebracht, deren Nachfrage saisonal bedingt ist (z. B. über das Jahr verteilt hohe Werbeaufwendungen für Sekt vor Feiertagen). Empirische Vergleiche von konstantem und pulsierendem Werbeeinsatz deuten auf eine Überlegenheit der pulsierenden Werbung hin (vgl. Mahajan und Muller 1986; Mesak 1992).

11.4   Gestaltung der Kommunikationsmaßnahmen

Nachdem ein Unternehmen im Rahmen der Mediaplanung Kommunikationsmedien selektiert hat, die im Rahmen der Werbeaktivitäten zur Anwendung kommen sollen, ist die Gestaltung des Kommunikationsauftritts vorzunehmen. Hierbei geht es im Kern um die Frage, wie im Rahmen einer bestimmten Kommunikationsmaßnahme (z. B. im Rahmen einer Werbeanzeige) bestimmte Reaktionen (z. B. gegenüber Produkt, Marke, Unternehmen) bei der Zielgruppe herbeigeführt werden sollen. Im Folgenden gehen wir auf die Gestaltung der einzelnen Kommunikationsinstrumente ein.

11.4.1 Printwerbung

Printwerbung zählt zu den klassischen Kommunikationsinstrumenten und umfasst Werbung in gedruckten Medien (sogenannten Printmedien). Zunächst sollen die wichtigsten Printmedien erläutert werden:

- **Zeitungen** lassen sich nach Erscheinungshäufigkeit (wöchentlich bzw. täglich), nach der Vertriebsart (Abonnement oder Einzelkauf) und dem Verbreitungsgebiet (regional oder überregional) differenzieren. Ihre Vorteile liegen vor allem in der recht kurzfristigen Planbarkeit und der exakten Zeitplanung. Ebenso können über Werbeanzeigen in bestimmten Sektionen von Zeitungen spezielle Zielgruppen angesprochen werden (z. B. Werbung für Sportartikel im Sportteil der Zeitung), und es kann auch lokal begrenzte Werbung geschaltet werden (z. B. Anzeige in Lokalzeitung).

- Das Spektrum der **Publikumszeitschriften** reicht von Zeitschriften mit sehr breiten Lesergruppen bis zu Zeitschriften mit sehr speziellen Lesergruppen. Bei den Publikumszeitschriften mit breiten Lesergruppen treten in der Regel nennenswerte Streuverluste auf. Publikumszeitschriften erscheinen seltener und erfordern eine längerfristige Planung als Zeitungen. Gleichzeitig bieten sie größere Gestaltungsmöglichkeiten als Zeitungen (z. B. bessere Farbgestaltungsmöglichkeiten).
- **Fachzeitschriften** erscheinen ebenfalls meist periodisch. Sie haben einen spezifischeren Leserkreis und weisen einen stärkeren Bezug zu bestimmten Produktgruppen auf. Im Vergleich zu den Publikumszeitschriften liegt der Schwerpunkt bei den Fachzeitschriften eher bei der Vermittlung von Informationen und Wissen als bei der Unterhaltung.
- Beispiele für **sonstige Printmedien** sind Supplements (z. B. TV-Programmbeilagen in Zeitungen), Anzeigenblätter, Kundenmagazine oder Telefonbücher.

Gestaltungsempfehlungen für Printwerbung können auf Basis der **sozialtechnischen Regeln** erfolgen. Anhand dieser Regeln können z. B. Aussagen darüber getroffen werden, wie die visuellen Elemente einer Printwerbung (z. B. Form und Farbe eines Markenbildes) gestaltet werden sollten, damit die Zielgruppen diese Botschaft wahrnehmen, sich einprägen und mit den gewünschten Verhaltensweisen reagieren. Es lassen sich fünf zentrale sozialtechnische Regeln unterscheiden, die im Folgenden dargestellt werden.

Bei den Techniken der **Kontaktherstellung** unterscheidet man zwischen Aktivierungs- und Frequenztechniken. **Aktivierungstechniken** basieren auf der Verwendung von Reizen zur Aktivierung von Personen. Wie bereits in Abschn. 2.1.1 ausführlich dargestellt wurde, kann Aktivierung durch Verwendung physisch intensiver Reize, emotionaler Reize sowie kognitiver Reize erreicht werden.

Die Kommunikationswirkung hängt zudem von der Anzahl der Wiederholungen (Frequenz) ab. **Frequenztechniken** nutzen diese Erkenntnis, um die Kontaktherstellung mit der Zielgruppe zu unterstützen. Ein Beispiel hierfür ist die **Reminder-Technik** (Auffrischungstechnik). Hier wird die Kommunikationsbotschaft beispielsweise in mehreren Printanzeigen in einer Zeitschrift wiederholt.

Die zweite sozialtechnische Regel betrifft die **Sicherung der Aufnahme der Kommunikationsbotschaft**. Bei der Aufnahmesicherung muss die kurze Aufmerksamkeitsspanne der Kommunikationsempfänger berücksichtigt werden. So schenken die Kommunikationsempfänger der Kommunikationsbotschaft meist nur für relativ kurze Zeit Aufmerksamkeit – beispielsweise liegt die durchschnittliche Betrachtungszeit für Anzeigen in Publikumszeitschriften zwischen 1,5 und 2,5 s. Die Gestaltung des Kommunikationsauftritts sollte daher dieser kurzen Zeitspanne entsprechen.

11

Die **Emotionsvermittlung** ist die dritte sozialtechnische Regel (vgl. Abschn. 2.1.3 und Abb. 11.3). Hier soll der Einsatz emotionaler Reize bei den Empfängern bestimmte Gefühle und dadurch eine emotionale Produktdifferenzierung auslösen.

Die vierte sozialtechnische Regel bezieht sich auf das Erreichen von kognitivem **Verständnis**. Verständnis der Empfänger liegt aus Sicht des Unternehmens dann vor, wenn diese die aus der Kommunikationsbotschaft aufgenommenen Informationen wie vom Unternehmen beabsichtigt gedanklich verarbeiten und interpretieren. Ein Beispiel für eine Printanzeige zur Unterstützung von kognitivem Verständnis mit stark hierarchisch gegliederten Informationen ist in Abb. 11.4 dargestellt.

Die fünfte sozialtechnische Regel bezieht sich auf die **Gedächtnisverankerung.** Es geht darum, den Kommunikationsauftritt so zu gestalten, dass die Kommunikationsbotschaft von den Empfängern möglichst gut erinnert wird. Die bereits im Rahmen der Kontaktherstellung aufgezeigten Aktivierungs- und Frequenztechniken begünstigen die Verankerung der Kommunikationsbotschaft im Gedächtnis der Empfänger. Ein Beispiel für eine Printanzeige zur Unterstützung der Gedächtnisverankerung zeigt Abb. 11.5.

Abb. 11.3 Beispiel für die Emotionsvermittlung (Sinnlichkeit) im Rahmen der Werbung

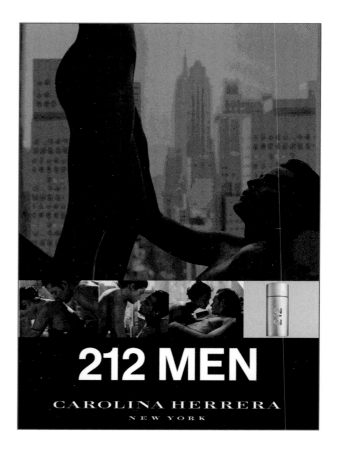

Abb. 11.4 Beispiel für
eine Werbeanzeige mit stark
hierarchisch gegliederten
Informationen

Abb. 11.5 Beispiel für
die Gedächtnisverankerung
durch die Verwendung
von Schemavorstellungen
(Schema des Liebespaars
bzw. der ewigen Liebe)

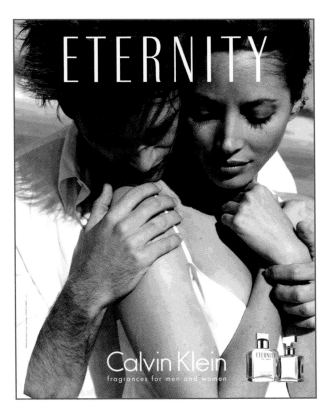

11

11.4.2 Fernseh- und Kinowerbung

Bei der **Fernsehwerbung** können Sprache, Ton und Bild kombiniert werden, was besonders vielfältige Gestaltungsmöglichkeiten bietet. Vorteile der Fernsehwerbung sind darin zu sehen, dass die Verfügbarkeit des Mediums für Werbezwecke in den letzten Jahren aufgrund der zunehmenden Zahl privater Kanäle erheblich gestiegen ist. Dadurch kann mit der TV-Werbung in relativ kurzer Zeit ein hoher Werbedruck erzeugt werden. Die Tausenderkontaktpreise für TV-Werbung sind relativ niedrig. Allerdings sind die absoluten Kosten für eine TV-Werbekampagne in der Regel relativ hoch.

Nachteile der TV-Werbung sind darin zu sehen, dass (vor allem in den von breiten Bevölkerungsschichten gesehenen Vollprogrammen) eine zielgruppenspezifische Ansprache tendenziell schwierig ist und daher Streuverluste in Kauf genommen werden müssen. Für eine differenziertere Ansprache spezieller Zielgruppen empfiehlt sich die Schaltung von TV-Werbung in Spartensendern (z. B. Sport-, Musik- oder Nachrichtensender). Ein weiterer Nachteil ist darin zu sehen, dass die Akzeptanz der Fernsehwerbung bei vielen Rezipienten abnimmt. In diesem Zusammenhang sind die Phänomene des Zapping (Umschalten), Zipping (Vorspulen bei aufgenommenen Sendungen) und Muting (Stummschalten) zu nennen.

Für die Gestaltung von Fernsehwerbung lassen sich einige Empfehlungen geben:

- Die **Handlung des TV-Spots** sollte in einem inhaltlichen Zusammenhang mit dem beworbenen Produkt stehen. Ist dies nicht der Fall, kann dies zu Verstimmung bei den Zuschauern führen (vgl. Young 2004).
- **Humor** kann zur Steigerung der Aufmerksamkeit führen, insbesondere dann, wenn die Wettbewerber in ihrer Werbung keinen Humor verwenden (vgl. Young 2004). In diesem Zusammenhang ist zu berücksichtigen, dass der Einsatz von Humor nicht für alle Zielgruppen gleichermaßen sinnvoll ist (für einen Überblick über die Effekte von Humor in der Werbung vgl. Eisend 2009).
- Einzelne Szenen sollten nicht zu kurz ausfallen, da sonst deren Erinnerungswirkung gering ist. Für eine gute **Erinnerungswirkung** sollten Einzelszenen mindestens 1,5 s zu sehen sein.
- Ein Werbespot wird in einem fröhlichen Programmumfeld positiver aufgenommen, was durch das Konzept des Message-Framing begründet werden kann. Die Wirkung eines humorvollen TV-Spots ist in einem fröhlichen Programmumfeld am größten.
- Während Musik emotional verarbeitet wird, müssen Text bzw. Sprache mit einem höheren kognitiven Aufwand verarbeitet werden. Daher können aus TV-Spots Musik und Jingles (kurze Musiksequenzen, die zusammen mit dem beworbenen Produkt auftreten) in der Regel besser erinnert werden als reiner Text bzw. Sprache. (vgl. Reid 2001; Stewart et al. 1990).

Kinowerbung zeichnet sich durch eine hohe Kontaktwahrscheinlichkeit und -intensität aus. Demgegenüber stehen die negativen Wirkungen des erzwungenen Kontaktes, der Reaktanzen hervorrufen kann. Für die Gestaltung von Kinowerbung können prinzipiell die gleichen Empfehlungen wie für die Gestaltung von Fernsehwerbung ausgesprochen werden. Über Kinowerbung können Zielgruppen unterschiedlichsten Alters angesprochen werden. So verteilten sich die Kinobesucher in Deutschland in den Jahren 2016–2018 relativ gleichmäßig auf die unterschiedlichen Altersgruppen (vgl. FFA 2019).

11.4.3 Radiowerbung

Der Hörfunkmarkt ist in vielen Ländern regional strukturiert, was in der Regel eine gute regionale Segmentierung ermöglicht (vgl. Insert 11.1). Weitere Vorteile der Radiowerbung liegen im geringen Preis, der relativ hohen Reichweite und der guten Integrierbarkeit mit anderen Instrumenten. Demgegenüber stehen die fehlenden visuellen Gestaltungsmöglichkeiten. In Deutschland hören im Schnitt knapp 80 % der Bevölkerung täglich Radio. Durchschnittlich verbringt ein Bundesbürger knapp über drei Stunden am Tag mit dem angeschalteten Radio (vgl. ARD 2018). Das Radio wird auch als „Überallmedium" bezeichnet, da es sowohl im Haus als auch außer Haus (beispielsweise im Auto) gehört wird. Neben der klassischen Radio-Nutzung, werden zunehmend auch Online-Audio-Angebote in Anspruch genommen. So gaben etwa in einer Studie 18,4 % der deutschen Befragten an, Webradio-Angebote zu nutzen (vgl. BLM 2019).

Für Radiowerbung können die folgenden Gestaltungsempfehlungen ausgesprochen werden:

- Wie auch bei TV-Werbung sollten Musik und Jingles bei Radiowerbung eingesetzt werden. Angesichts der fehlenden visuellen Elemente sollte Musik bei der Radiowerbung eine noch größere Rolle spielen als bei der Fernsehwerbung. Musikalische Elemente steigern die Aufmerksamkeit und begünstigen die Erinnerung an den Radiospot und das beworbene Produkt (vgl. Reid 2001; Stewart et al. 1990).
- Empirische Studien zeigen, dass nur in 8 % der Zeit, in der Radio gehört wird, dem Programm auch konzentriert gefolgt wird. Relativ stark dagegen ist die Aufmerksamkeit für das Radio, wenn Personen nachmittags oder abends alleine Radio hören, beim Frühstücken, beim Aufstehen und bei der Fahrt zur Arbeit (vgl. Koschnick 2005).

11.4.4 Außenwerbung

Außenwerbung ist Werbung, die im öffentlichen Raum platziert wird. Die wichtigsten Ausprägungen sind die Plakatwerbung (z. B. großflächige Plakate, beleuchtete City Light-Poster, elektronische Videoboards) und die Verkehrsmittelwerbung (z. B. Werbung auf Autos, Bussen oder Straßenbahnen) (für Beispiele vgl. Abb. 11.6 und Insert 11.2).

11

Jedes Jahr setzt unweigerlich die Grippewelle ein – und gleichzeitig steigt der Bedarf an Medikamenten, die die Beschwerden lindern. Reckitt Benckiser (RB), eines der weltweit führenden Unternehmen im Bereich Gesundheit, Hygiene und Haushalt produziert und vertreibt mit Dobendan Strepsils die Nummer 1 Marke im Bereich Halsschmerzmarkt. Um den natürlichen Nachfrageschub zur Erkältungszeit für sich zu nutzen, haben sich die Marketing-Strategen von RB für eine Werbekampagne im Radio entschieden.

Im Spätherbst bewarb RB seine Präparate Dobendan Strepsils Dolo und Dobendan Strepsils Direkt. Anfang November startete die Kampagne für die Lutschtabletten gegen Halsschmerzen zunächst mit Fernsehwerbung, im Dezember kam dann die Radiokampagne hinzu. Da sich die Grippe jedoch nicht überall in Deutschland gleich stark ausbreitete, nutzte das Unternehmen die Option, Hörfunkkampagnen per Targeting gezielt regional auszusteuern. Die Hinweise auf relevante Regionen mit einsetzender Grippewelle entnahmen unsere Mediaexperten dem Grippe-Index des Robert-Koch-Instituts in Berlin. Auf diese Weise kam die Dobendan-Kampagne nur dort zum Einsatz, wo das Thema für die Menschen auch tatsächlich die entsprechende Relevanz hatte.

Während des Kampagnenzeitraums wurden die Ausstrahlungsregionen flexibel angepasst.

Die Bilanz der Kampagne kann sich sehen lassen: Saisonbedingt steigt die Nachfrage nach Erkältungs- und Schmerzmitteln mit Einsetzen der Grippewelle jedes Jahr deutlich. Die Anfang Dezember einsetzende Grippewelle zeigte auch bei Dobendan prompt ihre Wirkung auf den Absatz. Der Verkauf von Dobendan Strepsils Dolo verzeichnete Steigerungsraten im zweistelligen Bereich. Dobendan konnte, dank des gezielten und wirksamen Einsatzes von Radiowerbung zusätzlich seine Marktposition gegenüber den Mitbewerbern deutlich verbessern. Der durchschnittliche Marktanteil, gemessen am Umsatz im Radiokampagnen-Zeitraum, stieg um rund 2,5 Prozentpunkte gegenüber den Kampagnenwochen ohne Hörfunkeinsatz.

Thorsten Müller, Media and Communications Manager Central Europe bei RB, ist mit dem Ergebnis der Kampagne hochzufrieden: „Das Medium Radio hat seine Abverkaufsstärke unter Beweis gestellt." Fazit: Radio zeichnet sich durch seine Aktivierungsstärke aus und in Verbindung mit Targeting kann dieses Medium temporär und regional noch gezielter zum Kauf aktivieren.

Insert 11.1 Targeting trifft den Schmerz. (Vgl. ARD 2016)

Mit Außenwerbung können vor allem die jüngeren mobilen Schichten erreicht werden, die aufgrund ihrer Mobilität höhere Kontaktchancen mit der Außenwerbung haben. Plakate können bis auf die einzelne Stelle genau eingesetzt werden, sodass sie besonders effektiv für regionale oder lokale Werbung eingesetzt werden können. Weiterhin können Plakate von den Konsumenten auf dem Weg zum Point of Sale oder sogar

Abb. 11.6 Beispiele für Außenwerbung

am Point of Sale wahrgenommen werden, sodass Plakatwerbung eine Werbemöglichkeit kurz vor der Kaufentscheidung der Konsumenten darstellt.

Für die Gestaltung der Außenwerbung können die folgenden Empfehlungen ausgesprochen werden:

- Die Wirksamkeit der Außenwerbung hängt von der **Qualität des Standortes** und insbesondere von dessen Verkehrsfrequenz sowie Sichtbarkeit ab (vgl. Pasquier 1997). Außenwerbung an Standorten mit hoher Verkehrsfrequenz weist eine höhere Kontaktleistung auf. Die Sichtbarkeit erhöht ebenfalls die Kontaktleistung eines Standortes.
- Die **Lesbarkeit** der Außenwerbung hat den stärksten Einfluss auf die Erinnerung. Außenwerbung sollte daher mit großen Buchstaben gestaltet sein, eine einfach zu lesende Schriftart benutzen und auch in der Farbwahl die Lesbarkeit berücksichtigen.
- Darüber hinaus sollte sich die Außenwerbung aufgrund der kurzen Betrachtungszeiten auf wenige Informationen begrenzen. Eine kurze, **einprägsame Botschaft** ist effektiver als eine lange, komplizierte Botschaft.

11

Der schwedische Shampoo-Hersteller Apotek Hjärtat hat vor kurzem die Werbeagentur Åkestam Holst aus Stockholm mit einer Kampagne zur Einführung des neuen Produkts „Apolosophy" beauftragt. Die findigen Werber installierten kurzerhand große Bildschirme in Metro-Stationen in Stockholm. Darauf zu sehen: eine junge Frau mit langen Haaren. So weit, so unspektakulär. Was aber passiert, wenn eine U-Bahn einfährt, gehört mit Sicherheit zum Coolsten, das du je in einer Werbekampagne gesehen hast. Als würde der Fahrtwind in den Bildschirm eindringen, bewegen sich die Haare des Models und verwuscheln und verwehen im Luftstoß. Natürlich steckt ein Video hinter dem spektakulären Effekt – und ein Ultraschallsensor, der die Vibration des einfahrenden Zugs erfasst und den Film auslöst.

Insert 11.2   Beispiel für innovative Außenwerbung. (Vgl. Dittberner 2014)

11.4.5 Social Media Marketing

Social Media umfasst alle Dienste und Werkzeuge des Web 2.0, die den Austausch von nutzergenerierten Inhalten (user generated content), wie z. B. Meinungen, Erfahrungen und Informationen, im Internet ermöglichen (vgl. Hettler 2010; Weinberg 2014). Die zunehmende Beliebtheit von Social Media Kanälen zeigt sich an der stetig wachsenden Anzahl der Nutzer. Während im Jahr 2009 weltweit noch knapp 970 Mio. Menschen soziale Netzwerke nutzten, waren es im Jahr 2016 bereits 2,28 Mrd. (eMarketer 2017). Die zunehmende Wichtigkeit von Social Media hat auch dazu geführt, dass sich immer mehr Unternehmen auf Social Media Kanälen engagieren. Daraus hat sich das sogenannte **Social Media Marketing** entwickelt. Dieses kann als „Marketing durch den zielorientierten Einsatz von Social Media" (Hettler 2010, S. 37) definiert werden und beinhaltet die Möglichkeit, Online nutzergenerierte Beiträge zu publizieren sowie sich über diese auszutauschen (vgl. Bernet 2010; Hettler 2010; Ceyp und Scupin 2013).

Im Rahmen von Social Media Marketing können eine Vielzahl von Instrumenten Anwendung finden. Abb. 11.7 stellt die zentralen plattformspezifischen Social Media Instrumente mit beispielhaften Plattformen dar.

- **Ein Weblog** (verbreitete Abkürzung: Blog) stellt eine häufig aktualisierte Website dar, die durch Personen oder Firmen gepflegt wird. Dabei erhalten die Leser die Möglichkeit Kommentare abzugeben (vgl. Bruhn 2019; Hettler und Pyzalski 2018; Knappe und Kracklauer 2007; Weinberg 2014). Weblogs von Unternehmen werden als Corporate Blogs bezeichnet. Diese können u. a. als Produkt-/Marken-Blogs, Customer-Relationship-Blogs, Krisen-Blogs und CEO-Blogs ausgestaltet werden und ermöglichen es Unternehmen über neue Produkte zu informieren, aktuelle Unternehmensnachrichten sowie -ziele und -strategien zu kommunizieren. In diesem Zusammenhang dienen sie Unternehmen auch als Informationsquelle über Kundenmeinungen und -bedürfnisse (vgl. Bruhn 2019; Knappe und Kracklauer 2007; Weinberg 2014; Zarrella 2012; Zerfaß und Boelter 2005).
- **Microblogs** (auch Micromedia genannt) stellen eine Variante von Weblogs dar, bei denen die Länge der versendeten Nachricht auf i. d. R. 140–200 Zeichen beschränkt ist. Twitter ist einer der bekanntesten Anbieter und bietet die Möglichkeit, Microblogs (Tweets) anderer Nutzer zu abonnieren (following) und zu kommentieren sowie

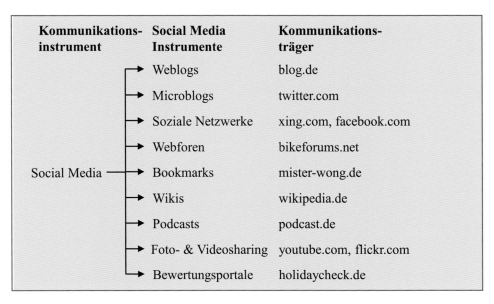

Abb. 11.7 Übersicht über plattformspezifische Social Media Instrumente und beispielhafte Kommunikationsträger. (In Anlehnung an Bruhn 2019, S. 479)

die eigenen Tweets im Kreis der Follower zu verbreiten (vgl. Hettler 2010; Weinberg 2014). Neben Twitter hat sich auch die Plattform Instagram als erfolgreicher Anbieter am Markt etabliert. Instagram ist im Vergleich zu Twitter allerdings kein reiner Microblog, sondern kombiniert Microblogging-Dienste mit einer audiovisuellen Plattform (vgl. Magerhand und Noack 2019).

- **Soziale Netzwerke** basieren auf virtuellen Verknüpfungen zwischen den Nutzern eines Netzwerks und zielen darauf ab, „den Aufbau und die Pflege von Beziehungen und den damit zusammenhängenden Informationsaustausch und die Kommunikation mit den Beteiligten im Internet zu erleichtern" (Hettler und Pyzalski 2018, S. 54; vgl. Bruhn 2019; Porter und Donthu 2008; Trusov et al. 2010; Weinberg 2014). Den Kern eines sozialen Netzwerks bilden die individuellen und interaktiven Profile der Nutzer. Facebook stellt derzeit das größte soziale Netzwerk dar und die Anzahl der Nutzer steigt im Verlauf der Jahre stetig (vgl. Kemp 2019). So nutzten im Jahr 2018 allein in Deutschland 32 Mio. Menschen das Netzwerk, während es im Jahr 2008 lediglich 0,12 Mio. Menschen waren (vgl. Roth 2019; Statista 2016). Mit 91 % verwendet dabei der Großteil dieser Nutzer die mobile Facebook-Version (vgl. Roth 2019).
- In **Webforen** können sich Mitglieder über Themen austauschen, die dem jeweiligen Forum zugrunde liegen. Die Teilnehmer können dabei einerseits selbst neue Diskussionen (sog. „Threads") starten und anderseits durch Antworten auf und Bewerten von existierenden Threads tätig werden (vgl. Bruhn 2019).
- Des Weiteren existieren Dienste, welche die Erfassung und Kategorisierung von **Bookmarks** (Lesezeichen) Online ermöglichen. Nutzer können ihre Bookmarks mit Tags (Zuordnung von Schlagwörtern) klassifizieren sowie mit anderen Nutzern teilen (vgl. Bruhn 2019; Hettler und Pyzalski 2018; Weinberg 2014).
- Online-Nachschlagewerke, die es Nutzern erlauben, Einträge zu erstellen und gemeinschaftlich zu editieren, werden als **Wikis** bezeichnet. Dadurch sammeln sie das kollektive Wissen ihrer Nutzer; das bekannteste Wiki stellt die Online-Enzyklopädie Wikipedia dar (vgl. Bruhn 2019, für Einschränkungen der Nutzung Weinberg 2014).
- Unter **Podcasts** werden Audio- oder Mediendateien verstanden, die von Unternehmen oder Privatpersonen über das Internet zum Download bereitgestellt werden (vgl. Bruhn 2019; Weinberg 2014).
- **Foto- und Videosharing-Dienste** bieten die Möglichkeit, Fotos und Videos zur Verfügung zu stellen und sich darüber auszutauschen (vgl. Hettler und Pyzalski 2018). Die Nutzung von Videoportalen erfolgt von Unternehmen v. a. im Rahmen viraler Marketingaktivitäten (vgl. Bruhn 2019).
- **Bewertungsportale** bieten Nutzern die Möglichkeit, Informationen über Produkte auszutauschen. Es handelt sich hierbei nicht um Expertenurteile, sondern um Erfahrungen des „täglichen Lebens", die auf diese Weise systematisiert und zugänglich gemacht werden. Das auf diese Weise generierte Weiterempfehlungsverhalten weist eine hohe Authentizität auf und beeinflusst das Kaufverhalten (vgl. Hettler und Pyzalski 2018).

Neben den zuvor genannten plattformspezifischen Instrumenten können Unternehmen im Rahmen ihres Social Media Marketing auch plattformübergreifende Social-Media-Instrumente nutzen. Für plattformübergreifende Instrumente ist charakteristisch, dass diese unabhängig von den Ausprägungen der verwendeten Plattform sind, und somit auf unterschiedlichen Plattformtypen eingesetzt werden können. Zu den relevantesten plattformübergreifenden Instrumenten zählen sowohl Influencer Marketing als auch virales Marketing (vgl. Meffert et al. 2019).

Influencer Marketing beschreibt eine Strategie, bei welcher Unternehmen gezielt professionelle Meinungsführer (Influencer) nutzen, um gesetzte Kommunikationsziele zu erreichen (vgl. Kochhan und Schunk 2018). Die ausgewählten Influencer fungieren bei dieser Marketingform aufgrund ihrer großen Zahl an Empfängern als Multiplikatoren, indem sie die Kommunikationsbotschaften von Unternehmen verbreiten (vgl. Decker 2019). Bedingt durch die vielfältigen Möglichkeiten, die das Internet Konsumenten bietet, schenken diese klassischer Werbung immer weniger Vertrauen und setzen bei ihren Kaufentscheidungen eher auf Empfehlungen von Freunden oder unabhängigen Experten (vgl. Nirschl und Steinberg 2018). Hier knüpft die Strategie des Influencer Marketing an, da Influencer von ihren Empfängern (Followern) häufig ein hohes Maß an Glaubwürdigkeit zugeschrieben bekommen. Diese Glaubwürdigkeit kann durch unterschiedliche Faktoren bedingt sein, wie beispielsweise die hohe Aktivität des Influencers auf Social-Media-Plattformen, der dem Influencer zugeschriebene Expertenstatus oder die große Anzahl an Followern (vgl. Tropp 2019). Die zuvor genannten Aspekte machen den Einsatz von Influencer Marketing für Unternehmen besonders attraktiv, da dieser es ihnen ermöglicht, gezielt von der Reichweite sowie Einflussstärke der Influencer zu profitieren und Werbebotschaften besonders authentisch zu übermitteln. Aus diesem Grund hat sich Influencer Marketing zu einer Schlüsselkomponente der digitalen Marketingstrategie entwickelt (vgl. Association of National Advertisers 2018; Nirschl und Steinberg 2018). Bestätigt wird dies durch die große Zahl an Unternehmen, die Influencer Marketing fest in ihre Marketingstrategie integriert haben. Im Jahr 2018 gaben beispielsweise in Deutschland 59 % der Unternehmen an, Influencer Marketing zu nutzen; weitere 24 % gaben an, eine zukünftige Nutzung in Erwägung zu ziehen (vgl. BVDW 2018).

Wenngleich sich Influencer Marketing zunehmender Beliebtheit erfreut, sollte nicht unerwähnt bleiben, dass der Einsatz dieses Instrumentes nicht für jedes Unternehmen gleichermaßen sinnvoll ist. Bevor Unternehmen Kooperationen mit Influencern abschließen, sollten sie beispielsweise kritisch hinterfragen, ob sich der Einsatz von Influencer Marketing zum Ansprechen ihrer Zielgruppe eignet. So haben etwa empirische Studien ermittelt, dass Influencer Marketing insbesondere bei der Ansprache einer jungen Zielgruppe sowie Frauen erfolgreich ist (vgl. BVDW 2017). Darüber hinaus hat sich gezeigt, dass es für den erfolgreichen Einsatz von Influencer Marketing von großer Bedeutung ist, dass das Unternehmen bzw. die zu bewerbenden Produkte und der ausgewählte Influencer zueinander passen. Nur dann besteht die Möglichkeit, die Vorteile der hohen Authentizität dieser Marketingform auszuschöpfen (vgl. Bekk et al.

11

2009; Till und Busler 2000). Abschließend stellt naheliegenderweise auch die Anzahl der Follower des ausgewählten Influencers einen wichtigen Erfolgsfaktor für Influencer Marketing-Kampagnen dar.

Virales Marketing beschreibt eine Strategie, mit welcher Unternehmen das gezielte Auslösen von Mundpropaganda (Word-of-Mouth, Electronic Word-of-Mouth) beabsichtigen. Unter systematischer Nutzung von sozialen Netzwerken und Medien wird das Ziel verfolgt, Werbebotschaften innerhalb kurzer Zeit, ähnlich wie einen biologischen Virus, von Mensch-zu-Mensch zu übertragen. Häufig verbreiten sich die Werbebotschaften dabei ohne Mithilfe des Unternehmens einzig durch die Weitergabe unter den Nachfragern selbst (vgl. Meffert 2019; Stenger 2012).

In der Praxis werden zwei grundsätzliche Formen des viralen Marketing unterschieden: aktives und passives virales Marketing. Zentrales Unterscheidungsmerkmal zwischen diesen beiden Formen ist die Rolle, die der Nachfrager im Diffusionsprozess einnimmt (vgl. Langner 2009; Merz 2016; Seeger und Kost 2018).

- Beim **passiven viralen Marketing** fällt der durch den Nachfrager geleistete Beitrag zur Diffusion der Werbebotschaft gering aus. Oftmals wird die Verbreitung bei diesem Ansatz bereits durch die Nutzung eines Produktes ausgelöst (z. B. „Sent from my iPad").
- Beim **aktiven viralen Marketing** übernimmt der Nachfrager eine zentrale Rolle, indem er aktiv zur Diffusion der Werbebotschaft beiträgt. Die Motivation zum Verbreiten der Werbebotschaft kann dabei unterschiedliche Ursachen haben. So kann diese zum einen aus dem Setzen von Anreizen resultieren. In diesem Fall motivieren Unternehmen die Nachfrager durch Belohnungen gezielt zum Teilen der Botschaft (z. B. Gutscheine beim Werben eines Neukunden). Zum anderen kann die Motivation zum Teilen einer Botschaft auch auf den Eigenschaften der Botschaft selbst beruhen, beispielsweise wenn diese von den Nachfragern als besonders unterhaltsam eingestuft wird (vgl. Tropp 2019).

Im Vergleich zu klassischen Werbemaßnahmen gilt virales Marketing als besonders kosteneffizient, da die Diffusion der Werbebotschaften an die Empfänger ausgelagert wird (vgl. Hinz et al. 2011).

Insgesamt kann der Einsatz von Social-Media-Instrumenten der Erreichung unterschiedlichster Ziele, wie z. B. dem Markenmanagement, der Kundenbindung, der Neukundengewinnung, der Imagebeeinflussung oder der internen Kommunikation dienen. Auch eine unterstützende Nutzung im Vertrieb ist möglich, genauso wie der Einsatz zur Entwicklung und zur Verbreitung von Innovationen. Social Media kann dabei generell als Informationsquelle über Kunden bzw. deren Präferenzen oder Meinungen dienen.

Insgesamt kann hinsichtlich der Entwicklung des Einsatzes von Social Media Instrumenten in der Unternehmenskommunikation eine steigende Verbreitung festgestellt werden. Eine Studie des Deutschen Instituts für Marketing (vgl. DIM 2018) zeigt, dass ungefähr 79 % von den insgesamt 412 befragten Unternehmen in Deutschland im Jahr 2018 Social Media Marketing betrieben haben. Für die Kommunikation erachten die Unternehmen dabei die sozialen Netzwerke als am bedeutsamsten und haben entsprechend Profile bei Facebook (85,5 %) oder Xing (85,3 %). Darüber hinaus zeigt die Studie auch Unterschiede in der Nutzungshäufigkeit von Social Media Marketing im B2B- und B2C-Bereich auf. Demnach wurden die unterschiedlichen Social Media Marketing-Instrumente von B2C-Unternehmen durchschnittlich als deutlich wichtiger eingestuft als von den befragten B2B-Unternehmen. Die Wahl der Social-Media-Instrumente erfolgt dabei vor allem hinsichtlich der Erreichbarkeit der Zielgruppe und der Reichweite oder Bekanntheit des Instrumentes (vgl. DIM 2012). Hauptziele des Social Media Marketing sind dabei primär die Kunden an sich zu binden und Neukunden (vgl. zur geschäftlichen Nutzung von Social Media Insert 11.3)

Die meiste Zeit versuche ich mich auf die positiven Aspekte sozialer Netzwerke zu konzentrieren. Ich werde immer wieder gefragt: „Wie wollen Sie damit Geld machen?" Das ist die falsche Frage. Die richtige lautet: „Wie kann ich meine Beziehung zu Kunden und Beschäftigten ausbauen und den Dialog dort vertiefen, wo sie sich aufhalten?" Momentan sind soziale Netzwerke ein wesentlicher Teil der Antwort. Wer heute ein neues Gerät kauft, holt häufig Empfehlungen auf Twitter oder Facebook ein. Das wird im Laufe der Zeit immer wichtiger werden. […] Soziale Medien sind ein wesentlicher Bestandteil unserer Strategie. Ich bin überzeugt, dass unser Unternehmen optimal positioniert ist, um den Verbrauchern die neueste und großartigste Technik zu bieten. Unsere Servicemitarbeiter von Geek Squad und unsere Verkäuferinnen und Verkäufer in den Filialen sind stets bereit, Lösungen für die Kunden zusammenzustellen. Wir nutzen sogar soziale Medien, um diese Lösungen anzubieten. Auf Twitter haben wir ein Angebot namens Twelpforce. Dort können Kunden technische Probleme schildern, und

Best-Buy-Mitarbeiter – oder andere Twitter-Nutzer – können Lösungen vorschlagen. Über diesen Twitter-Feed erfahren wir auch eine Menge über die Aktivitäten der Kunden, und wir können ihnen bei ihren Problemen in Echtzeit helfen. Wir bieten kostenlose Beratung. Das halten manche für einen Fehler, weil wir ja auch unsere Geek-Squad-Dienste gegen Gebühr anbieten. Aber ich sehe darin keinen Widerspruch. Durch Twelpforce werden wir für unsere Kunden wertvoller und greifbarer. Nur so können wir uns langfristig die Treue der Konsumenten erarbeiten. Die Menschen kaufen bei Unternehmen ein, denen in ihren Augen die Projekte der Kunden tatsächlich wichtig sind. Über Twitter können wir zeigen, dass dies auf uns zutrifft. Ich werde also weiter fleißig twittern. […] Und ich werde wahrscheinlich ins Poetische hinübergleiten, wenn es um Familie, Freunde und andere Dinge geht, die mir wichtig sind. Tatsache ist: Die Diskussion findet heute in den sozialen Medien statt. Entweder Sie sind Teil dieser Debatten oder eben nicht."

Insert 11.3 Beispiel zur geschäftlichen Nutzung von Social Media: Interview mit dem CEO von Best-Buy. (Vgl. Dunn 2011)

11

zu gewinnen (vgl. DIM 2012) sowie eine Steigerung der Bekanntheit zu erlangen oder das Image zu verbessern (vgl. BVDW 2012). Interessant ist, dass lediglich 22,4 % der Unternehmen eine ausgearbeitete Social Media Strategie haben und nur die Hälfte der Unternehmen den Erfolg der Social Media Aktivitäten evaluiert (vgl. DIM 2012). Es ist folglich wenig überraschend, dass nur 16 % der Unternehmen über formale Richtlinien in Bezug auf die geschäftliche Nutzung von Social Media verfügen (vgl. Eurostat 2013).

11.4.6 Online-Werbung

Online-Werbung umfasst alle Werbemaßnahmen, die mittels Webseiten im World-Wide-Web (WWW) durchgeführt werden. Mittlerweile hat sich das Internet als Massenmedium etabliert, so dass die meisten Zielgruppen auch über das Internet erreicht werden können.

Wichtige Vorteile der Online-Werbung stellen die guten Individualisierungsmöglichkeiten auf der Basis spezifischer Nutzerprofile sowie die exakte Werbeerfolgskontrolle (z. B. Click-Through-Raten, Erfassung des Kaufverhaltens der Kunden) dar. Besonders interessant ist hierbei die Verknüpfung von Social Media und Online-Werbung. So kann ein Unternehmen bei z. B. Facebook einen sehr spezifischen Personenkreis als Zielgruppe bewerben. Durch die zahlreichen Informationen der Facebook-Nutzer – beispielsweise über deren Likes, Wohnorte oder Gruppenmitgliedschaften – können Unternehmen eine nach bestimmten Kriterien festgelegte Zielgruppe mit darauf abgestimmten Werbeanzeigen selektiv ansprechen, wie es durch klassische Printwerbung nie möglich wäre. Allerdings müssen Unternehmen auch lernen, diese neuen Möglichkeiten zu nutzen (vgl. Scherer 2013 sowie Insert 11.4). In diesem Zusammenhang sei die Werbeform des Re-Targeting erwähnt, welches die systematische Verfolgung von Besuchern einer bestimmten Website – meistens Webshops – mit gezielter Online-Werbung bezeichnet (vgl. Hünebeck und Eugster 2013). Durch das Vergeben von Cookies können Nutzer einer Website weiter getrackt und mit Werbeanzeigen wieder angesprochen werden (vgl. Hünebeck und Eugster 2013 sowie Insert 11.5). Vorteilhaft ist auch die Dialogorientierung: Den Konsumenten kann die Möglichkeit zur direkten Interaktion mit dem werbetreibenden Unternehmen über eine entsprechende Werbegestaltung angeboten werden.

Im Rahmen von Online-Werbung können die folgenden Werbeformen (Ads) unterschieden werden:

- **Integrierte Ads** sind in eine Website integrierte Banner. In der Regel kann der Nutzer mit einem Klick auf den Banner zum Internetangebot des werbetreibenden Unternehmens gelangen.
- **New-Window-Ads** erscheinen automatisch in einem sich öffnenden Browserfenster und umfassen Pop-Ups und Interstitials. Beim Pop-Up erscheint ein neues, kleines Fenster über der gerade betrachteten Website. Dieses kann durch einen

[…] Anzeigen sollen nicht mehr stören, sie sollen relevant und interessant sein. Mit diesem Versprechen bedient Facebook einen lang gehegten Traum der Werbeindustrie: Wenn es gelänge, jeden potenziellen Käufer ganz persönlich anzusprechen, würden die Verkaufszahlen schlagartig explodieren! […] Die Plattform hat dafür sogar eigene Technologien entwickelt: Wenn ein Unternehmen eine Anzeige schaltet, kann es genau bestimmen, welchen Nutzergruppen diese angezeigt wird. Dabei können die Firmen zwischen einer ganzen Reihe von Eigenschaften auswählen – von Alter und Geschlecht bis zu Wohnort und Beziehungsstatus. […] Doch warum bekomme ich dann Werbung für einen Job im Callcenter? Weil die Durchschnittsfrau in meinem Alter dort so gern arbeitet? Oder weil irgendeinem Freund von mir dieses Unternehmen gefällt? Ich stelle fest, dass das Callcenter in Hamburg sitzt. Das also ist die Verbindung zwischen uns. Vermutlich hat das Unternehmen bestimmt, dass die Anzeige bei jungen Menschen im Großraum Hamburg zu sehen sein soll. […] Bei meinen Bekannten flimmern die gleichen Diät-Tipps und Zalando-Bilder über den Monitor. Und je nach Beziehungsstatus die Werbung von Single-Börsen oder Hochzeitsmessen. Individuell ist daran gar nichts. Social-Media-Experte Tentler sagt, das liege auch an den Unternehmen selbst. „Viele Firmen wissen gar nicht, wie man Werbung auf der Plattform zielgerichtet sendet.“ Eine Umfrage der Hamburger Agentur eprofessional unter Onlinemarketing-Experten von Unternehmen bestätigt das. 54 Prozent der Befragten gaben dabei an, dass sie auf Facebook werben, knapp die Hälfte davon räumte jedoch ein, dessen Funktionen nicht oder kaum zu kennen. Und das heißt: Facebook kann sich noch so sehr anstrengen, seine Technologie zu verbessern – wenn Unternehmen nicht damit umzugehen wissen, bringt das wenig. Und je komplexer das Werbesystem wird, desto schwieriger wird es für Firmen, den Überblick zu behalten. […]

Insert 11.4 Herausforderungen bei dem Einsatz von Online-Werbung bei Facebook. (Vgl. Scherer 2013)

Klick geschlossen werden. Interstitials entsprechen einer Werbeunterbrechung des Nutzungsvorgangs, die im Extremfall den ganzen Bildschirm ausfüllen kann.

- **Layer-Ads** liegen eine Ebene über der Content-Seite und erscheinen nicht in einem sich öffnenden Fenster. Hierzu zählen so genannte Floating Ads, Mouse-Over-Banner und Sticky Ads. Mit Floating Ads wird der Eindruck erweckt, als schwebe die Werbung über der betrachteten Website. Vergrößert sich die Werbefläche, sobald der Mauszeiger über diese geführt wird, so spricht man von einem Mouse-Over-Banner. Von einem Sticky Ad spricht man, wenn die Werbefläche dauerhaft im Sichtbereich des Nutzers bleibt, selbst wenn er auf der Seite nach unten scrollt.
- Bei der **Werbung mittels Suchmaschinen** (Suchmaschinenmarketing, Key-Word-Advertising) kauft ein werbetreibendes Unternehmen bei Suchmaschinenanbietern wie z. B. Google Werbeplätze, die speziellen Suchbegriffen zugeordnet werden.

11

[…] Vor meinem Abflug nach München fiel mir auf, dass mich eine der Taschen, die ich vor ein paar Tagen in die engere Wahl genommen hatte, im Internet verfolgt. Klein, braun, Leder, nicht zu schick, aber auch nicht zu lässig war sie. So in etwa hatte ich die Wünsche meiner Frau verstanden. Immer wieder erscheint diese Anzeige, auch wenn ich nicht nach ihr suche. Sie ist, egal wo ich bin: Wenn ich morgens die Nachrichten lese auf handelsblatt.com, wenn ich beim Schreiben nach einem Wort suche auf woxikon.de, wenn ich recherchiere auf gruenderszene.de oder wenn ich mich ablenken lassen will auf bild.de. Woher weiß die Tasche, wo ich bin? […] Was die Franzosen (Anmerkung: Criteo, ein Unternehmen, das Online-Werbung vermarktet) besonders gut können, ist das sogenannte Retargeting, die Verfolgung potenzieller Kunden eines Onlineshops im Netz. Als ich mir bei Zalando zum ersten Mal die braune Ledertasche von The Bridge angeschaut

habe, platzierte Criteo einen sogenannten Cookie, ein kleines Datenpäckchen, in meinem Browser. Und dieser Cookie ist der Grund, warum mich diese Tasche nun im Netz verfolgt. […] An Criteos Algorithmus, der die User-Profile mit den Werbeinformationen der Unternehmen zusammenrechnet, arbeiten in Paris täglich 300 Entwickler. Mehr als 100 kombinierbare Variablen haben sie ihm inzwischen beigebracht. Die betreffen z. B. das zurückliegende Surfverhalten, die Kaufhistorie oder die Art und Anzahl der angesehenen Produkte, aber auch die farbliche Ausgestaltung des Banners, damit sich die Werbung gut in die Umgebung einfügt. Sollte ich die Tasche kaufen, wird der Algorithmus mir sie im Idealfall nicht noch mal anzeigen. Dafür wird er mir andere Produkte vor die Nase halten, die zu meinem Kauf passen könnten. Ein farblich abgestimmtes Portemonnaie z. B. […]

Insert 11.5 Beispiel für Re-Targeting im Internet. (Vgl. Müller 2013)

Gibt ein Konsument einen der so definierten Suchbegriffe in die Suchmaschine ein, so erscheint neben den Suchergebnissen die Werbung des werbetreibenden Unternehmens (vgl. DDV 2005).

Für die Gestaltung von Online-Werbung lassen sich die folgenden Empfehlungen aussprechen:

- Rich-Media-Werbung (interaktive Elemente, Animationen) weist im Konsumgüterbereich deutlich höhere Klickraten (Click-Through-Rates) auf als Non-Rich-Media-Werbung (vgl. Doubleclick 2004). Im Business-to-Business-Bereich führen Animationen in der Regel nicht zu höheren Click-Through-Rates (vgl. Lohtia et al. 2003).
- Die Qualität der verwendeten Website (z. B. Übersichtlichkeit, ansprechendes Design, unkomplizierte Navigation) wirkt sich positiv auf die Bannereffektivität aus

(vgl. Danaher und Mullarkey 2003). Daher sollte bei der Auswahl der Webseiten für Bannerwerbung auf Qualität geachtet werden.

- Die Reaktanz gegenüber Online-Werbung steigt mit dem Ausmaß, zu dem die Werbung den Internetnutzer in seinem Surfverhalten unterbricht. Daher sollten Pop-Ups nur sparsam eingesetzt werden.

11.4.7 Mobile Marketing

Mobile Marketing bezeichnet die Durchführung von Marketingaktivitäten über mobile Endgeräte (insbesondere Mobiltelefone, Smartphones und Tablets; vgl. Stafflage 2016; Kavassalis et al. 2003; Möhlenbruch und Schmieder 2002). Wie auch das Internet haben sich Mobiltelefone, und mittlerweile auch Smartphones und Tablets in vielen Ländern zum Massenkommunikationsmedium entwickelt und sind in den meisten Bevölkerungs- und Altersgruppen weit verbreitet (vgl. Initiative D21 2019; Wohlfahrt 2004). So werden für das Jahr 2020 weltweit insgesamt über 3,2 Mrd. Smartphonenutzer (Statista 2019) und 1,23 Mrd. Tabletnutzer (vgl. Statista 2017) vorhergesagt.

Im Fokus der folgenden Ausführungen steht die Nutzung mobiler Endgeräte für kommunikative Zwecke. Es sei allerdings darauf hingewiesen, dass Mobile Marketing auch andere Aspekte des Marketing umfassen kann (beispielsweise Zahlung oder Produktdistribution über mobile Endgeräte). Beim Mobile Marketing lassen sich zwei Ansatzpunkte unterscheiden:

- Gemäß dem **Push-Prinzip** kontaktiert das werbetreibende Unternehmen die Individuen der Zielgruppe über Mitteilungen auf ihren Mobiltelefonen (z. B. SMS, App, Mobile Coupon). Die Reaktion aus der Zielgruppe erfolgt mittels einer Nachricht (z. B. SMS) per Mobiltelefon.
- Nach dem **Pull-Prinzip** werden die Individuen durch Hinweise in anderen Kommunikationsmedien (z. B. TV-Werbung, Produktverpackung) auf den Mobile-Marketing-Auftritt des werbetreibenden Unternehmens aufmerksam gemacht. Auch hier reagiert die Zielgruppe per Mobiltelefon beispielsweise mittels einer Nachricht (z. B. SMS) oder dem Herunterladen einer App, um z. B. an einem Preisausschreiben teilzunehmen oder einen mobilen Coupon anzufordern.

Mobile Marketing weist die folgenden Vorteile auf (vgl. Bauer et al. 2008):

- **Ortsunabhängigkeit** (Kommunikation/Kontaktaufnahme ist fast an jedem Ort möglich),
- **Erreichbarkeit** (Nutzer sind fast ständig erreichbar; dies führt zu geringen Streuverlusten),
- **Personalisierung** (ein Mobiltelefon wird meist nur von einer Person genutzt, so dass eine personalisierte Ansprache möglich ist),

11

- **Interaktivität** (Konsumenten haben z. B. über Apps die Möglichkeit, unmittelbar mit dem Werbetreibenden in Kontakt zu treten) sowie
- **Lokalisierbarkeit der Nutzer** (Aufenthaltsort der Nutzer kann – von rechtlichen Beschränkungen abgesehen – jederzeit ermittelt werden, was eine ortsbezogene Kommunikation/sogenannte Location Based Services ermöglicht.

Neben diesen zentralen Vorteilen ist weiterhin die schnelle Umsetzbarkeit mobiler Marketing-Kampagnen vorteilhaft. Man benötigt nur eine geringe Vorlaufzeit, und die Rückmeldungen der Zielgruppe liegen aufgrund der Interaktivität kurz nach Aussendung der Botschaft vor (vgl. Vergossen und Weis 2004). Ein weiterer Vorteil liegt im Phänomen der viralen Effekte. Hierunter versteht man die Weitersendung einer Werbebotschaft (z. B. teilen – so genanntes „sharen" – eines Werbevideos) durch den Empfänger an Bekannte und Freunde. Solche viralen Effekte resultieren in einer höheren Reichweite bzw. niedrigeren Kosten und auch in einer höheren Glaubwürdigkeit der Werbebotschaft bei den sekundären Empfängern, welche die Botschaft von ihren Freunden oder Bekannten erhalten (vgl. Bauer et al. 2008).

Die Nachteile von Mobile Marketing liegen darin, dass es bei den Kunden zu Reaktanzen führen kann (vgl. Bauer et al. 2008). Weiterhin sollte beachtet werden, dass beispielsweise die Entwicklung sowie die Pflege von Apps oftmals mit hohen Kosten verbunden sind.

Für das Mobile Marketing lassen sich die folgenden Empfehlungen treffen:

- Um Reaktanzen bei den Empfängern von Push-Kampagnen zu vermeiden, empfiehlt es sich, vor dem Versand die Einwilligung der Adressaten (z. B. über die Registrierung auf einer Website) einzuholen (so genanntes **Permission Marketing**; vgl. Kavassalis et al. 2003; Maneesoonthorn und Fortin 2006).
- Im Zusammenhang mit dieser Einwilligung können auch Daten über persönliche Präferenzen und Interessen der Zielpersonen erhoben werden. Die so erhobenen Profildaten der Konsumenten können für eine individualisierte Ansprache verwendet werden. Beispielsweise kann auf der Basis dieser Informationen selektiert werden, über welche Angebote eine Person informiert wird und über welche nicht.
- Mobiles Marketing sollte den Empfängern einen Nutzen bieten. Dieser kann im Unterhaltungswert, der Bereitstellung von Informationen (z. B. anhand von Smartphone-Apps), Incentives oder Preisvergünstigungen (z. B. mobile Coupons) liegen (vgl. Bauer et al. 2005).
- Das Potenzial viraler Effekte sollte im Rahmen der Gestaltung mobiler Kampagnen genutzt werden. Beispielsweise können Empfänger direkt auf die Möglichkeit der Weitersendung der Werbebotschaft hingewiesen werden, wobei die Idee der Weitersendung direkter Bestandteil der Kampagne sein kann (z. B. „Teile dies mit deinen Freunden!").

11.4.8 Direktmarketing

Direktmarketing umfasst alle marktbezogenen Aktivitäten, die sich einstufiger (direkter) Kommunikation bedienen, um Zielgruppen in Einzelansprache gezielt zu erreichen. Hierbei ist es Ziel von Direktmarketing-Kampagnen, durch die Einzelansprache einen direkten Kontakt zum Adressaten herzustellen (vgl. Bruhn 2014, 2015). Ursprünglich wurden für die Umsetzung solcher Kampagnen insbesondere Direkt-Mailings genutzt, d. h. Medien wie Werbebriefe, Werbepostkarten und Postsendungen. Durch die aus der Digitalisierung resultierenden erweiterten technischen Möglichkeiten werden mittlerweile auch digitale Medien vermehrt für die Umsetzung von Direktmarketing genutzt. So entfiel im Jahr 2018 sogar der größte Teil der Investitionen in Direktmarketing auf den Bereich Onlinemarketing (vgl. Deutsche Post 2019). Ein Vorteil des Direktmarketing gegenüber anderen Kommunikationsinstrumenten ist die persönliche und individualisierte Ansprache der Kunden. Weitere Vorteile sind die gute Messbarkeit des Erfolges von Direktmarketingaktivitäten (z. B. Rücklaufquoten eines Mailings) und die gute Prozesskontrolle. Ein wesentlicher Nachteil liegt vor allem in der steigenden Anzahl von Direktmarketingaktivitäten und der damit verbundenen Reaktanz bei Kunden. Auch bei der persönlichen Kommunikation mit bestehenden Kunden über mehrere Kanäle (Multichannel) kann das ideale Level an Kommunikation überschritten werden und zu negativen Effekten führen. Durch eine Ausrichtung der Kommunikation an den Präferenzen des Kunden können die negativen Effekte abgeschwächt werden (vgl. Godfrey et al. 2011). Im Internetkontext ist in diesem Zusammenhang mittlerweile der Begriff „Junk Mail" verbreitet. Zusätzlich sinkt die Akzeptanz von Direktmarketingaktivitäten bei vielen Personen, die sich in ihrer Privatsphäre gestört fühlen.

Die folgenden Gestaltungsempfehlungen können für das Direktmarketing ausgesprochen werden:

- Grundsätzlich erfahren **adressierte Mailings** gegenüber unadressierten Mailings eine höhere Aufmerksamkeit (vgl. Hilke 1993).
- Bei adressierten Mailings ist die **Adressenqualität** von besonderer Bedeutung, d. h. die Verwendung vollständiger und richtiger Adressen. Die Adressenliste kann somit als Erfolgsfaktor adressierter Mailings bezeichnet werden (vgl. Belch und Belch 2017).
- Zur Reduzierung von Streuverlusten bei Mailings kann die mikrogeografische Segmentierung angewendet werden, nach der Lebensstil und Kaufverhalten durch Wohnverhältnisse erklärbar sind (vgl. Holland 2009).
- Basiert eine Direktmarketingaktivität auf Kundendaten, so sollte die **Ansprache** im Rahmen von Direktmarketingaktivitäten möglichst **zielgruppenspezifisch** erfolgen.
- Angesichts der aufgezeigten Gefahr der Kundenreaktanz gegenüber Direktmarketingaktivitäten sollten gemäß der Idee des **Permission Marketing** Personen

11

nicht kontaktiert werden, die sich gegen die Kontaktierung durch Direktmarketingaktivitäten ausgesprochen haben (z. B. durch Eintrag in Negativlisten wie die
„Robinson-Liste" und die Liste des Deutschen Direktmarketingverbands).

11.4.9 Verkaufsförderung

Verkaufsförderung (auch Sales Promotion oder kurz Promotion) umfasst zeitlich befristete Maßnahmen mit Aktionscharakter, die andere Marketingmaßnahmen
unterstützen und den Absatz bei Händlern bzw. Endkunden fördern sollen. Grundsätzlich kann zwischen preisorientierter und nicht-preisorientierter Verkaufsförderung unterschieden werden. Im Mittelpunkt der Kommunikationspolitik steht die
nicht-preisorientierte Verkaufsförderung.

Weiterhin kann unterschieden werden zwischen endkundenbezogener und händler-
bzw. verkaufsorganisationsbezogener Verkaufsförderung. Die **endkundenbezogene Verkaufsförderung** richtet sich an die Endverbraucher und kann sowohl vom Hersteller als
auch vom Händler durchgeführt werden. Als Funktionen der endkundenbezogenen Verkaufsförderung sind

- die Informationsfunktion (z. B. Handzettel, Prospekte, Verbraucherausstellungen,
  Schulungsveranstaltungen),
- die Motivationsfunktion (z. B. Gewinnspiele, Muster/Warenproben, Sonderaktionen)
  sowie
- die Verkaufsfunktion (z. B. Zugaben, Gutscheine, Displays im Handel)

zu nennen. Die resultierenden Absatzwirkungen beim Endkunden sind in Abb. 11.8
systematisiert. Es werden sowohl kurz- als auch langfristige Absatzsteigerungen
angestrebt.

Die **händler**- bzw. **verkaufsorganisationsbezogene Verkaufsförderung** richtet
sich an die Absatzmittler und kann die gleichen Funktionen erfüllen wie die endkundenbezogene Verkaufsförderung – jedoch mit anderen Inhalten und Instrumenten:

- die Informationsfunktion (z. B. Verkäuferbriefe, Seminare, Ausbildungen),
- die Motivationsfunktion (z. B. Prämiensysteme, Beigaben) sowie
- die Verkaufsfunktion (z. B. Handbücher, Argumentationshilfen, Testergebnisse).

Für die Gestaltung der Verkaufsförderung können die folgenden Empfehlungen gegeben
werden:

- Ein wesentlicher Aspekt im Rahmen der Verkaufsförderung betrifft die **Integration
  mit anderen Kommunikationsinstrumenten.** Angesichts von Synergieeffekten mit
  anderen Kommunikationsinstrumenten, empfiehlt es sich Verkaufsförderung z. B.

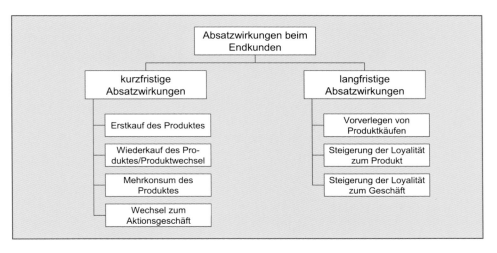

Abb. 11.8 Wirkungen von endkundengerichteter Verkaufsförderung auf den Absatz des Aktionsproduktes im Aktionsgeschäft. (In Anlehnung an Gedenk 2002, S. 104)

mit der Mediawerbung sowie Aktivitäten des Direktmarketing zu integrieren, um die Wirkung verkaufsfördernder Maßnahmen zu erhöhen.

- Die den Kunden angebotene **Prämie** bzw. der in Aussicht gestellte Vorteil spielen eine wichtige Rolle für den Erfolg der Verkaufsförderung (vgl. d'Astous und Jacob 2002; d'Astous und Landreville 2003). Ist die Prämie zu gering, haben die Kunden nur einen geringen Anreiz, an der Aktion teilzunehmen. Ist der Prämienwert erst gar nicht angegeben, können die Kunden die Anreizwirkung nicht einmal abschätzen. Ebenso wirken sich zu geringwertige kostenlose Zugaben in den meisten Fällen negativ auf die Kaufwahrscheinlichkeit aus und können sogar zu Reaktanz bei den Kunden führen (vgl. Gedenk et al. 2000).

11.4.10 Public Relations

Das Aufgabenfeld **Public Relations** (Öffentlichkeitsarbeit) umfasst die planmäßige Gestaltung der Beziehungen zwischen dem Unternehmen und verschiedenen öffentlichen Zielgruppen mit dem Ziel, diese im Sinne der Unternehmensziele zu beeinflussen (vgl. Ronneberger und Rühl 1992). Hinsichtlich dieser **Zielgruppen** kann zwischen gesellschaftlichen Gruppen und Anspruchsgruppen differenziert werden, die einen jeweils unterschiedlichen Informationsbedarf aufweisen. Bei den gesellschaftlichen Gruppen können neben der Gesamtbevölkerung Medien und ihre Vertreter, Behörden, Politiker sowie politische Organisationen und die Fachwelt unterschieden werden. Die Anspruchsgruppen umfassen beispielsweise Aktionäre, Lieferanten, Mitarbeiter, Verbraucherorganisationen, Bürgerinitiativen und Umweltorganisationen. Aus

11

diesen Zielgruppen können verschiedene Arten von Public Relations abgeleitet werden. In den letzten Jahren haben insbesondere die Investor Relations, bei denen eine offene und ausführliche Berichterstattung durch die Eigenkapitalgeber gefordert wird, an Bedeutung gewonnen.

Inhaltlich beziehen sich Public Relations auf eine Organisation oder eine Person und in der Regel nicht auf ein einzelnes Produkt des Anbieters. Kommuniziert wird im Rahmen von Public Relations insbesondere über Personalveränderungen, neue Produkte, Jahresabschlüsse, Jubiläen, wichtige Besuche etc.

Folgende zentrale Instrumente der Public Relations sind zu nennen:

- Im Rahmen der **Medienarbeit** stellen Presseberichte und -veröffentlichungen, Website und Interviews wichtige Instrumente dar.
- Zum Instrument der **Veranstaltungen** gehören Pressekonferenzen, Vorträge, Seminare, Kongresse, Jahreshauptversammlungen und der Tag der offenen Tür.
  Das **Beziehungsmanagement** umfasst die Kontaktaufnahme und -pflege, Beziehungen zu Meinungsführern und Multiplikatoren zur Verbreitung von Public Relations-Botschaften mit Medienpräsenz, Branchentreffen, Lobbying, Journalismus und Spenden.
- Durch das **Krisenmanagement** soll in einer Krise die Bildung eines negativen Images verhindert werden (vgl. Quarantelli 1988). Durch offene Kommunikation in der Krise soll die Glaubwürdigkeit des Unternehmens erhalten werden (vgl. Insert 11.6).

Für die Public Relations lassen sich die folgenden Gestaltungsempfehlungen aussprechen:

- Public Relations sollten nicht isoliert eingesetzt, sondern mit den anderen Kommunikationsinstrumenten inhaltlich integriert werden. Diese Integration ermöglicht Synergieeffekte. Beispielsweise kann ein Unternehmen im Rahmen von Presseartikeln oder Interviews seine Aktivitäten im Sponsoring kommunizieren und auf diese Weise die Wirkung und Glaubwürdigkeit dieser Aktivitäten erhöhen.
- Die Aufgaben- und Verantwortungsbereiche der verantwortlichen Stellen für Public Relations sollten gegenüber anderen Abteilungen, die z. B. für Sponsoring, Product Placement, Events, Online-Kommunikation, interne Kommunikation oder Messen zuständig sind, klar abgegrenzt werden. Hierdurch können Konflikte vermieden und die abteilungsübergreifende Zusammenarbeit verbessert werden.

11.4.11 Messen

Messen und Events zählen zu den Instrumenten der **persönlichen Kommunikation** (vgl. Tab. 11.4). Sie stehen daher in engem Bezug zum persönlichen Verkauf. Teilweise sind die Grenzen auch fließend: So gibt es zahlreiche Verkaufsmessen, an denen Unternehmen neben der kommunikativen Zielsetzung mit spezifischen vertriebsbezogenen Zielsetzungen teilnehmen.

Im Herbst 1997 war Mercedes im letzten Stadium vor dem Start eines neuen Autos, der A-Klasse. Das war insofern kein gewöhnliches Auto, als es einen großen strategischen Schritt, nämlich den Einstieg in den Mittelklassenmarkt darstellte, wobei auf die Glaubwürdigkeit und den Ruf von Mercedes als Hauptkaufgrund gesetzt wurde. Das Auto war in vieler Hinsicht revolutionär […]. Die anfängliche Reaktion von Auto-Journalisten (Meinungsmacher) war sehr positiv und die Erwartungen stiegen, als mehr über die A-Klasse bekannt wurde.

[…] Beim Elchtest, bei dem ein Fahrer heftig von einer Seite zur anderen ausscheren muss, überschlug sich die A-Klasse bereits bei einer Geschwindigkeit von nur 60 km/h. […] Angeblich erklärte das Unternehmen, dass es „es nicht für nötig hielt, ein Statement abzugeben, bloß weil irgendwo ein Auto umgekippt war". […] Acht Tage nach dem Vorfall wurde eine Pressekonferenz einberufen, bei der das Unternehmen noch immer

behauptete, das Auto sei sicher. […] Als dem Vorstand der Umfang des Problems klar wurde, kündigte er an, dass die Auslieferung aller A-Klasse-Modelle auf Februar 1998 verschoben würde, damit das Fahrgestell umgestaltet werden könnte, um größere Stabilität zu bieten; dass niemand diesen Mangel mehr bedaure als Mercedes und dass eine optimale Lösung gefunden würde.

Das Vertrauen der Öffentlichkeit konnte […] durch eine offensive Kommunikationskampagne nach mehreren Wochen wiedergewonnen werden. Nach Anfangsschwierigkeiten ist relativ schnell nicht nur auf der sachlichen, sondern auch auf der emotionalen und psychologischen Ebene kommuniziert worden. […] Der Markterfolg der A-Klasse lässt sich sowohl an den Zulassungszahlen als auch an vielen positiven Tests in der Presse erkennen. […] Die Information über den bestandenen Elch-Test am 8. Dezember 1997 ist […] im Fernsehen gesendet worden.

Insert 11.6 Krisenmanagement bei Mercedes. (Vgl. Fill 2001, S. 446)

Eine **Messe** ist eine zeitlich und örtlich festgelegte Veranstaltung, bei der sich mehrere Anbieter den Zielgruppen präsentieren. Üblicherweise finden Messen periodisch statt und haben klar festgelegte Schwerpunkte (häufig Wirtschaftszweige). An vielen Messen nehmen internationale Aussteller und Besucher teil.

Messen haben mehrere **Funktionen:** Sie bieten die Möglichkeit zum Kontakt mit den Kunden, zur Repräsentation des Unternehmens, zur Information der Kunden, zur Unterstützung von Neuprodukteinführungen, zur Generierung von Aufträgen, zur Erschließung von Exportchancen, zum unmittelbaren Vergleich der eigenen Leistungen mit dem Wettbewerb und zur Erkennung von Trends.

Im Hinblick auf den Einsatz von Messen als Kommunikationsinstrument können die folgenden Empfehlungen ausgesprochen werden:

- Der **Auswahl der geeigneten Messe** sollte eine besondere Aufmerksamkeit gewidmet werden. Bei dieser Auswahl sollte auf die Infrastruktur (z. B. Verkehrslage, Dienstleistungen des Messeveranstalters, Ausstattung der Messehalle), Charakteristika der

11

Tab. 11.4 Ausgewählte Messen und ihre Schwerpunkte (vgl. Ausstellungs- und Messe-Ausschuss der Deutschen Wirtschaft e. V. 2011)

Messe	Ort	Branche	Besucherzahl	Turnus	Netto-Ausstellungsfläche in m²
IAA – Internationale Automobilausstellung	Frankfurt	Automobil	845.000	zweijährig	137.235
CeBIT	Hannover	IT und Telekommunikation	319.702	jährlich	163.747
Internationale Grüne Woche	Berlin	Ernährung, Landwirtschaft	394.590	jährlich	60.680
Internationale Funkausstellung (IFA)	Berlin	Unterhaltungselektronik	231.664	zweijährig	134.400
Hannover-Messe, Weltmesse der Industrie	Hannover	Industrie	148.413	jährlich	156.861

Messebesucher (Erreichung der eigenen Kunden, Ansprache neuer Zielgruppen), Übereinstimmung des Messethemas mit den eigenen Zielen und Kostenaspekte (z. B. Standmiete) geachtet werden.

- Auf eine sorgfältige **Vor- und Nachbereitung der Messe** sollte Wert gelegt werden. Im Rahmen der Vorbereitung sollte geplant werden, mit wem worüber wie oft kommuniziert werden soll. Mit wichtigen Besuchern sollten schon im Vorfeld Gesprächstermine vereinbart werden. Bei der Nachbearbeitung sollten Gesprächsinhalte ausgewertet und vereinbarte Aktivitäten veranlasst werden sowie Dankschreiben und Unterlagen versendet werden.
- Auf die **Auswahl geeigneten Standpersonals** (im Hinblick auf Fachkenntnisse, Messeerfahrung, sicheres Auftreten, Kontaktfreude, Aufgeschlossenheit, Belastbarkeit, Fremdsprachenkenntnisse) sollte besonders geachtet werden. Die Qualifikation des Standpersonals sollte durch entsprechende Schulungen gefördert werden.
- Die Messe sollte in den übrigen Kommunikationsmix **integriert** werden.

11.4.12 Events

Ein **Event** ist ein organisiertes Ereignis, bei dem den Zielgruppen etwas Interessantes geboten wird. Events ermöglichen als firmen- oder produktbezogene Veranstaltungen persönliche, direkte Kontakte mit den Angesprochenen in einer für sie zwanglosen, angenehmen Situation. Den Teilnehmern des Events sollen eine hohe Erlebnisorientierung sowie das Gefühl vermittelt werden, dass sie an etwas Besonderem oder sogar Einmaligem teilnehmen. Hieraus sowie aus der Möglichkeit

Das „Land Rover Wildlife Camp" will die Abenteuerwelt des britischen Geländewagenherstellers in die deutschen Städte bringen. Im Herbst startet die Pilotphase, ab Frühjahr 2003 soll es das zentrale Element eines neuen Promotion-Programms sein. Ein flexibel gestaltbarer Stand im Stil eines Expeditionslagers wartet unter anderem mit Geschicklichkeits- und Wissensspielen und einer Ausstellung der aktuellen Modellpalette auf. Steht ausreichend Platz zur Verfügung, dann sollen die Besucher zusätzlich auf einem mobilen Offroad-Parcours unter Anleitung von professionellen Fahrtrainern das Offroad-Gefühl kennen lernen können. Die Aktion wird von den örtlichen Autohäusern ausgerichtet und von Land Rover Deutschland unterstützt. Ziel ist es, neue Kunden für die Marke zu gewinnen. [...] Zusätzlich zu Plakataushang und Zeitungsanzeigen soll jeweils in der Fußgängerzone oder auf Gehwegen des nächsten Tour-Ortes eine Holzkiste in der Form eines Wildtiertransportes aufgestellt werden, aus der lautes Gebrüll dringt. Durch einen Sehschlitz in der Bretterwand sollen die neugierig gemachten Passanten einen Videofilm verfolgen können. Als weitere Besonderheit setzt der Auto-Hersteller darauf, dass das Land Rover Camp bewusst nicht bei den örtlichen Händlern errichtet, sondern mitten in der Lebenswelt der Kunden errichtet werden soll: in Fußgängerzonen, auf Marktplätzen und Straßenfesten oder auch in großen Einkaufszentren. Auf diese Weise sollen die Vertragspartner möglichst viele Menschen erreichen können. [...] Als Hauptpreis bei den Geschicklichkeits- und Wissensspielen verlost Land Rover täglich ein Offroad-Sicherheitstraining für zwei Personen im Land Rover Experience Center in Wülfrath bei Düsseldorf. Das Unternehmen hat dort in einem ehemaligen Steinbruch einen anspruchsvollen Gelände-Parcours angelegt. Aus rund 800 Tonnen Sand und mehr als 2.500 Tonnen Steinen und Schotter entstanden Hindernisse, die vom Fahrer zwar viel Geschick verlangen, von den Land Rover-Modellen aber mühelos gemeistert werden. [...]

Insert 11.7 Beispiel für ein Event. (Vgl. o. V. 2002c)

des Vor-Ort-Erlebnisses resultiert eine hohe Emotionalisierung von Events (vgl. Insert 11.7).

Für die Gestaltung von Events lassen sich die folgenden Empfehlungen aussprechen:

- Die im Rahmen des Events gebotenen Inhalte und Aktivitäten sollten einen emotionalen Charakter aufweisen, um das Interesse der Zielgruppe wecken zu können.
- Events sollten in den Marketingmix integriert werden, um Synergien auszuschöpfen. Je nach Zielsetzung und Zielgruppe ist hierbei vor allem eine Kombination mit der klassischen Mediawerbung (z. B. Hinweis auf einen Event im Rahmen der Werbung), Public Relations (z. B. Hinweis auf einen Event in den Pressemitteilungen) oder Direktmarketing (z. B. persönlich adressierte Einladungen zum Event an wichtige Kunden) sinnvoll. Schnittstellen bestehen auch zum Sponsoring

11

(z. B. Veranstaltungsorganisation mit direkter Verbindung zu den eigenen Produkten) und zur Verkaufsförderung (z. B. Event-Marketing mit Produktproben).

- Der Event sollte thematisch zum beworbenen Unternehmen bzw. Produkt passen, um glaubwürdig zu sein und den gewünschten Imagetransfer vom Event auf das Produkt bzw. das Unternehmen zu erzielen.

11.4.13 Sponsoring

Sponsoring (auch Sponsorship) umfasst sämtliche Aktivitäten zur Förderung von Personen oder Organisationen in den Bereichen Sport, Kultur, Soziales, Umwelt oder Medien. Hierzu werden Geld, Sachmittel, Dienstleistungen oder Know-how durch das Unternehmen bereitgestellt. Im Gegensatz zum Mäzenatentum und dem Spendentum wird beim Sponsoring grundsätzlich eine Gegenleistung im Sinne eines Beitrags zur Erreichung der Kommunikationsziele erwartet. Der Sponsor erhält das Recht, sein Unternehmen mit der von ihm geförderten Aktivität zu assoziieren und diese Assoziation zu vermarkten.

Grundsätzlich kommen für Unternehmen vier verschiedene **Sponsoringarten** in Betracht:

- Das **Sportsponsoring** (Förderung von Einzelsportlern, Sportmannschaften oder Sportveranstaltungen) weist die größte wirtschaftliche Bedeutung der aufgezeigten Sponsoringarten auf. Dies liegt vor allem an der intensiven Medienberichterstattung über Sportereignisse.
- Beim **Programmsponsoring** (Unterstützung von Programminhalten, Sendungen, Spielfilmen, Serien oder Talkshows in elektronischen Medien wie TV, Radio oder Internet) wird vor, während oder nach einer TV- oder Radiosendung der Name oder ein Spot des Sponsors eingeblendet.
- Beim **Kultursponsoring** (Unterstützung kultureller Aktivitäten beispielsweise in den Bereichen Musik, bildende Kunst, darstellende Kunst, Medienkunst, Literatur, Architektur, Design oder Freizeitkultur; Förderung von Einzelkünstlern, Kulturveranstaltungen oder Stiftungen) wird über die Demonstration der gesellschafts- und sozialpolitischen Verantwortung des Sponsors eine positive Beeinflussung des Images angestrebt.
- Auch beim **Sozial- und Umweltsponsoring** (auch Public Sponsoring genannt; Förderung von Aktivitäten im Gesundheits- und Sozialwesen, Wissenschaft und Bildung sowie Natur- und Artenschutz) wird über das gesellschaftliche Engagement eine Imageverbesserung angestrebt.

Für das Sponsoring ergeben sich die folgenden Gestaltungsempfehlungen:

- Bei der Auswahl der gesponserten Objekte und Aktivitäten sollte auf deren Affinität zum (angestrebten) Image des Unternehmens bzw. seiner Produkte sowie zu den Zielgruppen geachtet werden (vgl. z. B. Gwinner und Eaton 1999).

- Bei dieser Auswahl sollte auch darauf geachtet werden, dass das Image der Co-Sponsoren zum eigenen Image passt oder zumindest kein Imagekonflikt besteht (vgl. Gwinner 1997).
- Dem Sponsoring sollten eine gewisse Kontinuität und eine langfristige Orientierung zugrunde liegen.
- Bei Personen, die am gesponserten Event persönlich anwesend waren bzw. daran teilgenommen haben, weist Sponsoring eine besonders positive Wirkung auf (vgl. z. B. d'Astou und Bitz 1995). Folglich sollte der Sponsor zur Teilnahme am gesponserten Event gezielt ermutigen (z. B. durch die Ausgabe von Gratistickets).
- Der Sponsor sollte eine hohe Visibilität seines Firmennamens bzw. seiner Marken während des Events anstreben.
- Da Misserfolge und persönliche Skandale gesponserter Einzelpersonen (z. B. Sportler) zu negativem Imagetransfer führen können, sollte die Förderung einzelner Personen (z. B. Einzelsportler) sorgfältig geprüft werden.
- Sponsoringaktivitäten sollten in den restlichen Kommunikationsmix integriert werden, z. B. indem Sponsoringaktivitäten im Rahmen der Mediawerbung beworben werden.

Insert 11.8 vermittelt einen Überblick über eine Rangliste erfolgreicher Sponsoringaktivitäten.

[…] Red Bull ist der erfolgreichste Sponsor in Deutschland – wie der aktuell herausgekommene Deutsche Sponsoring-Index 2013 vermeldet. Der österreichische Energy Drink-Hersteller konnte sich in dieser größten und repräsentativen Sponsoring-Marktforschungsumfrage Deutschlands knapp vor Vorjahressieger Adidas mit dem wirksamsten Sponsoring an die Spitze setzen. Dritter im Ranking der Top-Sponsoren ist der US-Sportartikelriese Nike. Dahinter folgen mit leichtem Abstand die Marken Mercedes-Benz, Coca-Cola, Audi, VW, die Sparkasse, BMW und Puma. […] Die Pole Position konnte sich Red Bull laut Studie vor allem mit dem Sprung von Felix Baum- gartner aus 39000 Meter Höhe sichern: „Neben dem an sich schon breiten Spektrum an Sponsoring-Aktivitäten war einer der größten Coups der jüngsten Zeit das von dem österreichischen Getränkehersteller geförderte Projekt Red Bull Stratos." So nahmen 35 Prozent der Befragten Red Bull als Sponsor in Deutschland wahr (Durchschnitt aller Marken: 15%), 85 Prozent waren der Ansicht, dass das Sponsoring gut zur Marke passte (Ø 75%), 82 Prozent gefielen die Engagements insgesamt sehr gut (Ø 70%) und 47 Prozent der Verbraucher wurden auch an anderer Stelle auf die Sponsoring-Aktivitäten von Red Bull aufmerksam (Ø 38%) […]

Insert 11.8   Überblick über erfolgreiche Sponsoringaktivitäten. (Vgl. Pleininger 2013)

11

11.4.14 Product Placement

Product Placement bezeichnet die werbewirksame Integration von Produkten in den Handlungsablauf diverser Medienprogramme (z. B. Filme, TV-Serien, Unterhaltungssendungen). Dem Product Placement kommt im Vergleich zu anderen Kommunikationsinstrumenten zwar eine untergeordnete, insgesamt aber (nicht zuletzt aufgrund von Reaktanzen gegenüber Werbung) eine zunehmende Bedeutung zu. Zentrale Ziele des Product Placements sind Steigerung der Bekanntheit, Imagetransfer sowie Absatzsteigerungen. Anwendungsbeispiele des Product Placements werden in Insert 11.9 und Abb. 11.9 dargestellt.

Ein Vorteil des Product Placements gegenüber anderen Kommunikationsinstrumenten liegt in der hohen Glaubwürdigkeit: Das Produkt wird nicht in einem Werbekontext, sondern als Teil der Handlung wahrgenommen. Außerdem wird eine höhere Zahl von Konsumenten erreicht, da im Gegensatz zu TV-Werbung das Zapping unterbunden wird.

Im Hinblick auf die Gestaltung des Product Placements können die folgenden Empfehlungen ausgesprochen werden:

- Ein wichtiger Aspekt bei der Anwendung des Product Placements ist die Sicherstellung der **Affinität.** So sollten die Zielgruppen von Produkt und Programm übereinstimmen (Zielgruppenaffinität), Thematik und Schauspieler dem Produktimage entsprechen (Imageaffinität) und die Zuschauer das Produkt im Rahmen der Handlung bzw. des Umfelds nicht als störend empfinden (Handlungsaffinität; vgl. Auer et al. 1988).

[...] Das erfolgreichste einzelne Product Placement [...] gelang Audi [...] in dem Film „I, Robot" mit Will Smith in der Hauptrolle. Eigens für die Filmwelt des Jahres 2035 kreierte Audi ein neues Modell: das fiktionale Sportcoupé Audi RSQ mit Flügeltüren und Kugelrädern. [...]. Die spektakuläre Aktion schlug ein: In über 40 Ländern wurde über das Filmauto berichtet [...]. Audi zahle prinzipiell nichts für Gastauftritte in Blockbustern, sagt Konzernsprecher Felber. Man stelle lediglich die Autos und technische Betreuung zur Verfügung.

Allerdings werde Product Placement als Werbemaßnahme immer wichtiger. „Wir sondieren genau den Markt, lesen Drehbücher und prüfen, welche Charaktere zu unserer Marke passen." Im Allgemeinen sind dem Autohersteller die Helden als Fahrer am liebsten. Aber manches Mal sitzen im Audi auch die „bad guys" – wie in den Actionreißern „Matrix Reloaded" oder „Ronin". „Solange die Bösen irgendwie auch ‚coole Jungs' sind, fördert das den Kult-Status", sagt Felber. [...]

Insert 11.9 Beispiel für den Einsatz des Product Placements. (Vgl. Wiese 2005)

Abb. 11.9   Beispiel für die Anwendung des Product Placements

- Das beworbene Produkt sollte in die Handlung eingebunden werden (vgl. Brennan et al. 1999). Besonders wirkungsvoll ist in diesem Zusammenhang die Verbindung des Product Placements mit dem Hauptdarsteller (vgl. d'Astous und Chartier 2000). Erfolgt das Placement jedoch in sehr spannenden Szenen, besteht die Gefahr einer Überaktivierung des Zuschauers, sodass die kognitive Leistungsfähigkeit eingeschränkt ist und das Produkt vielleicht gar nicht wahrgenommen wird (Harbrücker und Wiedmann 1987).
- Die Darstellung der Produktnutzung sollte in einem positiven Handlungsumfeld erfolgen. Ein negatives Umfeld (z. B. Darstellung eines Autounfalls) kann eine negative Einstellung bewirken (vgl. Harbrücker und Wiedmann 1987).
- Die Anzahl sowie die Länge der Kontakte beeinflussen den Erfolg des Product Placements. Allerdings können zu viele wiederholte Kontakte auch zu Reaktanzen der Zuschauer führen (vgl. Gupta et al. 2000).

11.5   Kontrolle der Kommunikationswirkung

Die Kontrolle der Kommunikationswirkung ist an zwei Stellen im Planungsprozess der Kommunikationspolitik von Bedeutung (vgl. Abb. 11.1). Vor der eigentlichen Durchführung sollte insbesondere bei kostenintensiven Kommunikationsaktivitäten die Kommunikationswirkung überprüft werden. Auf der Basis derartiger **Pretests** ergeben sich in der Unternehmenspraxis häufig Ansatzpunkte für Verbesserungen der Kommunikationsgestaltung. Nach der Durchführung der Kommunikationsaktivitäten

11

sollte deren tatsächlicher **Erfolg im Markt** kontrolliert werden. Die in diesem Abschnitt dargestellten Methoden können größtenteils sowohl vor als auch nach der Durchführung der Kommunikationsaktivitäten zur Anwendung kommen.

Bei der Messung von Kommunikationswirkungen können unterschiedliche **Wirkungsgrößen** berücksichtigt werden. Bei der Auswahl der Wirkungsgrößen empfiehlt sich eine Orientierung an den Kommunikationszielen (vgl. Abschn. 11.2). Grundsätzlich kann hier zwischen potenzialbezogenen, markterfolgsbezogenen und wirtschaftlichen Größen unterschieden werden (vgl. auch Abschn. 6.1). Die **potenzialbezogenen Wirkungen** sind den übrigen Kategorien von Wirkungsgrößen vorgelagert. Zentrale potenzialbezogene Wirkungsgrößen der Kommunikation beziehen sich auf folgende Bereiche:

- **Aktivierungswirkungen** (z. B. Erzeugung von Aufmerksamkeit),
- **kognitive Wirkungen** (z. B. kurzfristige Aufnahme und Verständnis der Kommunikationsbotschaft, Beurteilung der Glaubwürdigkeit der Kommunikationsbotschaft, Speicherung der vermittelten Kommunikationsinhalte im Langzeitgedächtnis),
- **emotionale Wirkungen** (z. B. Gefallen und Akzeptanz der Kommunikationsinhalte, Speicherung emotionaler Reize im Langzeitgedächtnis),
- **einstellungsbezogene Wirkungen** (z. B. Einstellungen zur beworbenen Marke) sowie
- **konative Wirkungen** (z. B. Kaufabsichten im Hinblick auf das beworbene Produkt).

Markterfolgsbezogene Größen beziehen sich insbesondere auf durch Kommunikationsaktivitäten bewirkte Verhaltensweisen. Die wesentliche Größe ist hier der Absatz bzw. der Marktanteil des beworbenen Produktes. Eine **wirtschaftliche Größe** ist beispielsweise die Profitabilität des beworbenen Produktes. Allerdings ist es in der Unternehmenspraxis sehr schwierig, unter realen Bedingungen den Kommunikationserfolg auf der Basis von markterfolgsbezogenen oder gar wirtschaftlichen Größen zu kontrollieren. Daher bezieht sich die Kontrolle der Kommunikationsaktivitäten zumeist auf potenzialbezogene Erfolgsgrößen.

Bezüglich des **Ortes der Messung** kann zwischen Messungen unter Laborbedingungen und Messungen unter Feldbedingungen unterschieden werden (vgl. Abschn. 4.4.2.3). Bei der Messung unter (künstlichen) Laborbedingungen können Störgrößen besser kontrolliert werden als bei der Messung unter realen Bedingungen. Die Messung unter Feldbedingungen wird oftmals im Rahmen von Panels bzw. Testmärkten durchgeführt (vgl. Abschn. 4.4.2.3). In diesem Zusammenhang erfolgt die probeweise Durchführung einer Kommunikationsmaßnahme in einem regional abgegrenzten Markt. Ein spezielles Instrument zur Messung unter Feldbedingungen sind **elektronische Testmärkte.** Sie ermöglichen es, die teilnehmenden Haushalte probeweise neuen Kommunikationsmaßnahmen auszusetzen (z. B. durch spezielle Werbeplatzierung in den Fernsehgeräten der Haushalte). Der Wirkungserfolg kann dann über die Erfassung der Käufe (durch Beobachtung oder Befragung) gemessen werden.

Im Hinblick auf den **Zeitpunkt der Wirkungsmessungen** können Pretests und Posttests unterschieden werden. **Pretests** von Kommunikationsaktivitäten erfolgen bereits vor deren endgültiger Gestaltung und Durchführung (vgl. auch Abb. 11.1). Zielsetzung ist hierbei, diejenige Kommunikationsalternative auszuwählen, die bezüglich der erhofften Wirkungen unter Berücksichtigung der erforderlichen Aufwendungen am besten abschneidet. Eine weitere Zielsetzung besteht im Erkennen von zielführenden Veränderungen von Kommunikationsauftritten. Pretests spielen insbesondere bei solchen Kommunikationsinstrumenten eine wichtige Rolle, bei denen nach erfolgter Gestaltung und Durchführung der Kommunikationsaktivitäten kurzfristige Anpassungen gar nicht oder nur mit hohen Kosten möglich sind. Dies trifft insbesondere für die Mediawerbung zu.

Posttests erfolgen nach der Durchführung der Kommunikationsaktivitäten und lassen sich in zeitpunkt- und zeitraumbezogene Testformen einteilen. Bei zeitpunktbezogenen Tests wird die Werbewirkung zu einem bestimmten Zeitpunkt analysiert. Als Beispiel sei die Messung des Day-After-Recalls am Tag nach der Ausstrahlung eines Werbespots genannt. Bei zeitraumbezogenen Tests handelt es sich um sogenannte **Tracking-Studien.** Hier wird beispielsweise der Bekanntheitsgrad eines Produktes über einen längeren Zeitraum hinweg regelmäßig gemessen.

Im Hinblick auf die **Messverfahren** lassen sich Befragungen und Beobachtungen unterscheiden. Im Rahmen der **Befragung** spielen Einstellungsfragen und Erinnerungsfragen eine zentrale Rolle. Die Messung der Kommunikationswirkung durch **Einstellungsfragen** zielt auf die Erfassung von Einstellungen der Zielpersonen im Zusammenhang mit dem beworbenen Produkt bzw. der Werbeaktivität selbst ab. Beispielhafte Fragestellungen sind in Tab. 11.5 dargestellt.

Im Gegensatz hierzu zielen **Erinnerungsfragen** darauf ab, inwieweit sich eine Zielperson an bestimmte Aspekte der Werbung erinnert. Sie können sich z. B. auf den Inhalt des Werbespots, die beworbene Marke, musikalische Untermalung oder bestimmte Bilder beziehen. Von besonderer Bedeutung ist in diesem Zusammenhang die Unterscheidung zwischen **gestützter Erinnerung (Aided Recall)** und **ungestützter Erinnerung (Unaided Recall)** (vgl. hierzu auch Abschn. 2.2.6). Beispielhafte Erinnerungsfragen sind in Tab. 11.6 aufgeführt.

Neben der Befragung kann die Kontrolle der Kommunikationswirkung auch durch **Beobachtung** erfolgen (vgl. Abschn. 4.4.2.2). Es ist an dieser Stelle darauf hinzuweisen, dass bei Anwendung von Beobachtungsmethoden teilweise auch Befragungen eingesetzt werden.

Eine grundlegende Unterscheidung bezieht sich in diesem Zusammenhang darauf, ob Verhaltensabläufe oder Verhaltensergebnisse beobachtet werden. Die Beobachtung von **Verhaltensabläufen** kann beispielsweise durch Videoaufzeichnungen der Reaktion von Kunden auf Werbung in Einzelhandelsgeschäften erfolgen. Auch die Messung von Einschaltquoten in Fernsehen und Radio ist in diesem Zusammenhang zu nennen. Im Rahmen der Beobachtung von **Verhaltensergebnissen** geht es primär um die Beobachtung von Kaufverhalten. Dies kann beispielsweise auf der Basis von Scannerkassen und Panels erfolgen (vgl. Abschn. 4.4.2.3).

11

Tab. 11.5   Beispiele zur Abfrage von Einstellungen gegenüber Kommunikationsaktivitäten

	Beispielhafte Frage
	„Welche Assoziationen weckt diese Werbung bei Ihnen?" „Halten Sie diese Werbung für humorvoll?" „Passen bei dieser Werbung Bild und Werbeaussage zusammen?"
	„Wie schätzen Sie diese Werbung ein?" „Für welches Produkt wird Ihrer Meinung nach geworben?" „Fühlen Sie sich durch diese Werbung angezogen?" „Erscheint Ihnen diese Werbung sexistisch?"

Tab. 11.6 Beispiele für Fragearten und Skalen im Rahmen der befragungsgestützten Kommunikationserfolgskontrolle

Wirkungsgröße und Beispiel	Beispielhafte Frage
Recognition	„Kennen Sie diese Automobilwerbung?"
Unaided Recall (ungestützte Erinnerung)	„Welche Automobilwerbung kennen Sie?"
Aided Recall (gestützte Erinnerung) Werbung von Ford Werbung von Opel Werbung von Volkswagen	„Kennen Sie Werbung der folgenden Automobil- unternehmen?"

11

Vertriebspolitik

12

Inhaltsverzeichnis

Lernziele

- Der Leser hat einen Überblick über wichtige unternehmensinterne und -externe Vertriebsorgane.
- Der Leser kennt die grundlegenden Vor- und Nachteile direkter und indirekter Vertriebswege und überblickt in diesem Zusammenhang insbesondere die Aussagen der Transaktionskostentheorie.
- Der Leser weiß, was unter der Länge sowie der Breite eines Vertriebswegs zu verstehen ist und kennt die diesbezüglichen Gestaltungsoptionen.
- Der Leser weiß, was unter der Breite eines Vertriebssystems zu verstehen ist und kennt die diesbezüglichen Gestaltungsoptionen.

© Springer Fachmedien Wiesbaden GmbH, ein Teil von Springer Nature 2020
C. Homburg, *Grundlagen des Marketingmanagements,*
https://doi.org/10.1007/978-3-658-29638-4_12

- Der Leser überblickt die Gestaltungsoptionen bezüglich der Beziehungen zu Vertriebspartnern und Key Accounts.
- Der Leser kennt die zentralen Phasen des persönlichen Verkaufs und wichtige Prinzipien für die erfolgreiche Gestaltung der einzelnen Phasen.
- Der Leser kennt die wichtigsten Verkaufstechniken (Präsentationstechniken, rhetorische Methoden und Closing-Techniken).

Unseres Erachtens sollte im Rahmen eines zeitgemäßen Marketingverständnisses der akquisitorische Aspekt im Rahmen des Marketingmix angemessen gewichtet werden. Daher sprechen wir im Zusammenhang mit der vierten Komponente des Marketingmix von **Vertriebspolitik.** Wesentliche **Entscheidungsfelder der Vertriebspolitik** sind die Gestaltung des Vertriebssystems (vgl. Abschn. 12.1), die Gestaltung der Kooperation mit Vertriebspartnern und Key Accounts (vgl. Abschn. 12.2) sowie die Gestaltung der Verkaufsaktivitäten (vgl. Abschn. 12.3).

12.1   Gestaltung des Vertriebssystems

Fundament der Vertriebspolitik ist das Vertriebssystem, das die institutionelle und strukturelle Grundlage der Vertriebspolitik darstellt. Einzelne Komponenten des Vertriebssystems sind Vertriebsorgane (vgl. Abschn. 12.1.1), die zu Vertriebswegen kombiniert werden (vgl. Abschn. 12.1.2). Die Summe der Vertriebswege ergibt schließlich das Vertriebssystem eines Unternehmens.

12.1.1 Auswahl der Vertriebsorgane

▶ **Vertriebsorgane** Vertriebsorgane sind alle unternehmensinternen oder -externen Personen, Abteilungen oder Institutionen, die die Vertriebsaktivitäten für die Produkte des Unternehmens am Markt direkt durchführen oder unterstützen. Hierzu gehören die unternehmensinternen Vertriebsabteilungen und unternehmensexterne Vertriebspartner (z. B. Absatzmittler).

Im Rahmen der Auswahl der Vertriebsorgane legt das Unternehmen fest, welche Vertriebsorgane in welchem Umfang für welche Vertriebsaktivitäten eingesetzt werden sollen (vgl. Abb. 12.1 zu den prinzipiell möglichen Vertriebsorganen). Wir unterscheiden zwischen unternehmensinternen und unternehmensexternen Vertriebsorganen.

Im Bereich der **unternehmensinternen Vertriebsorgane** ist zu unterscheiden zwischen organisatorischen Einheiten und einzelnen Personen mit Vertriebsaufgaben. Diese einzelnen Personen können – müssen aber nicht – den organisatorischen Vertriebseinheiten

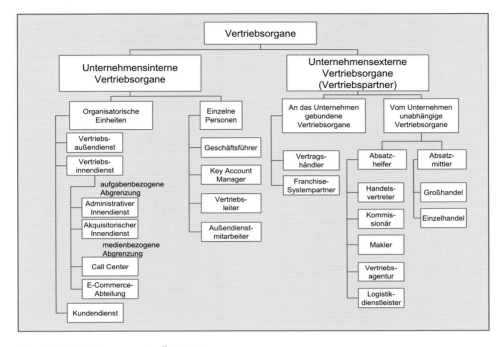

Abb. 12.1 Vertriebsorgane im Überblick

zugeordnet sein. Während die organisatorischen Einheiten für das laufende Geschäft („Routine-Vertrieb") zuständig sind, können einzelne Personen mit fallweisen Vertriebsaufgaben betraut sein, die sich häufig auf wichtige Kunden beziehen. Beispielhaft sei ein Geschäftsführer genannt, der z. B. wichtige Jahresgespräche mit Großkunden führt oder versucht, den ersten Auftrag für ein wichtiges neues Produkt zu akquirieren.

Der **Vertriebsaußendienst** eines Unternehmens ist in der Regel regional gegliedert. Er ist häufig in regionalen Verkaufsniederlassungen zusammengefasst, bisweilen agiert der Vertriebsaußendienst von Unternehmen allerdings auch von „Home Offices" aus. Der Vertriebsaußendienst ist in der Region verantwortlich für die Pflege des vorhandenen Kundenstamms, die Betreuung von Vertriebspartnern (z. B. Händler) sowie die Akquisition von Neukunden. Kennzeichnend für die Aktivitäten des Vertriebsaußendienstes sind zumeist regelmäßige Kundenbesuchsaktivitäten.

Unterstützt wird der Vertriebsaußendienst durch den **Vertriebsinnendienst** (bisweilen auch als Backoffice oder Backoffice Support bezeichnet). Der Vertriebsinnendienst ist häufig in regionaler Hinsicht stärker zentralisiert als der Vertriebsaußendienst. Von grundsätzlicher Bedeutung ist die aufgabenbezogene Unterscheidung zwischen administrativem und akquisitorischem Vertriebsinnendienst (vgl. auch Abb. 12.1). Der zentrale Aufgabenbereich des **administrativen Vertriebsinnendiensts** ist die Auftragsabwicklung. Hierbei geht es primär um die Koordination zwischen dem Kunden und den unternehmensinternen

Bereichen, wie z. B. der Vertriebslogistik. Im Gegensatz dazu konzentriert sich der **akquisitorische Vertriebsinnendienst** auf die Herbeiführung von Verkaufsabschlüssen mit den Kunden des Unternehmens. Hier geht es also beispielsweise um die Angebotserstellung sowie um Verhandlungen mit Kunden. Häufig findet man in der Unternehmenspraxis auch Innendienstabteilungen, die sowohl administrative als auch akquisitorische Aufgaben wahrnehmen. Neben dieser aufgabenbezogenen Abgrenzung von Innendienstbereichen kann auch eine medienbezogene Abgrenzung erfolgen (vgl. Abb. 12.1): Vertriebsaktivitäten, die über das Telefon abgewickelt werden, können in einem **Call Center** zusammengefasst werden. Eine weitere Möglichkeit der medienbezogenen Abgrenzung von Innendienstbereichen ist die **E-Commerce-Abteilung.** Sie ist verantwortlich für die Abwicklung des internetgestützten Vertriebs.

Einige Unternehmen benutzen aktuell **Chatbots** anstelle von Call Centern mit Menschen, um einen ersten Kontaktpunkt herzustellen. Der Hauptzweck hinter Chatbots ist, die automatische Entgegennahme einer Kundenanfrage und die Klärung häufig gestellter Fragen mit vorgefertigten Antworten. Über die Beantwortung von Kundenanfragen hinaus, lassen sich Chatsbots auch für Kundenakquisition, die Entwicklung eines „Sales Funnels", Kundenunterstützung oder einen Verkaufsabschluss einsetzen.

Insbesondere bei komplexen Produkten (z. B. im Industriegüterbereich) spielt der **Kundendienst** als vertriebsunterstützende Funktion eine wichtige Rolle. Sein Aufgabenspektrum reicht (je nach vermarktetem Produkt) von der Auskunftserteilung für Kunden in produktbezogenen Angelegenheiten über die Erbringung von Dienstleistungen beim Kunden (z. B. Wartungsdienstleistungen) bis zur Entwicklung kundenspezifischer Problemlösungen (hier wird der Kundendienst auch als Anwendungstechnik bezeichnet). Bei den **unternehmensexternen Vertriebsorganen** bezieht sich das zentrale Unterscheidungsmerkmal darauf, ob die Vertriebsorgane vom Anbieterunternehmen wirtschaftlich bzw. rechtlich abhängig (d. h. unternehmensgebunden) oder unabhängig sind (vgl. auch Abb. 12.1). Der Vorteil unternehmensgebundener Vertriebsorgane liegt darin, dass das Unternehmen seine Vertriebskonzepte bei begrenzten Investitionen in Vertriebskapazitäten am Markt flächendeckend umsetzen kann.

Zu den **unternehmensgebundenen Vertriebsorganen** zählen insbesondere Vertragshändler und Franchise-Systempartner. **Vertragshändler** sind rechtlich selbstständig, sind jedoch durch Verträge fest in die Vertriebsstrategie des Anbieters eingebunden. Vertragshändlersysteme findet man in der Unternehmenspraxis beispielsweise in der Automobilbranche (Autohäuser), bei Kosmetikherstellern (Depothändler) und im Mineralölvertrieb (Tankstellen) vor. Der Anbieter kann die Gewährung eines Händlervertrages an Verkaufs- und Leistungsauflagen knüpfen. So kann der Vertragshändler zum ausschließlichen Führen der Marken des Anbieters sowie zur Integration seiner vertriebspolitischen Maßnahmen (z. B. Verkaufsförderungsaktionen und Konditionengestaltung) in die Vertriebspolitik des Anbieters verpflichtet werden. Im Gegenzug kann der Anbieter den Vertragshändlern einen Gebietsschutz zusichern, sodass in einem regional abgegrenzten Verkaufsgebiet lediglich ein Vertragshändler tätig ist.

Bei der Kooperation mit **Franchise-Systempartnern** erfolgt eine noch stärkere Vertriebspartnerbindung als bei Vertragshändlersystemen. Ein Franchise-Nehmer übernimmt mit dem Abschluss eines entsprechenden Vertrages das Recht sowie die Pflicht zu einer Beteiligung am Marktauftritt eines Anbieters (Franchise-Geber) und zur damit verbunden Nutzung des Vertriebskonzeptes des Anbieters. Neben einer fixen Eintrittsgebühr entrichtet der Franchise-Systempartner in der Regel umsatzabhängige Zahlungen an den Anbieter. In den Franchise-Verträgen werden dem Anbieter meist ein Weisungsrecht gegenüber dem Franchise-Nehmer sowie das Recht zu Ergebnis- und Verhaltenskontrollen eingeräumt. Dabei ist die Kombination verschiedener Anreiz- und Kontrollmechanismen entscheidend, um ein opportunistisches Verhalten des Franchise-nehmers zu vermeiden (vgl. Kashyap et al. 2012).

Bei den **vom Unternehmen unabhängigen Vertriebsorganen** lassen sich Absatzhelfer und Absatzmittler unterscheiden. Eine Gemeinsamkeit dieser beiden Vertriebsorgane liegt in ihrer rechtlichen Selbständigkeit. Der zentrale Unterschied liegt darin, dass Absatzhelfer im Gegensatz zu Absatzmittlern kein Eigentum an den abzusetzenden Produkten erwerben.

Einen Überblick der wichtigsten Kategorien von **Absatzhelfern** vermittelt Tab. 12.1. Wichtige Gründe für die Nutzung von Absatzhelfern sind die Variabilisierung von Vertriebskosten (insbesondere bei Handelsvertretern, Kommissionären und Maklern)

Tab. 12.1   Kategorien von Absatzhelfern

Kategorie	Beschreibung	Beispiele
Handelsvertreter	Handelt als selbständiger „Verkaufsmanager" im Namen und für die Rechnung eines oder mehrerer Anbieter(s)	• Kosmetikvertreter • Handelsvertreter für Großkücheneinrichtungen • Handelsvertreter für Augenarztbedarf
Kommissionär	Handelt in eigenem Namen für die Rechnung des Anbieters (Kommittent) und unterliegt besonderen Weisungsrechten des Anbieters (z. B. Preisvorgaben)	• Kommissionsbuchhandel • Kommissionär für Antiquitäten und Kunstwerke
Makler	Vermittelt Verträge zwischen Anbietern und Kunden in fremdem Namen und auf fremde Rechnung	• Finanz- und Versicherungsmakler • Reisebüro • Internetmakler/Online-Auktionsplattformen
Vertriebsagentur	Unterstützt den Anbieter bei der Kontaktaufnahme zu potenziellen Kunden sowie bei der Auftragsabwicklung	• Exportagentur • Vertriebsagentur für technische Anlagen
Logistikdienstleister	Übernimmt Verpackungs-, Transport- und Lagerungsaufgaben für den Anbieter	• Lagerhausgesellschaft • Spedition

12

sowie spezielle Kompetenzen der Absatzhelfer (insbesondere bei Vertriebsagenturen und Logistikdienstleistern). Ein weiteres Beispiel für die unabhängigen Vertriebsorganen sind **Social Media Influencer,** die eine relevante Reichweite an Fans (so genannte „Followers") haben und so die Zielgruppe eines Unternehmens erreichen können. Influencer machen auf das Produkt des Unternehmens aufmerksam, wecken das Interesse und regen zum Kauf an. Unternehmen bezahlen Influencern eine Kommission für jeden erstellten Beitrag (z. B. Video der Produktnutzung) und jeden erfolgreich abgeschlossenen Kauf (vgl. Sokolova und Kefi 2019). Damit zielen Unternehmen darauf ab, eine Beziehung zum Kunden aufzubauen und eine Kaufabsicht für deren Produkte zu kreieren (vgl. Knoll 2016 sowie ausführlich Abschn. 11.4.5).

▶ **Absatzmittler** Absatzmittler sind Handelsunternehmen, die im Gegensatz zu Absatzhelfern in eigenem Namen und auf eigene Rechnung am Markt auftreten. Je nach Kunden des Handelsunternehmens unterscheidet man zwischen Großhandelsunternehmen (Wholesaler) und Einzelhandelsunternehmen (Retailer).

Kunden von **Großhandelsunternehmen** sind gewerbliche Nachfrager wie Wiederverkäufer (Einzelhändler), Weiterverarbeiter oder behördliche Großverbraucher. Der Verkauf erfolgt in großen Mengen, die üblicherweise über den Einkaufsmengen von Konsumenten liegen. Im Gegensatz hierzu haben **Einzelhandelsunternehmen** private Nachfrager (Endverbraucher) als Kunden.

12.1.2 Gestaltung der Vertriebswege

Wie bereits erwähnt, entstehen Vertriebswege aus der Auswahl und Kombination von Vertriebsorganen. Zwei grundsätzliche Alternativen im Hinblick auf die Vertriebswegegestaltung sind der direkte sowie der indirekte Vertrieb. Abschn. 12.1.2.1 stellt diese beiden Alternativen grundlegend einander gegenüber. Im Anschluss hieran befassen sich die Abschn. 12.1.2.2 und 12.1.2.3 mit zwei spezielleren Aspekten der Vertriebswegegestaltung, nämlich der Breite bzw. der Länge von Vertriebswegen.

12.1.2.1 Grundlegende Gegenüberstellung direkter und indirekter Vertriebswege

Eine Entscheidung, von der zahlreiche speziellere Gestaltungsaspekte im Vertrieb abhängen, betrifft die Auswahl zwischen direktem bzw. indirektem Vertrieb. Von **indirektem Vertrieb** sprechen wir dann, wenn unternehmensexterne Vertriebspartner in der Vermarktung der Produkte eine wesentliche akquisitorische Funktion wahrnehmen. Ist dies nicht der Fall, so sprechen wir von **Direktvertrieb.**Indirekter Vertrieb liegt also dann vor, wenn der Vertrieb über Absatzmittler (Handelsunternehmen) erfolgt. Wir sprechen allerdings auch von indirektem Vertrieb, wenn Vertragshändler oder Franchise-Systempartner eingesetzt werden und wenn Absatzhelfer eine wesentliche akquisitorische Funktion wahrnehmen. So stellt z. B. die Kundenakquisition über Makler eine Form des indirekten Vertriebs dar, nicht aber die Einschaltung einer Vertriebsagentur oder eines Logistikdienstleisters (vgl. zu diesen Kategorien von Absatzhelfern Abschn. 12.1.1).

In theoretischer Hinsicht kann die Entscheidung zwischen direktem und indirektem Vertrieb mithilfe der **Transaktionskostentheorie** durchleuchtet werden. Diese Theorie macht Aussagen über die günstigste (d. h. transaktionskostenminimale) Abwicklungsform für Transaktionen in Abhängigkeit von deren Eigenschaften. Auf der Basis dieser Theorie würde man die Entscheidung zwischen direktem und indirektem Vertrieb also auf der Basis von **Effizienzüberlegungen** erklären. Es geht hierbei also um die Frage, inwieweit durch die Einschaltung von Vertriebspartnern im Vergleich zum Direktvertrieb Transaktionskosten eingespart werden können. Die eingesparten Transaktionskosten sind aus Herstellersicht mit der Handelsmarge abzugleichen, die den Absatzmittlern gewährt wird (vgl. auch Picot 1986).

Es stellt sich die Frage, unter welchen Bedingungen durch die Einschaltung von Vertriebspartnern gegenüber dem Direktvertrieb Transaktionskosten reduziert werden können. In diesem Zusammenhang ist eine Reihe von Einflussfaktoren zu nennen. Die Transaktionskostentheorie stellt im Hinblick auf die Höhe der Transaktionskosten die Bedeutung der **Spezifität** sowie der **Komplexität des Produktes** heraus. Spezifität bezeichnet in diesem Zusammenhang den Grad der Anpassung des Produktes an die individuellen Bedürfnisse des Kunden. Es ist offensichtlich, dass bei hoher Spezifität und Komplexität des Produktes der Direktvertrieb tendenziell kostengünstiger ist als der Vertrieb über Vertriebspartner (vgl. auch die empirischen Ergebnisse von Shervani et al. 2007; Shou et al. 2017). Beispielsweise würden die Kommunikationsprozesse im Rahmen der Festlegung der technischen Spezifikation der Produkte durch die Einschaltung von Vertriebspartnern aufwendiger. Somit sprechen eine hohe Spezifität und Komplexität der Produkte tendenziell eher für den Direktvertrieb. Hierin liegt beispielsweise ein wesentlicher Grund dafür, dass im Industriegüterbereich der Direktvertrieb eine große Rolle spielt.

Ein weiterer Einflussfaktor dieser Entscheidung ist die **Zahl der Kunden** bzw. die **Bedarfskonzentration.** Bei hoher Bedarfskonzentration (d. h. einer vergleichsweise geringen Kundenzahl) kann der Direktvertrieb für den Anbieter effizient sein (vgl. Jackson und d'Amico 1989; Neves et al. 2001). Ist dagegen die Zahl der Kunden sehr groß, so besteht beim Direktvertrieb die Gefahr zu hoher Transaktionskosten. Eine hohe Kundenzahl spricht also eher für indirekten Vertrieb. Dies ist insbesondere der Fall, wenn bei den Kunden **Nachfrageverbünde** vorliegen (vgl. Abschn. 9.3.3). So sind Konsumenten gewohnt, Güter des täglichen Bedarfs im Verbund und nicht einzeln zu kaufen. Hier greift die Sortimentsbildungsfunktion des Handels, der die Produkte mehrerer Anbieter bündelt und den Kunden zugänglich macht. Die hohe Zahl der Kunden sowie der bei den Kunden vorhandene Nachfrageverbund sind zentrale Gründe dafür, dass im Konsumgüterbereich (und insbesondere im Verbrauchsgüterbereich) der Vertrieb in der Regel indirekt erfolgt.

12

Des Weiteren ist der **monetäre Wert des Produktes** von Bedeutung. Bei Produkten mit niedrigem monetären Wert sind im Direktvertrieb häufig die Transaktionskosten im Vergleich zum Wert des Produktes unvertretbar hoch. Aufgrund des breiteren Sortiments von Absatzmittlern sind bei Produkten mit geringem monetären Wert die relativen Transaktionskosten im indirekten Vertrieb häufig niedriger.

Neben diesen primär effizienzorientierten Aspekten hängt die Entscheidung zwischen direktem und indirektem Vertrieb auch von **Effektivitätsüberlegungen** ab. Während die Vorteile des indirekten Vertriebs primär in der möglichen Reduktion von Transaktionskosten liegen, hat der Direktvertrieb einen zentralen effektivitätsbezogenen Vorteil: Die Möglichkeit, enge Beziehungen zu Kunden sowie Kundenloyalität aufzubauen, ist im Direktvertrieb deutlich stärker ausgeprägt als beim indirekten Vertrieb. Der Direktvertrieb ermöglicht also bildlich gesprochen „mehr Kundennähe". Darüber hinaus ist die Möglichkeit der Kontrolle der Vertriebsaktivitäten durch den Anbieter im Fall des Direktvertriebs deutlich ausgeprägter als bei indirektem Vertrieb, sodass der Anbieter beispielsweise die am Markt durchgesetzten Preise, Rabatte und Verkaufsförderungsaktionen sowie den Markenauftritt der Produkte besser beeinflussen kann.

Auch die Gewinnung kundenbezogener Informationen gestaltet sich im Direktvertrieb einfacher als im indirekten Vertrieb. In der Praxis ist häufig zu beobachten, dass Unternehmen, die ihre Produkte indirekt vertreiben, einen wesentlichen Teil ihrer Kundeninformationen „gefiltert" über die Absatzmittler bekommen. Häufig ist Unternehmen mit indirektem Vertrieb nicht einmal die Identität der Kunden bekannt. Allerdings kompensieren neue Kommunikationsmedien diese Nachteile des indirekten Vertriebs teilweise. So kommunizieren viele Unternehmen mit indirektem Vertrieb mittlerweile über das Internet direkt mit ihren Kunden und bauen auf diesem Wege auch Kundenloyalität auf.

Die aufgezeigten Effektivitäts- und Effizienzaspekte des direkten bzw. indirekten Vertriebs führen dazu, dass in der Praxis je nach vertriebenem Produkt eher ein direkter oder ein indirekter Vertrieb favorisiert wird. In Abb. 12.2 sind unterschiedliche Produkte und die für diese Produkte in der Unternehmenspraxis überwiegend angewendete Vertriebsart (direkt versus indirekt) zusammengestellt.

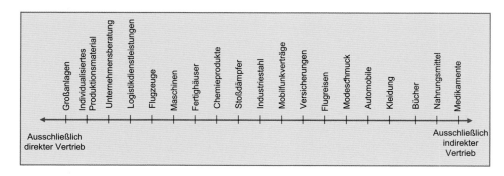

Abb. 12.2 Verbreitung von direktem und indirektem Vertrieb für ausgewählte Produkte

Bei der Entscheidung für einen direkten bzw. indirekten Vertrieb kann eine Betrachtung der sogenannten Handelsfunktionen hilfreich sein. Hierbei handelt es sich um solche Funktionen, die Handelsunternehmen in der Absatzkette zwischen dem Hersteller von Produkten und den Kunden wahrnehmen können. In der Literatur zum Handelsmarketing werden diese Handelsfunktionen häufig zur Ableitung der Existenzberechtigung von Handelsunternehmen herangezogen.

Es lassen sich die folgenden Handelsfunktionen unterscheiden:

- Raumüberbrückungsfunktion (Transport der Produkte vom Hersteller zu den Nachfragern),
- Zeitüberbrückungsfunktion (Ausgleich zeitlicher Unterschiede zwischen Herstellung und Verwendung der Produkte durch Lagerhaltung),
- quantitative Sortimentsfunktion (Reduktion produktionsbedingter Mengeneinheiten in nachfragergerechte Mengen),
- qualitative Sortimentsfunktion (Bündelung der Produkte unterschiedlicher Hersteller zu einem Sortiment),
- Kreditfunktion (Vermittlung von Liquidität zwischen Hersteller und Verwender durch Vergabe von Lieferanten- und Abnehmerkrediten) und
- Werbefunktion bzw. Marktbeeinflussungsfunktion (Information potenzieller Kunden über quantitative und qualitative Merkmale der Produkte).

Inwieweit der Handel diese Funktionen effektiver bzw. effizienter als der Hersteller wahrnehmen kann, ist im Einzelfall zu entscheiden. Wenn der Handel bei den verschiedenen Funktionen deutliche Vorteile aufweisen kann, spricht dies tendenziell für einen indirekten Vertrieb (vgl. für den Wechsel vom reinen Direktvertrieb zum handelsgestützten Vertrieb Insert 12.1).

12.1.2.2 Länge eines Vertriebsweges

Im Fall eines indirekten Vertriebs stellt sich die Frage, wie viele Vertriebsstufen ein Produkt vom Anbieter zum Kunden durchlaufen soll. Diese Zahl der zwischengeschalteten Vertriebsstufen bezeichnet man auch als die **Länge eines Vertriebsweges.** Der direkte Vertrieb wird in diesem Zusammenhang auch als nullstufiger Vertriebsweg bezeichnet.

Wird lediglich auf eine Vertriebsstufe (z. B. den Einzelhandel) zurückgegriffen, liegt ein **einstufiger Vertriebsweg** vor. Derartige Vertriebswege sind beispielsweise bei Konsumgütern anzutreffen, wo meist nur der Einzelhandel als Vertriebsstufe zwischen Anbieter und Endkunden geschaltet ist.

Ein **zweistufiger Vertriebsweg** ist beispielsweise dann gegeben, wenn Hersteller Einzelhändler nicht direkt, sondern über den Großhandel beliefern. Der Großhandel wird meist dann eingeschaltet, wenn die logistischen Ressourcen bzw. Kompetenzen der Einzelhändler nicht ausreichend sind. Der zweistufige Vertriebsweg ist beispielsweise beim Vertrieb pharmazeutischer Produkte anzutreffen: Apotheken als fragmentierte

Status 2007: Der Computerhersteller Dell will eventuell mit einem veränderten Geschäftskonzept sein Wachstum wieder ankurbeln. Der Konzern wolle neue Wege finden, seine Produkte zu verkaufen und herzustellen, heißt es in einer E-Mail des Gründers und Firmenchefs Michael Dell an seine Mitarbeiter weltweit. Dell hat sein Geschäftsmodell bislang auf den Direktverkauf per Telefon und Internet abgestellt. Kunden waren vor allem Unternehmen. Inzwischen haben allerdings Konkurrenten wie Hewlett-Packard durch den Vertrieb über den Einzelhandel oder andere indirekte Maßnahmen Marktanteile gewinnen können. „Der Direktvertrieb war eine Revolution, ist aber keine Religion", sagte Dell nun. Die Äußerungen deuteten darauf hin, dass Dell den radikalen Schritt des Verkaufs über indirekte Kanäle erwäge […]. Experten sagen, die Dell-Produkte über direkte und indirekte Wege zu vertreiben, würde viel mehr Kunden ansprechen als Dell bisher habe erreichen können.

Status 2010: Über 20 Jahre lang hat Dell seine Geräte ausschließlich direkt vertrieben – per Telefon und Web. 2007 leitete der Firmengründer einen Strategiewechsel ein und schuf zusätzlich zum Direktverkauf einen indirekten Vertrieb. Seitdem werden neue Kundengruppen über Vertriebspartner und den Einzelhandel erreicht. Mittlerweile verfügt Dell über ein strukturiertes Channel-Programm unter der Bezeichnung „PartnerDirect", auf dessen Grundlage Dell seine Lösungen auch über den Channel vertreibt. Dell unterscheidet zwei Partnerstufen: „Dell Registered Partner" haben sich bei Dell als solche registriert, während sich „Dell Certified Partner" durch eine Zertifizierung in einem bestimmten technischen Umfeld spezialisiert haben. Weltweit verfügt Dell bereits über mehr als 75,000 registrierte und über 2000 zertifizierte Partner. Zudem sind seit Anfang 2010 ausgewählte PC- und Notebook-Modelle in Deutschland auch über Retailer erhältlich, so etwa bei Media Markt […].

Insert 12.1 Beispiel für die Abkehr von einem reinen Direktvertrieb unter Einschaltung des Handels. (Vgl. Dell 2011; Manager Magazin 2007)

Einzelhändler mit relativ geringer Lagerkapazität und fehlenden Transportressourcen können nicht das komplette Spektrum der von den Patienten nachgefragten Medikamente lagern. Daher kann hier ein überregionaler Pharmagroßhandel mit entsprechender Logistikkapazität sowohl aus Anbieter- als auch aus Kundensicht einen Mehrwert schaffen (vgl. hierzu auch die Inserts 12.2 und 12.3).

12.1.2.3 Breite eines Vertriebsweges

Die Frage nach der **Breite eines Vertriebsweges** stellt sich ebenfalls im Rahmen einer indirekten Gestaltung des Vertriebsweges. Diese Entscheidung bezieht sich darauf, über wie viele parallel eingesetzte Vertriebspartner innerhalb eines Vertriebsweges der Anbieter das Produkt am Markt anbietet. Hier lassen sich die drei grundlegenden Gestaltungsoptionen exklusiver, intensiver sowie selektiver Vertrieb unterscheiden.

Die Phoenix Pharmahandel Aktienge-sellschaft und Co. KG Mannheim ist das größte pharmazeutische Großhandelsunternehmen Europas. [...] Aus 21 Vertriebszentren alleine in Deutschland beliefert Phoenix mehrmals täglich etwa 10.000 Apotheken im gesamten Bundesgebiet mit mehr als 100.000 Artikeln. Vom Bestelleingang in den Kunden-Service-Zentren bis zur Übergabe der Waren an die Fahrer der Tochtergesellschaft transmed vergehen durchschnitt-

lich nicht mehr als 45 Minuten. Damit ist sichergestellt, dass Patienten innerhalb kürzester Zeit an dringend benötigte Medikamente kommen, auch wenn diese in den Apotheken mal nicht vorrätig sind. Grundlage dafür sind ausgeklügelte Logistik, effiziente Kommunikationsstrukturen sowie schnelle und reibungslose betriebliche Abläufe. Sie sorgen für eine Nachlieferung meist innerhalb von zwei Stunden.

Insert 12.2 Beispiel für einen Pharmagroßhändler im Rahmen eines zweistufigen Vertriebswegs. (Vgl. Phoenix 2011)

Manchen Männern ist es peinlich, das Rezept zur Behandlung ihrer Erektionsstörungen in der Apotheke vorzulegen - und kaufen daher gerne übers Internet. Dort ist das Risiko aber hoch, an wirkungslose oder gar gefährliche Viagra-Fälschungen zu geraten. Für Umsatz und Ruf geht Hersteller Pfizer nun den ungewöhnlichen Weg des Direktvertriebs im Netz – auf Rezept, aber ohne Zwischenhändler. Die Kunden können das Medikament dann künftig direkt über die Webseite des Herstellers beziehen und

müssen das Rezept keinem Apotheker mehr vorlegen. Und wer sich am Preis des Medikaments stört, für den hält Pfizer ein besonderes Angebot bereit: Bei der ersten Bestellung gibt es drei Pillen kostenlos, und bei der zweiten werden 30 Prozent Rabatt eingeräumt. [...] Das Absatzmodell ist neu, bislang vertreiben Pharmafirmen Arzneien nicht direkt, sondern über Großhändler. Diese beliefern dann Apotheken, Krankenhäuser und Arztpraxen.

Insert 12.3 Beispiel für einen nullstufigen Vertriebsweg im Pharmamarkt. (Vgl. o. V. 2013a)

Beim **exklusiven Vertrieb** stützt sich der Anbieter auf wenige ausgewählte Vertriebspartner. Ein derartiger Ansatz kann in der Unternehmenspraxis beispielsweise bei Luxusgütern beobachtet werden. Das andere Extrem ist der **intensive Vertrieb,** bei dem ein Anbieter mit einer großen Zahl von Vertriebspartnern (im Extremfall alle denkbaren Vertriebspartner) zusammenarbeitet. Ein Beispiel hierfür liefert die Pharmabranche: Arzneimittel werden prinzipiell in allen Apotheken zum Kauf angeboten. Grundsätzlich wählen insbesondere stark kundenorientierte Unternehmen zum Verkauf komplexer Produkte

12

einen intensiven Vertrieb (vgl. Käuferle und Reinartz 2015). Zwischen diesen beiden Extremen liegt der **selektive Vertrieb,** bei dem der Anbieter eine Selektion der Vertriebspartner vornimmt, aber nicht so restriktiv agiert wie beim exklusiven Vertrieb. Derartige Ansätze sind z. B. bei Baustoffen weit verbreitet, wo viele Hersteller Baustoffhändler für eine Zusammenarbeit nach bestimmten Kriterien auswählen.

Ein Vorteil des exklusiven Vertriebs liegt in der Möglichkeit, einen konsistenten Marktauftritt (z. B. im Hinblick auf die Beratung der Kunden sowie die äußere Anmutung der Vertriebspartner) durch eine restriktive Auswahl der Vertriebspartner zu gewährleisten. Dies ist insbesondere für hochpreisig positionierte Produkte von einiger Bedeutung. Ein möglicher Nachteil dieses Ansatzes liegt in einer unvollständigen Marktabdeckung. Im Gegensatz hierzu zielt der intensive Vertrieb auf die umfassende Präsenz der Produkte am Markt ab. Allerdings erschweren die hohe Anzahl und die heterogene Qualität der Vertriebspartner dem Anbieter die Kontrolle über die Vermarktung der eigenen Produkte. Auch Inkonsistenzen im Marktauftritt sind bei diesem Ansatz kaum zu vermeiden. Darüber hinaus kann es bei intensivem Vertrieb zu ausgeprägter Konkurrenz zwischen den Vertriebspartnern mit identischen Produkten kommen. Hieraus können für den Hersteller ein erhöhter Koordinationsaufwand sowie stark ausgeprägter Preisdruck resultieren.

12.1.3 Breite des Vertriebssystems

Während sich die Breite eines Vertriebswegs auf die parallele Verwendung von Vertriebsorganen bzw. Vertriebspartnern innerhalb eines Vertriebsweges bezieht, geht es bei der Entscheidung über die **Breite des Vertriebssystems** um die Frage, auf wie viele parallele Vertriebswege ein Anbieter gleichzeitig zurückgreifen soll. Man unterscheidet in diesem Zusammenhang Einkanal- und Mehrkanalsysteme.

Von einem **Einkanalsystem** spricht man, wenn das Vertriebssystem lediglich einen Vertriebsweg vorsieht. Beispiele hierfür sind ein Industriegüterunternehmen, das seine Produkte ausschließlich direkt vertreibt, sowie ein Konsumgüterunternehmen, das seine Produkte ausschließlich über den Einzelhandel vertreibt.

Nutzt ein Anbieter dagegen gleichzeitig mehrere Vertriebswege für den Absatz seiner Produkte, so spricht man von einem **Mehrkanalsystem** (weit verbreitet ist auch die Bezeichnung **Multi-Channel-Vertrieb**). Mehrkanalsysteme entstehen häufig durch das Hinzufügen digitaler Vertriebskanäle zu bestehenden traditionellen Vertriebskanälen. Solche digitalen Vertriebskanäle umfassen eine große Bandbreite an Möglichkeiten wie Online-Shops oder Apps für mobile Endgeräte. Für die Einführung digitaler Vertriebskanäle spricht die Vereinfachung der Kundenanalytik anhand der Sammlung von Daten über das Such- und Kaufverhalten des einzelnen Kunden im digitalen Vertriebskanal, die individualisierte Kundenansprache beispielsweise durch eine regionale Differenzierung anhand mobiler Applikationen, sowie der Reduktion von Vertriebskosten (vgl. Niehaus und Emrich 2016). Ein weiteres Beispiel für digitale Verkaufskanäle ist der Virtual Reality (VR) Shop. Eine erhöhte Bandbreite, günstigere und schnellere Hardware, die passende Technologie und der Erfolg von E-Commerce ermöglichen die Umsetzung von VR-Shops.

Wie komplex ein Mehrkanalsystem sein kann, wird in Abb. 12.3 am Beispiel eines Automobilzulieferers veranschaulicht, der seine Produkte indirekt (z. B. Ersatzteile über Werkstätten an PKW-Besitzer) sowie direkt (z. B. Ersatzteile über das Internet an PKW-Besitzer) vertreibt.

Allerdings kann die Nutzung eines Mehrkanalvertriebs auch mit signifikanten Problemen verbunden sein. In diesem Zusammenhang ist insbesondere auf Konflikte zwischen Vertriebskanälen hinzuweisen, die entstehen können, wenn verschiedene Vertriebskanäle auf ähnliche bzw. identische Kundengruppen abzielen. Konflikte vermindern die Kooperationsbereitschaft und die Flexibilität der Vertriebspartner und beeinträchtigen somit die Leistung des gesamten Vertriebssystems (vgl. Samaha et al. 2011). Zudem ist die ständige Koordination der verschiedenen Kanäle im Vertriebssystem erfolgsentscheidend (vgl. Homburg et al. 2016), insbesondere, da der Kunde zwischen den einzelnen Kanälen wechselt (**Channel Hopping**) um seine situations- und kontextbezogenen Bedürfnisse zu befriedigen. Hierfür ist eine integrative Ausgestaltung und Verknüpfung der Kanäle durch ein entsprechendes Cross-Channel-Management unerlässlich (vgl. Zentes et al. 2017). Als dessen Erfolgsfaktoren gelten insbesondere die folgenden Mechanismen (vgl. Heinemann 2013): Die Koordination aller Kommunikationsaktivitäten in den unterschiedlichen Kanälen, ein kanalübergreifendes und zentralisiertes Kundenbeziehungsmanagement, eine kanalübergreifende Sortimentslösung, ein einheitlicher Marktauftritt, das Reduzieren von Komplexitäten und Durchlaufzeiten, ein kanalübergreifendes Controlling und eine gemeinsame kanalübergreifende Kultur. Ein Beispiel für Cross-Channel-Management ist der mögliche Umtausch Online gekaufter Ware in der Filiale.

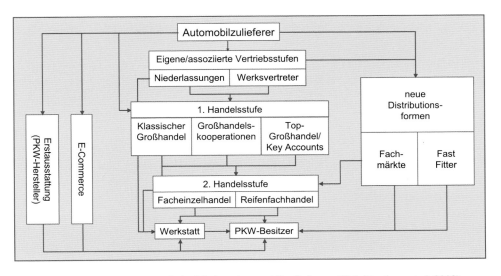

Abb. 12.3 Mehrkanalsystem am Beispiel eines Automobilzulieferers. (Vgl. Homburg et al. 2002)

12

12.2 Gestaltung der Kooperation mit Vertriebspartnern und Key Accounts

Neben der Gestaltung des Vertriebssystems, die wir in Abschn. 12.1 behandelt haben, ist die Gestaltung der Kooperation eines Unternehmens zu seinen wichtigen Vertriebspartnern und Key Accounts ein weiteres zentrales Entscheidungsfeld der Vertriebspolitik.

▶ **Key Accounts** Mit dem Begriff Key Accounts bezeichnen wir solche Kunden (in aller Regel Firmenkunden), die aufgrund ihres tatsächlichen oder potenziellen Einkaufsvolumens für das Unternehmen von großer Bedeutung sind.

Der Begriff Kooperation bezieht sich im Zusammenhang mit den hier betrachteten Geschäftsbeziehungen darauf, dass Unternehmen mit ihren Vertriebspartnern oder Key Accounts über die reine Durchführung von geschäftlichen Transaktionen hinaus auf bestimmten Aufgabengebieten zusammenarbeiten. Unmittelbare **Ziele einer Kooperation** können aus Anbietersicht die qualitative Verbesserung der Geschäftsbeziehung (z. B. Aufbau von Vertrauen und Abbau von Konflikten), die Reduktion von Kosten (z. B. Kosten der Auftragsabwicklung) sowie die Steigerung der Effektivität der Zusammenarbeit (z. B. im Hinblick auf Qualitätsaspekte oder gemeinsame Markterfolge) sein. Die Erreichung dieser Ziele soll letztlich zur Steigerung der Profitabilität der Geschäftsbeziehung sowie zu deren Stabilisierung beitragen.

Von grundsätzlicher Bedeutung ist die Frage, auf welche Bereiche sich die Kooperation des Unternehmens mit Vertriebspartnern bzw. Key Accounts beziehen soll. Einen Überblick der wichtigsten **Kooperationsfelder** vermittelt Abb. 12.4.

Key-Account Programme umfassen Aktivitäten für Key-Accounts, die normalen Kunden nicht angeboten werden. Im Hinblick auf die Gestaltung der **Produkte** können dies spezielle Produktvarianten sein, die speziell für den Key-Account gefertigt oder sogar gemeinsam mit ihm entwickelt werden.

Neben produktpolitischen Aktivitäten können Key-Account Programme auch **preispolitische Aktivitäten,** wie das Angebot besserer Preise für Key-Accounts im Vergleich zu anderen Kunden oder das Angebot spezieller Finanzierungslösungen, beinhalten.

Im Hinblick auf die Gestaltung der **Prozesse** zwischen Unternehmen und ihren Vertriebspartnern bzw. Key Accounts kommt den logistischen Prozessen eine besondere Bedeutung zu. Bezüglich der Kooperation mit Vertriebspartnern ist in diesem Zusammenhang insbesondere das Konzept des **Efficient Consumer Response (ECR)** zu erwähnen, das insbesondere in der Kooperation zwischen Konsumgüterherstellern und ihren Vertriebspartnern Anwendung findet. ECR ist eine strategische Kooperations-initiative zwischen Handel und Hersteller zur Optimierung der gesamten Wertschöpfungskette vom Hersteller bis zum Kunden (vgl. von der Heydt 1999). Bei der Kooperation mit Key Accounts (z. B. Weiterverarbeiter) im Hinblick auf logistische Prozesse ist das **Just-in-Time-Konzept** relevant (vgl. Ansari und Modarress 1990; Waters-Fuller 1995). Bei diesem Konzept werden die vertriebslogistischen Aktivitäten

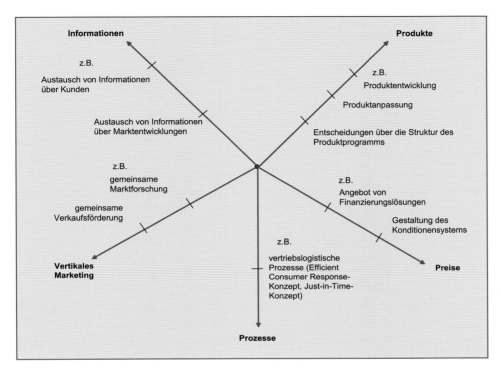

Abb. 12.4 Felder der Kooperation zwischen Unternehmen und Vertriebspartnern bzw. Key Accounts

des Anbieters mit der Produktionslogistik der Key Accounts abgestimmt, sodass die Key Accounts Produkte des Anbieters bedarfssynchron erhalten. Hierdurch können die Key Accounts ihre eigene Lagerhaltung sowie ihre Lagerkosten deutlich reduzieren.

Als weiteres Kooperationsfeld, das insbesondere zwischen Herstellern und Vertriebspartnern von Bedeutung ist, ist das **vertikale Marketing** zu nennen. Mit diesem Begriff bezeichnet man von Herstellern und Händlern gemeinsam geplante und gegebenenfalls auch gemeinsam durchgeführte endkundengerichtete Marketingaktivitäten.

Von besonderem Interesse für den Anbieter kann auch der Austausch von **Informationen** mit dem Key-Account oder dem Vertriebspartner sein. Hierbei stehen insbesondere Informationen über Kunden oder Marktentwicklungen im Mittelpunkt des Interesses.

12.3 Gestaltung der Verkaufsaktivitäten

Ein zentrales Entscheidungsfeld der Vertriebspolitik ist die Gestaltung der Verkaufsaktivitäten. Im Rahmen dieses Entscheidungsfeldes geht es insbesondere darum, wie der Kontakt mit den Kunden zu gestalten ist. Grundsätzlich lassen sich drei Formen des Kundenkontaktes unterscheiden: der persönliche direkte Kontakt, der persönliche mediale Kontakt sowie der unpersönliche mediale Kontakt.

Der **persönliche direkte Vertriebskontakt** dient dazu, Kunden und Aufträge durch unmittelbare Einwirkung auf Entscheidungsträger zu akquirieren. Zum persönlichen direkten Kundenkontakt kommt es beispielsweise im Verkaufsgespräch im stationären Handel (vgl. Kap. 14). Im Industriegüterbereich sind persönliche direkte Vertriebskontakte von großer Bedeutung. Der persönlich direkte Kontakt ist die Grundlage des persönlichen Verkaufs, auf den wir im Folgenden vertiefend eingehen.

Die zweite Form des Vertriebskontaktes ist der **persönliche mediale Kontakt,** der in erster Linie über das Telefon abläuft. Hier ist zwischen proaktivem und reaktivem Verhalten des Anbieterunternehmens zu unterscheiden. Beim proaktiven Verhalten betreibt der Verkäufer den sogenannten Telefonverkauf (einzelne Verkäufer oder Call Center), d. h. Ziel des Telefongespräches ist die Anbahnung oder Erzielung eines Kaufabschlusses. Beim reaktiven Verhalten des Anbieters geht der Kontakt vom Kunden aus. Die Aufnahme und Abwicklung von Kundenbestellungen steht hier im Vordergrund.

Der **unpersönliche mediale Kontakt** dient im Vertrieb ebenfalls der Anbahnung bzw. dem Erzielen von Verkaufsabschlüssen. Bei dieser Kontaktform kommen Medien wie beispielsweise Printmedien (z. B. Mailings oder Kataloge), das Fernsehen oder das Internet zur Anwendung. Nachdem der **Electronic Commerce** bei vielen Konsumgüterunternehmen bereits eine zentrale Rolle im Rahmen der Vertriebsstrategie spielt, setzten in letzter Zeit auch vermehrt Industriegüterunternehmen als Ergänzung zum persönlichen direkten Vertrieb auf Internet-basierte Vertriebskanäle. Oftmals können hierüber neue Kundengruppen erschlossen und Kostenvorteile erzielt werden (vgl. Turban et al. 2015).

Ein weiterer aufstrebender internetbasierter Verkaufskanal, der potenziell das Verkaufsvolumen erhöht, ist das Influencer Marketing (vgl. Knoll 2016 sowie Abschn. 11.4.5). Wie bereits erwähnt, generieren Social Influencer, gegen Kommission für das jeweilige Unternehmen, direkte Verkäufe durch Beiträge in Blogs oder Social-Media-Inhalte. Dabei werden z. B. die jeweiligen Produkte genutzt. Ein Hinweis auf einen gesponserten Beitrag als Werbung ist in Deutschland rechtlich erforderlich. Social-Media-Plattformen bieten Nutzern die Möglichkeit, direkt den Kauf der Produkte durchzuführen.

In vielen Branchen ist der persönliche Verkauf (Personal Selling) von zentraler Bedeutung für den Markterfolg. Dies gilt beispielsweise für die Vermarktung erklärungsbedürftiger Produkte im Business-to-Business-Marketing. Aber auch bei der Vermarktung erklärungsbedürftiger Produkte gegenüber Privatkunden (z. B. Finanzdienstleistungsprodukte, Autos, Immobilien, usw.) ist der persönliche Verkauf von großer Bedeutung.

Das zentrale **Ziel** des persönlichen Verkaufs besteht darin, einen Verkaufsabschluss zu realisieren. Vorgelagerte Ziele können darin bestehen, zunächst einmal Kontakte zu potenziellen Käufern zu schaffen sowie diese im Rahmen einer persönlichen Beratung über die Vorteile des Angebots zu informieren, um so eine positive Beurteilung des Angebots und eine Steigerung des Kaufinteresses zu erzielen.

Im Folgenden unterscheiden wir **vier zentrale Phasen des persönlichen Verkaufs:** die Vorbereitungsphase, die Gesprächseröffnungsphase, die Kernphase sowie die Gesprächsabschlussphase.

Eine **Vorbereitungsphase** existiert nicht bei jedem Kundengespräch. Beispielsweise wird ein Verkäufer in einem Einzelhandelsgeschäft direkt von Kunden angesprochen und hat keine nennenswerte Möglichkeit, sich auf das Gespräch vorzubereiten. Wird ein Gespräch dagegen vorher vereinbart, so existiert in der Regel auch eine Vorbereitungsphase. Im Rahmen dieser Phase sollte sich der Vertriebsmitarbeiter über die folgenden Sachverhalte vorbereitend informieren:

- Gesprächsteilnehmer (z. B. Zielsetzungen, Erwartungen, Kompetenzen und Einfluss auf die Kaufentscheidung),
- Situation des eigenen Unternehmens beim Kunden (z. B. Kundenzufriedenheit, Termine für bevorstehende Auslieferungen, offene Kundenbeschwerden),
- Kaufhistorie des Kunden (z. B. Regelmäßigkeit des Kaufverhaltens, Einhaltung vertraglicher Regelungen und Absprachen, offene Kundenrechnungen) sowie
- Potenzial des Kunden (unausgeschöpfte Verkaufschancen beim Kunden, Entwicklungsprojekte und neue Produkte des Kunden, Beziehungen des Kunden zur Konkurrenz, Geschäftsentwicklung und wirtschaftliche Lage des Kunden).

Weiterhin sollte sich der Vertriebsmitarbeiter über die eigenen Gesprächsziele Gedanken machen, die je nach Gesprächsanlass einen unterschiedlichen Fokus aufweisen können.

Das eigentliche Vertriebsgespräch beginnt mit der **Gesprächseröffnungsphase.** Hier geht es für den Vertriebsmitarbeiter zum einen darum, seinen Gesprächspartnern von sich selbst im Rahmen eines ersten Eindrucks ein möglichst positives Bild zu vermitteln. In diesem Zusammenhang sollte der Vertriebsmitarbeiter insbesondere auf seine Sprache, Gestik, Mimik und Körperhaltung achten. Zum zweiten muss sich der Vertriebsmitarbeiter hier ein klares Bild von der Gesprächssituation machen. Hierbei sind

- die Gesprächsatmosphäre (z. B. Stimmungslage der Gesprächspartner, zu erwartende Störungen während des Gespräches),
- die Charakteristika der Gesprächspartner (z. B. Persönlichkeitsmerkmale, Rollen- und Machtverteilung zwischen mehreren Gesprächspartnern auf Kundenseite, Kompetenz und Qualität der Vorbereitung der Gesprächspartner) sowie
- die eigene Situation im Gespräch (z. B. eigene Macht des Vertriebsmitarbeiters im Vergleich zur Macht der Gesprächspartner)

zu eruieren.

Die **Kernphase** eines Kundengespräches hängt sehr stark von der Art des Gespräches ab. Beispielsweise ist die Kernphase eines Beziehungspflegegespräches grundsätzlich anders zu gestalten als die Kernphase eines Verhandlungsgespräches.

Bei Verhandlungsgesprächen spielen **verhandlungstaktische Überlegungen** für die Gestaltung der Kernphase eine wichtige Rolle. Zwei wichtige Verhandlungsprinzipien sind

12

- das Gemeinsamkeitsprinzip (Konzentration des Gespräches auf gemeinsame Interessen, wie z. B. die Erzielung eines hohen Kundennutzens, und Vermeidung einer Gesprächskonzentration auf Felder gegenläufiger Interessen, wie z. B. Preise und Konditionen), sowie
- das Gegenleistungsprinzip (Leistungszugeständnisse durch den Vertriebsmitarbeiter nur gegen entsprechende Gegenleistungen des Kunden).

Für alle Gespräche mit deutlich akquisitorischem Charakter (z. B. Vorstellungs-/Erstgespräch, Auftragsvergabegespräch, Verhandlungsgespräch) spielen **Verkaufstechniken** eine Rolle. Man unterscheidet im Bereich der Verkaufstechniken Präsentationstechniken, rhetorische Methoden sowie Closing-Techniken.

Eine wichtige **Präsentationstechnik** stellt das sogenannte **Benefit Selling** dar. Hierbei geht es darum, die Eigenschaften des präsentierten Produktes mit dem hieraus resultierenden Nutzen für den Kunden in Verbindung zu bringen. Die Vorgehensweise besteht darin, dass dem Kunden zunächst die Produkteigenschaften (Features) dargelegt und erläutert werden. Aus diesen Eigenschaften werden dann Leistungsvorteile (Advantages) des Produktes abgeleitet, auf deren Basis dann der resultierende Nutzen für den Kunden (Benefit) dargestellt wird. Benefit Selling ist der Gegensatz zu einer Präsentationstechnik, die sich primär auf Produkteigenschaften konzentriert und weniger den Transfer dieser Eigenschaften in Kundennutzen vollzieht. Man spricht in diesem Zusammenhang von **Feature Selling** oder **Character Selling**. Die Formulierungsbeispiele in Tab. 12.2 verdeutlichen den grundlegenden Unterschied der beiden Präsentationstechniken.

Neben Präsentationstechniken sind **rhetorische Methoden** die zweite wichtige Kategorie von Verkaufstechniken. Eine wichtige rhetorische Methode ist der **gezielte Einsatz von Fragen.** In diesem Zusammenhang hört man im Vertrieb in der Unternehmenspraxis

Tab. 12.2 Gegenüberstellung von Character Selling und Benefit Selling anhand einfacher Formulierungsbeispiele. (Vgl. Homburg et al. 2016, S. 270)

Character Selling	Benefit Selling
„Dieser Drucker druckt 10 Seiten pro Minute."	„Mit diesem Drucker können Sie viel Zeit sparen. Er druckt Ihre Präsentationen fast doppelt so schnell aus wie Ihr alter Drucker."
„Dieser Schreibtischstuhl ist ergonomisch geformt."	„Dieser Schreibtischstuhl ist sehr bequem. Sie werden bestimmt abends keine Rückenschmerzen mehr haben."
„Das Auto hat ABS und Seitenairbags serienmäßig."	„Das Auto bietet ein hohes Maß an Sicherheit für Sie und Ihre Familie."
„Diese Maschine schafft 1.000 Verpackungen pro Stunde."	„Durch diese Maschine lassen sich Ihre Produktionszeiten um 20% verkürzen."
„Unsere Hotelzimmer sind mit Fax und Internetanschluss ausgestattet."	„Unser Hotel bietet Ihnen alles, was Sie für die Abwicklung Ihrer Geschäfte brauchen."

bisweilen den Ausspruch: „Wer fragt, führt das Gespräch." Je nach Gesprächssituation können unterschiedliche **Fragearten** sinnvoll sein. Beispielsweise

- leiten Einführungsfragen zum Themenkern hin,
- behandeln Sachfragen die zentrale Thematik des Gespräches,
- überbrücken Motivationsfragen Phasen mangelnder Konzentration,
- lassen Bestätigungsfragen den Gesprächspartner den Stand des Gespräches bzw. der Verhandlung bestätigen,
- sprechen direkte Fragen kritische Punkte unmittelbar an und
- erlauben es offene Fragen dem Gesprächspartner, frei zu antworten, sodass möglicherweise bisher übersehene Aspekte entdeckt werden können.

Neben Fragetechniken stellen **Techniken zur Behandlung von Einwänden** wichtige rhetorische Methoden dar (vgl. Bänsch 2013). Beispielsweise wird

- bei der Bumerang-Methode ein Einwand in ein positives Argument umgewandelt („ja, gerade deshalb"),
- bei der Transformationsmethode durch eine Gegenfrage Zeit gewonnen,
- bei der Referenzmethode einem Einwand durch Hinweise auf Referenzkunden mit gegenteiligen Erfahrungen begegnet sowie
- bei der Kompensationsmethode einem Einwand mit dem Hinweis auf einen Vorteil in einem anderen Bereich geantwortet.

Closing-Techniken (auch als **Abschlusstechniken** bezeichnet) sind insbesondere in Verhandlungsgesprächen von Bedeutung. Sie zielen darauf ab, einen Kaufabschluss, der in greifbare Nähe gerückt ist, auch tatsächlich zu realisieren.

Im Rahmen der **Gesprächsabschlussphase** geht es um eine nochmalige Zusammenfassung der wichtigsten besprochenen Punkte sowie der weiteren Schritte und Aufgaben. Auch geht es hier um einen atmosphärisch angenehmen Gesprächsausklang. Wie bereits erwähnt, sollte hier wieder die Beziehungsebene in den Mittelpunkt der Gesprächsgestaltung rücken.

Der Erfolg im persönlichen Verkauf hängt in hohem Maße von den **Verhaltensweisen des Verkäufers** ab. In diesem Zusammenhang sind insbesondere drei erfolgsfördernde Merkmale des Verkäuferverhaltens zu nennen, deren Relevanz in allen Phasen des persönlichen Verkaufs gegeben ist:

- die Fähigkeit zum Adaptive Selling,
- die Kundenorientierung des Verkäuferverhaltens und
- die proaktive Ansprache des Kunden.

Ein wichtiger Erfolgsfaktor ist die angemessene Veränderung des Verhaltens des Vertriebsmitarbeiters innerhalb einer Interaktion mit einem Kunden sowie zwischen Interaktionen

12

mit verschiedenen Kunden. Eine derartige flexible Vorgehensweise wird als **Adaptive Selling** bezeichnet (vgl. Weitz et al. 1986; Spiro und Weitz 1990).

Ein weiterer wichtiger Erfolgsfaktor des persönlichen Verkaufs ist die **Kundenorientierung des Verkaufsverhaltens.** Hiermit ist ein Verkaufsverhalten gemeint, das die Erfassung und Berücksichtigung von Kundenbedürfnissen und weniger (im Gegensatz zum so genannten Hard Selling) den kurzfristigen Verkaufsabschluss in den Mittelpunkt stellt (vgl. Saxe und Weitz 1982; Schwepker 2003). Die positive Erfolgswirkung des kundenorientierten Verkaufsverhaltens konnte vielfach belegt werden (vgl. z. B. Dwyer et al. 2000). Eine Erklärung für diese Erfolgswirkung liegt im positiven Einfluss der Kundenorientierung auf die Leistung von Vertriebsmitarbeitern. So reduziert eine hohe Kundenorientierung durch klare Verhaltensimplikationen das Stresslevel des Vertriebsmitarbeiters im Kundenkontakt und erhöht zudem dessen Arbeitsmotivation, da sie zum Erreichen vieler üblicher Zielvorgaben (z. B. Kundenzufriedenheit) unerlässlich ist (vgl. Zablah et al. 2012).

Ein letzter wichtiger Erfolgsfaktor ist die **proaktive Ansprache des Kunden.** Sie zielt auf die Schaffung häufiger Kundenkontakte ab. Die positiven Auswirkungen steigender Kontakthäufigkeit auf den Verkaufserfolg gelten als gesichert (vgl. Anderson et al. 1987; Crosby et al. 1990; Wu und Wu 2015). Allerdings bindet dieser Ansatz erhebliche Ressourcen, so dass er insbesondere im Hinblick auf Kunden mit hohen Absatzpotenzialen angewendet werden sollte.

Teil V

Institutionelle Perspektive: Marketing im speziellen Kontext

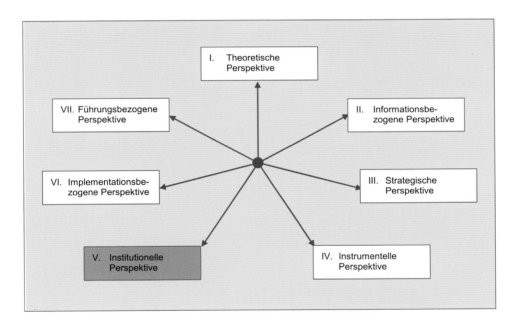

Dieser Teil widmet sich der fünften unserer sieben Perspektiven. Es geht um die Besonderheiten des Marketing unter bestimmten institutionellen Rahmenbedingungen. Diese können zum einen durch die Tätigkeit des Unternehmens in einem bestimmten Wirtschaftssektor und zum anderen durch die Internationalität der Marketingaktivitäten determiniert sein. Im Hinblick auf bestimmte Wirtschaftssektoren werden in den Kap. 13 bis 15 die Themenfelder Dienstleistungsmarketing, Handelsmarketing sowie Business-to-Business-Marketing dargestellt.

Unsere bisherigen Ausführungen zum Marketing sind wirtschaftssektorenüber-
greifend orientiert, treffen also auch beispielsweise für das Marketing von Dienstleistungen bzw. Industriegütern zu. Daher geht es im Rahmen der institutionellen
Perspektive also lediglich um eine prägnante Darstellung der Besonderheiten, die sich in
bestimmten institutionellen Umfeldern für das Marketing ergeben. Die Ausführungen in
diesem Teil sind also im Hinblick auf die Betrachtung der verschiedenen institutionellen
Umfelder als **Ergänzung** zu den Ausführungen in den übrigen Teilen des Buches zu
sehen.

Dienstleistungsmarketing

13

Inhaltsverzeichnis

Lernziele

- Der Leser kennt die konstitutiven Merkmale, durch die Dienstleistungen geprägt sind.
- Der Leser kennt zentrale Ansätze zur Typologisierung von Dienstleistungen.
- Der Leser versteht die wechselseitige Beziehung zwischen Dienstleistungs-merkmalen und marketingstrategischen Entscheidungen von Dienstleistungsan-bietern.
- Der Leser überblickt die wichtigsten Auswirkungen der Dienstleistungs-merkmale auf die Gestaltung der Komponenten des Marketingmix.

In den letzten Jahrzehnten haben Dienstleistungen in den meisten westlichen Ländern an gesamtwirtschaftlicher Bedeutung gewonnen. Die gestiegene und weiter steigende Nach-frage nach Dienstleistungen hat ihre Ursachen in **technologischen, gesellschaftlichen** und **demografischen Entwicklungen** sowie in der **Entwicklung der Märkte und des Nachfragerverhaltens** (vgl. ausführlich Meffert et al. 2018).

© Springer Fachmedien Wiesbaden GmbH, ein Teil von Springer Nature 2020
C. Homburg, *Grundlagen des Marketingmanagements*,
https://doi.org/10.1007/978-3-658-29638-4_13

So führt beispielsweise

- die technologische Entwicklung der Verbreitung und gestiegene Leistungsfähigkeit des Internets zur Entstehung neuer digitaler Dienstleistungen (z. B. Musik- und Videostreaming), Remote Services oder selbst elektronisch erstellter Dienstleistungen wie Online Banking (vgl. hierzu auch Meuter et al. 2005);
- das gesellschaftliche Bedürfnis nach einer höheren individuellen Work-Life-Balance zu einer Zunahme der Dienstleistungen aus dem Freizeitbereich aber auch haushaltnahen Dienstleistungen zur Unterstützung der Vereinbarkeit von Familie und Beruf;
- die demografische Entwicklung in Industrieländern zu erhöhtem Bedarf an Pflegedienstleistungen;
- die Entwicklung der Märkte in Form der Homogenisierung von Produktangeboten dazu, dass Hersteller Differenzierung vermehrt über produktbegleitende Dienstleistungen betreiben (vgl. hierzu auch Ulaga und Reinartz 2011) und schließlich
- die Entwicklung des Nachfrageverhaltens hin zu mehr Körper- und Gesundheitsbewusstsein zu neu geschaffenen Dienstleistungen (wie bspw. Sport- und Gesundheitsangebote).

Parallel zu dieser gestiegenen wirtschaftlichen Bedeutung hat sich das Dienstleistungsmarketing auch im akademischen Bereich als Fachgebiet etabliert (vgl. Berry und Parasuraman 1993; Grönroos 2015; Fisk et al. 1995; Hilke 1989).

Wir gehen im ersten Abschn. 13.1 zunächst auf Grundlagen des Dienstleistungsmarketing ein. Im Anschluss daran befasst sich Abschn. 13.2 mit den strategischen Aspekten des Dienstleistungsmarketing. Gegenstand von Abschn. 13.3 sind die instrumentellen Besonderheiten des Dienstleistungsmarketing.

13.1   Grundlagen des Dienstleistungsmarketing

Wir befassen uns zunächst mit der **Definition von Dienstleistungen.** In Anlehnung an Corsten und Gössinger (2015) unterscheiden wir enumerative Definitionen, Negativdefinitionen zu Sachgütern sowie Definitionen auf der Grundlage konstitutiver Merkmale.

Im Rahmen von **enumerativen Definitionen** wird der Dienstleistungsbegriff über eine Aufzählung von Dienstleistungskategorien konkretisiert. Beispielsweise werden die Kategorien Personenverkehr, Gütertransport, Zahlungsverkehr oder Informationsvermittlung als Dienstleistungskategorien aufgezählt. Es ist offensichtlich, dass derartige Definitionsversuche unzulänglich sind. So kann insbesondere nicht bewertet werden, wann eine enumerative Definition als umfassend angesehen werden kann. Darüber hinaus werden bei den enumerativen Definitionen keine Kriterien herausgearbeitet, auf deren Grundlage man beurteilen kann, ob es sich bei einer konkreten Leistung um eine Dienstleistung handelt oder nicht.

Negativdefinitionen präzisieren den Dienstleistungsbegriff, indem sie Produkte, die keine Sachgüter darstellen, dem Dienstleistungsbereich zuordnen (vgl. z. B. Altenburger 1981). Derartige Definitionen stellen eher eine wissenschaftliche Verlegenheitslösung dar, deren Abgrenzung von Dienstleistungen nicht ausreichend präzise ist.

Bei **Definitionen auf der Basis konstitutiver Merkmale** geht es darum, Dienstleistungen durch Rückgriff auf typische Merkmale zu definieren, die Dienstleistungen im Gegensatz zu Sachgütern aufweisen. Es lassen sich die fünf konstitutiven Merkmale Intangibilität, Verderblichkeit, Integration des externen Faktors, wahrgenommenes Kaufrisiko und Individualität unterscheiden.

Das Merkmal der **Intangibilität** bezieht sich darauf, dass das Ergebnis einer dienstleistenden Tätigkeit nicht greifbar (also intangibel) ist. Am Ende des Dienstleistungserstellungsprozesses liegt im Gegensatz zur Sachgüterherstellung kein materielles Gut vor.

Die **Verderblichkeit** von Dienstleistungen bezieht sich darauf, dass Dienstleistungen aufgrund der weitgehenden Untrennbarkeit ihrer Erstellung und ihres Absatzes nicht gelagert werden können. Dienstleister können also nicht vorab auf Lager produzieren.

Das konstitutive Merkmal **Integration des externen Faktors** beschreibt die Tatsache, dass der Kunde einen externen Faktor in den Erstellungsprozess einer Dienstleistung einbringt. Dieser externe Faktor kann ein Lebewesen (z. B. der Kunde selbst beim Arztbesuch), ein materielles Gut (z. B. Auto bei einer Reparaturdienstleistung), ein nominales Gut (z. B. Geld bei einer Dienstleistung im Bereich der Geldanlage) oder eine Information (z. B. Informationen über das Unternehmen bei einer Beratungsdienstleistung) sein.

Das konstitutive Merkmal **wahrgenommenes Kaufrisiko** bezieht sich darauf, dass das Kaufrisiko für Kunden bei vielen Dienstleistungen größer ist als bei Sachgütern. Dies resultiert insbesondere aus der bei Dienstleistungen stärker ausgeprägten Qualitätsunsicherheit. Anschaulich bedeutet dies, dass es bei vielen Dienstleistungen für den Kunden schwieriger als bei vielen Sachgütern ist, die Qualität vor dem Kauf zu beurteilen.

Schließlich bezieht sich das konstitutive Merkmal **Individualität** darauf, dass Dienstleistungen prinzipiell in stärkerem Ausmaß als Sachgüter im Hinblick auf individuelle Kundenbedürfnisse individualisiert werden können. Es handelt sich also um potenzielle und nicht zwangsläufig um tatsächliche Individualität.

Einen wesentlichen Beitrag dazu, den Dienstleistungsbegriff greifbar zu machen, leisten auch **Dienstleistungstypologien.** Hier kann man grundsätzlich zwischen ein- und mehrdimensionalen Typologisierungsansätzen unterscheiden. Die Mehrzahl der in der relevanten Literatur zu findenden Ansätze ist eindimensionaler Art. Eine Auflistung solcher Ansätze findet sich bei Corsten und Gössinger (2015). So wird z. B. nach der Zeitdimension zwischen Dienstleistungen, die Zeit sparen, und Dienstleistungen, die Zeit erfordern unterschieden. Relativ weit verbreitet ist auch die Differenzierung anhand des Kriteriums der Kaufphase zwischen Dienstleistungen vor dem Kauf, während des Kaufs und nach dem Kauf.

Eine weitere Typologisierung zeigt Abb. 13.1. Hier werden Dienstleistungen anhand der Dimensionen Grad der Kundeninteraktion/Individualisierung und Personalkosten im Verhältnis zum Wert der Infrastruktur kategorisiert. Die Kundeninteraktion bezieht sich auf die Möglichkeit des Kunden, steuernd in den Dienstleistungsprozess einzugreifen, und die Individualisierung umfasst die Berücksichtigung individueller Kundenpräferenzen. Die zweite Dimension berücksichtigt die Höhe der Personalkosten im Verhältnis zum Wert der Infrastruktur und bezieht sich somit auf die Arbeitsintensität. Eine Dienstleistung mit hoher Arbeitsintensität erfordert also relativ niedrige Investitionen in Infrastruktur, jedoch hohe Aufwendungen für den Personaleinsatz.

Unter dem Begriff der **Service Factory** werden Dienstleistungen subsumiert, die einen niedrigen Grad der Kundeninteraktion/Individualisierung und geringe Personalkosten im Verhältnis zum Wert der Infrastruktur aufweisen. Ähnlich wie bei hochtechnologisierten Produktionsprozessen von Sachgütern mit intensivem Maschineneinsatz sind hohe Investitionen in die für die Leistungserbringung notwendige Infrastruktur erforderlich.

Der Begriff des **Service Shops** charakterisiert Dienstleistungen mit einem hohen Grad der Kundeninteraktion/Individualisierung und niedrigen Personalkosten im Verhältnis zum Wert der Infrastruktur. Ähnlich wie bei individualisierten Produktionsprozessen („Job Shops") im Sachgüterbereich können den Kunden hier kundenindividuelle Leistungen angeboten werden. Als **Mass Service** werden Dienstleistungen bezeichnet, die einen niedrigen Grad der Kundeninteraktion/Individualisierung in Verbindung mit im Verhältnis zum Wert der Infrastruktur hohen Personalkosten aufweisen. Bei derartigen Dienstleistungen erhält also die Masse der Kunden gleiche bzw. sehr ähnliche Dienstleistungen. Schließlich bezeichnet der Begriff des **Professional Service** Dienstleistungen mit hohem Grad der Kundeninteraktion/Individualisierung und hohen Personalkosten. Die Personalkosten sind im Verhältnis zum Wert der Infrastruktur hoch, da diese Dienstleistungen von hochbezahlten Experten erbracht werden.

Abb. 13.1 Dienstleistungstypologie anhand der Dimensionen Grad der Kundeninteraktion/Individualisierung und Personalkosten im Verhältnis zum Wert der Infrastruktur. (In Anlehnung an Schmenner 1992)

Die Relevanz derartiger Typologien liegt insbesondere darin, dass sich aus der Zugehörigkeit einer Dienstleistung zu einer bestimmten Kategorie Aussagen über sinnvolle marketingstrategische und -instrumentelle Maßnahmen treffen lassen. So werden wir die Dienstleistungstypologie aus Abb. 13.1 im Rahmen der Ausführungen zur strategischen Orientierung der Dienstleistungsvermarktung (vgl. Abschn. 13.2) aufgreifen.

13.2 Strategische Besonderheiten des Dienstleistungsmarketing

Im Zusammenhang mit den marketingstrategischen Besonderheiten von Dienstleistungen ist insbesondere der **Einfluss der Dienstleistungsmerkmale auf die marketingstrategischen Handlungsoptionen von Dienstleistungsanbietern** von Bedeutung. Es ist davon auszugehen, dass die Ausprägung zentraler Dienstleistungsmerkmale Einfluss auf die Vorteilhaftigkeit bestimmter marketingstrategischer Orientierungen von Dienstleistungsanbietern hat.

In diesem Zusammenhang bietet sich insbesondere die Betrachtung der konstitutiven Dienstleistungsmerkmale Intangibilität, Verderblichkeit, Integration des externen Faktors, wahrgenommenes Kaufrisiko sowie Individualität (vgl. hierzu Abschn. 13.1) an. Homburg und Faßnacht (1998) diskutieren, wie die Ausprägungen dieser Dienstleistungsmerkmale die Vorteilhaftigkeit einer Differenzierungsstrategie bzw. einer Strategie der Kostenführerschaft (vgl. Abschn. 8.1.2) beeinflussen. Beispielsweise sprechen ein hoher Grad der Integration des externen Faktors sowie ein hoher Grad der Individualisierung der Dienstleistung eher für eine Differenzierungsstrategie, während unter diesen Gegebenheiten eine Kostenführerstrategie eher problematisch erscheint.

Die Einflüsse von Dienstleistungsmerkmalen auf strategische Handlungsoptionen können auch auf Basis der Dienstleistungstypologie in Abb. 13.1 betrachtet werden. Hier hatten wir Dienstleistungen anhand der Merkmale Grad der Kundeninteraktion/In-dividualisierung und Personalkosten im Verhältnis zum Wert der Infrastruktur klassifiziert. Für die unterschiedlichen Dienstleistungstypen ergeben sich unterschiedliche marketingstrategische Prioritäten (vgl. Fähnrich et al. 1999; Verma 2000; Abb. 13.2).

Andererseits können die Dienstleistungsmerkmale auch durch strategische Entscheidungen des Anbieters beeinflusst werden. In Abb. 13.3 wird anhand von Banken veranschaulicht, dass verschiedene Teilprozesse der Dienstleistungserstellung unterschiedlich positioniert werden können. So kann z. B. die Abwicklung der bankinternen Prozesse als Service Factory konzipiert werden, wohingegen die beratungsintensiven Prozesse im Rahmen der Kundeninteraktion als Professional Service gestaltet sein können.

Wir können also zusammenfassend feststellen, dass die Dienstleistungsmerkmale sowohl Einflussgröße als auch Gestaltungsobjekt der Marketingstrategie sein können. Zwischen Dienstleistungsmerkmalen und der strategischen Orientierung von Dienstleistungsanbietern bestehen also Wechselwirkungen.

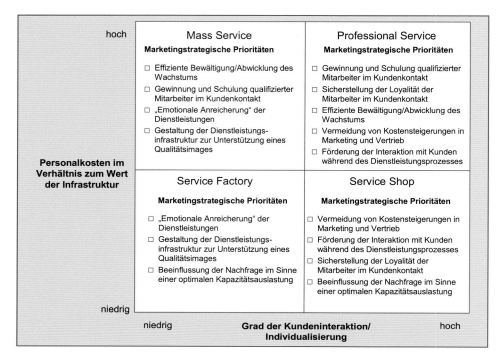

Abb. 13.2 Beispielhafte marketingstrategische Prioritäten für unterschiedliche Typen von Dienstleistungen. (In Anlehnung an Verma 2000, S. 20)

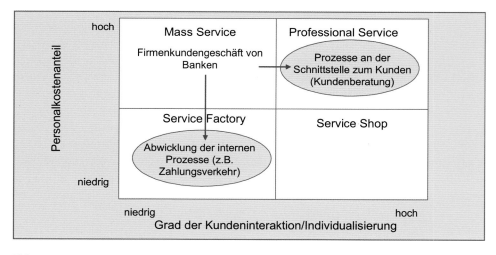

Abb. 13.3 Unterschiedliche strategische Positionierung von Teilprozessen der Dienstleistungserstellung am Beispiel von Banken. (In Anlehnung an Schmenner 1992)

13.3 Instrumentelle Besonderheiten des Dienstleistungsmarketing

Wir befassen uns zunächst mit den Implikationen des Dienstleistungsmerkmals **Intangibilität.** Aufgrund dieses Dienstleistungsmerkmals stehen Dienstleister vor der grundsätzlichen Problematik, für etwas Nichtgreifbares eine monetäre Gegenleistung (einen Preis) zu verlangen. Hieraus resultiert die Notwendigkeit einer besonders **überzeugenden Kommunikation des Preises.** Ein wichtiger Ansatzpunkt einer überzeugenden Preiskommunikation bzw. Preisverhandlung ist die Argumentation über den Kundennutzen (vgl. hierzu die Ausführungen zum Benefit Selling im Rahmen des persönlichen Verkaufs in Abschn. 12.3). Eine weitere Implikation der Intangibilität, die sich auf die Kommunikationspolitik bezieht, ist die Notwendigkeit der **Materialisierung der Dienstleistung in der Werbung.** Es geht anschaulich gesprochen darum, die Dienstleistung für die Zielgruppen der Werbung „greifbar" zu machen. Hierzu können Dienstleister im Rahmen der Werbung auf so genannte materielle Surrogate (Ersatzobjekte) zurückgreifen.

Dienstleistungen können aufgrund ihrer Intangibilität in der Regel **nicht patentiert** werden. Die Gefahr, dass erfolgreiche Dienstleistungen kurzfristig von Konkurrenten kopiert werden, ist also bei Dienstleistungen stärker ausgeprägt als bei Sachgütern. Vor diesem Hintergrund hat die **Produktpolitik** bei Dienstleistungen tendenziell eine **geringere Bedeutung** als bei Sachgütern **für die Schaffung von Wettbewerbsvorteilen,** die ja durch einen gewissen Schutz vor Imitation gekennzeichnet sind (vgl. Abschn. 7.3).

Eine weitere produktpolitische Konsequenz des Dienstleistungsmerkmals Intangibilität liegt darin, dass sich der **Einsatz von Marken** bei Dienstleistungen **schwieriger** gestaltet. Bei Sachgütern ist es naheliegend und üblich, das Markenzeichen am Produkt selbst oder auf seiner Verpackung darzustellen. Dies ist aufgrund der Intangibilität bei Dienstleistungen nicht möglich. Vor diesem Hintergrund ist zu beobachten, dass viele Dienstleistungsanbieter Teile der Infrastruktur, die zur Dienstleistungserbringung genutzt werden (z. B. Gebäude, Fahrzeuge), oder auch Mitarbeiter (z. B. durch Anstecknadeln mit Markenzeichen) für Markierungszwecke nutzen.

Schließlich führt die Intangibilität von Dienstleistungen im Bereich der Vertriebspolitik dazu, dass der **indirekte Vertrieb tendenziell von geringerer Bedeutung** ist: Es existiert kein physisches Absatzobjekt, das durch Vertriebspartner vertrieben werden kann. Lediglich das Versprechen einer Dienstleistung (z. B. mittels einer Eintrittskarte oder eines Flugtickets) kann indirekt vertrieben werden.

Wir wenden uns nun dem Dienstleistungsmerkmal der **Integration des externen Faktors** zu. Diese Integration des externen Faktors führt dazu, dass der Kunde bei vielen Dienstleistungen persönlich anwesend ist. Hieraus ergibt sich für Dienstleistungsanbieter ein produktpolitischer Gestaltungsparameter im Hinblick auf die Frage, inwieweit der **Kunde im Dienstleistungserstellungsprozess eine aktive Rolle** spielen soll. Ausgehend von einem bestimmten Aktivitätsniveau des Kunden kann hier neben der Beibehaltung dieses Aktivitätsniveaus zwischen der **Externalisierungsstrategie** und der

Internalisierungsstrategie unterschieden werden (vgl. Corsten und Gössinger 2015). Bei der Externalisierungsstrategie überträgt der Dienstleister Teile der zu erstellenden Dienstleistung auf den Kunden (z. B. teilweiser Übergang zur Selbstbedienung in Restaurants durch Einführung von Büffets). Im Gegensatz hierzu weitet das Dienstleistungsunternehmen bei der Internalisierungsstrategie sein Dienstleistungsangebot aus, so dass das Aktivitätsniveau des Kunden reduziert wird (z. B. zusätzlicher Abhol- und Bringservice von Textilreinigungen).

Eine weitere Konsequenz der Integration des externen Faktors und der damit häufig verbundenen persönlichen Anwesenheit des Kunden während der Dienstleistungserbringung liegt in der Möglichkeit, den **Dienstleistungsprozess für vertriebliche Zwecke zu nutzen.** Beispielhaft seien das Angebot von Finanzdienstleistungen an Geldautomaten, das Angebot von Kunstartikeln in hochwertigen Restaurants sowie Verkaufsveranstaltungen im Rahmen von Urlaubsreisen genannt.

Die Integration des externen Faktors führt des Weiteren dazu, dass sich **im Dienstleistungsprozess** für das Unternehmen **vielfältige Möglichkeiten der Kundenkommunikation** ergeben. Dadurch gewinnt die persönliche Kommunikation mit dem Kunden im Rahmen der Kommunikationspolitik an Bedeutung. Dies impliziert für Dienstleister insbesondere die Notwendigkeit, die persönliche Kommunikation zwischen Kundenkon- taktpersonal und Kunden systematisch zu gestalten. Durch die individuelle Kommunikation ist es möglich, eine enge Kunden-Mitarbeiter-Beziehung (z. B. Kellner-Gast-Beziehung im Restaurant) aufzubauen sowie die Erhebung von Kundendaten (z. B. Kenntnis des Hausarztes über alle medizinischen Probleme eines Patienten) zu erleichtern (vgl. Meffert et al. 2018).

Im Hinblick auf die Preispolitik begünstigt die Integration des externen Faktors die **Preisdifferenzierung** (vgl. Abschn. 10.3.2) in zweifacher Hinsicht: Erstens ermöglicht es der direkte Kundenkontakt dem Unternehmen, den Kunden die Gründe für unterschiedliche Preise zu erläutern, was die Akzeptanz der Preisdifferenzierung steigern kann. Zweitens können Dienstleistungsanbieter aufgrund der Integration des externen Faktors die Erfüllung der Voraussetzungen für Preisdifferenzierungsmaßnahmen (z. B. Anspruch des Kunden auf einen speziellen zielgruppenbezogenen Sonderpreis) besser prüfen, als dies bei der Vermarktung von Sachgütern häufig der Fall ist.

Die Integration des externen Faktors führt schließlich zu einer **hohen Bedeutung der räumlichen Nähe** von Dienstleistern zu ihren Kunden. Dieser Aspekt bezieht sich insbesondere auf die Vertriebspolitik. Wir verweisen in diesem Zusammenhang auf dichte Filialnetze von Finanzdienstleistern. In anderen Dienstleistungsbranchen, wie z. B. im Hotelsektor und im Fast-Food-Bereich, erzielen viele Dienstleister eine hohe räumliche Nähe zum Kunden durch die Nutzung von Franchisesystemen (vgl. Abschn. 12.1).

Das nächste zu behandelnde Dienstleistungsmerkmal ist das **wahrgenommene Kaufrisiko,** das sich insbesondere aus der Qualitätsunsicherheit des Kunden ergibt. Die grundsätzliche Implikation für das Dienstleistungsmarketing liegt darin, dass die **Reduktion des wahrgenommenen Kaufrisikos** ein zentrales Ziel der Marketingaktivitäten eines Dienstleistungsanbieters sein muss.

Eine weitere Implikation des wahrgenommenen Kaufrisikos resultiert daraus, dass Kunden ihrer Qualitätsunsicherheit häufig durch die Wahl eines hochpreisigen Produktes Rechnung tragen. In diesem Fall dient der Preis als Ersatzindikator für die Produktqualität (vgl. Abschn. 10.2.2). Vor diesem Hintergrund ergeben sich für Dienstleistungsanbieter **Ansatzpunkte zur Realisierung einer imagegestützten Hochpreispolitik.**

Schließlich unterstreicht das wahrgenommene Kaufrisiko die **Wichtigkeit der Auswahl von Vertriebspartnern.** Eine negative Wahrnehmung des Vertriebspartners durch die Kunden wird in aller Regel Ausstrahlungseffekte auf die Wahrnehmung der Dienstleistung bzw. des Dienstleistungsanbieters selbst haben.

Wir kommen nun zum Dienstleistungsmerkmal **Verderblichkeit.** Wie bereits erläutert, führt dieses Merkmal dazu, dass Dienstleistungen nicht auf Lager produziert werden können. Vorhandene Dienstleistungskapazitäten eines Anbieters (z. B. eines Hotels, einer Fluggesellschaft, eines Transportunternehmens) bleiben ungenutzt, wenn sie nicht bis zu einem bestimmten Zeitpunkt verkauft sind. Vor diesem Hintergrund resultiert aus der Verderblichkeit von Dienstleistungen die Notwendigkeit der **Harmonisierung von Dienstleistungskapazitäten und Dienstleistungsnachfrage.** Dies kann zum einen durch Variabilisierung der Kapazitäten (z. B. Chartern zusätzlicher Flugzeuge durch eine Fluggesellschaft im Bedarfsfall) und zum anderen durch Beeinflussung der Nachfrage geschehen. Der zweitgenannte Aspekt ist unter Marketinggesichtspunkten relevant.

Aus dem Dienstleistungsmerkmal Verderblichkeit resultiert darüber hinaus die Notwendigkeit des wechselseitigen und zeitnahen Informationsaustauschs zwischen Dienstleistern und ihren Vertriebspartnern. Besonders deutlich wird dieser Informationsaustausch in der Zusammenarbeit zwischen Tourismusunternehmen und Reisebüros.

Im Hinblick auf das Dienstleistungsmerkmal **Individualität** ist schließlich anzumerken, dass es den Einsatz von Marken erschwert, da dieser in der Regel einen gewissen Standardisierungsgrad voraussetzt (vgl. Stauss 1995). Im Gegensatz hierzu wird die Preisdifferenzierung durch dieses Merkmal offensichtlich erleichtert (vgl. Faßnacht 1996).

Handelsmarketing

14

Inhaltsverzeichnis

Lernziele

- Der Leser kennt die besonderen Aspekte des Umfelds, in welchem Handelsunternehmen agieren.
- Der Leser kennt die Funktionen des Handels.
- Der Leser weiß, welche Betriebsformen des Handels es gibt.
- Der Leser kennt die produktpolitischen Besonderheiten des Handelsmarketing.
- Der Leser kennt die preispolitischen Besonderheiten des Handelsmarketing.
- Der Leser kennt die kommunikationspolitischen Besonderheiten des Handelsmarketing.
- Der Leser kennt die vertriebspolitischen Besonderheiten des Handelsmarketing.

Handelsmarketing bezeichnet das Marketing von Handelsunternehmen gegenüber ihren Nachfragern. Hiervon abzugrenzen ist der Begriff des handelsgerichteten Marketing (Trade Marketing) von Produktanbietern, bei dem Handelsunternehmen die Zielgruppe der

© Springer Fachmedien Wiesbaden GmbH, ein Teil von Springer Nature 2020
C. Homburg, *Grundlagen des Marketingmanagements,*
https://doi.org/10.1007/978-3-658-29638-4_14

Marketingaktivitäten darstellen (vgl. zur Darstellung des handelsgerichteten Marketing Kap. 12). Wir behandeln zunächst in Abschn. 14.1 einige Grundlagen des Handelsmarketing, und gehen dann in Abschn. 14.2 auf instrumentelle Besonderheiten ein.

14.1 Grundlagen des Handelsmarketing

Unter **Handelsbetrieben bzw. Handelsunternehmen** verstehen wir Unternehmen, deren primäre Geschäftstätigkeit darin besteht, auf eigene Rechnung mit Gewinnabsicht Produkte einzukaufen und diese unverändert bzw. nahezu unverändert weiterzuverkaufen. Die Bezeichnung „nahezu unverändert" bezieht sich auf die Tatsache, dass Handelsunternehmen nicht selten Dienstleistungen im Zusammenhang mit den verkauften Sachgütern anbieten, wobei es auch zu geringfügigen Modifikationen (z. B. kundenspezifischen Anpassungen) des Sachgutes kommen kann. Je nach Kunden des Handels unterscheidet man zwischen Großhandelsunternehmen (Wholesaler) und Einzelhandelsunternehmen (Retailer). Kunden von **Großhandelsunternehmen** sind gewerbliche Kunden (z. B. Einzelhandelsunternehmen oder produzierende Unternehmen, die die gekauften Produkte weiterverarbeiten). Im Gegensatz hierzu haben **Einzelhandelsunternehmen** private Nachfrager (Endverbraucher) als Kunden. Wir werden im Rahmen dieses Kapitels den Schwerpunkt auf den Einzelhandel legen.

Der Handel weist unterschiedliche Erscheinungsformen auf, die als **Betriebsformen** (oder auch **Betriebstypen**) bezeichnet werden. Zur Charakterisierung von Betriebsformen lassen sich Merkmale wie

- Standort,
- Internationalität,
- Sortiment,
- Preisniveau,
- Verkaufsfläche oder
- Bedienungsprinzip

heranziehen (vgl. auch Müller-Hagedorn 1998).

Die Betriebsformen lassen sich dem stationären und dem nicht-stationären Handel zuordnen. Der **stationäre Handel** ist dadurch gekennzeichnet, dass das Einzelhandelsunternehmen seine Waren an einem festen Standort anbietet, zu dem sich die Kunden begeben müssen (vgl. Tab. 14.1 für die Betriebsformen des stationären Handels im Überblick).

Die beiden wichtigsten Kategorien des stationären Handels sind Märkte und Geschäfte. Der **nicht-stationäre Handel** ist ortsungebunden, d. h. der Verkauf erfolgt nicht an festen Standorten. Zum nicht-stationären Handel gehören der Versandhandel, das TV-Shopping, der Straßenhandel (z. B. Gemüsehändler auf dem Wochenmarkt) und der ambulante Handel (Einzelhändler begibt sich zum Haus des Kunden, z. B. Bofrost Eiswagen).

Tab. 14.1 Zentrale Betriebsformen des stationären Einzelhandels

Betriebsform	Lage	Größe	Angebotene Produkte	Sortiment (Breite, Tiefe)	Preisniveau	Service-/ Beratungsniveau	Beispiel
Märkte							
Kaufhaus	City	Große Verkaufsfläche	Aus zwei oder mehreren Branchen	Breit und tief	Eher hoch	Hoch	Karstadt
Verbrauchermarkt	Verkehrsgünstig	Mindestens 1500 m²	Lebensmittel, Ge-, Verbrauchsgüter	Breit, 21.000–40.000 Artikel	Niedrig bis mittel	Niedrig	Extra Kaufhof
SB-Warenhaus	Verkehrsgünstig	Mindestens 5000 m²	Schwerpunkt Lebensmittel, Ge-, Verbrauchsgüter	Breit und tief, 33.000–63.000 Artikel	Mittel	Niedrig	Real.-
Supermarkt	City	Ab 400 m²	Lebensmittel, ergänzend Waren des kurzfristigen Bedarfs	Flach, 7000–12.000 Artikel	Mittel	Niedrig	Edeka Rewe
Fachmarkt	Verkehrsgünstig, je nach Sortiment auch City	Großflächig	Nonfood aus einem Waren-, Bedarfs- oder Zielgruppenbereich	Breit, oft auch tief	Niedrig	Mittel	Mediamarkt Obi Saturn
Discounter	Verkehrsgünstig	Mittlere Verkaufsfläche, 200–600 m²	Waren aus dem Alltagsbedarf mit hoher Umschlagshäufigkeit	Eng, 780–1600 Artikel	Niedrig	Niedrig	Aldi Lidl

(Fortsetzung)

14

Tab. 14.1 (Fortsetzung)

Betriebsform	Lage	Größe	Angebotene Produkte	Sortiment (Breite, Tiefe)	Preisniveau	Service-/ Beratungsniveau	Beispiel
Geschäfte							
Fachgeschäft	City-, Wohnlage	Klein bis mittel	Branchen- oder bedarfsgruppen- spezifisch	Schmal, mittlere Tiefe, große Auswahl an unterschied- lichen Qualitäten und Preislagen	Relativ hoch	Hoch	Fachgeschäft für Bürobedarf Body Shop
Boutique	City	Kleinflächig	Fokus auf spezielle Zielgruppe, meist im Bereich Bekleidung, Schmuck, Ein- richtungen	Schmal, flach	Hoch	Hoch	Modeboutique
Convenience Store	Stark frequentierte Standorte (z. B. Bahnhöfe, Flughäfen, Tankstellen), Wohnortnähe	Kleinflächig	Waren des täg- lichen Bedarfs	Breit, flach	Hoch	Mittel	ESSO-Tank- stellen
Nachbar- schaftsladen	Wohnortnähe	Kleinflächig	Lebensmittel, Gemischtwaren	Breit, flach	Relativ hoch	Mittel	„Tante-Emma- Läden"
Kiosk	Stark frequentierte Standorte, Wohnortnähe	Kleinflächig	Tabakwaren, Zeit- schriften, Getränke und Süßigkeiten	Schmal, flach	Hoch	Gering	„Kiosk"

14.2   Instrumentelle Besonderheiten des Handelsmarketing

14.2.1 Produktpolitik

Als Ausgangspunkt unserer Betrachtungen wählen wir die drei zentralen Entscheidungs-felder der Produktpolitik (vgl. Kap. 9): Innovationsmanagement, Management etablierter Produkte und Markenmanagement. Im Hinblick auf Handelsunternehmen ist zunächst zu konstatieren, dass das Innovationsmanagement hier eher von untergeordneter Bedeutung ist: Handelsunternehmen entwickeln in der Regel keine neuen physischen Produkte. Innovationsaktivitäten treten allenfalls im Hinblick auf neue Dienstleistungen auf.

Im Gegensatz hierzu sind die Entscheidungen und Gestaltungsparameter, die wir im Rahmen des Managements existierender Produkte behandeln (vgl. Abschn. 9.3), von größter Bedeutung für Handelsunternehmen. Hierzu zählen beispielsweise Ent-scheidungen über die Breite und die Tiefe des Produktprogramms (im Handelsbereich wird statt von Produktprogramm häufig von Sortiment gesprochen). Prinzipiell kann festgestellt werden, dass die Art der zu fällenden Sortimentsentscheidungen in Handels-betrieben nicht anders ist als in anderen Unternehmen. Allerdings haben die Sorti-mentsentscheidungen im Handel aufgrund des enormen Sortimentsumfangs vieler Handelsunternehmen, der großen Bedeutung von Verbundwirkungen sowie der ver-gleichsweise hohen Freiheitsgrade von Handelsunternehmen (beispielsweise im Vergleich zu produzierenden Unternehmen) eine besondere Qualität. Daher sollen Sorti-mentsentscheidungen von Handelsunternehmen an dieser Stelle kurz diskutiert werden.

Im Rahmen der Sortimentsgestaltung ist zunächst eine Entscheidung über die **grundlegende Sortimentsstruktur** (statische Sortimentsgestaltung) zu treffen, die im Wesentlichen der in Abschn. 9.3.1 diskutierten Entscheidung über die grundlegende Produktprogrammstruktur entspricht und sich entsprechend durch die beiden Struktur-merkmale Sortimentsbreite und Sortimentstiefe beschreiben lässt.

Die **Sortimentsbreite** wird durch die Anzahl der unterschiedlichen Warenbereiche, Warengattungen, Warengruppen und Artikelgruppen beschrieben. So ist eine hohe Sorti-mentsbreite beispielsweise durch eine hohe Anzahl unterschiedlicher Warengruppen gekennzeichnet. Die Sortimentsbreite resultiert insbesondere aus der Betriebsformenent-scheidung. So verfügen beispielsweise Kaufhäuser über ein relativ breites Sortiment, da eine große Zahl unterschiedlicher Warenbereiche erhältlich ist, wohingegen Spezial- und Fachgeschäfte ein engeres Sortiment aufweisen.

Die **Sortimentstiefe** bezieht sich auf die Anzahl der unterschiedlichen Sorten und Artikel, die innerhalb der für die Beschreibung der Sortimentsbreite herangezogenen Sortimentseinheiten angeboten werden. So liegt beispielsweise eine hohe Sortiments-tiefe vor, wenn innerhalb einer Warengruppe eine Vielzahl unterschiedlicher Artikel angeboten wird. Auch die Sortimentstiefe hängt mit der Entscheidung für eine bestimmte Betriebsform zusammen. In Tab. 14.2 sind beispielhaft für drei Artikelgruppen die Zahlen der in diesen Gruppen geführten Artikel für drei unterschiedliche Betriebsformen

Tab. 14.2 Sortimentstiefen für beispielhafte Artikelgruppen bei verschiedenen Betriebsformen. (In Anlehnung an Eurohandelsinstitut e. V. 2002, S. 242 ff.)

Artikelgruppe	Betriebsform	Zahl der im Durchschnitt geführten Artikel
Biere	SB-Warenhaus	187
	Verbrauchermarkt	171
	Supermarkt	101
	Discounter	9
Babykost	SB-Warenhaus	506
	Verbrauchermarkt	338
	Supermarkt	141
	Discounter	0
Speiseeis	SB-Warenhaus	161
	Verbrauchermarkt	149
	Supermarkt	102
	Discounter	22

aufgeführt. Es zeigt sich, dass die Zahl der pro Artikelgruppe geführten Artikel mit der Betriebsform variiert.

Ein zweiter Themenbereich der Produktpolitik im Handelsmarketing stellt die Dienstleistungsgestaltung dar. In Abb. 14.1 sind Kategorien von Dienstleistungen zusammengestellt, die (neben dem eigentlichen Verkauf der Waren) im Rahmen der Dienstleistungsgestaltung von Einzelhandelsunternehmen zur Anwendung kommen können und zu deren Differenzierung von Wettbewerbern beitragen können. Im Rahmen der Dienstleistungsgestaltung von Einzelhandelsunternehmen ist zu entscheiden (vgl. Homburg et al. 2002),

- wie viele unterschiedliche Dienstleistungen angeboten werden sollen (Breite und Tiefe des Dienstleistungsangebots),
- wie vielen Kunden diese Dienstleistungen angeboten werden sollen (Zielgruppenbreite des Dienstleistungsangebots) und
- wie aktiv diese Dienstleistungen angeboten werden sollen (Aktivität der Vermarktung des Dienstleistungsangebots).

Ein Handelsunternehmen gilt als umso dienstleistungsorientierter, je höher diese drei Dimensionen ausgeprägt sind.

Ein drittes Themengebiet im Rahmen der produktpolitischen Besonderheiten des Handelsmarketing stellt das Markenmanagement dar. Eine besondere Rolle spielt hierbei die **Gestaltung der Eigenmarken des Handels.** Bei derartigen Marken, die auch als Handelsmarken oder Private Labels bezeichnet werden, treten die Handelsunternehmen selbst als Markenführer auf (vgl. Abb. 14.2 für ein Beispiel).

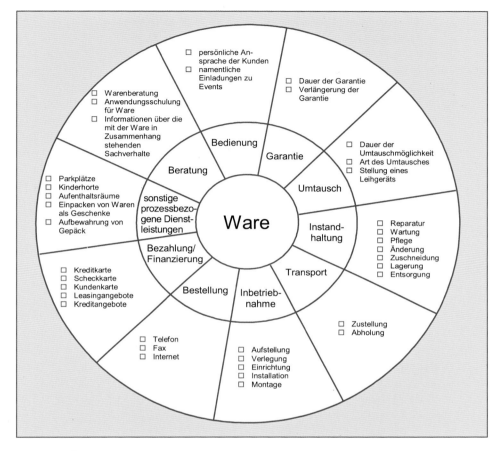

Abb. 14.1 Übersicht über mögliche Dienstleistungen im Einzelhandel. (In Anlehnung an Faßnacht 1997, S. 3)

Ein zentrales Motiv von Handelsunternehmen für die Einführung von Handelsmarken ist die Erzielung höherer Gewinnmargen. Diese resultieren insbesondere aus niedrigeren Margen der Hersteller der Handelsmarken im Vergleich zu den Herstellern von Herstellermarken. Ein weiteres wesentliches Motiv für den Handel besteht in der Stärkung der Unabhängigkeit und damit der Verhandlungsmacht gegenüber den Markenartikelherstellern. Ein wichtiges Ziel besteht darüber hinaus in der Realisierung einer höheren Loyalität der Nachfrager gegenüber dem Handelsunternehmen.

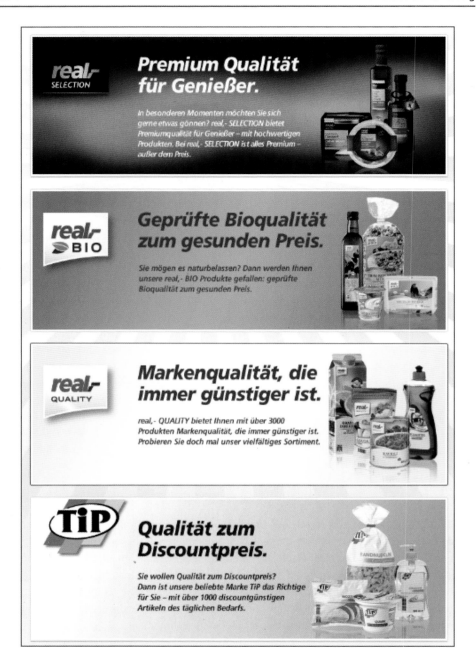

Abb. 14.2   Beispiel für Eigenmarken im Lebensmitteleinzelhandel. (Vgl. o. V. 2014a)

14.2.2 Preispolitik

Im Bereich der Preispolitik (vgl. hierzu allgemein Kap. 10) stellt die **Preisbestimmung für einzelne Artikel** ein erstes Entscheidungsfeld dar. Hier stellt der Einkaufspreis des Handels für einen Artikel (Einstandspreis) einen natürlichen Anker dar, auf den ein Preisaufschlag vorgenommen wird. Die Höhe dieses Preisaufschlages (der auch als Handelsspanne bezeichnet wird) orientiert sich zum einen an den Kosten des Handelsunternehmens, zum anderen fließen auch Nachfrager- und Wettbewerbsaspekte ein.

Ein zweites Entscheidungsfeld betrifft die **Preisbestimmung für Artikelgruppen.** Hier werden die Nachfrageverbunde zwischen den einzelnen Artikeln dadurch berücksichtigt, dass Mischkalkulationen durchgeführt werden: Es werden nicht mehr jeweils die Deckungsbeiträge der einzelnen Artikel maximiert, sondern der Deckungsbeitrag für das Sortiment bzw. für den von einem Kunden gekauften Warenkorb. Im Rahmen derartiger Mischkalkulationen können einzelne Artikel andere Artikel sogar quersubventionieren.

Durch derartige Quersubventionierungen ermöglichte günstige Preise für einzelne Artikel spielen insbesondere für das Preisimage des Handelsunternehmens (Overall Store Price Image) eine zentrale Rolle: Viele Kunden orientieren sich bei der Bildung eines Preisimages an den Preisen weniger (häufig gekaufter) Artikel (sogenannte Schlüsselwaren wie z. B. Butter, Milch). Um bei diesen Kunden ein günstiges Preisimage hervorrufen zu können, kann eine durch Quersubventionen ermöglichte Strategie selektiv günstiger Preise sinnvoll sein.

Im Rahmen von **Preisänderungen** spielen insbesondere Sonderangebote (temporäre Preisreduktionen, auch als High-Low-Pricing bzw. HILO-Pricing bezeichnet) eine wichtige Rolle. Der Popularität dieses Instruments steht kein gesichertes empirisches Wissen über die direkten und indirekten Wirkungen von Sonderangeboten gegenüber. Dies hängt damit zusammen, dass die Gesamtwirkung von Sonderangeboten aus einer Reihe schwer erfassbarer Teilwirkungen resultiert. Diese Teilwirkungen treten bei den folgenden Artikelkategorien auf

- beim Sonderangebotsartikel selbst,
- bei den restlichen Artikeln der Warengruppe des Sonderangebotsartikels (Substitute) und
- beim übrigen Sortiment (Sortimentsverbund).

Zudem sind für eine Gesamtbeurteilung von Sonderangeboten die Auswirkungen in der Sonderangebotsperiode und in den Folgeperioden einzubeziehen. Ebenfalls zu berücksichtigen ist der Einfluss von Sonderangeboten auf das Preisimage von Handelsunternehmen. In diesem Zusammenhang ist zu beachten, dass nicht zwei (auseinander fallende) Preisimages entstehen: ein Sonderangebots- und ein Normalangebotspreisimage, gemäß denen eine Einkaufsstätte bei Sonderangeboten als besonders preisgünstig gelten würde, dagegen bei Normalangeboten als wenig preisgünstig. Vor dem Hintergrund dieser Gefahr kann auf eine alternative Strategie generell günstiger Preise zurückgegriffen werden, bei der Sonderangebote eine weniger wichtige Rolle spielen. Im Rahmen dieser Strategie werden den Kunden „Dauerniedrigpreise" (auch Every-Day-Low-Pricing bzw. EDLP-Strategie genannt) kommuniziert, die über Preisgarantien besonders glaubhaft vermittelt werden können.

14.2.3 Kommunikationspolitik

Zentrale Kommunikationsinstrumente im Handelsmarketing stellen die klassische Media-werbung, die Verkaufsförderung sowie das Direktmarketing dar. Bei der Anwendung dieser Instrumente werden einzelne Produkte und ihre Preise, einzelne Einkaufsstätten sowie das gesamte Handelsunternehmen beworben.

Im Rahmen der **Werbung für einzelne Produkte und Preise** können beispielsweise neu eingeführte Produkte, Sonderangebote, Abweichungen von der unverbindlichen Preisempfehlung des Herstellers, Preisgarantien für das Produkt oder spezielle Produkt-bündel besonders hervorgehoben werden. Für derartige Werbeinhalte empfehlen sich ins-besondere Anzeigen in Tageszeitungen, Postwurfsendungen und Werbemaßnahmen direkt am Point of Sale im Rahmen von Verkaufsförderungsaktionen. Auch das Internet bietet sich hierfür aufgrund seiner guten Aktualisierungsmöglichkeiten an (vgl. Abb. 14.3).

Abb. 14.3 Beispiel für die Nutzung des Internets im Rahmen der Kommunikation von Handelsunter-nehmen. (Vgl. o. V. 2014b)

Bei der **Werbung für einzelne Einkaufsstätten** stehen meist regionale Sonderangebote, die verkehrsgünstige Lage der Einkaufsstätte oder Zusatzdienstleistungen (wie beispielsweise die Zustellung und Montage von Produkten, die Beratungsqualität oder Preisgarantien) im Mittelpunkt des Kommunikationsauftrittes. Aufgrund des begrenzten Absatzradius der einzelnen Einkaufsstätten eignen sich hier als Werbemittel insbesondere Anzeigen in (regionalen) Tageszeitungen sowie in Anzeigenblättern, Hörfunkspots, Prospekte und Beilagen sowie Postwurfsendungen.

Die **Werbung für das gesamte Handelsunternehmen** betont meist das (günstige) Preisimage des Handelsunternehmens, Preisgarantien sowie spezielle Dienstleistungen. Hier bieten sich insbesondere die klassische Mediawerbung (z. B. TV-Werbung, Hörfunk-Spots, Anzeigen in Tageszeitungen und Publikumszeitschriften) aber auch neuere Kommunikationsinstrumente wie beispielsweise das Sponsoring oder Events an.

Neben der Bedeutung der einzelnen Kommunikationsinstrumente sowie der speziellen Kommunikationsinhalte ist als eine kommunikationspolitische Besonderheit im Handelsmarketing die hohe Bedeutung der **persönlichen Kommunikation** zu erwähnen. Diese spielt sowohl allgemein zur Erzielung von Kaufabschlüssen im Rahmen von Verkaufsgesprächen wie auch speziell zur Erschließung von Cross-Selling-Potenzialen eine wichtige Rolle.

Eine weitere wichtige Besonderheit besteht darin, dass die Kommunikationspolitik von Handelsunternehmen durch die Kommunikationspolitik der Herstellerunternehmen beeinflusst wird: Die Kunden nehmen sowohl die Hersteller- als auch die Handelskommunikation wahr, sodass ein Handelsunternehmen nicht losgelöst von den Kommunikationsinhalten der Hersteller agieren kann.

14.2.4 Vertriebspolitik

Einen ersten Bereich im Rahmen der Vertriebspolitik im Einzelhandel stellt der **persönliche Verkauf** dar. Wie auch die persönliche Kommunikation weist dieser eine hohe Bedeutung für das Handelsmarketing auf. Hier geht es im Wesentlichen darum, im Rahmen eines unmittelbaren Gesprächskontaktes zwischen Verkäufer und Kunden einen Kaufabschluss zu realisieren. Ein wichtiger Erfolgsfaktor ist in diesem Zusammenhang die Fach- und Sozialkompetenz des Kundenkontaktpersonals. Wir verweisen in diesem Zusammenhang auf die Darstellung des persönlichen Verkaufs in Abschn. 12.3.

Ein zweiter wichtiger Bereich bezieht sich auf das **Multi-Channel-Management,** im Rahmen dessen es um die kombinierte Nutzung direkt miteinander konkurrierender Vertriebswege geht. Von besonderer Bedeutung ist hier der parallele Verkauf über stationäre Einkaufsstätten sowie über das Internet im Rahmen des Internet-Versandhandels (E-Commerce). Hier stellt sich insbesondere die Frage, inwiefern zwischen diesen beiden Vertriebswegen Sortiments- und Preisstrukturen aufeinander abgestimmt werden sollen (zur Preisstruktur vgl. Homburg et al. 2019). Wichtig ist in diesem Zusammenhang auch, dass es gerade bei mehreren Vertriebskanälen eines kontrollierten und einheitlichen **Customer Experience Managements** bedarf, sodass der Kunde über alle Kanäle einen konsistenten Eindruck vom Produkt und Unternehmen erhält (vgl. Homburg et al. 2017). Die ganzheitliche Steuerung aller Kundenkontaktpunkte (Customer Touchpoints) innerhalb der Customer Journey (Reise des Kunden) ist daher von besonderer Bedeutung. Die Customer Journey bezeichnet die Summe aller direkten und indirekten Kontaktpunkte, die ein Kunde von der Vorkauf- über die Kauf- bis zur Nachkauf-Phase mit einem Unternehmen hat (vgl. Lemon und Verhoef 2016). Direkte Kundenkontaktpunkte beinhalten Berührungspunkte mit einer Marke, einem Produkt oder einem Mitarbeiter und können vom Händler unmittelbar gesteuert werden. Indirekte Kundenkontaktpunkte dagegen umfassen die Meinung Dritter (z. B. Rezensionen, Userforen, Blogs) und sind daher für einen Händler nicht direkt beeinflussbar. Eine Customer Journey kann sich von wenigen Minuten (z. B. Lebensmittelkauf) über mehrere Monate (z. B. Autokauf) erstrecken. Die Herausforderung des Customer Journey Managements besteht darin, die unterschiedlichen Kundenbedürfnisse über den Zeitverlauf zu verstehen und an den direkten Kundenkontaktpunkten zu adressieren, um langfristige Kundenloyalität zu generieren (vgl. Kuehnl et al. 2019). Das Management der Customer Journey erfordert deshalb eine kundenzentrierte Denkweise und das systematische Erfassen aller Kundenkontaktpunkte von der Vor- bis zur Nachkaufphase und über alle Online- und Offline-Kanäle hinweg (vgl. für ein Positivbeispiel Insert 14.1).

Schließlich bezieht sich ein dritter Bereich auf die Gestaltung der **Vertriebslogistik.** Eine zentrale Entscheidung stellt hier die Wahl der Standorte für Einzelhandelsgeschäfte dar, für die Verfahren der Standortanalyse zur Entscheidungsunterstützung herangezogen werden können.

Das Unternehmen Amazon proklamiert als Leitvision, das kundenfreundlichste Unternehmen der Welt werden zu wollen. In diesem Zusammenhang sieht der Gründer Jeff Bezos den wesentlichen Erfolgsfaktor seines Unternehmens darin, dass jeder Kontaktpunkt ausgehend vom Kunden und dessen Bedürfnissen ausgestaltet wird (vgl. Day 2011). Das Unternehmen zeigt an vielen Kontaktpunkten, etwa dem einfachen Bestell- und Bezahlprozess, dass der Kunde für es im Mittelpunkt steht. Hierbei sind alle Kanäle miteinander verknüpft. So ist es beispielsweise möglich, eine auf einem mobilen Endgerät begonnene Suche auf einem stationären Gerät fortzuführen und dort den Kauf abzuschließen. In Echtzeit kann anschließend die Auslieferung verfolgt werden und nach erfolgreicher Zustellung wird der Kunde hierüber per Push-Up-Nachricht oder E-Mail informiert. Dabei beschränkt sich die Verknüpfung der Kundenkontaktpunkte nicht nur auf den Online-Bereich. Amazon-Go ist ein Konzept, bei welchem der Kunde über sein mobiles Endgerät in Verbindung mit seinem Kundenkonto in Amazon-eigenen Läden identifiziert wird. Dadurch ist ein kassenloses Einkaufserlebnis möglich, bei welchem der Kunde an seine Bedürfnisse individuell angepasste Produktvorschläge erhält.

Insert 14.1 Customer Journey Management am Beispiel von Amazon

Business-to-Business-Marketing

15

Inhaltsverzeichnis

Lernziele

- Der Leser weiß, welche Arten organisationaler Kunden sich unterscheiden lassen.
- Der Leser kennt die wesentlichen Besonderheiten des Business-to-Business-Marketing auf Nachfrager- wie auf Anbieterseite.
- Der Leser kennt die wichtigsten Typologien zur Kategorisierung der Kauf- und Verkaufsprozesse im Business-to-Business-Marketing.
- Der Leser ist in der Lage, die wichtigsten Besonderheiten der Produktpolitik im Business-to-Business-Marketing zu erläutern.
- Der Leser kann die wichtigsten Besonderheiten der Preispolitik im Business-to-Business-Marketing diskutieren.
- Der Leser kann die wichtigsten Besonderheiten der Kommunikationspolitik im Business-to-Business-Marketing erläutern.
- Der Leser kann darlegen, was die wichtigsten Besonderheiten der Vertriebspolitik im Business-to-Business-Marketing sind.

© Springer Fachmedien Wiesbaden GmbH, ein Teil von Springer Nature 2020
C. Homburg, *Grundlagen des Marketingmanagements*,
https://doi.org/10.1007/978-3-658-29638-4_15

15.1   Grundlagen des Business-to-Business-Marketing

Wie die Bezeichnung schon vermuten lässt, liegt der konstitutive Kern des Business-to-Business-Marketing darin, dass nicht einzelne Konsumenten, sondern Organisationen als Nachfrager betrachtet werden. Der Begriff des Business-to-Business-Marketing ersetzt zunehmend den Begriff des Industriegütermarketing. Der Begriff des Business-to-Business-Marketing ist breiter gefasst als der Begriff des Industriegütermarketing: Im Gegensatz zum Industriegütermarketing bezieht sich das Business-to-Business-Marketing auch auf die Vermarktung von Konsumgütern gegenüber dem Handel (vgl. Backhaus und Voeth 2014) sowie auf die Vermarktung von Dienstleistungen gegenüber organisationalen Kunden (vgl. Baumgarth 2014; Kleinaltenkamp 2000).

Es ist sinnvoll, zunächst eine **Typologisierung organisationaler Kunden** vorzunehmen. Eine solche Typologisierung ist in Abb. 15.1 dargestellt.

Staatliche Einrichtungen (z. B. Armee, Polizei) fragen Waren und Dienstleistungen nach, um damit für die Bürger eine Leistung zu erbringen. **Verwender** setzen die beschafften Produkte zur Unterstützung des eigenen Produktionsprozesses ein, um neue Produkte zu erstellen. Beispielsweise kauft ein Automobilhersteller Maschinen, die er für die Produktion von Autos verwendet. **Original Equipment Manufacturer (OEM)** integrieren das gekaufte Produkt als Bestandteil des neu produzierten Produktes. Beispielsweise kauft ein Computerhersteller Computerchips, die er dann in die eigenen Computer einbaut. **Händler** veräußern die gekauften Produkte in praktisch unveränderter Form an andere organisationale Kunden (Verwender und OEMs) weiter. Beispielsweise kauft ein Händler von Computerchips die Chips verschiedener Chiphersteller, um diese dann an Computerhersteller weiterzuveräußern. Zu den **öffentlichen Institutionen** zählen unter anderem Kirchen, Krankenhäuser, Schulen und Universitäten. Bei vielen Institutionen besteht eine Ähnlichkeit zu staatlichen Käufern, da deren Kaufprozess durch politische Überlegungen und Gesetze geregelt ist.

Im Folgenden soll die Frage behandelt werden, worin die **grundlegenden Besonderheiten des Business-to-Business-Marketing** liegen. Da das wesentliche Merkmal

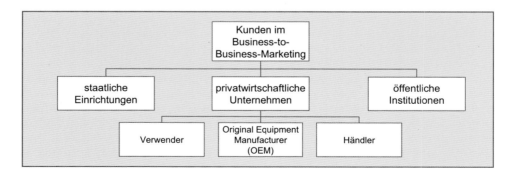

Abb. 15.1 Typologisierung organisationaler Kunden

des Business-to-Business-Marketing im Auftreten organisationaler Kunden liegt, sind die Besonderheiten des Business-to-Business-Marketing aus den Besonderheiten des organisationalen Beschaffungsverhaltens abzuleiten (vgl. Abschn. 3.1). Auf diese Besonderheiten gehen wir im Folgenden selektiv ein.

Der **abgeleitete Charakter der organisationalen Nachfrage** bezieht sich darauf, dass der Bedarf von Organisationen nicht originär, sondern derivativ ist: Er leitet sich aus dem Bedarf der Kunden der Organisationen ab. Der abgeleitete Charakter der Nachfrage lässt sich anhand eines Beispiels veranschaulichen: Ein Hersteller von Kunststoffchemikalien verkauft seine Produkte an Hersteller von Kunststoffen, deren Nachfrage nach Kunststoffchemikalien vom Nachfrageverhalten der Hersteller von Kunststoffteilen für Autoarmaturen sowie von der Nachfrage auf einer Vielzahl nachgelagerter Stufen abhängt (z. B. von der Nachfrage privater Automobilkäufer nach Autos).

Eine weitere Besonderheit des organisationalen Kaufverhaltens ist die **Multiorganisationalität,** d. h. die Beteiligung weiterer Organisationen am Beschaffungsprozess (zusätzlich zu der Anbieter- und der Nachfragerorganisation). Die Multiorganisationalität lässt sich anhand eines Beispieles veranschaulichen: Ein Industriekunde bezieht im Rahmen der Kaufentscheidung für eine Großanlage Banken in die Finanzierung der Anlage mit ein und beauftragt ein Ingenieurbüro mit der technischen Planung der Anlage. Weiterhin lässt sich der Kunde durch externe Technologieconsultants beraten und beantragt staatliche Genehmigungen für den Betrieb der Anlage. Der Anbieter sollte derartige externe Partner der Industriekunden im Rahmen seiner Marktbearbeitung gezielt berücksichtigen, beispielsweise im Rahmen der Kommunikationspolitik.

Die **Langfristigkeit der Geschäftsbeziehung** ist eine weitere Besonderheit des organisationalen Kaufverhaltens, die sich z. B. aus der Langlebigkeit der Produkte und der Bedeutung eines kontinuierlichen Services ergibt und eine Voraussetzung für die wirtschaftliche Sinnhaftigkeit spezifischer Investitionen in die Geschäftsbeziehung darstellt (vgl. Abschn. 3.1). Um derartige langfristige Geschäftsbeziehungen zu ermöglichen, sollte der Anbieter im Rahmen des Business-to-Business-Marketing insbesondere ein hohes Maß an Reputation (Vertrauenskapital) bei seinen Kunden aufbauen.

Schließlich ist noch der hohe Grad der **persönlichen Interaktion zwischen Anbieter- und Nachfragerorganisation** als Besonderheit des organisationalen Kaufverhaltens zu nennen. Bei der Vermarktung von Industriegütern entstehen in einem interaktiven Prozess zwischen Anbieter und Nachfrager persönliche Kontakte, die eine wichtige Rolle für den Erfolg der Geschäftsbeziehung spielen. Diese persönlichen Beziehungen müssen im Rahmen des Business-to-Business-Marketing gezielt aufgebaut und gepflegt werden, sodass der persönliche Verkauf (vgl. Abschn. 12.3) sowie ein systematisches Kundenbeziehungsmanagement hier eine besonders wichtige Rolle spielen.

Neben der Frage nach den Besonderheiten des Business-to-Business-Marketing ist die Frage, welche **Geschäftstypen** sich im Business-to-Business-Marketing unterscheiden lassen, von zentraler Bedeutung: Die Beantwortung dieser Frage ermöglicht einen Überblick über das breite Feld des Business-to-Business-Marketing, das durch sehr heterogene Geschäftskonzepte und Vermarktungsprozesse gekennzeichnet ist. So erfordert

z. B. die Vermarktung eines standardisierten Digitaldruckers weitaus weniger Trans-
aktionsschritte als die Vermarktung einer kundenindividuell entwickelten Zeitungsdruck-
anlage.

Anhand von zwei Dimensionen, wobei sich eine Dimension auf die vermarktete
Leistung (horizontale Achse) und die andere auf die Beziehung zum Kunden (vertikale
Achse) bezieht (vgl. Abb. 15.2), lassen sich im Business-to-Business-Marketing **vier
Geschäftstypen** unterscheiden (vgl. Backhaus 1993; Backhaus und Mühlfeld 2015;
Kleinaltenkamp 2013; Plinke 2000):

- Im **Produktgeschäft/Spotgeschäft** sind die Individualität der Leistung bzw. die
  Integration des Kunden sowie die Kontinuität der Geschäftsbeziehung bzw. der Folgekaufcharakter eher niedrig ausgeprägt. Hier werden also in der Regel vorgefertigte
  und in Massenfertigung erstellte (homogene bzw. austauschbare) Leistungen auf
  einem anonymen Markt vermarktet. Der organisationale Kunde fragt diese Leistungen
  zum isolierten Einsatz nach, sodass keine langfristigen (transaktionsübergreifenden)
  Geschäftsbeziehungen zwischen dem Anbieter und dem organisationalen Kunden
  etabliert werden müssen. Beispiele hierfür sind Schrauben, Klebstoffe oder Lacke.
- Im **Anlagengeschäft/Projektgeschäft** sind die Individualität der Leistung bzw. die
  Integration des Kunden hoch, die Geschäftsbeziehungen weisen jedoch keinen transaktionsübergreifenden Folgekaufcharakter auf. Hier werden komplexe Produkte
  oder Systeme vermarktet, die bereits vor der kundenindividuellen Erstellung an
  den Kunden verkauft werden. Aufgrund der kundenindividuellen Fertigung weisen
  Leistungsangebote des Anlagengeschäftes einen im Gegensatz zum Produktgeschäft
  relativ hohen Spezifitätsgrad auf. Beispielsweise findet eine für einen bestimmten
  Kunden erstellte Anlage meist keinen anderen Käufer am Markt. Beispiele für
  Anlagen sind Getränkeabfüllanlagen, Walzwerke oder Kernkraftwerke.

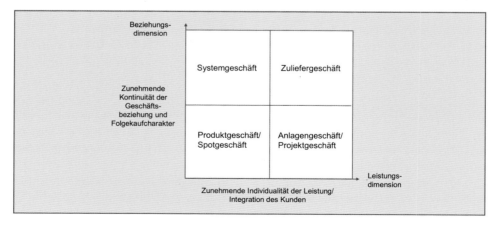

Abb. 15.2 Klassifizierung von Geschäftstypen im Business-to-Business-Marketing. (In Anlehnung an
Backhaus 1993; Kleinaltenkamp 2013; Plinke 2000)

- Das **Systemgeschäft** ist charakterisiert durch langfristige Geschäftsbeziehungen mit Folgekaufcharakter bei niedriger Individualität der Leistung/Kundenintegration. Dies bedeutet, dass der Kunde sich für die Systemtechnologie des Anbieters entscheidet und als Einstieg ein erstes Produkt des Anbieters erwirbt. In Folgekäufen ersteht er dann weitere Produkte der Systemtechnologie des Anbieters. Ein Beispiel hierfür ist ein Telekommunikationssystem, das aus aufeinander aufbauenden Einzelmodulen besteht.
- Das **Zuliefergeschäft** ist ähnlich wie das Systemgeschäft durch Kaufverbunde gekennzeichnet. Hier entwickelt der Anbieter für einen organisationalen Kunden im Rahmen einer längerfristigen Geschäftsbeziehung kundenindividuelle Leistungen, die der Kunde dann sukzessiv in Anspruch nimmt. Wenn Zulieferer und Kunde gemeinsam neue Produkttechnologien entwickeln, sind sie meist für die Dauer des Produktlebenszyklus aneinander gebunden. Ein Beispiel hierfür sind die individualisierten Leistungsangebote von Zulieferern an Automobilhersteller.

15.2 Strategische Besonderheiten des Business-to-Business-Marketing

In Zusammenhang mit den strategischen Besonderheiten ist insbesondere der **Einfluss des Geschäftstyps auf die marketingstrategischen Handlungsoptionen** von Interesse. Es ist davon auszugehen, dass sich je nach vorliegendem Geschäftstyp des Business-to-Business-Marketing (vgl. Abschn. 15.1) unterschiedliche marketingstrategische Herausforderungen stellen. Im Folgenden gehen wir auf einzelne marketingstrategische Herausforderungen im Bereich der verschiedenen Geschäftstypen des Business-to-Business-Marketing ein.

Beim **Produktgeschäft/Spotgeschäft** vermarktet der Anbieter standardisierte Produkte an eine relativ breite Zielgruppe, sodass eine gewisse Nähe zum klassischen Konsumgütermarketing konstatiert werden kann. Eine zentrale strategische Herausforderung besteht vor dem Hintergrund dieser Standardisierung darin, im Rahmen einer Strategie der **Mass Customization** individualisierte Produkte in großen Stückzahlen bereitzustellen. Des Weiteren werden Folgekäufe von Kunden nicht durch (z. B. technische) Verbundwirkungen zwischen den einzelnen Markttransaktionen unterstützt, sodass die **Bindung von Kunden** eine weitere wesentliche strategische Herausforderung darstellt.

Im Rahmen des **Anlagengeschäftes/Projektgeschäftes** werden die Leistungen vom Anbieter auf die individuellen Bedürfnisse des Kunden zugeschnitten, wobei der Vermarktungsprozess zeitlich vor dem Leistungserstellungsprozess liegt. Eine zentrale strategische Herausforderung besteht im **Business Development** (Neugeschäftsentwicklung, Stimulierung des Bedarfs für Industrieanlagen). In diesem Zusammenhang wird eine effektive und effiziente **Auftragsakquisition** angestrebt: Hier gilt es, sich im Rahmen von Ausschreibungen (z. B. von Großanlagen) gegenüber Wettbewerbern durchzusetzen. Eine weitere Besonderheit liegt darin, dass bereits im Rahmen der Auftragsdefinition mehrere Leistungsoptionen definiert werden bzw. der Auftragsumfang auch nach der Auftragsverteilung oftmals durch den Kunden verändert wird. Hieraus ergibt sich die strategische Herausforderung, eine **Flexibilität des Leistungsprogramms und der Leistungserstellung** zu gewährleisten, um derartige Anpassungen kostengünstig realisieren zu können. Schließlich liegt eine Besonderheit des Anlagengeschäftes/ Projektgeschäftes darin, dass (insbesondere bei industriellen Großanlagen) ein einzelner Anbieter häufig nicht alle Teilleistungen selbst erbringen kann. Folglich besteht eine zentrale strategische Herausforderung für das Anlagengeschäft/Projektgeschäft darin, erfolgreiche **strategische Kooperationen mit anderen Anbietern** zu etablieren (z. B. in Form von Konsortien, Generalunternehmerschaften, Exportgemeinschaften).

Beim **Systemgeschäft** legt sich der Kunde durch seine Erstkaufentscheidung auf Folgekäufe beim gleichen Anbieter fest. Dieser Initialkauf stellt aus Kundensicht eine relativ riskante und folgenträchtige Entscheidung dar, weil der Kunde aufgrund des Systemcharakters nach dem Erstkauf „automatisch" an den Anbieter gebunden ist und sich der Gefahr des opportunistischen Verhaltens des Anbieters ausgesetzt sieht (z. B. spätere Preiserhöhungen für Systemkomponenten). Hier wird häufig vom sogenannten „Lock-In"-Effekt gesprochen (vgl. Backhaus und Voeth 2014). Aus Anbietersicht besteht somit die zentrale strategische Herausforderung darin, sich im Markt so zu positionieren, dass der Kunde sich für einen Erstkauf entscheidet. In diesem Zusammenhang geht es zunächst um die **Entscheidung über den Grad der Systembindung:** Durch Verringerung der Systembindung (z. B. durch Standardisierung bzw. offenere Gestaltung des Systems) können risikoaverse Nachfrager eher für das entsprechende System gewonnen werden. Weiterhin liegt eine wesentliche strategische Herausforderung in der **Gestaltung des Kundennutzens** derart, dass der Kunde vom Vorteil einer Systembindung überzeugt ist. In diesem Zusammenhang geht es auch um den **Aufbau von Vertrauenswürdigkeit** (Reputation) sowie um **Garantien und Zusicherungen,** die helfen, die Unsicherheit des Kunden zu reduzieren.

Schließlich weist das **Zuliefergeschäft** spezielle strategische Herausforderungen auf. Hier geht es darum, die Kunden (meist Original Equipment Manufacturer, vgl. hierzu Abschn. 15.1) von der Vorteilhaftigkeit einer langfristigen Geschäftsbeziehung zuüberzeugen (vgl. Ulaga und Eggert 2006). In diesem Zusammenhang stellen auf der Seite des Zulieferers insbesondere die Sicherstellung der **Innovationsfähigkeit** (insbesondere bei Neuproduktentwicklungen gemeinsam mit dem Kunden), der **Integrationsfähigkeit** (z. B. im Hinblick auf Logistik, elektronische Datenverarbeitung) sowie der **Flexibilität** des Leistungsprogramms/der Leistungserstellung (z. B. Fähigkeit zur kurzfristigen Änderung des Leistungsprogramms) zentrale strategische Herausforderungen dar (vgl. Backhaus und Voeth 2014).

Die aufgezeigten strategischen Herausforderungen bei den verschiedenen Geschäftstypen des Business-to-Business-Marketing sind in Abb. 15.3 im Überblick dargestellt.

Abb. 15.3 Zentrale marketingstrategische Herausforderungen für die verschiedenen Geschäftstypen im Business-to-Business-Marketing

15.3   Instrumentelle Besonderheiten des Business-to-Business-Marketing

15.3.1 Produktpolitik

Als Ausgangspunkt unserer Betrachtungen wählen wir die drei zentralen Entscheidungsfelder der Produktpolitik (vgl. Kap. 9): Innovationsmanagement, Management etablierter Produkte und Markenmanagement.

Im Bereich des **Innovationsmanagements** ist die **Integration von Kunden in den Innovationsprozess** für Anbieter von Industriegütern besonders relevant (insbesondere beim Anlagengeschäft/Projektgeschäft sowie beim Zuliefergeschäft, aber auch bei den anderen Geschäftstypen). Diese Integration von Kunden kann zu einem gesteigerten Neuprodukterfolg führen und ist auch deshalb wichtig, weil im Business-to-Business-Marketing (kommerziell betriebene) Testmärkte im Gegensatz zum Konsumgütermarketing meist nicht zur Verfügung stehen, sodass die Marktakzeptanz von Neuprodukten durch die Einbindung von Pilotkunden in den Innovationsprozess getestet werden kann. Die Chancen einer Einbindung ausgewählter Kunden in den Innovationsprozess bestehen in Zeit- und Kostenersparnissen, einer Qualitätsverbesserung durch Kundenorientierung, der Imageverbesserung und der Gewinnung von Informationen über Wettbewerber. Gleichzeitig besteht das Risiko, dass Know-how an Nachfrager und damit möglicherweise auch an Wettbewerber abfließt.

Der zweite Teilbereich der Produktpolitik, das **Management der etablierten Produkte,** ist für Industriegüterunternehmen ebenfalls relevant. Hier stellt sich im Zusammenhang mit der Entscheidung über die Programmtiefe die Frage, wie viele kundenspezifische Produktvarianten geschaffen werden sollen. Diese Problematik der Individualisierung ist im Industriegüterbereich besonders stark ausgeprägt, da hier die Kunden oftmals auf individuelle Leistungen drängen. Eine zentrale Herausforderung besteht hier folglich darin, den optimalen Individualisierungsgrad zu bestimmen, wobei der Nutzen der Individualisierung sowie die resultierenden Komplexitätskosten berücksichtigt werden müssen.

Eine weitere wichtige Entscheidung im Rahmen des Managements etablierter Produkte ist die der Produktelimination (vgl. Homburg et al. 2010). Da sich Produkteliminationen im Nachhinein häufig als weniger erfolgreich herausstellen als ursprünglich erhofft (vgl. Gounaris et al. 2006), stellt das Management der Produkteliminationen eine wesentliche Herausforderung für Unternehmen dar. So können Anbieter in Business-to-Business Märkten den Erfolg von Produkteliminationen durch eine hohe Qualität der internen und externen Umsetzungsprozesse optimieren (vgl. Prigge 2008). Interne Prozesse beinhalten dabei Maßnahmen wie die Integration aller involvierten Funktionsbereiche des Unternehmens, die Kontrolle über den Prozess mithilfe eines effektiven Umsetzungsplans sowie die Rechtzeitigkeit und Zügigkeit der Umsetzung. Als externe Prozesse können die Rechtzeitigkeit der Ankündigung der Elimination, die Einbindung des Kunden in die Entscheidung über den Eliminationszeitpunkt sowie über die Art der angebotenen Kompensation, die Erklärung der Gründe für eine Elimination und die Bemühungen der Unternehmensmitarbeiter, den Kunden helfen zu wollen, identifiziert werden.

Im Rahmen der Entscheidung über die Programmbreite der etablierten Produkte müssen neben Entscheidungen über Sachgüter insbesondere Entscheidungen über **industrielle Dienstleistungen** getroffen werden. Industrielle Dienstleistungen werden einerseits von den Kunden aufgrund eigener Outsourcingbestrebungen im Rahmen der Konzentration auf Kernkompetenzen aktiv eingefordert. Andererseits weisen industrielle Dienstleistungen Vorteile für den Anbieter auf, wie z. B. die Differenzierung des Produktes, die Reduktion des Preisdrucks, den Aufbau von Markteintrittsbarrieren für Wettbewerber, eine gesteigerte Profitabilität durch direkte Verrechnung der Dienstleistungen, eine Verstetigung der Nachfrage durch fortlaufend erbrachte Dienstleistungen (versus einmalige Produktverkäufe) oder eine mögliche Diversifikation in den Dienstleistungsbereich. Insbesondere ergeben sich auch Vorteile für das Kundenbeziehungsmanagement wie beispielsweise eine bessere Kenntnis der Kundenbedürfnisse sowie eine Verbesserung der persönlichen Kundenbeziehungen als Resultat der intensiveren Interaktion mit den Kunden im Rahmen der Dienstleistungserstellung.

Im Bereich des **Markenmanagements** ist zunächst der traditionell niedrige Stellenwert von Marken im Business-to-Business-Marketing zu erwähnen, der unter anderem auf die hohe Bedeutung der objektiven Qualitätsbeurteilung durch die Kunden zurückzuführen ist. Während in der Vergangenheit die Produktnamen im

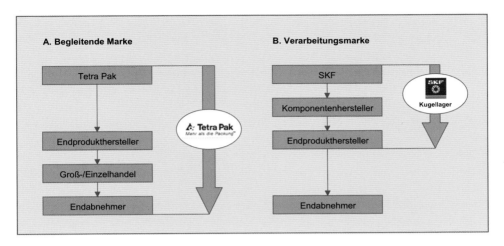

Abb. 15.4 Begleitende Marken und Verarbeitungsmarken im Business-to-Business-Marketing. (Vgl. Homburg und Richter 2003)

Business-to-Business-Marketing eher technisch geprägt waren und meist nur technische Bezeichnungen oder Artikelnummern darstellten, kann ein Anstieg der Bedeutung industrieller Marken beobachtet werden (vgl. Voeth und Rabe 2004). So weisen Homburg et al. (2011) nach, dass die Markenbekanntheit auch in Business-to-Business Märkten den Markterfolg positiv beeinflusst.

Business-to-Business-Marken können zwei Typen zugeordnet werden (vgl. Abb. 15.4): Während die **Verarbeitungsmarke** für den Endkunden im Regelfall nicht sichtbar wird, nimmt der Endkunde die **begleitende Marke** im Regelfall wahr.

15.3.2 Preispolitik

Insbesondere in Business-to-Business Märkten bereiten Preisentscheidungen Unternehmen in der Praxis großes Kopfzerbrechen (z. B. Rullkötter 2008; Scholl und Totzek 2010). Dies ist damit zu begründen, dass das Preismanagement auf Business-to-Business Märkten komplexer, weniger professionalisiert und gleichzeitig weniger erforscht ist als das Preismanagement auf Business-to-Consumer Märkten (Homburg und Totzek 2011). Die Komplexität des Preismanagements resultiert wiederum aus den grundlegenden Besonderheiten des Business-to-Business Marketing. Im Folgenden werden einige dieser zentralen Besonderheiten im Hinblick auf die Preispolitik in Business-to-Business Märkten thematisiert.

Die **Preisbestimmung für neue Produkte** stellt ein erstes Entscheidungsfeld der Preispolitik im Business-to-Business-Marketing dar. „Neu" muss in diesem Zusammenhang nicht bedeuten, dass es sich hier um eine grundlegende Produktinnovation handelt, sondern kann auch ausdrücken, dass das Produkt für eine neue Angebotssituation speziell konfiguriert wird. Eine zentrale Besonderheit liegt darin, dass häufig eine **Einzel-preisbildung** erfolgt. Insbesondere im Anlagengeschäft ist dies der Fall, wo kunden-individuelle Angebotskalkulationen erstellt werden. Hier werden zum Preis für ein technisches Grobkonzept die Kosten für kunden- bzw. projektindividuelle Leistungen (z. B. Reise- und Transportkosten, Kosten für Bankgarantien und für Montageleistungen) addiert.

Für Produkte, welche einen geringen Innovationsgrad aufweisen, werden individuell ausgehandelte Preise durch den Abschluss von **Rahmenvereinbarungen** fixiert. Dies bedeutet, dass das einkaufende Unternehmen Leistungen zu den aktuell geltenden Rahmenvereinbarungen abrufen kann. Der durch die Rahmenverträge abgedeckte Zeit-raum unterscheidet sich je nach Branche. Während sich in der chemischen Industrie kürzere Zeiträume aufgrund von schwankenden Rohstoffkosten ergeben können, sind im Bereich des Anlagengeschäftes auch längere Zeiträume möglich.

Die Anwendung der **Preisdifferenzierung** sowie von **Rabatten und Boni** wird durch die Individualisierung der Produkte im Business-to-Business-Marketing generell begünstigt (vgl. Jensen und Henrich 2011). Jedoch besteht aufgrund niedrigerer Kunden-zahlen als im Konsumgütermarketing und einer relativ hohen Markttransparenz oftmals die Problematik des Informationsaustausches zwischen den Kunden.

Eine Preisdifferenzierung ergibt sich oftmals automatisch durch den **Verhandlungs-charakter** der Preise im Business-to-Business-Marketing. Während im Konsumgüter-marketing die Preise den privaten Endkunden in der Regel vorgegeben sind, werden die Preise im Business-to-Business-Marketing in einem stärkeren Ausmaß zwischen dem Anbieter und dessen organisationalen Kunden ausgehandelt (vgl. auch Voeth und Herbst 2011).

Diese Möglichkeit der individualisierten Preisfindung ist jedoch in einigen Branchen zunehmend erschwert umsetzbar. Es ist zu beobachten, dass sich Kunden vermehrt in Ein-kaufsgemeinschaften zusammenschließen und durch eine größere Verhandlungsmacht in der Lage sind, bessere und einheitliche Konditionen und Preise gegenüber dem Anbieter auszuhandeln. So beschaffen mittlerweile ca. 20 % der Fortune-1000-Unternehmen ihre Produkte teilweise oder ausschließlich über Einkaufsgemeinschaften (vgl. Geyskens et al. 2015).

In diesem Zusammenhang spielen B2B-Plattformen eine zunehmend bedeutende Rolle (vgl. Fang et al. 2015). B2B-Plattformen erfüllen in einer digitalen Welt die Funktion einer virtuellen Messe und sind folglich vertrieblich orientiert. Weltweit existieren über 1500 B2B-Plattformen mit unterschiedlichen Branchen- und Regional-schwerpunkten. Diese lassen sich im Wesentlichen in folgende drei Arten von Platt-formen unterteilen:

- Plattformen, die öffentlich zugänglich sind und eine Informationsfunktion einnehmen;
- Plattformen zur Anfragen- und Auftragsanbahnung, bei denen ohne Registrierung nur Teilfunktionen nutzbar sind, sowie
- Plattformen für registrierte Nutzer zur teilweisen oder vollständigen Geschäftsab-wicklung.

Ein weiteres Entscheidungsfeld umfasst schließlich die **Durchsetzung der Preise.** In diesem Zusammenhang ist die Tatsache relevant, dass die Kaufentscheidung in der Regel von mehreren Mitgliedern des Buying Centers getroffen wird, die ein unterschiedliches Preisempfinden aufweisen können. Beispielsweise wird ein Manager im Einkaufsbereich andere Maßstäbe ansetzen als ein Anwender des Produktes. Vor diesem Hintergrund sollte im Rahmen der Preisdurchsetzung angestrebt werden, die Preise den verschiedenen Mitgliedern des Buying Centers unterschiedlich zu kommunizieren, um ein möglichst hohes Preisniveau realisieren zu können.

Die intensive Informationssuche und umfassende Bewertung der Alternativen im Rahmen der Aktivitäten des Buying Centers führen dazu, dass die **Kaufentscheidungen** der organisationalen Kunden in der Regel **rationaler** getroffen werden als die Kaufentscheidungen privater Endkunden. Insbesondere spielt der Nutzen einer Leistung, der im Business-to-Business-Marketing relativ gut messbar ist, eine wichtige Rolle bei der Kaufentscheidung. Vor diesem Hintergrund sollte ein Anbieter zum einen die unmittelbare Vergleichbarkeit seiner Produkte mit Wettbewerbsprodukten erschweren (z. B. durch das Angebot zusätzlicher Dienstleistungen in Ausschreibungssituationen) und zum anderen eine stärkere Nutzenargumentation anwenden (vgl. hierzu auch das Benefit Selling in Abschn. 12.3). Für den Anbieter ergibt sich hieraus die Notwendigkeit, eine möglichst detaillierte Kenntnis der Nutzenüberlegungen wie auch der Wirtschaftlichkeitsrechnungen des Kunden bzw. der einzelnen Mitglieder des Buying Centers zu erlangen.

15.3.3 Kommunikationspolitik

Bezüglich der im Rahmen der Kommunikationspolitik vermittelten Inhalte ist zunächst zu betonen, dass der **technischen Informationsvermittlung** im Business-to-Business-Marketing eine zentrale Rolle zukommt: Organisationale Kunden haben in der Regel einen größeren Informationsbedarf für technische Produktinformationen sowie oftmals ein besseres Verständnis der komplexen technischen Zusammenhänge als private Endkunden im Konsumgütermarketing.

Eine zentrale Besonderheit besteht in der **Heterogenität der Informationsbedürfnisse** der unterschiedlichen Akteure im Buying Center. Beispielsweise benötigt der Anwender Informationen über die Anwendungsmöglichkeiten, während der Einkäufer am Preis interessiert ist. Der Anbieter muss sich auf diese Bedürfnisse einstellen und unterschiedliche Informationspakete bereitstellen.

Weiterhin weist die Kommunikation im Business-to-Business-Marketing generell einen stark **persönlichen Charakter** auf, was zum einen an der meist überschaubaren Anzahl an Kunden (insbesondere im Zuliefer- und Anlagengeschäft) und zum zweiten an der hohen Bedeutung des direkten Vertriebs liegt.

Zentrale Kommunikationsinstrumente stellen vor diesem Hintergrund **Messen** und **Ausstellungen** (vgl. Abschn. 11.4.11) dar. Hier können den Nachfragern Produkte präsentiert und vorgeführt werden, neue Kundenkontakte geknüpft werden und der Wettbewerb beobachtet werden. Zu beachten sind die damit verbundenen hohen Kosten sowie relativ häufig und teilweise zeitgleich stattfindende Veranstaltungen, die den Anbieter vor Auswahlprobleme stellen können.

Ein weiteres wichtiges Instrument im Rahmen der Kommunikationspolitik im Business-to-Business-Marketing sind redaktionelle (Autoren-)Beiträge in neutralen Medien (z. B. in branchenspezifischen Fachzeitschriften). Derartige Beiträge steigern die Bekanntheit des Anbieters und können dessen wahrgenommene Kompetenz fördern. Ein Auftritt in einschlägigen Suchmaschinen und Portalen im World Wide Web wird auch im Business-to-Business Bereich wichtiger. Einkäufer können aufgrund solcher Einträge eine Vorauswahl von möglichen Lieferanten treffen (vgl. o. V. 2013b).

Die klassische **Mediawerbung** hat im Business-to-Business-Marketing einen im Allgemeinen deutlich geringeren Stellenwert als im Konsumgütermarketing. Anzeigen in Publikumszeitschriften sind meist nicht technischen Inhalts, sondern eher als Imagewerbung konzipiert (vgl. Abb. 15.5 für ein Beispiel). Anzeigen in Fachzeitschriften sind meist technischer ausgerichtet und weisen geringere Streuverluste auf. Deren Wirksamkeit lässt sich noch dadurch erhöhen, dass sie mit einem redaktionellen Beitrag verbunden werden.

Schließlich ist noch zu erwähnen, dass vor dem Hintergrund des abgeleiteten Charakters der Nachfrage ein Anbieter Möglichkeiten prüfen sollte, im Rahmen der Kommunikationspolitik nachgelagerte Stufen miteinzubeziehen. Hierzu eignet sich insbesondere die Mediawerbung (Imagewerbung für das Industriegüterunternehmen selbst sowie für dessen Produkte). Ein in diesem Zusammenhang relevantes Konzept stellt das Ingredient Branding dar, bei dem den Nachfragern die Markennamen der im fertigen Produkt enthaltenen Komponenten kommuniziert werden (z. B. „Intel Inside").

15.3.4 Vertriebspolitik

Bei vielen Business-to-Business-Anbietern stellt die Vertriebspolitik ein zentrales Instrument des Marketingmix dar: Während sich die Vertriebskosten im Business-to-Business-Bereich oftmals auf über 10 % des Umsatzes belaufen, liegt der Werbeaufwand vieler Anbieter bei weniger als 2 % des Umsatzes (vgl. Krafft und Frenzen 2001).

Eine erste bedeutende Fragestellung im Rahmen der Vertriebspolitik von Business-to-Business-Anbietern betrifft die Gestaltung des Vertriebssystems. Hier ist im Zusammenhang mit der Gestaltung der Vertriebswege in der Regel eine **starke Fokussierung auf den Direktvertrieb** (und weniger auf den indirekten Vertrieb) festzustellen. Dies ist auf einen oftmals überschaubaren Kundenkreis sowie auf einen hohen Individualisierungs- und Komplexitätsgrad der Produkte (insbesondere im Anlagengeschäft/Projektgeschäft sowie im Zuliefergeschäft) zurückzuführen, die eine große Nähe zum Kunden (bzw. eine lokale Präsenz) sowie ein hohes produktbezogenes Kompetenzniveau erfordern. Dieses Kompetenzniveau ist bei Vertriebsingenieuren oder technischen Verkäufern des

Abb. 15.5 Beispiel für die Imagewerbung eines Business-to-Business-Anbieters

Vertriebsaußendienstes in der Regel höher ausgeprägt als bei Vertriebspartnern, die den Kunden nicht alle technischen Produktaspekte erläutern können.

Eine weitere Besonderheit im Bereich der Vertriebspolitik des Business-to-Business-Marketing stellt die **Gestaltung der Kooperation mit Vertriebspartnern und Key Accounts** dar (vgl. Abschn. 12.2): Hier kommt insbesondere Kooperationen im technischen Bereich eine zentrale Bedeutung zu. Im Zusammenhang mit Vertriebskooperationen stellt die Schaffung von Anbietergemeinschaften im Anlagen- und Systemgeschäft (Kooperation mehrerer Anbieter) eine wichtige Besonderheit des Business-to-Business-Marketing dar. Weiterhin kann die Nachfrage nach Finanzierungsleistungen durch den Kunden die Einbeziehung von Banken erforderlich machen. Schließlich können im internationalen Bereich Kunden auf eine Kooperation des Anbieters mit lokalen Anbietern im Abnehmerland drängen.

Bei der Gestaltung der Verkaufsaktivitäten steht im Business-to-Business-Bereich der **persönliche Verkauf** aufgrund der hohen Bedeutung des Direktvertriebs und der kundenindividuellen Beratung und Leistungsanpassung vor Ort im Mittelpunkt. Dadurch hat der Vertriebsmitarbeiter als „Gesicht des Unternehmens zum Kunden" eine sehr hohe Bedeutung und ist ein wesentliches Bezugsobjekt der Kundenbindung. Aufgrund eines zunehmenden Effizienzdrucks gewinnen (insbesondere im Produktgeschäft/Spotgeschäft) auch persönlich mediale Kundenkontaktformen, wie z. B. der Verkauf über Call Center, an Relevanz.

Teil VI

Implementationsbezogene Perspektive

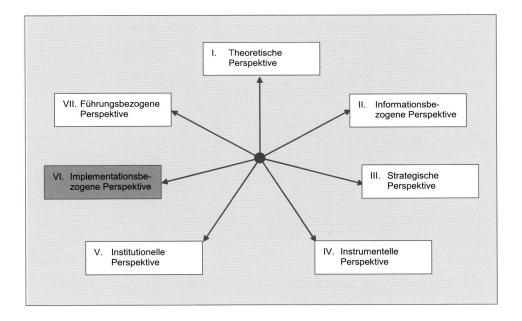

Dieser Teil widmet sich der sechsten unserer sieben Perspektiven des Marketing. Sie bezieht sich auf die Implementation (d. h. Umsetzung) des Marketing im Unternehmen. Im Gegensatz zu den bisherigen Perspektiven konzentriert sich diese Perspektive (wie auch die in Teil VII behandelte führungsbezogene Perspektive) auf unternehmensinterne Aspekte. Es geht also darum, in unternehmensinterner Hinsicht die Voraussetzungen im Unternehmen für die effektive und effiziente Durchführung von marktbezogenen Aktivitäten und somit letztlich die Umsetzung der Marketingstrategie zu schaffen.

Grundlagen der implementationsbezogenen Perspektive

16

Die wesentliche Abgrenzung zwischen der implementationsbezogenen und der führungsbezogenen Perspektive liegt darin, dass sich die implementationsbezogene Perspektive im Wesentlichen auf die Funktionsbereiche im Unternehmen bezieht, die sich primär mit Marketingaufgaben befassen (also Marketing- und Vertriebsbereiche). Im Gegensatz hierzu bezieht sich die führungsbezogene Perspektive auf das gesamte Unternehmen: Hier geht es gesamthaft um marktorientierte Unternehmensführung.

Im Rahmen dieser Perspektive sprechen wir im Hinblick auf die Funktionsbereiche, die sich primär mit Marketingaufgaben befassen, von **Marketing und Vertrieb.** Der Hintergrund für diese Terminologie liegt in der Tatsache, dass in der Unternehmenspraxis Marketing- und Vertriebsbereiche sehr häufig organisatorisch getrennt sind. Daher erscheint es uns beispielsweise angemessener, von „Marketing- und Vertriebsorganisation" als lediglich von „Marketingorganisation" zu sprechen. In jedem Fall wird hierdurch die Praxisnähe unserer Ausführungen erhöht. Die kleine Inkonsistenz mit der Begriffsbildung in den übrigen Teilen des Buches halten wir für vertretbar.

Im Rahmen der implementationsbezogenen Perspektive lassen sich vier Bereiche unterscheiden:

- die Marketing- und Vertriebsorganisation,
- die Informationssysteme in Marketing und Vertrieb,
- das Marketing- und Vertriebscontrolling und
- das Personalmanagement in Marketing und Vertrieb.

Einer der wichtigsten Aspekte im Rahmen der implementationsbezogenen Perspektive des Marketing ist die organisatorische Verankerung von Marketingaufgaben im Unternehmen. Welche Abteilungen und Mitarbeiter für die Planung und Durchführung der Marketingaktivitäten zuständig sind, wird insbesondere durch die Organisationsstruktur

© Springer Fachmedien Wiesbaden GmbH, ein Teil von Springer Nature 2020
C. Homburg, *Grundlagen des Marketingmanagements*,
https://doi.org/10.1007/978-3-658-29638-4_16

des Unternehmens festgelegt. Diese lässt sich anhand zweier zentraler Dimensionen charakterisieren: Spezialisierung und Koordination.

Spezialisierung bezieht sich auf den Grad und die Art der Arbeitsteilung im Unternehmen. Die Aktivitäten, die zur Erreichung der Unternehmensziele notwendig sind, werden also auf einzelne Mitarbeiter bzw. Unternehmensbereiche verteilt. Spezialisierung findet auf verschiedenen hierarchischen Ebenen des Unternehmens statt. Bei der Spezialisierung auf der Ebene des gesamten Unternehmens steht meist die Frage im Mittelpunkt, wie die strategischen Geschäftseinheiten des Unternehmens gebildet werden. Die Spezialisierung auf der Ebene der Marketing- und Vertriebsorganisation bezieht sich auf die Gestaltung des Marketing- und Vertriebsbereiches.

Spezialisierung im Unternehmen führt dazu, dass **Koordination** erforderlich wird (vgl. Lawrence und Lorsch 1967): Im Rahmen der Spezialisierung der Organisation werden die verschiedenen Marketingaufgaben auf mehrere Unternehmensbereiche bzw. Mitarbeiter verteilt. Dies führt dazu, dass die Aktivitäten der verschiedenen Unternehmensbereiche/Mitarbeiter im Hinblick auf die übergeordneten Ziele koordiniert (d. h. aufeinander abgestimmt) werden müssen.

Basis der Informationsversorgung in Marketing und Vertrieb ist das Marketing- und Vertriebsinformationssystem. Diesem System kommt folglich im Rahmen der implementationsbezogenen Perspektive eine zentrale Bedeutung zu. Unter dem **Marketing- und Vertriebsinformationssystem** eines Unternehmens verstehen wir technische Einrichtungen und Verfahren, die die Entscheidungsträger bei der Gewinnung, Systematisierung, Analyse, Bewertung und Weitergabe zeitnaher, zutreffender Informationen im Rahmen der Entscheidungsfindung unterstützen (vgl. Link 2000; Link et al. 2000). Die möglichen Gestaltungsformen eines Marketing- und Vertriebsinformationssystems sind vielfältig. Sie reichen von einer einfachen Kundendatenbank auf einem Einzelplatzrechner bis hin zu einem ausgereiften System mit Tausenden von vernetzten Rechnern, die auf eine gemeinsame Datenbank zurückgreifen.

Eine **Spezialform** von Marketing- und Vertriebsinformationssystemen sind sogenannte **Customer Relationship Management-Systeme** (CRM-Systeme). Ein CRM-System stellt ein rein kundenbezogenes Informations- und Kommunikationssystem dar, das Informationen bereitstellt, um langfristig profitable Kundenbeziehungen durch (möglicherweise individuelle) Marketing-, Vertriebs- und Servicekonzepte aufzubauen und zu festigen (vgl. Buck-Emden und Zencke 2005). Somit stellt ein CRM-System eine kundenfokussierte Ausgestaltungsform eines Marketing- und Vertriebsinformationssystems dar.

Die Gestaltung, Modifikation und Anwendung der Systeme in den Bereichen Informationsversorgung sowie Planung und Kontrolle von Marketing und Vertrieb ist Aufgabe des Marketing- und Vertriebscontrolling. Wir verstehen **Marketing- und Vertriebscontrolling** als eine **führungsunterstützende Funktion,** die die Marketing- und Vertriebsleitung (bzw. auch die Unternehmensleitung oder die Leitung einer strategischen Geschäftseinheit) bei der **Steuerung marktbezogener Aktivitäten** unterstützt.

Um die Funktionen Informationsversorgung, Planung und Kontrolle wahrnehmen zu können, greift man beim Marketing- und Vertriebscontrolling auf ein breites Spektrum von Analyseinstrumenten zurück. Analyseinstrumente, die im allgemeinen Sprachgebrauch primär dem Marketing- und Vertriebscontrolling zugeordnet werden, sind die ABC-Analyse, die Portfolio-Analyse, Instrumente der Kosten- und Erfolgsrechnung, Verfahren der Investitionsrechnung sowie Kennzahlen und Kennzahlensysteme.

Es liegt auf der Hand, dass die erfolgreiche Umsetzung von Konzepten in den Marketing- und Vertriebsbereichen in wesentlichem Ausmaß von den dort tätigen Mitarbeitern (beispielsweise von deren Fähigkeiten sowie deren Motivation) abhängt. Daher widmet sich die vierte Komponente der implementationsbezogenen Perspektive des Marketing dem Personalmanagement in Marketing und Vertrieb. In diesem Zusammenhang lassen sich die beiden zentralen Aufgabenbereiche Personalwesen und Personalführung unterscheiden.

Im Rahmen des **Personalwesens** geht es um die Gestaltung von Teilsystemen des Personalmanagements, die die Erbringung bestimmter Aufgaben des Personalmanagements unterstützen sollen (vgl. Thom 1998). Das Spektrum der relevanten Teilsysteme erstreckt sich von der Personalplanung bis hin zur Personalvergütung. Die **Personalführung** bezieht sich dagegen auf die direkte Führung der Mitarbeiter durch Vorgesetzte. Vorgesetzte praktizieren Führung zum einen durch die Anwendung der Teilsysteme des Personalwesens. Zum anderen wenden sie (mehr oder weniger bewusst) bestimmte Führungsstile und Führungstechniken an.

Das Personalmanagement in Marketing und Vertrieb weist im Vergleich zu anderen Funktionsbereichen eine **höhere Komplexität** auf (vgl. hierzu auch Becker 1995). Diese höhere Komplexität ergibt sich insbesondere aufgrund des sehr heterogenen Aufgabenspektrums im Marketing- und Vertriebsbereich (man denke z. B. an die Werbegestaltung, das Produktmanagement sowie den Vertriebsaußendienst). Aus dieser Heterogenität ergibt sich wiederum eine große Heterogenität im Hinblick auf die Anforderungen, die an die Mitarbeiter zu stellen sind: Je nach Aufgabe sind unterschiedliche Eigenschaften (z. B. Kreativität, Empathie, Freundlichkeit, Durchsetzungsvermögen), Fähigkeiten (z. B. akquisitorische Fähigkeiten, analytisch-strategische Fähigkeiten) und Qualifikationen (z. B. betriebswirtschaftliche bzw. technische Qualifikationen) erforderlich.

Teil VII

Führungsbezogene Perspektive –
Marktorientierte Unternehmensführung

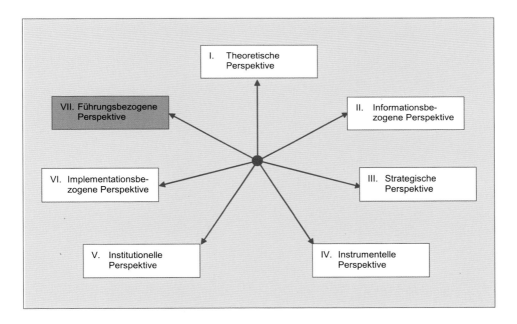

Dieser Teil widmet sich der letzten unserer sieben Perspektiven. Es geht hier um die marktorientierte Unternehmensführung. Wie der Leser im Folgenden noch erkennen wird, existieren gewisse Überlappungen zwischen der sechsten und der siebten Perspektive. So werden z. B. Aspekte der Organisationsgestaltung, des Personal-managements, der Informationsversorgung sowie der Planung und Kontrolle in beiden Perspektiven behandelt. Allerdings sind die beiden Perspektiven durch zwei wesent-liche Unterschiede voneinander abgegrenzt: Erstens bezieht sich die sechste Perspektive auf den Marketing- und Vertriebsbereich des Unternehmens, während in der siebten Perspektive das gesamte Unternehmen den Betrachtungsgegenstand bildet. Zweitens liegt der führungsbezogenen Perspektive eine spezielle Betrachtungsweise zugrunde: Es geht um die marktorientierte Gestaltung von Gegebenheiten im Unternehmen, also beispielsweise um die marktorientierte Personalführung. Die führungsbezogene Perspektive ist also vom Betrachtungsobjekt her breiter und vom inhaltlichen Fokus her enger konzipiert als die implementationsbezogene Perspektive.

Grundlagen der führungsbezogenen Perspektive 17

Unser Verständnis der führungsbezogenen Perspektive des Marketing lässt sich folgendermaßen präzisieren:

- Unter marktorientierter Unternehmensführung verstehen wir die Ausrichtung von Unternehmenskultur, Führungssystemen sowie Informations- und Lernprozessen an Kunden und Wettbewerbern des Unternehmens.
- Marktorientierung der Marktbearbeitung bezeichnet das Ausmaß, in dem die Leistungen des Unternehmens sowie das Verhalten des Unternehmens gegenüber Kunden den Kundenbedürfnissen und den Wettbewerbserfordernissen entsprechen.
- Marktorientierung ist ein Oberbegriff, der sowohl die marktorientierte Unternehmensführung als auch die Marktorientierung der Marktbearbeitung umfasst.

Von grundlegender Bedeutung ist die Wirkungsweise der marktorientierten Unternehmensführung. Diese wird durch die Kausalkette in Abb. 17.1 veranschaulicht (vgl. Homburg und Bucerius 2006): Marktorientierte Unternehmensführung beeinflusst die Marktorientierung der Marktbearbeitung an der Schnittstelle zum Kunden (die Gestaltung des Leistungsangebotes des Unternehmens sowie das Verhalten der Mitarbeiter), welche sich wiederum auf die Zufriedenheit, die Loyalität und die Preisbereitschaft der Kunden auswirkt. Hieraus resultiert schließlich eine Steigerung des Unternehmenserfolges. Unternehmenserfolg umfasst auch den Shareholder Value. Marktorientierung ist somit eine zentrale Voraussetzung für die Generierung von Shareholder Value.

Im Folgenden werden die grundlegenden konzeptionellen Facetten der marktorientierten Unternehmensführung entwickelt. In diesem Zusammenhang unterscheiden wir zwei Facetten:

- die Marktorientierung der Unternehmenskultur und
- die Marktorientierung der Führungssysteme des Unternehmens.

© Springer Fachmedien Wiesbaden GmbH, ein Teil von Springer Nature 2020
C. Homburg, *Grundlagen des Marketingmanagements*,
https://doi.org/10.1007/978-3-658-29638-4_17

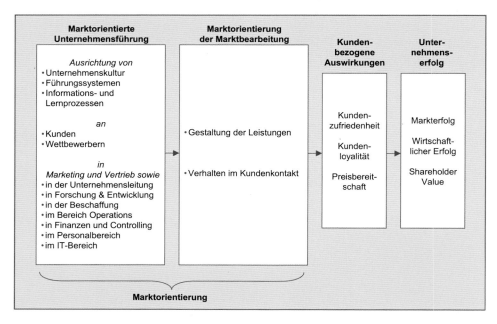

Abb. 17.1 Wirkungskette der marktorientierten Unternehmensführung

Im Rahmen der Marktorientierung der Unternehmenskultur soll dem Leser ein Verständnis davon vermittelt werden, was unter einer kundenorientierten Unternehmenskultur zu verstehen ist. Wir stützen uns hierbei auf die Arbeiten von Homburg und Pflesser (1999, 2000) sowie von Pflesser (1999). Bei dem hier dargestellten Modell handelt es sich um ein **empirisch fundiertes Ebenen-Modell.** In Anlehnung an das Modell von Schein (1984, 1992) werden **drei Ebenen der Unternehmenskultur** unterschieden:

- Werte,
- Normen und
- Artefakte.

Die **Werte** bilden die grundlegendste der drei Ebenen der Unternehmenskultur. Sie stellen grundsätzliche Zielsetzungen eines Unternehmens auf einem relativ hohen Abstraktionsniveau dar. Das Modell der kundenorientierten Unternehmenskultur umfasst auf dieser Ebene solche Werte, die die Kundenorientierung fördern. Hierzu zählen beispielsweise die Innovativität und Flexibilität sowie die Offenheit der internen Kommunikation.

Normen sind explizite oder implizite Regeln über erwünschte oder unerwünschte Verhaltensweisen im Unternehmen (vgl. Trommsdorf 2004). Sie unterscheiden sich von

Werten durch einen höheren Grad der Konkretisierung und einen stärkeren Verhaltensbezug. Das Modell der kundenorientierten Unternehmenskultur entspricht auf dieser Ebene in inhaltlicher Hinsicht der Ebene der Werte.

Artefakte sind im Gegensatz zu Werten und Normen direkt wahrnehmbar (vgl. Hatch 1993). Allerdings ist die Erfassung und Interpretation von Artefakten ausgesprochen schwierig. Im Modell der kundenorientierten Unternehmenskultur wird zwischen Erzählungen, Sprache, Rituale und Arrangements unterschieden.

Die zweite Facette der marktorientierten Unternehmensführung bezieht sich auf die Marktorientierung der Führungssysteme des Unternehmens. Es lassen sich fünf Führungssysteme unterscheiden, deren Gestaltung zur Kundenorientierung des Unternehmens beitragen kann:

- das Organisationssystem,
- das Personalmanagementsystem,
- das Informationssystem,
- das Planungssystem sowie
- das Kontrollsystem.

Das **Organisationssystem** eines Unternehmens ist die Gesamtheit der generellen Regelungen zur Aufgabenverteilung und Aufgabenerledigung (vgl. Link 1996). Eine weit verbreitete Untergliederung des Organisationssystems unterscheidet zwischen Aufbau- und Ablauforganisation: Der Begriff Aufbauorganisation bezieht sich auf Regeln, die in der Konfiguration (d. h. dem Stellengefüge) des Unternehmens sichtbar werden. Im Gegensatz hierzu bezieht sich die Ablauforganisation auf Regeln zur Gestaltung von Prozessen im Unternehmen. Ein Ansatzpunkt zur Förderung der Kundenorientierung im Rahmen der Aufbauorganisation ist die Berücksichtigung von kundenbezogenen Aspekten bei der Spartenbildung.

Unter dem **Personalmanagementsystem** verstehen wir alle generellen Regelungen, die die Führungskräfte eines Unternehmens bei der Wahrnehmung der Personalführungsaufgaben unterstützen. Derartige Regelungen können sich zum einen auf die Gestaltung der Teilsysteme Personalplanung, -gewinnung, -beurteilung, -entwicklung und -vergütung beziehen. Zum anderen können sich derartige Regeln auch auf das Führungsverhalten der Führungskräfte des Unternehmens beziehen.

Das **Informationssystem** eines Unternehmens umfasst nach unserem Verständnis alle Regeln, Institutionen (Personen und Abteilungen), Verfahren sowie technischen Einrichtungen, die sich auf die Informationsbeschaffung, -verarbeitung, -weiterleitung und speicherung im Unternehmen beziehen (vgl. Awad 1988). Eine geringe Marktorientierung des Informationssystems ist beispielsweise dann gegeben, wenn Unternehmen die Zufriedenheit ihrer Kunden auf der Basis interner Informationsquellen (z. B. durch Befragung der Vertriebsmitarbeiter) anstatt durch die direkte Befragung der Kunden ermitteln.

17

Unter dem **Planungssystem** eines Unternehmens verstehen wir alle generellen Regelungen, Instrumente und Prozesse, die der Erfüllung der Planungsaufgabe dienen (vgl. Link 1996). Eine hohe Kundenorientierung des Planungssystems manifestiert sich beispielsweise darin, dass im Rahmen der Analyse der strategischen Ausgangssituation kundenbezogene Aspekte (z. B. Veränderungen von Kundenbedürfnissen, Marktanteilsveränderungen) in starkem Maße berücksichtigt werden.

In Anlehnung an die Definition des Planungssystems wird unter dem **Kontrollsystem** eines Unternehmens die Gesamtheit der generellen Regeln, Instrumente und Prozesse zur Unterstützung des Managements bei der Wahrnehmung der Kontrollaufgaben verstanden (vgl. Link 1996). Beispielsweise ist eine hohe Kundenorientierung des Kontrollsystems dann gegeben, wenn die Analyse in starkem Ausmaß kundenbezogene Informationen (z. B. über das Kundenverhalten) berücksichtigt.

Tab. 17.1 Berührungspunkte interner Funktionsbereiche zur Marktorientierung

Interner Funktionsbereich	Beispiele für Berührungspunkte mit externen Kunden	Beispiele für Berührungspunkte mit internen Kunden	Beispiele für Berührungspunkte mit Wettbewerbern
F&E	Erforschung von Kundenanforderungen bezüglich der nächsten Produktgeneration	Target-Costing für neue Produkte	Analyse der Wettbewerbsprodukte
Beschaffung	Gemeinsame Optimierung der Lagerbestände entlang der gesamten Supply Chain	Information von Marketing und Vertrieb über zu erwartende Rohstoffpreissteigerungen	Analyse der eigenen Abhängigkeit von Zulieferern im Vergleich zur Abhängigkeit der Wettbewerber von Zulieferern
Operations	Beseitigung von Qualitätsproblemen	Abstimmung von Lieferterminen	Benchmarking der eigenen Leistungsfähigkeit
Finanzen und Controlling	Erstellung von Finanzierungsangeboten für eigene Produkte	Bereitstellung einer mehrstufigen Kunden-deckungsbeitragsrechnung	Einschätzung der Fähigkeit eines Wettbewerbers, einen Preiskrieg durchzustehen
Personal	Gewinnung eines neuen Kundenbetreuers	Entwicklung von Personalrotationssystemen für die Nachwuchsentwicklung	Kenntnis des Gehaltsniveaus der Wettbewerber
IT	Aufbau eines Extranet und Datenaustausch mit Kunden	Bereitstellung einer Informationsinfrastruktur, die Datenschnittstellen zwischen Vertrieb und Produktion minimiert	Benchmarking der eigenen Leistungsfähigkeit

In unseren Ausführungen zur Marktorientierung der Unternehmenskultur und der Führungssysteme des Unternehmens haben wir das Unternehmen als Einheit betrachtet. Im Folgenden gehen wir darauf ein, wie die verschiedenen Funktionsbereiche im Unternehmen zusammenwirken und gemeinsam marktorientierte Aktivitäten erbringen. Jeder Funktionsbereich kann auf zwei Arten zu den marktorientierten Aktivitäten des Unternehmens beitragen:

- Zum einen erbringt ein Funktionsbereich **direkt** Aktivitäten für die Kunden. Kundenkontakte sind nicht auf Marketing und Vertrieb beschränkt. Insbesondere im
- Business-to-Business-Marketing (vgl. Kap. 15) sprechen häufig Spezialisten auf der Anbieterseite direkt mit den Spezialisten auf der Kundenseite (z. B. Logistiker mit Logistikern und Finanzexperten mit Finanzexperten).
- Zum anderen erbringt ein Funktionsbereich **indirekt** Aktivitäten für die Kunden, indem er die Funktionsbereiche unterstützt, die direkten Kundenkontakt haben. So kann das Marketing nur dann den angestrebten Zielpreis für ein Neuprodukt anbieten, wenn Forschung und Entwicklung die zugehörigen Zielkosten einhält.

Es ist daher für die Umsetzung der Marktorientierung im Unternehmen zweckmäßig, den Begriff der Kundenorientierung zu differenzieren: in eine Orientierung am **externen Kunden** und eine Orientierung an Marketing und Vertrieb als **internen Kunden** (vgl. zu internen Kunden-Lieferanten-Beziehungen auch Künzel 1999; Neuhaus 1996; Vandermerwe und Gilbert 1991 sowie zum Begriff des internen Marketing Ahmed und Rafiq 1999; Bruhn 1999; Stauss 2003). Tab. 17.1 zeigt Beispiele, wie interne Funktionsbereiche über Berührungen mit internen Kunden, externen Kunden und Wettbewerbern die Marktorientierung des Unternehmens beeinflussen.

17

Literatur

Aaker, D. (1991). *Managing brand equity.* New York.

Aaker, J. (1997). Dimensions of brand personality. *Journal of Marketing Research, 34*(3), 347–356.

Abell, D., & Hammond, J. (1979). *Strategic marketing planning.* Englewood Cliffs.

Ahmed, P., & Rafiq, M. (1999). The role of internal marketing in the implementation of marketing strategies. In M. Bruhn (Hrsg.), *Internes marketing* (2. Aufl., S. 469–492). Wiesbaden.

Ajzen, I., & Fishbein, M. (1973). Attitudinal and normative variables as predictors of specific behavior. *Journal of Personality and Social Psychology, 27*(1), 41–57.

Altenburger, O. (1981). *Ansätze zu einer Produktions- und Kostentheorie der Dienstleistungen.* Berlin.

Anderson, E., Lodish, L., & Weitz, B. (1987). Resource allocation behaviour in conventional channels. *Journal of Marketing Research, 24*(1), 85–97.

Ansari, A., & Modarress, B. (1990). *Just-in-time purchasing.* New York.

Ansoff, H. (1965). *Corporate strategy.* New York.

ARD. (2016). Targeting trifft den Schmerz. http://www.ard-werbung.de/radio/erfolgsgeschichten/dobendan/. Zugegriffen: 14. Feb. 2020.

ARD. (2018). Media Perspektiven 9/2018. https://www.ard-werbung.de/fileadmin/user_upload/media-perspektiven/pdf/2018/0918_Gattringer_Turecek.pdf. Zugegriffen: 14. Feb. 2020.

Association of National Advertisers. (2018). Advertisers love influencer marketing: ANA study. https://www.ana.net/content/show/id/48437. Zugegriffen: 14. Feb. 2020.

Auer, M., Kalweit, U., & Nüßler, P. (1988). *Product placement, Die neue Kunst der geheimen Verführung.* Düsseldorf.

Ausstellungs- und Messe-Ausschuss der Deutschen Wirtschaft e. V. (2011). *Messedaten Deutschland.* Berlin.

Awad, E. (1988). *Management information systems.* Menlo Park.

Babin, B. J., Hair, J. F., & Boles, J. S. (2008). Publishing research in marketing journals using structural equation modeling. *Journal of Marketing Theory & Practice, 16*(4), 279–285.

Backhaus, K. (1993). Geschäftstypenspezifisches Investitionsgütermarketing. In W. Droege, K. Backhaus, & R. Weiber (Hrsg.), *Strategien für Investitionsgütermärkte: Antworten auf neue Herausforderungen* (S. 100–109). Landsberg.

Backhaus, K. (1997). Relationship Marketing – Ein neues Paradigma im Marketing? In M. Bruhn & H. Steffenhagen (Hrsg.), *Marktorientierte Unternehmensführung, Heribert Meffert zum 60. Geburtstag* (S. 19–36). Wiesbaden.

Backhaus, K. (2003). *Industriegütermarketing* (7. Aufl.). München.

© Springer Fachmedien Wiesbaden GmbH, ein Teil von Springer Nature 2020
C. Homburg, *Grundlagen des Marketingmanagements,*
https://doi.org/10.1007/978-3-658-29638-4

Backhaus, K., & Mühlfeld, K. (2015). Geschäftstypen im Industriegütermarketing. In K. Back-
    haus & M. Voeth (Hrsg.), *Handbuch Business-to-Business-Marketing: Grundlagen, Geschäfts-
    modelle, Instrumente des Industriegütermarketing* (S. 93–120). Wiesbaden.
Backhaus, K., & Voeth, M. (2010). *Handbuch Industriegütermarketing: Strategien, Instrumente,
    Anwendungen.* Wiesbaden.
Backhaus, K., & Voeth, M. (2014). *Industriegütermarketing* (10. Aufl.). München.
Balachander, S., & Ghose, S. (2003). Reciprocal spillover effects: A strategic benefit of brand
    extensions. *Journal of Marketing, 67*(1), 4–13.
Bänsch, A. (2013). *Verkaufspsychologie und Verkaufstechnik* (9. Aufl.). München.
Bartels, R. (1951). Influences on the development of marketing thought, 1900–1923. *Journal of
    Marketing, 16*(1), 1–17.
Bauer, H., Lippert, I., Reichardt, T., & Neumann, M. (2005). Effective Mobile Marketing – Eine
    empirische Untersuchung. Arbeitspapier M 96 des Instituts für Marktorientierte Unternehmens-
    führung, Universität Mannheim.
Bauer, H., Bryant, M., & Dirks, T. (2008). *Erfolgsfaktoren des Mobile Marketing.* Berlin.
Baumgarth, C. (2014). Markenführung von B-to-B-Marken. In M. Bruhn (Hrsg.), *Handbuch
    Markenführung* (2. Aufl., S. 77–96). Wiesbaden.
Becker, F. (1995). Personalmanagement im Marketing. In B. Tietz, R. Köhler, & J. Zentes (Hrsg.),
    Handwörterbuch des Marketing (2. Aufl., S. 1989–2004). Stuttgart.
Becker, J. (2018). *Marketing-Konzeption: Grundlagen des strategischen und operativen
    Marketing-Managements* (11. Aufl.). München.
Becker, J., & Homburg, C. (1999). Market-oriented management: A systems-based perspective.
    Journal of Market Focused Management, 4(1), 17–41.
Bekk, M., Spörrle, M., & Felser. G. (2009). Match me, if you can – Zum Einfluss von persönlich-
    keitsbasierter Ähnlichkeit zwischen Marke und Testimonial auf die wahrgenommene Passung
    und die Kaufwahrscheinlichkeit. In A. B. Eder, K. Rothermund, S. R. Schweinberger, M. C.
    Steffens, & H. Wiese (Hrsg.), *51. Tagung experimentell arbeitender Psycholog/innen Jena*
    (Bd. 145). Lengerich.
Belch, G., & Belch, M. (2017). *Advertising and promotion – An integrated marketing
    communications perspective* (11. Aufl.). Boston.
Bernet, M. (2010). *Social Media in der Medienarbeit – Online-PR im Zeitalter von Google,
    Facebook und Co.* Wiesbaden.
Berry, L., (1983). Relationship marketing. In L. Berry, G. Shostack, & G. Upah (Hrsg.), *Emerging
    perspectives of service marketing* (S. 25–28). Chicago.
Berry, L., & Parasuraman, A. (1993). Building a new academic field – The case of services
    marketing. *Journal of Retailing, 69*(1), 13–60.
BLM. (2019). Online-audio-monitor 2019. https://www.online-audio-monitor.de/wp-content/
    uploads/2019-09-06_Bericht-OAM_2019_final.pdf. Zugegriffen: 14. Feb. 2020.
Bodenbach, B. F. (30. Juni 2005). Strategisches Immobilienmarketing – Die aggressive Preispolitik
    wird immer wirkungsloser. *Immobilien Zeitung, 14,* 10.
Bonoma, T., & Shapiro, B. (1984). Evaluating market segmentation approaches. *Industrial
    Marketing Management, 13*(4), 257–268.
Bornemann, T. (2010). *Neuproduktvorankündigungen: Inhaltliche Gestaltung und marktbezogene
    Auswirkungen.* Wiesbaden.
Brennan, I., Dubas, K., & Babin, L. (1999). The influence of product-placement type and exposure
    time on product-placement recognition. *International Journal of Advertising, 18*(3), 323–337.
Briesch, R., Krishnamurthi, L., Mazumdar, T., & Raj, S. (1997). A comparative analysis of
    reference price models. *Journal of Consumer Research, 24*(2), 202–214.

Bronnenberg, B. J., Kim, J. B., & Mela, C. F. (2016). Zooming in on choice: How do consumers search for cameras online? *Marketing Science, 35*(5), 693–712.

Bruhn, M. (1999). Internes Marketing als Forschungsgebiet der Marketingwissenschaft – Eine Einführung in die theoretischen und praktischen Probleme. In M. Bruhn (Hrsg.), *Internes Marketing* (2. Aufl., S. 15–44). Wiesbaden.

Bruhn, M. (2019). *Kommunikationspolitik* (9. Aufl.). München.

Buck-Emden, R., & Zencke, P. (2005). *mySAP CRM: Kundenbezogene Geschäftsprozesse mit SAP CRM 4.0*. Bonn.

Bundesverband Digitale Wirtschaft (BVDW) e. V. (2018). Umfrage zur Nutzung von Influencer Marketing. https://www.bvdw.org/fileadmin/user_upload/BVDW_Umfrage_Influencer_Marketing__112018.pdf. Zugegriffen: 14. Feb. 2020.

BVDW. (2012). Einsatz von Social Media in Unternehmen. http://www.marketinginstitut.biz/media/studie_dim_social_media_marketing_in_unternehmen_2012_121121.pdf. Zugegriffen: 12. Jan. 2014.

Ceyp, M., & Scupin, J. (2013). *Erfolgreiches Social Media Marketing – Konzepte, Maßnahmen und Praxisbeispiele*. Wiesbaden.

Chittaro, L., & Ranon, R. (2002). New directions for the design of virtual reality interfaces to e-commerce sites. In *AVI 2002: 5th international conference on advanced visual interfaces* (S. 308–315). New York.

Cooke, E., Rayburn, J., & Abercrombie, C. (1992). The history of marketing thought as reflected in the definitions of marketing. *Journal of Marketing Theory and Practice, 1*(1), 10–21.

Corduan, A. (2018). *Social Media als Instrument der Kundenkommunikation*. Dissertation, Wiesbaden.

Corsten, H. (2000). Der Integrationsgrad des externen Faktors als Gestaltungsparameter von Dienstleistungsunternehmungen – Voraussetzungen und Möglichkeiten der Externalisierung und Internalisierung. In M. Bruhn & B. Stauss (Hrsg.), *Dienstleistungsqualität: Konzepte – Methoden – Erfahrungen* (3. Aufl., S. 145–168). Wiesbaden.

Corsten, H. (2001). *Dienstleistungsmanagement* (4. Aufl.). München.

Corsten, H., & Gössinger, R. (2015). *Dienstleistungsmanagement* (6. Aufl.). Berlin.

Crosby, L., Evans, K., & Cowles, D. (1990). Relationship quality in services selling: An interpersonal influence perspective. *Journal of Marketing, 54*(1), 68–81.

d'Astous, A., & Bitz, P. (1995). Consumer evaluations of sponsorship programmes. *European Journal of Marketing, 29*(12), 6–22.

d'Astous, A., & Chartier, F. (2000). A study of factors affecting consumer evaluations and memory of product placements in movies. *Journal of Current Issues and Research in Advertising, 22*(2), 31–40.

d'Astous, A., & Jacob, I. (2002). Understanding consumer reactions to premium-based promotional offers. *European Journal of Marketing, 36*(11), 1270–1286.

d'Astous, A., & Landreville, V. (2003). An experimental investigation of factors affecting consumers' perception of sales promotions. *European Journal of Marketing, 37*(11), 1746–1761.

Danaher, P., & Brodie, R. (2000). Understanding the characteristics of price elasticities for frequently purchased packaged goods. *Journal of Marketing Management, 16,* 917–936.

Danaher, P., & Mullarkey, G. (2003). Factors affecting online advertising recall: A study of students. *Journal of Advertising Research, 43*(3), 252–266.

Day, G. S. (2011). Closing the marketing capabilities gap. *Journal of Marketing, 75*(4), 183–195.

DDV. (2005). *Suchmaschinenmarketing: Start in den Dialog* (2. Aufl.). Wiesbaden.

Decker, A. (2019). *Der Social-Media-Zyklus: Schritt Für Schritt Zum Systematischen Social-Media-Management Im Unternehmen*. Wiesbaden.

Dehghani, M., Niaki, M. K., Ramezani, I., & Sali, R. (2016). Evaluating the influence of Youtube advertising for attraction of young customers. *Computers in Human Behavior, 59*, 165–172.

De Keyser, A., Schepers, J., & Konuş, U. (2015). Multichannel customer segmentation: Does the after-sales channel matter? A replication and extension. *International Journal of Research in Marketing, 32*(4), 453–456.

Dell. (2011). http://content.dell.com/de/de/corp/d/corp-comm/dell-in-deutschland.aspx. Zugegriffen: 6. Sept. 2011.

Deutsche Post. (2013). *Direktmarketing Deutschland 2013, Direkt Marketing Monitor, Studie 25.* Bonn.

Deutsche Post AG (Hrsg.). (2019). *Dialogmarketing Deutschland 2019, Dialog Marketing Monitor 31.* Bonn.

Deutsches Institut für Marketing DIM. (2018). *Social Media Marketing in Unternehmen 2018.* Köln.

Dichtl, E., & Schobert, R. (1979). *Mehrdimensionale Skalierung.* München.

Diller, H. (2008). *Preispolitik* (4. Aufl.). Stuttgart.

Diller, H., & Kusterer, M. (1988a). Beziehungsmanagement: Theoretische Grundlagen und explorative Befunde. *Marketing – Zeitschrift für Forschung und Praxis, 10*(3), 211–220.

Diller, H., & Kusterer, M. (1988). Beziehungsmarketing als integrativer Ansatz der Marketing-wissenschaft. *Die Unternehmung, 50*(3), 171–194.

DIM – Deutsches Institut für Marketing. (2012). Social Media Marketing in Unternehmen 2012. http://www.marketinginstitut.biz/media/studie_dim_social_media_marketing_in_unter-nehmen_2012_121121.pdf. Zugegriffen: 12. Jan. 2014.

Dittberner, A. (2014). Von der U-Bahn verweht. http://www.detailverliebt.de/von-der-u-bahn-verweht/. Zugegriffen: 7. März 2016.

Dixon, D. (1981). The role of marketing in early theories of economic development. *Journal of Macromarketing, 1*(2), 19–27.

Doubleclick. (2004). AdServing trend report, BVDW-Präsentation: Online-Werbung, 2004.

Du, R. Y., Hu, Y., & Damangir, S. (2015). Leveraging trends in online searches for product features in market response modeling. *Journal of Marketing, 79*(1), 29–43.

Dunn, B. J. (2011). Der twitternde CEO, Harvard Business Manager, April 2011.

Dwyer, F., Schurr, P., & Oh, J. (1987). Developing buyer-seller-relationships. *Journal of Marketing, 51*(2), 11–28.

Dwyer, S., Hill, J., & Martin, W. (2000). An empirical investigation of critical success factors in the personal selling process for homogenous goods. *Journal of Personal Selling & Sales Management, 20*(3), 151–159.

Dziśko, M., Jankowski, J., & Wątróbski, J. (2017). *Measuring the impact of intrusive online marketing content on consumer choice with the eye tracking, neuroeconomic and behavioral aspects of decision making, springer proceedings in business and economics.* Cham: Springer.

Eisend, M. (2009). A meta-analysis in humor of advertising. *Journal of the Academy of Marketing Science, 37*(2), 191–203.

eMarketer. (2017). eMarketer updates worldwide social network user figures. https://www.emarketer.com/Article/eMarketer-Updates-Worldwide-Social-Network-User-Figures/1016178. Zugegriffen: 14. Feb. 2020.

Esch, F.-R. (2005). *Moderne Markenführung: Grundlagen, Innovative Ansätze, Praktische Umsetzungen* (4. Aufl.). Wiesbaden.

Eurohandelsinstitut e. V. (2002). *Handel aktuell 2002: Sortimentsbreitenerhebung 2000/2001.* Köln.

Eurostat. (2013). Nutzung von IKT in Unternehmen in 2013. http://epp.eurostat.ec.europa.eu/cache/ITY_PUBLIC/4-16122013-BP/DE/4-16122013-BP-DE.PDF. Zugegriffen: 12. Jan. 2014.

Fähnrich, K., Meiren, T., Barth, T., & Hertweck, A. (1999). *Service Engineering: Ergebnisse einer empirischen Studie zum Stand der Dienstleistungsentwicklung in Deutschland.* Stuttgart.

Fahrmeir, L., Künstler, R., Pigeot, I., & Tutz, G. (2007). *Statistik: Der Weg zur Datenanalyse* (6. Aufl.). Berlin.

Fang, E., Li, X., Huang, M., & Palmatier, R. W. (2015). Direct and indirect effects of buyers and sellers on search advertising revenues in business-to-business electronic platforms. *Journal of Marketing Research, 52*(3), 407–422.

Faßnacht, M. (1996). *Preisdifferenzierung bei Dienstleistungen: Implementationsformen und Determinanten.* Wiesbaden.

Faßnacht, M. (1997). *Management von Dienstleistungen im Einzelhandel, Management Know-how Arbeitspapier.* Mannheim: Institut für Marktorientierte Unternehmensführung (IMU) an der Universität Mannheim.

Festinger, L. (1957). *A theory of cognitive dissonance.* Stanford.

FFA Förderungsanstalt. (2019). Der Kinobesucher 2018. https://www.ffa.de/download.php?f=742e6d518b78671d32d7b418c99e8f24&target=0. Zugegriffen: 14. Feb. 2020.

Field, A. P. (2017). *Discovering statistics using SPSS* (5. Aufl.). London.

Fill, C. (2001). *Marketingkommunikation, Konzepte und Strategien.* München.

Fisk, R., Brown, S., & Bitner, M. (1995). Services management literature overview: A rationale for interdisciplinary study. In W. Glynn, J. Barnes (Hrsg.), *Understanding services management* (S. 1–32). Chichester.

Foscht, T., & Swoboda, B. (2017). *Käuferverhalten: Grundlagen – Perspektiven – Anwendungen* (6. Aufl.). Wiesbaden.

Fuest, B. (2015). So rüsten sich Taxizentralen gegen die Uber-Macht. http://www.welt.de/wirtschaft/webwelt/article141476026/So-ruesten-sich-Taxizentralen-gegen-die-Uber-Macht.html. Zugegriffen: 3. März 2016.

Gedenk, K. (2002). *Verkaufsförderung.* München.

Gedenk, K., Hartmann, S., & Schulze, T. (2000). Die Wirkung von Produktzugaben. *Zeitschrift für Betriebswirtschaft, 70*(12), 1311–1330.

Geyskens, I., Gielens, K., & Wuyts, S. (2015). United we stand: The impact of buying groups on retailer productivity. *Journal of Marketing, 79*(4), 16–33.

Gilbride, T. J., Inman, J. J., & Stilley, K. M. (2015). The role of within-trip dynamics in unplanned versus planned purchase behavior. *Journal of Marketing, 79*(3), 57–73.

Godfrey, A., Seiders, K., & Voss, G. B. (2011). Enough is enough! The fine line in executing multi-channel relational communication. *Journal of Marketing, 75*(4), 94–109.

Gounaris, S. P., Avlonitis, G. J., & Papastathopoulou, P. G. (2006). Uncovering the keys to successful service elimination: "Project ServDrop". *Journal of Services Marketing, 20*(1), 24–36.

Grönroos, C. (1990). Relationship approach to the marketing function in service contexts: The marketing and organizational behavior interface. *Journal of Business Research, 20*(1), 3–12.

Grönroos, C. (1995). Relationship marketing: Strategic and tactical implications. *Management Decision, 34*(3), 5–14.

Grönroos, C. (2015). *Service management and marketing – Managing the service profit logic* (4. Aufl.). New York.

Gu, X., Kannan, P. K., & Ma, L. (2018). Selling the premium in freemium. *Journal of Marketing, 82*(6), 10–27.

Gupta, P., Balasubramanian, S., & Klassen, M. (2000). Viewers' evaluations of product placement in movies: Public policy issues and managerial implications. *Journal of Current Issues and Research in Advertising, 22*(2), 41–52.

Gutenberg, E. (1966). *Grundlagen der Betriebswirtschaftslehre* (Bd. 2, Der Absatz, 15. Aufl.). Berlin.

GWA. (2010). GWA Frühjahrsmonitor 2010. http://www.gwa.de/fileadmin/media-center/Dokumente/Monitore/PKs/GWA_Fruehjahrsmonitor_2010.pdf. Zugegriffen: 2. Okt. 2011.

Gwinner, K. (1997). A model of image creation and image transfer in event sponsorship. *International Marketing Review, 14*(3), 145–158.

Gwinner, K., & Eaton, J. (1999). Building brand image through event sponsorship: The role of image transfer. *Journal of Advertising, 28*(4), 47–57.

Hagel, J., & Singer, M. (1999). Unbundling the corporation. *Harvard Business Review, 77*(2), 133–141.

Håkansson, H. (1982). *International marketing and purchasing of industrial goods: An interaction approach.* New York.

Hansen, U., & Stauss, B. (1983). Marketing als marktorientierte Unternehmenspolitik oder als deren integrativer Bestandteil? *Marketing – Zeitschrift für Forschung und Praxis, 5*(2), 77–86.

Harbrücker, U., & Wiedmann, K.-P. (1987). *Product-Placement – Rahmenbedingungen und Gestaltungsperspektiven.* Arbeitspapier M8 des Instituts für Marktorientierte Unternehmensführung, Universität Mannheim.

Hatch, M. (1993). The dynamics of organizational culture. *Academy of Management Review, 18*(4), 657–693.

Haws, K. L., & Bearden, W. O. (2006). Dynamic pricing and consumer fairness perceptions. *Journal of Consumer Research, 33*(3), 304–311.

Heckel, H. (1996). Wir kommunizieren den direkten Nutzen. *Horizont, 58.*

Hedley, B. (1977). Strategy and the business portfolio. *Long Range Planning, 10*(1), 9–15.

Hellauer, J. (1910). *System der Welthandelslehre* (Bd. 1, Teil 1: Allgemeine Welthandelslehre). Berlin.

Heinemann, G. (2013). *No-Line-Handel: Höchste Evolutionsstufe im Multi-Channeling.* Wiesbaden.

Herrmann, A., von Nitzsch, R., & Huber, F. (1998). Referenzpunktbezogenheit, Verlustaversion und abnehmende Sensitivität bei Kundenzufriedenheitsurteilen. *Zeitschrift für Betriebswirtschaft, 68*(11), 1225–1244.

Hettler, U., & Pyzalski, T. (2018). *Social Media Marketing – Marketing mit Blogs, Sozialen Netzwerken und weiteren Anwendungen des Web 2.0* (2. Aufl.). Oldenbourg.

Hilke, W. (1989). Grundprobleme und Entwicklungstendenzen des Dienstleistungs-Marketing. In W. Hilke (Hrsg.), *Dienstleistungs-Marketing* (S. 5–44). Wiesbaden.

Hilke, W. (1993). Kennzeichnung und Instrumente des Direkt-Marketing. In W. Hilke (Hrsg.), *Direkt-Marketing* (S. 5–30). Wiesbaden.

Hilker, J. (1993). *Marketingimplementierung.* Wiesbaden.

Hinz, O., Skiera, B., Barrot, C., & Becker, J. (2011). Seeding strategies for viral marketing: An empirical comparison. *Journal of Marketing, 75*(6), 55–71.

Hofstede, G. (2010). *Cultures and organizations: Software of the mind* (3. Aufl.). USA.

Holland, H. (2009). *Direktmarketing: Im Dialog mit dem Kunden* (3. Aufl.). München.

Holzapfel, F., & Holzapfel, K. (2012). *Facebook – Marketing unter Freunden.* Göttingen.

Homburg, C. (2000a). Entwicklungslinien der deutschsprachigen Marketingforschung. In K. Backhaus (Hrsg.), *Deutschsprachige Marketingforschung – Bestandsaufnahme und Perspektiven* (S. 340–360). Stuttgart.

Homburg, C. (2000b). *Quantitative Betriebswirtschaftslehre: Entscheidungsunterstützung durch Modelle* (3. Aufl.). Wiesbaden.

Homburg, C., & Bucerius, M. (2015). Kundenzufriedenheit als Managementherausforderung. In C. Homburg (Hrsg.), *Kundenzufriedenheit: Konzepte – Methoden – Erfahrungen* (9. Aufl., S. 53–90). Wiesbaden.

Homburg, C., & Faßnacht, M. (1998). Wettbewerbsstrategien von Dienstleistungs-Anbietern. In A. Meyer (Hrsg.), *Handbuch Dienstleistungs-Marketing* (Bd. 1, S. 527–541). Stuttgart.

Homburg, C., & Garbe, B. (1996). Industrielle Dienstleistungen – Bestandsaufnahme und Entwicklungsrichtungen. *Zeitschrift für Betriebswirtschaft, 66*(3), 253–282.

Homburg, C., & Giering, A. (1996). Konzeptualisierung und Operationalisierung komplexer Konstrukte: Ein Leitfaden für die Marketingforschung. *Marketing ZFP, 18*(1), 5–24.

Homburg, C., & Pflesser, C. (1999). *Symbolisches Management als Schlüssel zur Marktorientierung: Neue Erkenntnisse zur Unternehmenskultur, Arbeitspapier Nr. M43 der Reihe Management Know-how.* Institut für Marktorientierte Unternehmensführung, Universität Mannheim.

Homburg, C., & Pflesser, C. (2000). A multiple-layer model of market-oriented organizational culture: Measurement issues and performance outcomes. *Journal of Marketing Research, 37*(4), 449–462.

Homburg, C., & Richter, M. (2003). *Branding Excellence – Wegweiser für professionelles Markenmanagement, Arbeitspapier.* Institut für Marktorientierte Unternehmensführung, Universität Mannheim, Mannheim.

Homburg, C., & Totzek, D. (2011). Preismanagement auf B2B-Märkten – Zentrale Entscheidungsfelder und Erfolgsfaktoren. In C. Homburg & D. Totzek (Hrsg.), *Preismanagement auf Business-to-Business-Märkten: Preisstrategie, Preisbestimmung, Preisdurchsetzung* (S. 13–69). Wiesbaden.

Homburg, C., Hoyer, W., & Faßnacht, M. (2002a). Service orientation of a retailer's business strategy: Dimensions, antecedents, and performance outcomes. *Journal of Marketing, 66*(4), 86–101.

Homburg, C., Schäfer, H., & Scholl, M. (2002b). Wieviele Absatzkanäle kann sich ein Unternehmen leisten? *Absatzwirtschaft, 44*(3), 38–41.

Homburg, C., Herrmann, A., Pflesser, C., & Klarmann, M. (2008). Methoden der Datenanalyse im Überblick. In A. Herrmann, C. Homburg, & M. Klarmann (Hrsg.), *Handbuch Marktforschung: Methoden – Anwendungen – Praxisbeispiele* (3. Aufl., S. 151–173). Wiesbaden.

Homburg, C., Klarmann, M., & Schmitt, J. (2011a). Brand awareness in business markets: When is it related to firm performance? *International Journal of Research in Marketing, 27*(3), 201–212.

Homburg, C., Müller, M., & Klarmann, M. (2011b). When should the customer really be king? On the optimum level of salesperson customer orientation in sales encounters. *Journal of Marketing, 75*, 55–74.

Homburg, C., Schäfer, H., & Schneider, J. (2016). *Sales Excellence: Vertriebsmanagement mit System* (8. Aufl.). Wiesbaden.

Homburg, C., Jozić, D., & Kühnl, C. (2017). Customer experience management: Towards implementing an evolving marketing concept. *Journal of the Academy of Marketing Science, 45*(3), 377–401.

Homburg, C., Lauer, K., & Vomberg, A. (2019). The multichannel pricing dilemma: Do consumers accept higher offline than online prices? *International Journal of Research in Marketing, 36*(4), 597-612.

Hotchkiss, G. (1940). *An outline of advertising: Its philosophy, science, art, and strategy.* New York.

Hoyer, W., MacInnis, D., & Pieters, R. (2016). *Consumer behavior* (7. Aufl.). Boston.

Huff, D. (1964). Defining and estimating a trading area. *Journal of Marketing, 28*(3), 34–38.

Hus, C. (15. April 2005). Keiner fragt Herrn Kaisers Kunden. *Handelsblatt, 73,* k01.

Iacobucci, D., & Churchill, G. (2018). *Marketing research: Methodological foundations* (12. Aufl.). Fort Worth.

Initiative D21 e. V. (Hrsg.). (2019). *D21 digital index 2018/2019.* Berlin.

Institut für Demoskopie Allensbach. (2010). ACTA 2010 – Zukunftstrends im Internet. http://www.acta-online.de/praesentationen/acta_2010/acta_2010_Internettrends.pdf. Zugegriffen: 2. Okt. 2011.

Interbrand. (2005). http://www.ourfishbowl.com/brand_val/best_brands_05/2005_rankings_euro.pdf.

Jackson, D., & d'Amico, M. (1989). Products and markets served by distributors and agents. *Industrial Marketing Management, 18*(1), 27–33.

Jaworski, B., & Kohli, A. (1993). Market orientation: Antecedents and consequences. *Journal of Marketing, 57*(3), 53–70.

Jensen, O., & Henrich, M. (2011). Grundlegende preisstrategische Optionen auf B2B-Märkten. In C. Homburg & D. Totzek (Hrsg.), *Preismanagement auf Business-to-Business-Märkten: Preisstrategie, Preisbestimmung, Preisdurchsetzung* (S. 73–104). Wiesbaden.

Kaas, K., & Hay, C. (1984). Preisschwellen bei Konsumgütern: Eine theoretische und empirische Analyse. *Zeitschrift für betriebswirtschaftliche Forschung, 36*(5), 333–346.

Kashyap, V., Antia, K. D., & Frazier, G. L. (2012). Contracts, extracontractual incentives, and ex post behavior in franchise channel relationships. *Journal of Marketing Research, 49*(2), 260–276.

Käuferle, M., & Reinartz, W. (2015). Distributing through multiple channels in industrial wholesaling: How many and how much? *Journal of the Academy of Marketing Science, 43*(6), 746–767.

Kavassalis, P., Spyropoulou, N., Drossos, D., Mitrokostas, E., Gikas, G., & Hatzistamatiou, A. (2003). Mobile permission marketing: Framing the market inquiry. *International Journal of Electronic Commerce, 8*(1), 55–79.

Kayser, S., & Rath, H. H. (2019). Marktforschung 2.0 – Authentische Meinungen in Echtzeit erschließen. In B. Keller, H.-W. Klein, & S. Tuschl (Hrsg.), *Zukunft der Marktforschung: Entwicklungschancen in Zeiten von Social Media und Big Data* (2. Aufl., S. 125–137). Wiesbaden.

Kemp, S. (2015). Digital, social & mobile worldwide in 2015. http://wearesocial.com/uk/special-reports/digital-social-mobile-worldwide-2015. Zugegriffen: 2. März 2016.

Kemp, S. (2019). Digital 2019: Global internet use accelerates. https://wearesocial.com/blog/2019/01/digital-2019-global-internet-use-accelerates. Zugegriffen: 14. Feb. 2020.

Kerkmann, C. (2012). Gläserner Konsument – Sie sind durchschaut! http://www.handelsblatt.com/unternehmen/it-medien/glaeserner-konsument-sie-sind-durchschaut/7493006.html. Zugegriffen: 13. Dez. 2013.

Kim, J.-Y., Natter, M., & Spann, M. (2009). Pay what you want: A new participative pricing mechanism. *Journal of Marketing, 73*(1), 44–58.

Kim, J.-Y., Natter, M., & Spann, M. (2010). Pay-what-you-want – Praxisrelevanz und Konsumentenverhalten. *Zeitschrift für Betriebswirtschaft, 80*(2), 147–169.

Kleinaltenkamp, M. (2000). Einführung in das Business-to-Business Marketing. In M. Kleinaltenkamp & W. Plinke (Hrsg.), *Technischer Vertrieb: Grundlagen des Business-to-Business Marketing* (2. Aufl., S. 171–247). Berlin.

Kleinaltenkamp, M. (2013). Business-to-business-marketing. In *Gabler Wirtschafts-Lexikon* (18. Aufl., Bd. 1, A–E, S. 753–762). Wiesbaden.

Knappe, M., & Kracklauer, A. (2007). *Verkaufschance Web 2.0 – Dialoge fördern, Absätze steigern, neue Märkte erschließen.* Wiesbaden.

Knoll, J. (2016). Advertising in social media: A review of empirical evidence. *International Journal of Advertising, 35*(2), 266–300.

Kochhan, C., & Schunk, H. (2018). Markenkommunikation in der Zukunft: „Digital Natives" und ihre Bedeutung für das Kommunikationsportfolio im Marketing. In C. Kochhan & A. Moutchnik (Hrsg.), *Media Management.* Wiesbaden.

Kojouharov, S. (2018). How businesses are winning with chatbots & AI. https://chatbotslife.com/how-businesses-are-winning-with-chatbots-ai-5df2f6304f81. Zugegriffen: 14. Feb. 2020.

Koschnick, W. (2005). Hörfunknutzung, FOCUS-Lexikon. http://medialine.focus.de/PM1D/PM1DB/PM1DBF/pm1dbf.htm?snr=2489.

Krafft, M., & Frenzen, H. (2001). *Erfolgsfaktoren für Vertriebsteams, Studie des Zentrums fürMarktorientierte Unternehmensführung* (ZMU). Vallendar.

Kroeber-Riel, W., & Gröppel-Klein, A. (2019). *Konsumentenverhalten* (11. Aufl.). München.

Kucher, E. (1985). *Scannerdaten und Preissensitivität bei Konsumgütern.* Wiesbaden.

Kuehnl, C., Jozic, D., & Homburg, C. (2019). Effective customer journey design: Consumers' conception, measurement, and consequences. *Journal of the Academy of Marketing Science, 47*(3), 551–568.

Kulow, T. (2013). Facebook veröffentlicht zum ersten Mal tägliche und (tägliche) mobile Nutzerzahlen für Deutschland. https://www.facebook.com/notes/tina-kulow/facebook-ver%C3%B6ffentlicht-zum-ersten-mal-t%C3%A4gliche-und-t%C3%A4gliche-mobile-nutzerzahlen/724769520882236. Zugegriffen: 12. Jan. 2014.

Künzel, H. (1999). *Management interner Kunden-Lieferanten-Beziehungen.* Wiesbaden.

Lambrecht, A., & Skiera, B. (2006). Ursachen eines Flatrate-Bias – Systematisierung und Messung der Einflussfaktoren. *Schmalenbachs Zeitschrift für betriebswirtschaftliche Forschung, 58*(5), 588–617.

Lammenett, E. (2019). *Online-Werbung, Praxiswissen Online-Marketing* (S. 329–358). Wiesbaden: Springer Gabler.

Langner, S. (2009). *Wie Sie Mundpropaganda gezielt auslösen und Gewinn bringend nutzen* (3. Aufl.). Wiesbaden.

Lämmerzahl, E. (2. August 2002). Handel verdirbt sich die Preise. *Lebensmittel-Zeitung, 30.*

Lawrence, P., & Lorsch, J. (1967). *Organization and environment: Managing differentiation and integration.* Boston.

Lemon, K. N., & Verhoef, P. C. (2016). Understanding customer experience throughout the customer journey. *Journal of Marketing, 80*(6), 69–96.

Levitt, T. (2004). Marketing myopia. *Harvard Business Review, 82*(7/8), 138–149.

Link, J. (1996), Führungssysteme, München.

Link, J. (2000). Kundenorientierte Informationssysteme im Marketing-Controlling. In J. Weber & C. Homburg (Hrsg.), *Marketing-Controlling, Sonderheft 3/2000 Kostenrechnungspraxis – Zeitschrift für Controlling, Accounting & System-Anwendungen* (S. 35–45). Wiesbaden.

Link, J., Gerth, N., & Voßbeck, E. (2000). *Marketing-Controlling Systeme und Methoden für mehr Markt- und Unternehmenserfolg.* München.

Lohtia, R., Donthu, N., & Hershberger, E. (2003). The impact of content and design elements on banner advertising click-through rates. *Journal of Advertising, 43*(4), 410–418.

Magerhans, A., & Noack, D. (2019). *Public relations goes digital. Eine praxisorientierte Einführung* (1. Aufl.). Freiburg.

Mahajan, V., & Muller, E. (1986). Advertising pulsing policies for generating awareness for new products. *Marketing Science, 5*(2), 89–106.

Manager Magazin. (2007). http://www.manager-magazin.de/unternehmen/it/0,2828,480197,00.html. Zugegriffen: 6. Sept. 2011.

Maneesoonthorn, C., & Fortin, D. (2006). Texting behaviour and attitudes toward permission mobile advertising. *International Journal of Mobile Marketing, 1*(1), 66–72.

Maslow, A. (1970). *Motivation and personality.* Princeton.

Maslow, A. (1975). Motivation and personality. In F. Levine (Hrsg.), *Theoretical Readings in Motivation: Perspectives on Human Behavior* (S. 358–379). Chicago.

Maynard, H., Weidler, W., & Beckman, T. (1927). *The principles of marketing.* New York.

McCarthy, J. (1964). *Basic marketing: A managerial approach.* Homewood.

McKitterick, J. (1957). What is the marketing management? In F. Bass (Hrsg.), *The frontiers of marketing thought and science* (S. 71–82). Proceedings of December 1957 teachers conference of the AMA in Philadelphia, Chicago.

MDR. (2002). http://www.mdr.de/wirtschaft/unternehmen/169238.html.

Meffert, H. (1980). Perspektiven des Marketing in den 80er Jahren. *Die Betriebswirtschaft, 40*(1), 59–80.

Meffert, H. (1994). Marktorientierte Unternehmensführung im Umbruch – Entwicklungs-perspektiven des Marketing in Wissenschaft und Praxis. In M. Bruhn, H. Meffert, & F. Wehrle (Hrsg.), *Marktorientierte Unternehmensführung im Umbruch: Effizienz und Flexibilität als Herausforderungen des Marketing* (S. 3–39). Stuttgart.

Meffert, H., & Bruhn, M. (2003). *Dienstleistungsmarketing: Grundlagen, Konzepte, Methoden; mit Fallbeispielen* (4. Aufl.). Wiesbaden.

Meffert, H., & Bruhn, M. (2012). *Dienstleistungsmarketing: Grundlagen, Konzepte, Methoden* (7. Aufl.). Wiesbaden.

Meffert, H., Bruhn, M., & Hadwich, K. (2018). *Dienstleistungsmarketing: Grundlagen, Konzepte, Methoden* (9. Aufl.). Wiesbaden.

Meffert, H., Burmann, C., Kirchgeorg, M., & Eisenbeiß, M. (2019). *Marketing: Grundlagen Marktorientierter Unternehmensführung Konzepte – Instrumente – Praxisbeispiele* (13. über-arbeitete und erweiterte Aufl.). Wiesbaden.

Meier, F. (20. April 2000). Süße Leidenschaft. *Wirtschaftswoche, 158.*

Mesak, H. I. (1992). An aggregate advertising pulsing model with wearout effects. *Marketing Science, 11*(3), 310–326.

Meuter, M. L., Bitner, M. J., Ostrom, A. L., & Brown, S. W. (2005). Choosing among alternative service delivery modes: An investigation of customer trial of self-service technologies. *Journal of Marketing, 69*(2), 61–83.

Merz, S. (2016). *Nutzen Sie Viral Marketing und Viral Sharing mit kleinem Budget. Gewinnen Sie durch Viral Sharing von selbst erstellten Bildern neue Kundenkreise und eine eigene Community.* Norderstedt.

Meyer, A., & Oevermann, D. (1995). Kundenbindung. In B. Tietz, R. Köhler, & J. Zentes (Hrsg.), *Handwörterbuch des Marketing* (2. Aufl., S. 1340–1351). Stuttgart.

Miles, R., & Snow, C. (2003). *Organizational strategy, structure and process.* California: Stanford University Press.

Möhlenbruch, D., & Schmieder, U.-M. (2002). Mobile Marketing als Schlüsselgröße für Multichannel-Commerce. In G. Silberer, J. Wohlfahrt, & T. Wilhelm (Hrsg.), *Mobile Commerce: Grundlagen, Geschäftsmodelle, Erfolgsfaktoren* (S. 67–89). Wiesbaden.

Möhrle, M. (1995). *Prämarketing: zur Markteinführung neuer Produkte.* Wiesbaden.

Mondeléz International. (2019). Brand family. https://www.mondelezinternational.com/brand-family. Zugegriffen: 14. Feb. 2020.

Müller-Hagedorn, L. (1998). *Der Handel.* Stuttgart.

Nerdinger, F. (2001). *Psychologie des persönlichen Verkaufs.* München.

Nestlé. (2006). http://www.nestle.de/Home/MarkenProdukte/UnsereProdukte.

Neuert, C. E., & Lenzner, T. (2019). *Die Ergänzung kognitiver Interviews um Eye Tracking, Qualitätssicherung sozialwissenschaftlicher Erhebungsinstrumente* (S. 195–224). Wiesbaden: Springer VS.

Neuhaus, P. (1996). *Interne Kunden-Lieferanten-Beziehungen.* Wiesbaden.

Neves, M., Zuurbier, P., & Cortez Campomar, M. (2001). A model for the distribution channels planning process. *Journal of Business & Industrial Marketing, 16*(7), 518–539.

Nguyen, L. A. (2018). *Influencer relations: Der neue king of content, influencer relations.* Wiesbaden: Springer Gabler.

Niehaus, A., & Emrich, K. (2016). Ansätze und Erfolgsfaktoren für die Digitalisierung von Vertriebsstrategien. In L. Binckebanck & R. Elste (Hrsg.), *Digitalisierung im Vertieb: Strategien zum Einsatz neuer Technologien in Vertriebsorganisationen* (S. 47–63). Wiesbaden.

Nirschl, M., & Steinberg, L. (2018). *Einstieg in das Influencer Marketing: Grundlagen, Strategien und Erfolgsfaktoren.* Wiesbaden: Springer Gabler.

Nystrom, P. (1915). *The economics of retailing.* New York.

o. V. (26. Februar 2002a). Erfolgsrezept der Billigflieger: Kostendisziplin. *Handelsblatt, 11.*

o. V. (2002b). Land Rover geht neue Wege bei der Absatzförderung. http://www.marketing-marktplatz.de/Intro/ahi/LandRoverAbsatz10.

o. V. (2011). Was Facebook über Autokunden verrät. https://www.wiwo.de/technologie/digitale-welt/marktforschung-was-facebook-ueber-autokunden-verraet-seite-2/5250554-2.html. Zugegriffen: 14. Feb. 2020.

o. V. (2013a). Patent läuft aus – Der Run auf Viagra geht los, Wirtschaftswoche. http://www.wiwo.de/unternehmen/industrie/patent-laeuft-aus-der-run-auf-viagra-geht-los/8249930.html. Zugegriffen: 25. Apr. 2014.

o. V. (2013b). Lieferantensuche: B-to-B Einkäufer setzten stärker auf Suchmaschinen als auf Empfehlungen, Absatzwirtschaft.de. http://www.absatzwirtschaft.de/content/online-marketing/news/b-to-b-einkaeufer-setzen-staerker-auf-suchmaschinen-als-auf-empfehlungen;81402. Zugegriffen: 20. Jan. 2014.

o. V. (2013c). Datenverknüpfung – Facebook-Werbung wird noch persönlicher. http://www.handelsblatt.com/unternehmen/it-medien/datenverknuepfung-facebook-werbung-wird-noch-persoenlicher/8050978.html. Zugegriffen: 11. Dez. 2013.

o. V. (2014a). Real – Startseite. http://unseremarken.real.de/unsere-marken.html. Zugegriffen: 23. Jan. 2014.

o. V. (2014b). Edeka – Startseite. http://www.edeka.de/EDEKA/de/edeka_zentrale/homepage.jsp. Zugegriffen: 22. Jan. 2014.

o. V. (2016). Sixt wächst weltweit überproportional mit Google AdWords. https://www.thinkwithgoogle.com/intl/de-de/insights/markteinblicke/sixt-wachst-weltweit-uberproportional-mit-google-adwords/. Zugegriffen: 15. Feb. 2020.

Pasquier, M. (1997). *Plakatwirkungsforschung: Theoretische Grundlagen und praktische Ansätze.* Freiburg.

Pawlow, J. (1953). *Zwanzigjährige Erfahrungen mit dem objektiven Studium der höheren Nerventätigkeit (des Verhaltens) der Tiere.* Berlin.

Perrey, J. (1998). *Nutzenorientierte Marktsegmentierung: Ein integrativer Ansatz zum Zielgruppenmarketing im Verkehrsdienstleistungsbereich.* Wiesbaden.

Peter, J., & Churchill, G. (1986). Relationships among research design choices and psychometric properties of rating scales: A meta-analysis. *Journal of Marketing Research, 18*(4), 1–10.

Pflesser, C. (1999). *Marktorientierte Unternehmenskultur, Konzeption und Untersuchung eines Mehrebenenmodells.* Wiesbaden.

Phoenix. (2011). http://www.phoenixgroup.eu/DE/PHOENIXinDeutschland/Seiten/default.aspx. Zugegriffen: 6. Sept. 2011.

Picot, A. (1986). Transaktionskosten im Handel, Der Betriebsberater, 41, 27. *Beilage, 13,* 1–16.

Pleininger, H. (2013). Red Bull überholt Adidas, wirtschaftsblatt.at. http://wirtschaftsblatt.at/home/nachrichten/oesterreich/1457179/Red-Bull-uberholt-Adidas. Zugegriffen: 13. Jan. 2014.

Plinke, W. (2000). Grundkonzeptionen des industriellen Marketing-Managements. In M. Kleinaltenkamp, W. Plinke (Hrsg.), *Technischer Vertrieb: Grundlagen des Business-to-Business Marketing* (2. Aufl., S. 101–168). Berlin.

Porter, M. (1980), Competitive Strategy, New York.

Porter, C. E., & Donthu, N. (2008). Cultivating trust and harvesting value in virtual communities. *Management Science, 54*(1), 113–128.

Prigge, J.-K. (2008). *Gestaltung und Auswirkungen von Produkteliminationen im Business-to-Business-Umfeld: Eine empirische Betrachtung aus Anbieter- und Kundensicht.* Wiesbaden.

Purtschert, R. (1995). Verbände in der Absatzwirtschaft. In B. Tietz, R. Köhler, & J. Zentes (Hrsg.), *Handwörterbuch des Marketing* (2. Aufl., S. 2523–2529). Stuttgart.

Quarantelli, E. L. (1988). Disaster crisis management: A summary of research findings. *Journal of Management Studies, 25*(4), 373–385.

Raffée, H. (1984). Marktorientierung der BWL zwischen Anspruch und Wirklichkeit. *Die Unternehmung, 38*(1), 3–18.

Rajendran, K., & Tellis, G. (1994). Contextual and temporal components of reference price. *Journal of Marketing, 58*(1), 22–34.

Rehberger, R. (2005). Durchschnitts-Deutschland. *Acquisa, 53*(9), 28–30.

Reich, I., & Bialek, C. (2008). Verpackungsmarketing: Die Verpackung wirkt wahre Wunder. http://www.handelsblatt.com/unternehmen/strategie/die-verpackung-wirkt-wahre-wunder;1415337. Zugegriffen: 23. Feb. 2009.

Reichwald, R., & Piller, F. (2009). *Interaktive Wertschöpfung: Open Innovation, Individualisierung und neue Formen der Arbeitsteilung* (2. Aufl.). Wiesbaden.

Reid, A. (2001). Use and effectiveness of musical cues in advertising. http://www.mcvaymedia.com/salespromo/musicalcues.htm.

Reiners, G. (2011). Hauchdünne Versuchung, Welt am Sonntag, 11.09.2011. http://www.welt.de/print/wams/vermischtes/article13597615/Hauchduenne-Versuchung.html. Zugegriffen: 12. Sept. 2011.

Rentz, I. (2013). „Größter Relaunch der Markengeschichte“: Wie Bauer „Bravo“ wieder auf Vordermann bringen will, HORIZONT.NET. http://www.horizont.net/aktuell/medien/pages/protected/Groesster-Relaunch-der-Markengeschichte-Wie-Bauer-Bravo-wieder-auf-Vordermann-bringen-will_116749.html. Zugegriffen: 14. Feb. 2014.

Rest, J. (2014). Ziemlich Legere, Frankfurter Rundschau. http://www.fr-online.de/wirtschaft/t-mobile-us-ziemlich-legere,1472780,25846844.html. Zugegriffen: 25. Jan. 2014.

Robinson, P., Faris, C., & Wind, Y. (1967). *Industrial buying and creative marketing.* Boston.

Ronneberger, F., & Rühl, M. (1992). *Theorie der Public Relations: Ein Entwurf.* Opladen.

Roth, P. (2019). Offizielle Nutzerzahlen: Facebook in Deutschland. https://allfacebook.de/zahlen_fakten/offiziell-facebook-nutzerzahlen-deutschland. Zugegriffen: 14. Feb. 2020.

Rullkötter, L. (2008). Preismanagement – Ein Sorgenkind? Die wichtigsten Problemfelder und Ursachen im Industriegüterbereich. *Zeitschrift für Controlling Management, 52*(2), 92–98.

Rütten, I. (2004). Die Macht der Werbung – Oder das Märchen vom bösen Wolf. *NEON Magazin.*

Samaha, S. A., Palmatier, R. W., & Dant, R. P. (2011). Poisoning relationships: Perceived unfairness in channels of distribution. *Journal of Marketing, 75*(3), 99–117.

Saunders, J., & Khan, S. (1986). Product phasing: The synchronous deletion and replacement of products, contemporary research in marketing, 2. In *Proceedings of the 15th annual conference of the European Marketing Academy* (S. 1009–1023). Helsinki.

Saxe, R., & Weitz, B. (1982). The SOCO scale: A measure of the customer orientation of salespeople. *Journal of Marketing Research, 19*(3), 343–351.

Scheer, L. K. (2012). Trust, distrust and confidence in B2B relationships. In G. L. Lilien & R. Grewal (Hrsg.), *Handbook of business-to-business marketing* (S. 332–347). Northhampton.

Schein, E. (1984). Coming to a new awareness of organizational culture. *Sloan Management Review, Winter, 26,* 3–16.

Schein, E. (1992). *Organizational culture and leadership* (2. Aufl.). San Francisco.

Schlicksupp, H. (1995). Kreativitätstechniken. In B. Tietz, R. Köhler, & J. Zentes (Hrsg.), *Hand-wörterbuch des Marketing* (2. Aufl., S. 1289–1309). Stuttgart.

Schmenner, R. (1992). How can service businesses survive and prosper. In C. Lovelock (Hrsg.), *Managing services* (S. 31–42). Englewood Cliffs.

Schoenherr, T., & Mabert, V. (2011). A comparison of online and offline procurement in B2B markets: Results from a large-scale survey. *International Journal of Production Research, 49*(3), 827–846.

Scholl, M., & Totzek, D. (2010). Die Preispolitik professionalisieren. *Harvard Business Manager, 4*(2010), 43–50.

Scholz, J., & Smith, A. N. (2016). Augmented reality: Designing immersive experiences that maximize consumer engagement. *Business Horizons, 59*(2), 149–161.

Schulz, B. (1995). *Kundenpotenzialanalyse im Kundenstamm von Unternehmen.* Frankfurt a. M.

Schwepker, C. (2003). Customer-oriented selling: A review, extension and directions for future research. *Journal of Personal Selling & Sales Management, 23*(2), 151–173.

Seeger, C., & Kost, J. F. (2018). *Influencer Marketing: Grundlagen, Strategie und Management.* Stuttgart.

Shapiro, R. (2019). 3 reasons chatbots are transforming the automotive industry. https://martechtoday.com/3-reasons-chatbots-are-transforming-the-automotive-industry-230115. Zugegriffen: 14. Feb. 2020.

Shaw, A. (1912). Some problems in market distribution. *Quarterly Journal of Economics, 26*(3), 706–765.

Sheth, J. (1973). A model of industrial buyer behavior. *Journal of Marketing, 37*(4), 50–56.

Shervani, T. A., Frazier, G., & Challagalla, G. (2007). The moderating influence of firm market power on the transaction cost economics model: An empirical test in a forward channel integration context. *Strategic Management Journal, 28*(6), 635–652.

Shi, Z., Zhang, K., & Srinivasan, K. (2019). Freemium as an optimal strategy for market dominant firms. *Marketing Science, 38*(1), 150–169.

Shou, Y., Li, Y., Park, Y., & Kang, M. (2017). The impact of product complexity and variety on supply chain integration. *International Journal of Physical Distribution & Logistics Management, 47*(14), 297–317.

Simon, H. (1986). Herausforderungen an die Marketingwissenschaft. *Marketing – Zeitschrift für Forschung und Praxis, 8*(3), 205–213.

Simon, H., & Fassnacht, M. (2016). *Preismanagement: Strategie – Analyse – Entscheidung – Umsetzung* (4. Aufl.). Wiesbaden.

Skiera, B., & Spann, M. (1998). Gewinnmaximale zeitliche Preisdifferenzierung für Dienst-leistungen. *Zeitschrift für Betriebswirtschaft, 68*(7), 703–717.

Skinner, B. (1938). *The behavior of organism.* New York.

Skinner, B. (1953). *Science and human behavior.* New York.

Skinner, B. (1974). *Die Funktion der Verstärkung in der Verhaltenswissenschaft.* München.

Slodczyk, K., & Riedel, D. (20. März 2001). D2 reduziert Subventionen für Handys. *Handelsblatt, 31.*

Sohal, A., Keller, A., & Fouad, R. (1989). A review of literature relating to JIT. *International Journal of Operations & Production Management, 9*(3), 15–25.

Sokolova, K., & Kefi, H. (2019). Instagram and Youtube bloggers promote it, why should I buy? How credibility and parasocial interaction influence purchase intentions. *Journal of Retailing and Consumer Services. 53*

Spiro, R., & Weitz, B. (1990). Adaptive selling: Conceptualization, measurement, and nomological validity. *Journal of Marketing Research, 27*(1), 61–69.

SPSS Inc. (2017). IBM SPSS statistics 25 core system user's guide.

Stafflage, M. (2016). *In-store Mobile Marketing-Kommunikation – Empirische Analysen von Determinanten aus Konsumentensicht*. Wiesbaden.

Statista. (2016). Wie schätzen Sie den Wert von Bewertungsportalen für Sie persönlich ein? http://de.statista.com/statistik/daten/studie/372633/umfrage/umfrage-zur-persoenlichen-einschaetzung-des-wertes-von-bewertungsportalen/. Zugegriffen: 27. Feb. 2016.

Statista. (2017). Number of tablet users worldwide from 2013 to 2021 (in billions). https://www.statista.com/statistics/377977/tablet-users-worldwide-forecast/. Zugegriffen: 14. Feb. 2020.

Statista. (2019). Number of smartphone users worldwide from 2016 to 2021 (in billions). https://www.statista.com/statistics/330695/number-of-smartphone-users-worldwide/. Zugegriffen: 14. Feb. 2020.

Stauss, B. (1995). Dienstleistungsmarken. *Markenartikel, 15*(1), 2–7.

Stauss, B. (2003). Internes Marketing. In H. Diller (Hrsg.), *Vahlens Großes Marketinglexikon* (2. Aufl., 698–699). München.

Steinhoff, L., Arli, D., Weaven, S., & Kozlenkova, I. V. (2019). Online relationship marketing. *Journal of the Academy of Marketing Science, 47*(3), 369–393.

Stenger, D. (2012). *Virale Markenkommunikation. Einstellungs- und Verhaltenswirkungen viraler Videos*. Wiesbaden: Springer Gabler.

Stern. (2016). 125 Jahre mit 52 Zähnen. https://www.stern.de/wirtschaft/news/bahlsen–leibniz-keks-wird-125-jahre-alt-6805298.html. Zugegriffen: 14. Feb. 2020.

Stewart, D., Farmer, K., & Stannard, C. (1990). Music as a recognition cue in advertising-tracking studies. *Journal of Advertising Research, 30*(4), 39–48.

Thaler, R. (1980). Toward a positive theory of consumer choice. *Journal of Economic Behavior and Organization, 1*(1), 39–60.

Thaler, R. (1985). Mental accounting and consumer choice. *Marketing Science, 4*(3), 199–214.

The Nielsen Company. (2010). Social networks/blogs now account for one in every four and a half minutes online. http://blog.nielsen.com/nielsenwire/global/social-media-accounts-for-22-percent-of-time-online/. Zugegriffen: 2. Okt. 2011.

Thom, N. (1998). Personalmanagement – Entwicklungstendenzen und Zukunftsperspektiven. *Die Unternehmung, 53*(6), 433–447.

Till, B. D., & Busler, M. (2000). The match-up hypothesis: Physical attractiveness, expertise, and the role of fit on brand attitude, purchase intent and brand beliefs. *Journal of Advertising, 29*(3), 1–13.

Trevisan-Groddek, B., & Jakobs, E.-M. (2019). Linguistisches Text Mining – Neue Wege für die Marktforschung. In B. Keller, H.-W. Klein, & S. Tuschl (Hrsg.), *Zukunft der Marktforschung: Entwicklungschancen in Zeiten von Social Media und Big Data* (2. Aufl., S. 173–190). Wiesbaden.

Trommsdorff, V. (2011). *Konsumentenverhalten* (8. Aufl.). Stuttgart.

Tropp, J. (2019). *Moderne Marketing-Kommunikation: Grundlagen, Prozess Und Management Markt- Und Kundenorientierter Unternehmenskommunikation* (3. Aufl.). Wiesbaden.

Trusov, M., Bodapati, A. V., & Bucklin, R. E. (2010). Determining influential users in internet social networks. *Journal of Marketing Research, 47*(4), 643–658.

Turban, E., King, D., Lee, J. K., & Liang, T.-P. (2015). *Electronic commerce: A managerial perspective* (8. Aufl.). New Jersey.

Ulaga, W., & Eggert, A. (2006). Value-based differentiation in business relationships: Gaining and sustaining key supplier status. *Journal of Marketing, 70*(1), 119–136.

Ulaga, W., & Reinartz, W. J. (2011). Hybrid offerings: How manufacturing firms combine goods and services successfully. *Journal of Marketing, 75*(6), 5–23.

Vaile, R., & Slagsvold, L. (1929). *Marketing*. New York.

van Waterschoot, W., & van den Bulte, C. (1992). The 4P classification of the marketing mix revisited. *Journal of Marketing, 56*(4), 83–93.

Vandermerwe, S., & Gilbert, D. (1991). Internal services. Gaps in needs/performance and prescriptions for effectiveness. *International Journal of Service Industry Management, 2*(1), 50–60.

Vergossen, H., & Weis, C. (2004). *Marketing-Kommunikation.* Ludwigshafen.

Verma, R. (2000). An empirical analysis of management challenges in service factories, service shops, mass services and professional services. *International Journal of Service Industry Management, 11*(1), 8–25.

Vidale, M., & Wolfe, H. (1957). An operations-research study of sales response to advertising. *Operations Research, 5*(2), 370–381.

Voeth, M., & Herbst, U. (2011). Preisverhandlungen. In C. Homburg & D. Totzek (Hrsg.), *Preismanagement auf Business-to-Business-Märkten: Preisstrategie, Preisbestimmung, Preisdurchsetzung* (S. 205–235). Wiesbaden.

Voeth, M., & Rabe, C. (2004). Industriegütermarken. In M. Bruhn (Hrsg.), *Handbuch Markenführung* (2. Aufl., 75–94). Wiesbaden.

von der Heydt, A. (1999). *Handbuch efficient consumer response: Konzepte, Erfahrungen, Herausforderungen.* München.

von Hippel, E. (1988). *The sources of innovation.* New York.

Wan, L., & Wyer, R., Jr. (2015). Consumer reactions to attractive service providers: Approach or avoid? *Journal Of Consumer Research, 42*(4), 578–595.

Waters-Fuller, N. (1995). Just-in-time purchasing and supply: A review of the literature. *International Journal of Operations & Production Management, 15*(9), 220–236.

Weiber, R., & Adler, J. (1995). Positionierung von Kaufprozessen im informationsökonomischen Dreieck. *Zeitschrift für betriebswirtschaftliche Forschung, 47*(2), 99–123.

Weinberg, P. (1995). Markenartikel und Markenpolitik. In B. Tietz, R. Köhler, & J. Zentes (Hrsg.), *Handwörterbuch des Marketing* (2. Aufl., 2679–2690). Stuttgart.

Weinberg, T. (2014). *Social Media Marketing – Strategien für Twitter, Facebook & Co* (4. Aufl.). Köln.

Weißenborn, C. (2008). Handelsblatt online. http://www.wiwo.de/technik-wissen/das-schaf-im-eigenen-bett-376585/. Zugegriffen: 21. Okt. 2010.

Weitz, B., Sujan, H., & Sujan, M. (1986). Knowledge, motivation, and adaptive behavior: A framework for improving selling effectiveness. *Journal of Marketing, 50*(4), 174–191.

Weld, L. (1916). *The fundamentals of marketing.* New York.

Wiese, S. (2005). Hollywood liebt deutsche Autos, Spiegel Online. http://www.spiegel.de/wirtschaft/0,1518,342977,00.html.

Wohlfahrt, J. (2004). *Akzeptanz und Wirkungen von Mobile-Business-Anwendungen.* Hamburg.

Workman, J., Homburg, C., & Gruner, K. (1998). Variations in the organization and role of marketing: Findings from an international field study of manufacturing companies. *Journal of Marketing, 62*(3), 21–41.

Wu, J., & Wu, Z. (2015). Key supplier relationships and product introduction success: The moderating roles of self-enforcement and interdependence between buyer and supplier. *Industrial Marketing Management, 46,* 183–192.

Young, C. (2004). Capturing the flow of emotion in television commercials: A new approach. *Journal of Advertising Research, 44*(2), 202–209.

Zablah, A. R., Franke, G. R., Brown, T. J., & Bartholomew, D. E. (2012). How and when does customer orientation influence frontline employee job outcomes? A meta-analytic evaluation. *Journal of Marketing, 76*(3), 21–40.

Zarrella, D. (2012). *Das Social Media Marketing Buch* (2. Aufl.). Köln.

Zentes, J., Morschett, D., & Schramm-Klein, H. (2017). *Strategic retail management: text and international cases* (3. Aufl.). Wiesbaden.

Zerfaß, A., & Boelter, D. (2005). *Die neuen Meinungsmacher – Weblogs als Herausforderung für Kampagnen, Marketing, PR und Medien.* Graz.

Zimmermann, T. (17. August 2001). Tupperware will in den Handel: Strategiewechsel bedeutet Abschied vom exklusiven Direktvertrieb. *Lebensmittel-Zeitung, 18.*

Stichwortverzeichnis

A

Ablauforganisation, 333
Absatzhelfer, 269, 270
Absatzmittler, 266, 269, 270, 272
Abschlusstechnik, 283
Adaptive Selling, 283, 284
Adopter, 181
Adoptionsprozess, 178
Ads (Werbeformen), 244
    integrierte, 244
    Layer-, 245
    New-Window-, 244
AIDA-Modell, 222
Aided Recall, 261
Aktivierung, 16, 17, 20, 36, 231
    Über-, 259
Aktivierungstechnik, 231
All-You-Can-Afford-Method, 224
Alternativhypothese, 100
Amoroso-Robinson-Relation, 213, 214
Analyse
    Assoziations-, 94
    automatisierte Text-, 78
    Cluster-, 103, 106–112
    Conjoint-, 116–119, 144, 173, 174
    Daten-, 64, 86, 89, 103, 110
    Dependenz-, 102, 111, 116
    der strategischen Ausgangssituation, 131, 135–137, 139, 145, 334
    Faktoren-, 102–104, 106
    Interdependenz-, 102, 106
    Korrelations-, 94, 95
    Markt-, 138
    Means-End-, 18
    Mystery-Shopper-, 73
    Regressions-, 94, 97, 98, 102, 111–115
    Sentiment-, 78
    Silent-Shopper-, 73
    Unternehmens-, 145
    Varianz-, 102
Analyzer-Strategie, 153
Anlagengeschäft, 312, 313, 315, 318–320
χ^2-Anpassungstest, 100, 101
Ansatz
    Geschäftsbeziehungs-, 55
    Interaktions-, 54, 55
    lerntheoretischer, 38
    PIMS-, 125
Arbeitsteilung, 326
Artefakt, 332, 333
ASSESSOR-Modell, 75
Assoziation, 40, 95, 256, 262
Assoziationsanalyse, 94
Atmosphäre, 55
Aufbauorganisation, 333
Auffrischungstechnik, 231
Aufmerksamkeit, 35, 36, 173, 222, 231, 235
Aufmerksamkeitsspanne, 231
Aufnahmesicherung, 231
Auftragsakquisition, 313
Augmented Reality, 32
Ausreißer
    Elimination von, 108
Ausschreibung (Submission), 313
Außenwerbung, 235–238
Ausstrahlungseffekt, 85, 181, 191, 226, 295
Awareness, 55

© Springer Fachmedien Wiesbaden GmbH, ein Teil von Springer Nature 2020
C. Homburg, *Grundlagen des Marketingmanagements*,
https://doi.org/10.1007/978-3-658-29638-4

HOMBURG & PARTNER

UNSER KNOW-HOW, IHR MARKTERFOLG.

Messbare Steigerung von Marktorientierung, Umsätzen, Marktanteilen und Profitabilität: Dafür steht der Name Homburg & Partner.

Wir bieten unseren Kunden Antworten zu Strategie, Vertrieb und Pricing, die ihren Unternehmenserfolg messbar steigern.

Über 600 Unternehmen aus zehn Branchen schätzen unsere Unterstützung – innovativ, partnerschaftlich und zielorientiert.

Mehr erfahren auf homburg-partner.com

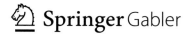

springer-gabler.de

LEHRBUCH

Christian Homburg

Übungsbuch Marketing-management

Aufgaben und Lösungen

2. Auflage

Springer Gabler

Jetzt im Springer-Shop bestellen:
springer.com/978-3-8349-3444-4

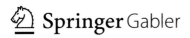
Springer Gabler

springer-gabler.de

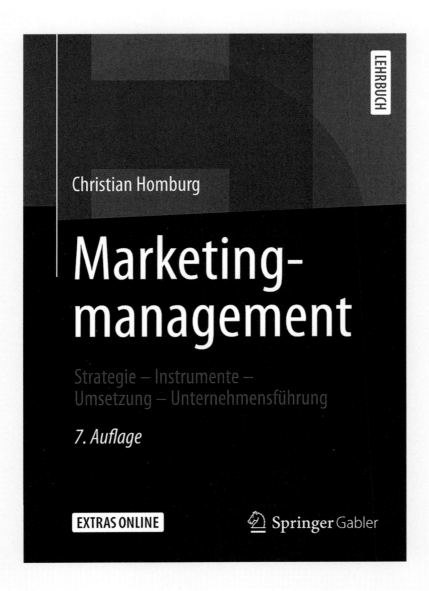

LEHRBUCH

Christian Homburg

Marketing-management

Strategie – Instrumente –
Umsetzung – Unternehmensführung

7. Auflage

EXTRAS ONLINE

Springer Gabler

Jetzt im Springer-Shop bestellen:
springer.com/978-3-658-29635-3